# Wiederholen

Jedes Kapitel beginnt mit einer Doppelseite **Wiederholung**. Dort übst du, was du für die folgenden Seiten brauchst. Die Lösungen findest du hinten im Buch.

Hast du noch Schwierigkeiten? An jeder Aufgabe steht, wo du im **Grundwissen** oder in den Kapiteln nachlesen und üben kannst.

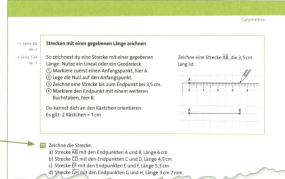

# Testen

Nach den Übungsseiten findest du einen **Zwischentest**. Dort kannst du ausprobieren, ob du das Wesentliche verstanden hast. Die Aufgaben kannst du auch digital bearbeiten. 👆

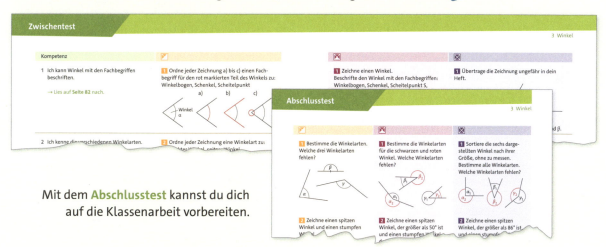

Mit dem **Abschlusstest** kannst du dich
auf die Klassenarbeit vorbereiten.

# Medien, Themen, Methoden und weiteres Üben

Auf einer **Medienseite** lernst du, wie du eigene Regelhefte, Bücher, Internetseiten, Apps und andere Medien in der Mathematik einsetzt.
Auf einer **Themenseite** kannst du die gelernten Inhalte des Kapitels einmal ganz anders anwenden.
Auf einer **Methodenseite** lernst du verschiedene Arbeitsweisen kennen.
In den **Vermischten Übungen** werden Aufgaben zu den Lerneinheiten des gesamten Kapitels gestellt.
Eine ganz besondere Seite heißt **Tieftauchen**. Hier kannst du selbst Aufgaben auswählen und bestimmen, wie tief du in die Mathematik „eintauchst". Sei dabei gerne auch mal etwas mutig!

---

Diese Zeichen stehen neben den Aufgaben.

🖥 Medienkompetenz          👥 Partnerarbeit          👨‍👩‍👧 Gruppenarbeit

# Impressum

## Dreifach
## Mathe

Herausgeber: Udo Wennekers
Erarbeitet von: André Bopp, Anja Buchmann, Ute Egan, Michèle Grebe, Klaus Heckner, Andrea Kräh, Annika Neugebauer, Jana Neumann, Carmen Otte, Ariane Simon, Godehard Stein, Yvonne Stricker, Martina Verhoeven, Jacqueline Weecks, Udo Wennekers
Unter Beratung von: Gabriele Biela, Peter Braun, Christine Fink, Daniela Kasche, Hannes Klein, Alexander Lauer, Eva Mödinger, Harry Nusser, Isabel Polzin, Thilo Schmid

Redaktion: Matthias Felsch, Dominik Fraßmann, Martin Karliczek, Lena Schenk (S&L Redaktionsbüro), Heike Schulz, Christina Schwalm
Illustration: Tobias Dahmen, Utrecht/www.tobidahmen.de
Grafik: Christian Böhning
Umschlaggestaltung und Layoutkonzept: ROSENDAHL BERLIN – Agentur für Markendesign
Layout und technische Umsetzung: Jürgen Brinckmann, MeGA14; Straive;
CMS – Cross Media Solutions Gmbh, Würzburg

Dieses Werk wurde anhand wissenschaftlicher Kriterien geprüft und für den sprachsensiblen Unterricht zertifiziert. Eine Übersicht der Kriterien haben wir für Sie unter www.cornelsen.de/mittlere-schulformen zusammengestellt.

### Begleitmaterialien zum Lehrwerk

| | |
|---|---|
| Schulbuch als E-Book mit Medien | 1100033867 |
| Lösungen zum Schulbuch | 978-3-06-004444-3 |
| Handreichungen | 978-3-06-004445-0 |
| Arbeitsheft | 978-3-06-004443-6 |
| Arbeitsheft für Lernende mit erhöhtem Förderbedarf für den inklusiven Unterricht | 978-3-06-043895-2 |
| Unterrichtsmanager Plus mit E-Book und Begleitmaterialien | 1100033872 |
| Arbeitsblätter zur Sprachförderung | 978-3-464-54001-5 |
| Arbeitsblätter zur Sprachförderung als Download | 978-3-06-040987-7 |
| Interaktive Übungen | 1100030046 |
| Diagnose und Fördern | |

www.cornelsen.de

1. Auflage, 1. Druck 2024

Alle Drucke dieser Auflage sind inhaltlich unverändert und können im Unterricht nebeneinander verwendet werden.

Die **Cornelsen Lernen App** ist eine fakultative Ergänzung zu *Dreifach Mathe*, die die inhaltliche Arbeit begleitet und unterstützt.

© 2024 Cornelsen Verlag GmbH, Berlin

Druck und Bindung: Mohn Media Mohndruck, Gütersloh

ISBN 978-3-06-004441-2

**PEFC-zertifiziert**
Dieses Produkt stammt aus nachhaltig bewirtschafteten Wäldern und kontrollierten Quellen
PEFC/04-31-1033   www.pefc.de

# Dreifach
# Mathe 6

Baden-Württemberg

Dein Schulbuch findest du auch in der **Cornelsen Lernen App**.

Siehst du eines dieser Symbole, findest du in der App:

- Erklärfilme
- Worterklärungen
- Hilfen und Lösungen zu den Aufgaben
- interaktive Übungen zum Üben und Wiederholen
- weitere Ergänzungen

# Inhaltsverzeichnis

Medienkompetenz
zusätzlicher Inhalt
Für die Zuordnung der Inhalte zu den Niveaustufen
des Bildungsplans: siehe Stoffverteilungsplan.

## 👆 Kopfübungen

In der Cornelsen Lernen App kannst du interaktive Aufgaben zum Wiederholen bearbeiten.

Kopfübungen Nr. 1
Kopfübungen Nr. 2
Kopfübungen Nr. 3
Kopfübungen Nr. 4
Kopfübungen Nr. 5
Kopfübungen Nr. 6
Kopfübungen Nr. 7

# Brüche addieren und subtrahieren

▶ Vor über 150 Jahren kaufte der Schotte Alexander Henry Rhind eine
3500 Jahre alte ägyptische Schriftrolle. Auf der Schriftrolle geht es um
die Mathematik im Alten Ägypten.

Die alten Ägypter konnten nur Brüche mit dem Zähler 1 schreiben.
Sie schrieben einen Kringel und unter den Kringel die Striche für den Nenner.
Brüche mit einem anderen Nenner als 1 schrieben sie als Summe,
aber ohne Plus-Zeichen.
Welchen Bruch meinen die beiden Ägypter auf dem Bild?

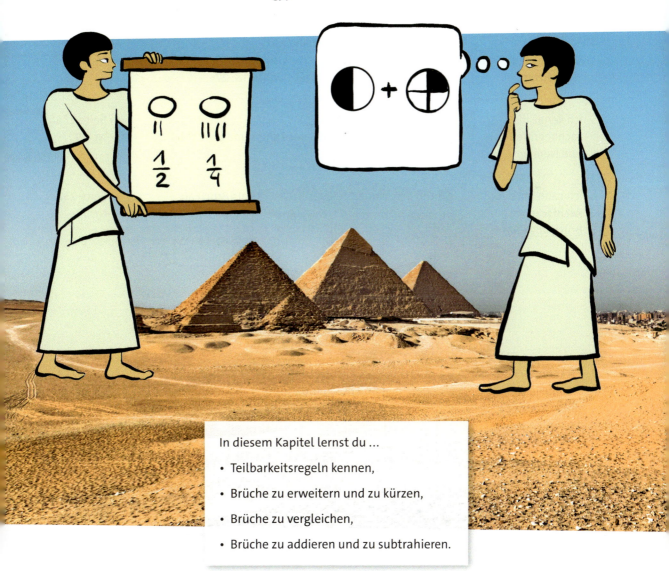

In diesem Kapitel lernst du ...

• Teilbarkeitsregeln kennen,

• Brüche zu erweitern und zu kürzen,

• Brüche zu vergleichen,

• Brüche zu addieren und zu subtrahieren.

| Kompetenz | Aufgabe | Lies und übe: |
|---|---|---|
| 1 Ich kann im Kopf multiplizieren. | **1** Multipliziere im Kopf.<br>a) $7 \cdot 4$    b) $9 \cdot 5$    c) $6 \cdot 8$<br>d) $5 \cdot 11$    e) $7 \cdot 9$    f) $13 \cdot 3$ | → Seite 241<br>Nr. 53 bis 55<br>→ Seite 242<br>Nr. 56 |
| 2 Ich kann im Kopf dividieren. | **2** Dividiere im Kopf.<br>a) $81 : 9$    b) $72 : 8$    c) $63 : 7$<br>d) $54 : 6$    e) $100 : 5$    f) $250 : 5$<br>g) $360 : 4$    h) $846 : 2$    i) $933 : 3$ | → Seite 242<br>Nr. 57 |
| 3 Ich kann Divisions-Aufgaben mit Rest lösen. | **3** Dividiere im Kopf. Es bleibt ein Rest.<br>a) $56 : 6$    b) $31 : 4$    c) $58 : 7$<br>d) $21 : 5$    e) $69 : 9$    f) $75 : 8$ | → Seite 243<br>Nr. 60, 61 |
| 4 Ich kann Einmaleins-Reihen fortsetzen. | **4** Setze die Einmaleins-Reihe fort.<br>a) 3; 6; 9; ▉; ▉; ▉; ▉; ▉; ▉    b) 5; 10; 15; ▉; ▉; ▉; ▉; ▉<br>c) 4; 8; 12; ▉; ▉; ▉; ▉; ▉    d) 9; 18; 27; ▉; ▉; ▉; ▉; ▉ | → Seite 241<br>Nr. 54 |
| 5 Ich kenne die Fachbegriffe Zähler und Nenner. | **5** Richtig oder falsch?<br>Beim Bruch $\frac{3}{4}$ ist die Zahl 3 der Zähler und die Zahl 4 der Nenner. | → Seite 232<br>Nr. 19 |
| 6 Ich kann Teile von Rechtecken als Bruch angeben. | **6** Gib den blauen Teil des Rechtecks als Bruch an.<br>a)      b)<br><br>c)      d) | → Seite 232<br>Nr. 19 |
| 7 Ich kann Bruchteile von einem Rechteck darstellen. | **7** Übertrage das Rechteck in dein Heft.<br>Markiere den Bruchteil blau.<br>a) $\frac{1}{2}$    b) $\frac{2}{3}$    c) $\frac{3}{4}$ | → Seite 233<br>Nr. 20 |
| 8 Ich kann Bruchteile von Größen berechnen. | **8** Berechne.<br>a) $\frac{1}{2}$ von 8 Autos    b) $\frac{1}{3}$ von 21 Bussen<br>c) $\frac{2}{5}$ von 10 Zügen | → Seite 233<br>Nr. 21 |

| Kompetenz | Aufgabe | Lies und übe: |
|---|---|---|

**9** Ich kann Bruchteile von Größen berechnen, indem ich zuerst in kleinere Einheiten umwandle.

**9** Berechne. Wandle zuerst in die nächstkleinere Einheit um.

**Beispiel** $\frac{4}{5}$ g sind $\frac{4}{5}$ von 1 g. Das sind $\frac{4}{5}$ von 1000 mg.

1000 mg : 5 = 200 mg

200 mg · 4 = 800 mg

a) $\frac{1}{2}$ Jahr (in Monate)　　b) $\frac{1}{4}$ h (in min)

c) $\frac{1}{4}$ kg　　d) $\frac{3}{4}$ km　　e) $\frac{3}{5}$ g

→ Seite 233 Nr. 22

**10** Ich kann gemischte Zahlen in Brüche umwandeln.

**10** Wandle die gemischte Zahl in einen Bruch um.

**Beispiel** $2\frac{5}{6} = \frac{17}{6}$

a) $1\frac{1}{3}$　　b) $1\frac{3}{5}$　　c) $2\frac{1}{2}$　　d) $4\frac{3}{7}$

→ Seite 234 Nr. 23, 24

**11** Ich kann Brüche in gemischte Zahlen umwandeln.

**11** Wandle den Bruch in eine gemischte Zahl um.

**Beispiel** $\frac{7}{4} = 1\frac{3}{4}$.

a) $\frac{3}{2}$　　b) $\frac{5}{3}$　　c) $\frac{11}{4}$　　d) $\frac{17}{5}$

→ Seite 234 Nr. 25, 26

**12** Ich kann natürliche Zahlen auf dem Zahlenstrahl eintragen.

**12** Übertrage den Zahlenstrahl in dein Heft. Trage die Zahlen ein.

a) 2; 14; 19; 21

b) 60; 130; 145; 85

→ Seite 227 Nr. 2

**13** Ich kenne die Fachbegriffe bei Addition und Subtraktion.

**13** Ordne den Zahlen die Fachbegriffe zu:
2. Summand, Minuend, Wert der Summe, Subtrahend, Wert der Differenz, 1. Summand

a) 3 + 5 = 8　　b) 9 − 2 = 7

→ Seite 238 Nr. 41

**14** Ich kann im Kopf addieren und subtrahieren.

**14** Berechne im Kopf.
a) 17 + 13　　b) 28 + 9　　c) 46 + 36
d) 60 − 5　　e) 61 − 7　　f) 72 − 45

→ Seite 238 Nr. 42, 43, 44

→ Lösungen auf Seite 252

# Teilbarkeit durch 2, 5 und 10

Eine Sportgruppe Klettern fährt ins Trainings-
lager. Es fahren 15 Mädchen und 13 Jungen
mit. Die Zimmer in der Jugendherberge
haben fünf Betten.
Nun überlegen die Mädchen und Jungen,
wie sie die Zimmer aufteilen.

▸ 📺 Vielfache
und Teiler

*Die Vielfachen sind
so groß wie die Zahl
selbst oder größer.*

**W** | **Vielfache**

Stelle dir eine Zahl vor.
Wenn du deine Zahl mit 1, 2, 3 …
multiplizierst, dann erhältst du
die **Vielfachen** deiner Zahl.

Die Vielfachen sind (ohne Rest) durch
die Zahl **teilbar**.

In 1 Zimmer passen 5 · 1 = **5** Kinder.
In 2 Zimmer passen 5 · 2 = **10** Kinder.
In 3 Zimmer passen 5 · 3 = **15** Kinder.
**5, 10, 15** … sind **Vielfache** von 5.

**15** ist durch 5 **teilbar**, denn 15 : 5 = 3.
Die 15 Mädchen passen also genau in
3 Fünferzimmer.

▶ Aufgabe    In einer Sportgruppe Tischtennis sind 10 Jungen. Wie passen sie in die
Fünferzimmer? Wie passen sie in Doppelzimmer?    ▸ **1** ▸ **1** ▸ **1**

*Wenn du etwas
teilst, dann wird es
kleiner. Die Teiler
sind so groß wie
die Zahl selbst
oder kleiner.*

**W** | **Teiler**

Es gibt Zahlen, durch die du deine Zahl
ohne Rest dividieren kannst.
Das sind die **Teiler** deiner Zahl.

  **ist Vielfaches von**

**15** ⟶ **5**

  **ist Teiler von**

15 : 5 = 3, also ist **5** ein **Teiler** von 15.

Bei den 13 Jungen wird es schwieriger.
13 : 5 = 2 Rest 3. 5 ist kein Teiler von 13.

Bei den Jungen sind 2 Zimmer voll.
Im dritten Zimmer sind nur 3 Jungen.

▶ Aufgabe    In einer Sportgruppe Tischtennis sind 14 Mädchen. Wie passen sie in
Fünferzimmer? Wie passen sie in Dreierzimmer?    ▸ **5** ▸ **4** ▸ **3**

Für einige Zahlen gibt es **Teilbarkeitsregeln**. Mit den Teilbarkeitsregeln kannst du auch
bei größeren Zahlen schnell prüfen, durch welche Zahlen sie teilbar sind.

*Diese Wörter gehören
zusammen:
teilen
der Teiler
teilbar
die Teilbar|keit
die Teilbar|keits|regeln*

**W** | **Teilbarkeit durch 2, 5 und 10**
Achte auf die **letzte Ziffer**:

Eine Zahl ist **durch 2 teilbar**, wenn die
letzte Ziffer eine **0; 2; 4; 6 oder 8** ist.

Eine Zahl ist **durch 5 teilbar**, wenn
die letzte Ziffer eine **0 oder 5** ist.

Eine Zahl ist **durch 10 teilbar**, wenn
die letzte Ziffer eine **0** ist.

**905**        **3576**

90**5** ist nicht durch 2 teilbar.
357**6** ist durch 2 teilbar.

90**5** ist durch 5 teilbar.
357**6** ist nicht durch 5 teilbar.

90**5** und 357**6** sind nicht durch 10 teilbar.

▶ Aufgabe    Prüfe, ob die Zahl 7348 durch 2; 5 oder 10 teilbar ist.    ▸ **9** ▸ **10** ▸ **9**

**1** Schreibe die ersten zehn Vielfachen auf.
a) von 5    b) von 8    c) von 11

**2** 👥 Bildet mit einer größeren Gruppe oder mit der ganzen Klasse einen Kreis. Beginnt an einer beliebigen Stelle und zählt einmal durch. Jeder merkt sich seine Zahl. Nun geht es los:
a) Alle Vielfachen von 4 heben eine Hand.
b) Alle Vielfachen von 6 stehen auf einem Bein.
c) Alle Vielfachen von 3 fassen ihre Nase an.
d) Denkt euch weitere Aufgaben aus.

**3** Prüfe, ob die Zahlen Vielfache sind. Begründe.
**Beispiele** Ist 45 ein Vielfaches von 5?
Ja, denn 45 = 5 · 9.
Ist 45 ein Vielfaches von 7?
Nein, denn 45 : 7 = 6 Rest 3.
a) Ist 81 ein Vielfaches von 9?
b) Ist 34 ein Vielfaches von 8?
c) Ist 25 ein Vielfaches von 5?
d) Ist 50 ein Vielfaches von 6?

**4** Ein Auto darf nur durch ein Tor fahren, wenn auf dem Tor ein Vielfaches seiner Zahl steht. Welches Auto darf durch welches Tor fahren?

**Beispiel** Das Auto mit der 2 darf durch die Tore 110 und 202 fahren.    ▶ **4**

**5** Finde die Teiler.
a) Gib an, durch welche Zahlen zwischen 1 und 10 die Zahl 20 teilbar ist. Begründe.
**Beispiele** 1 ist Teiler von 20, denn 20 : 1 = 20.
3 ist kein Teiler von 20,
denn 20 : 3 = 6 Rest 2.
b) Gib an, durch welche Zahlen zwischen 1 und 18 die Zahl 36 teilbar ist. Begründe.

**6** Schreibe die sieben Zahlen in dein Heft.
*2  5  7  16  18  28  30*
a) Streiche alle Teiler von 10.
b) Streiche alle Vielfachen von 4.
c) Streiche alle Zahlen, die durch 6 teilbar sind.
d) Welche Zahl bleibt übrig?

**7** Teiler, teilbar oder Vielfaches? Was passt?
Fülle die Lücken in deinem Heft.
60 ist ein ⚪ von 12, weil 60 : 12 = 5 ist.
Außerdem ist 12 ein ⚪ von 60, denn 60 ist durch 12 ⚪.

**8** Miro soll 48 Karten in einem Rechteck auslegen.
a) Kann Miro die Karten in 6 Reihen auslegen?
b) Wie viele Reihen entstehen, wenn immer 12 Karten nebeneinander liegen?
c) Wie viele Karten bleiben übrig, wenn immer 5 Karten in einer Reihe liegen?    ▶ **10**

**9** Wende die Teilbarkeitsregeln an:
11; 20; 35; 160; 109; 114; 140; 178; 280; 565; 876; 882; 970; 1049; 1520
a) Welche Zahlen sind durch 2 teilbar?
b) Welche Zahlen sind durch 5 teilbar?
c) Welche Zahlen sind durch 10 teilbar?

**10** Welche Beträge kannst du passend zahlen?
a) mit 5-€-Scheinen:
4 €; 15 €; 46 €; 70 €; 85 €; 87 €; 110 €
b) mit 10-€-Scheinen:
35 €; 40 €; 56 €; 70 €; 85 €; 92 €; 100 €
c) mit 2-€-Stücken:
3 €; 4 €; 8 €; 9 €; 12 €; 23 €; 24 €; 28 €

**11** Bilde aus den Ziffern auf den Karten sechs dreistellige Zahlen.
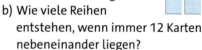
a) Welche Zahlen sind durch 2 teilbar?
b) Welche Zahlen sind durch 5 teilbar?
c) Warum ist keine Zahl durch 10 teilbar?

**12** Übertrage die Tabelle in dein Heft. Kreuze an, wenn die Zahl in der ersten Spalte durch 2, durch 5 oder durch 10 teilbar ist.

|  | teilbar durch 2 | teilbar durch 5 | teilbar durch 10 |
|---|---|---|---|
| 24 |  |  |  |
| 235 |  |  |  |
| 540 |  |  |  |
| 782 |  |  |  |
| 1080 |  |  |  |

**1** Schreibe die ersten zehn Vielfachen auf.
 a) von 7  b) von 12  c) von 15

**2** Prüfe, ob die Zahlen Vielfache sind. Begründe.
 **Beispiel** Ist 52 ein Vielfaches von 8?
  Nein, denn 52 : 8 = 6 Rest 4.
 a) Ist 62 ein Vielfaches von 7?
 b) Ist 63 ein Vielfaches von 9?
 c) Ist 72 ein Vielfaches von 6?
 d) Ist 80 ein Vielfaches von 15?

**3** Ergänze die fehlende Ziffer in deinem Heft.
 Finde alle Möglichkeiten.
 a) 7⬤ ist ein Vielfaches von 11.
 b) 4⬤ ist ein Vielfaches von 4.
 c) ⬤2 ist ein Vielfaches von 3.
 d) 1⬤0 ist ein Vielfaches von 40.  ▶ **3**

**4** Untersuche die Zahlen von 1 bis 20.
 a) Welche Zahlen sind Teiler von 40?
 b) Welche Zahlen sind Teiler von 60?

**5** ◀ 🔊 Ergänze die fehlende Ziffer in deinem Heft.
 Finde alle Möglichkeiten.
 a) 6 ist Teiler von 1⬤.
 b) 7 ist Teiler von 2⬤.
 c) 8 ist Teiler von 3⬤.
 d) 9 ist Teiler von 10⬤.  ▶ **5**

**6** Schreibe die Zahlen in dein Heft.
 2  5  54  63  70  76  100
 a) Streiche alle Teiler von 10.
 b) Streiche alle Vielfachen von 4.
 c) Streiche alle Zahlen, die durch 9 teilbar sind.
 d) Welche Zahl bleibt übrig?

**7** Für ein Spiel soll Finja 78 Karten als ein
 Rechteck auf dem Tisch auslegen.
 Finja könnte alle 78 Karten in eine Reihe legen,
 aber dazu ist der Tisch zu kurz. Es geht auch:
 2 Reihen mit je ⬤ Karten, 3 Reihen mit …

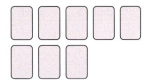

 Zähle nun alle Möglichkeiten auf.

**8** Ayla hat einen Kuchen zum Zuckerfest gebacken. Sie will

 den Kuchen in 24 gleich große Stücke teilen.
 Gib alle Möglichkeiten an, wie sie den Kuchen
 teilen kann. Welche hältst du für sinnvoll?

**9** Bei einem Wettbewerb sitzen die
 136 Teilnehmer an Gruppentischen.
 Jeder Tisch hat 6 Plätze.
 a) Bleiben Plätze an den Tischen frei?
 b) Es gibt 15 Packungen mit je 12 Stiften. Auf
  jedem Tisch sollen gleich viele Stifte liegen.
  Bleiben Stifte übrig?  ▶ **9**

**10** Wende die Teilbarkeitsregeln an.
 13; 30; 36; 78; 100; 472; 779; 785;
 890; 1165; 1172; 1382; 2344; 3376
 a) Welche Zahlen sind durch 2 teilbar?
 b) Welche Zahlen sind durch 5 teilbar?
 c) Welche Zahlen sind durch 10 teilbar?

**11** Welche Zahl wird gesucht?
 a) Die Zahl liegt zwischen 60 und 70.
  Sie ist durch 5 teilbar.
 b) Die Zahl ist die größte zweistellige Zahl, die
  durch 2 teilbar ist.
 c) Die Zahl ist durch 2 und durch 5 teilbar.
  Sie liegt zwischen 51 und 79.
 d) 👥 Stellt euch gegenseitig ähnliche Fragen.

**12** Bei einem Reitturnier werden Karten verkauft.  ▶ 🔊

 Dies sind die Einnahmen: 635 €; 584 €, 330 €.
 a) Ordne die Einnahmen den Eingängen zu.
  Begründe.
 b) Wie viele Gäste besuchten das Reitturnier?

Sprachhilfe zu **12**: **VIP** ist die Abkürzung von very important person, auf Deutsch: sehr wichtige Person.

**1** Schreibe die ersten sechs Vielfachen auf.
a) von 9     b) von 13     c) von 19

**2** Ergänze die fehlende Ziffer in deinem Heft. Finde alle Möglichkeiten.
a) 7▢ ist ein Vielfaches von 11.
b) 6▢ ist ein Vielfaches von 16.
c) 14▢ ist ein Vielfaches von 18.
d) ▢6 ist ein Vielfaches von 12.
e) 1▢5 ist ein Vielfaches von 15.

**3** Untersuche die Zahlen von 1 bis 20.
a) Welche Zahlen sind Teiler von 34?
b) Welche Zahlen sind Teiler von 36?
c) Welche Zahlen sind Teiler von 45?

**4** Ergänze die fehlende Ziffer in deinem Heft. Finde alle Möglichkeiten.
a) 6 ist Teiler von 8▢.
b) 7 ist Teiler von 9▢.
c) 8 ist Teiler von 20▢.
d) 11 ist Teiler von 1▢2.
e) 15 ist Teiler von ▢5.

**5** Finde und korrigiere die Fehler.
a) 1, 2, 3, 4 und 6 sind Vielfache von 12.
b) 15 ist teilbar durch 75.
c) 33, 55 und 99 sind Teiler von 11.

**6** 24 ist durch 4 und durch 6 teilbar.
4 und 6 sind Teiler von 24.
a) Erkläre den Zusammenhang zwischen den beiden Sätzen und der Tafel Schokolade.
b) Formuliere zwei passende Sätze zum Bild.
c) 👥 Findet jeder selbst ein ähnliches Beispiel. Lasst den anderen die passenden Sätze dazu formulieren.

**7** Die gesuchte Zahl liegt zwischen 21 und 50. Finde alle Möglichkeiten.
a) Die Zahl ist ein Vielfaches von 4 und von 5.
b) Die Zahl ist ein Vielfaches von 8 und durch 12 teilbar.
c) Die Zahl ist größer als 36 und durch 4 teilbar, aber sie ist nicht durch 8 teilbar.

**8** Kia und Ava haben 212 Gäste zur Hochzeitsfeier ►◁)) eingeladen. An jedem Tisch stehen 8 Stühle.
a) Bleiben Stühle an den Tischen frei? Wie viele Tische braucht die Hochzeitsgesellschaft?
b) 5 Kellnerinnen und 6 Kellner bedienen. Kann jeder von ihnen für gleich viele Personen zuständig sein?
c) Am Nachmittag wollen die Gäste Luftballons mit guten Wünschen steigen lassen. Lassen sich 15 Packungen mit jeweils 12 Luftballons gleichmäßig auf die Tische verteilen?

**9** Wende die Teilbarkeitsregeln an.
52; 60; 76; 99; 100; 693; 952; 1072; 8990; 22 365; 30 176; 54 800; 834 374
a) Welche Zahlen sind durch 2 teilbar?
b) Welche Zahlen sind durch 5 teilbar?
c) Welche Zahlen sind durch 10 teilbar?

**10** Finde alle Ziffern, die du einsetzen kannst.
2▢; 3▢; 7▢; 12▢; 23▢; 57▢; 124▢
a) Die Zahlen sollen durch 10 teilbar sein.
b) Die Zahlen sollen durch 5 teilbar sein.
c) Die Zahlen sollen durch 2 teilbar sein.

**11** Bilde aus den Ziffern alle möglichen dreistelligen Zahlen.    4   5   6
a) Warum kannst du nur vier Zahlen bilden, die durch 2 teilbar sind? Begründe.
b) Welche der drei Ziffern musst du ersetzen, damit keine der Zahlen durch 5 teilbar ist?
c) Die Ziffern werden um die 3 ergänzt.   3   Verändert sich dadurch die Anzahl der Zahlen, die durch 2 teilbar ist? Begründe.

**12** Mika sagt: „Wenn ich zwei Zahlen habe, die ►◁)) durch 5 teilbar sind, dann ist auch die Summe der beiden Zahlen durch 5 teilbar."
Ist das richtig? Prüfe die Aussage am Beispiel von 45 und 60. Finde eigene Beispiele.

**13** Eine Zahl ist durch 4 teilbar, wenn die Zahl aus den letzten beiden Ziffern durch 4 teilbar ist oder 00 ist.
a) Wende die Teilbarkeitsregel für die 4 auf die Zahlen aus Aufgaben 9 an.
b) 👥 Stellt euch abwechselnd Aufgaben. Nenne eine Zahl. Dein Partner prüft, ob sie durch 4 teilbar ist. Kontrolliert gemeinsam.

# Teilbarkeit durch 3 und 9

Jana, Luzia und Helene wollen mit sechs anderen Freundinnen eine Party feiern. Die Mädchen kaufen für 24,60 € ein und wollen sich die Kosten gleichmäßig teilen. Das Komma stört, wenn du 24,60 € durch 9 teilen möchtest. Rechne in Cent um: 24,60 € = 2460 ct

*Die Quersumme ist die Summe aller Ziffern von einer Zahl.*

**W**

**Teilbarkeit durch 3 und 9**
Berechne zuerst die **Quersumme** der **Zahl**. Addiere **dazu** alle Ziffern.

Eine Zahl ist **durch 3 teilbar**, wenn ihre Quersumme durch 3 teilbar ist.

Eine Zahl ist **durch 9 teilbar**, wenn ihre Quersumme durch 9 teilbar ist.

Die Quersumme von 2460 ist

$$2 + 4 + 6 + 0 = 12$$

Die Quersumme 12 ist durch 3 teilbar. Also ist auch 2460 durch 3 teilbar.
2460 : 3 = 820
Jedes Mädchen zahlt 8,20 €.

Die Quersumme 12 ist nicht durch 9 teilbar. Also ist auch 2460 nicht durch 9 teilbar. 24,60 € lassen sich nicht gleichmäßig auf alle 9 Mädchen aufteilen.

▶ Aufgabe   Prüfe, ob die Zahl 372 durch 3 und 9 teilbar ist.   ▶ **1** ▶ **1** ▶ **1**

Nun kennst du **Teilbarkeitsregeln** für einige der Zahlen bis 10.
Leider gibt es keine oder keine einfachen Teilbarkeitsregeln für die 7 und die 8.
Hier musst du dividieren:   84 ist durch 7 teilbar, weil 84 : 7 = 12.
84 ist **nicht** durch 8 teilbar, denn 84 : 8 = 10 Rest 4.

**W**

Alle Teiler einer Zahl kannst du in der **Teilermenge** zusammenfassen.
Die Teilermenge von 24 ist $T_{24}$ = {1; 2; 3; 4; 6; 8; 12; 24}.

*Die Teilermenge von 25 ist $T_{25}$ = {1; 5; 25}, denn 1 · 25 = 25 und 5 · 5 = 25.*

In dieser Teilermenge gehören immer zwei Teiler zusammen, denn   1 · 24 = 24
und   2 · 12 = 24
und   3 ·   8 = 24
und   4 ·   6 = 24

▶ Aufgabe   Notiere die Teilermenge von 12.   ▶ **9** ▶ **11** ▶ **9**

**W**

Wenn eine Zahl genau zwei Teiler hat, nämlich die 1 und sich selbst, dann heißt die Zahl **Primzahl**.
Die Teilermenge enthält genau zwei Teiler.

$T_{37}$ = {1; 37}, also ist 37 eine Primzahl.
$T_2$ = {1; 2}, also ist 2 eine Primzahl.
$T_{25}$ = {1; 5; 25}, also ist 25 **keine** Primzahl.
$T_1$ = {1}, also ist 1 **keine** Primzahl.

▶ Aufgabe   Prüfe, ob 8, 9 und 11 Primzahlen sind.   ▶ **12** ▶ **12** ▶ **15**

**1** Berechne die Quersumme.
**Beispiel** 827   Quersumme 8 + 2 + 7 = 17
a) 34          b) 76          c) 134
d) 254         e) 578         f) 918
g) 6078        h) 7820        i) 5402

**2** Ist die Zahl durch 3 teilbar?
**Beispiel** 513   Quersumme 5 + 1 + 3 = 9
Die Quersumme 9 ist durch 3 teilbar.
Also ist 513 durch 3 teilbar.
a) 556         b) 711         c) 1925
d) 2004        e) 5145        f) 6066

**3** Opa Rudi hat 86 Euro.
Kann er das Geld
gleichmäßig auf seine
drei Enkel verteilen?
Mache einen Vorschlag,
was Opa Rudi tun kann.

**4** Bauer Franz will einen Zaun um eine Weide
bauen. Der Zaun wird insgesamt 168 m lang.
Alle 3 m soll ein Pfosten stehen.
Ist das möglich? Begründe mit einer Rechnung.
Wie viele Pfosten braucht Bauer Franz? ▸ **6**

ein Pfosten →

**5** Ist die Zahl durch 9 teilbar? Begründe.
**Beispiel** 295   Quersumme 2 + 9 + 5 = 16
Die Quersumme 16 ist nicht durch 9 teilbar.
Also ist 295 nicht durch 9 teilbar.
a) 87      b) 99      c) 105     d) 199
e) 1287    f) 918     g) 1070    h) 1845

**6** Schreibe die Zahlen in dein Heft.
   59   72   153   161   594   779
a) Streiche alle Zahlen, die durch 9 teilbar sind.
b) Addiere alle Zahlen, die übrig bleiben.
   Du erhältst eine besondere Zahl.

**7** Ist die Zahl durch 3 teilbar (durch 9 teilbar)?
**Beispiel** 735   Quersumme 7 + 3 + 5 = 15
Die Quersumme 15 ist durch 3 teilbar.
Also ist 735 durch 3 teilbar.
Die Quersumme 15 ist nicht durch 9 teilbar.
Also ist 735 nicht durch 9 teilbar.
a) 24          b) 235         c) 540
d) 782         e) 1086        f) 2090

**8** 👥 Sind diese Zahlen durch 9 teilbar?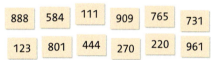

| 888 | 584 | 111 | 909 | 765 | 731 |
| 123 | 801 | 444 | 270 | 220 | 961 |

Wie schwer war es zu entscheiden, ob die Zahl
durch 9 teilbar ist?
Teilt die Zahlen in drei Gruppen ein:
leicht, mittel und schwer.
Begründet eure Einteilung. ▸ **11**

**9** $T_{10}$ bedeutet: Dies sind alle Teiler von 10.
Ergänze die fehlenden Teiler im Heft.
a) $T_{10}$ = {1; 2; ⬤; 10}
b) $T_{15}$ = {1; 3; ⬤; ⬤}
c) $T_{20}$ = {1; 2; ⬤; 5; 10; ⬤}
d) $T_{12}$ = {1; ⬤; 3; ⬤; 6; 12}

**10** Ergänze den Text über Teilermengen.
Jede Teilermenge beginnt mit ⬤.
Die Zahl selbst steht immer am ⬤.

**11** Ergänze die fehlenden Teiler im Heft.
a) $T_{14}$ = {1; ⬤; ⬤; 14}      b) $T_{22}$ = {⬤; ⬤; ⬤; ⬤}
c) $T_{35}$ = {⬤; ⬤; ⬤; ⬤}      d) $T_{25}$ = {⬤; ⬤; ⬤}
e) $T_{24}$ = {⬤; ⬤; ⬤; ⬤; ⬤; ⬤; ⬤; ⬤}      ▸ **12**

**12** Bestimme die Teilermenge.
a) $T_7$       b) $T_9$       c) $T_{17}$       d) $T_{27}$
e) Welche Teilermengen gehören zu
   Primzahlen? Kreise sie im Heft ein.
f) Woran hast du die Primzahlen erkannt?

**13** Schreibe die Zahlen von 1 bis 20 in dein Heft. ▸🔊
Markiere alle Primzahlen. Lerne sie auswendig.

---

Sprachhilfe zu **3**: Beginne so: Opa Rudi kann ...
Sprachhilfe zu **4**: Weide: Auf dieser Fläche mit Gras und Pflanzen fressen (weiden) Tiere.
Tipp zu **9**, **11** und **12**: Immer zwei Teiler gehören zusammen, zum Beispiel 1 · 10 = 10 und 2 · ? = 10.

**1** Berechne die Quersumme.
- a) 55
- b) 193
- c) 337
- d) 609
- e) 1978
- f) 7018
- g) 10 708
- h) 27 826
- i) 41 605

**2** Fuat sagt: „Je größer die Zahl ist, desto größer ist ihre Quersumme".
Finde drei Beispiele, für die das nicht stimmt. Beginne mit 23 und finde eine Zahl, die größer ist als 23, aber eine kleinere Quersumme hat.

**3** Prüfe, ob die Zahl durch 3 teilbar ist.
- a) 189
- b) 236
- c) 777
- d) 819
- e) 1067
- f) 3497
- g) 61 292
- h) 80 829

**4** Oma Naledi möchte ihren drei Enkelkindern Geld schenken. Jedes Enkelkind soll gleich viel Geld bekommen. Welche der vier Summen sollte Oma Naledi wählen? Begründe.

| 100 € | 110 € | 105 € | 115 € |

**5** Lina sagt: „Eine Zahl aus drei gleichen Ziffern ist immer durch 3 teilbar."
- a) Finde drei Beispiele. Prüfe die Aussage.
- b) Begründe, warum das immer stimmt. ▶ **5**

**6** Prüfe, ob die Zahl durch 9 teilbar ist.
- a) 96
- b) 162
- c) 558
- d) 665
- e) 945
- f) 1871
- g) 9837
- h) 18 182

**7** Prüfe, ob die Zahlen durch 9 teilbar sind.
- a) 927; 297; 729; 279; 972; 792
- b) 1037; 7031; 1370; 3701; 3170; 7301
- c) Was ist dir aufgefallen?

**8** Teilbar durch 3 und teilbar durch 9.
- a) Übertrage die Tabelle in dein Heft. Kreuze an.

| | 27 | 33 | 36 | 49 | 102 | 121 |
|---|---|---|---|---|---|---|
| teilbar durch 3 | ✗ | | | | | |
| teilbar durch 9 | | | | | | |

- b) Stimmen die Aussagen? Begründe.
  - Wenn eine Zahl durch 3 teilbar ist, dann ist sie auch durch 9 teilbar.
  - Wenn eine Zahl durch 9 teilbar ist, dann ist sie auch durch 3 teilbar.
  - Wenn eine Zahl nicht durch 9 teilbar ist, dann ist sie auch nicht durch 3 teilbar.

**9** Bilde aus den Ziffern 4, 6 und 8 alle möglichen dreistelligen Zahlen.
- a) Welche dieser Zahlen sind durch 9 teilbar?
- b) Warum reicht es aus, nur eine der Zahlen auf Teilbarkeit durch 9 zu untersuchen?

**10** Jonas sagt: „Wenn eine Zahl gleichzeitig durch 2 und 3 teilbar ist, dann ist sie durch 6 teilbar."
Prüfe die Aussage an den folgenden Zahlen:
12; 15; 22; 24; 33; 42; 60; 75 ▶ **9**

**11** Ergänze die fehlenden Teiler in deinem Heft.
Tipp: Immer zwei Teiler gehören zusammen.
- a) $T_{63} = \{1; 3; \blacksquare; 9; \blacksquare; 63\}$
- b) $T_{55} = \{1; 5; \blacksquare; 55\}$
- c) $T_{81} = \{1; 3; \blacksquare; \blacksquare; 81\}$
- d) $T_{57} = \{\blacksquare; 3; \blacksquare; 57\}$
- e) $T_{72} = \{1; 2; 3; 4; 6; 8; \blacksquare; \blacksquare; \blacksquare; \blacksquare; \blacksquare; \blacksquare\}$
- f) $T_{48} = \{\blacksquare; \blacksquare; \blacksquare; \blacksquare; \blacksquare; \blacksquare; \blacksquare; \blacksquare; \blacksquare; \blacksquare\}$ ▶ **12**

**12** Bestimme die Teilermengen. Kennzeichne die Teilermengen von Primzahlen rot.
- a) $T_{28}$
- b) $T_{29}$
- c) $T_{47}$
- d) $T_{51}$
- e) $T_{61}$

**13** Notiere alle Primzahlen, die kleiner als 30 sind. Bei welchen Zahlen weißt du sofort, dass es keine Primzahlen sind?

**14** Bei einem Sommerlager stellen sich 30 Kinder in einen Kreis und sollen Aufgaben erfüllen. Gestartet wird immer bei dem gleichen Kind.
- Jedes zweite Kind soll einen Schuh ausziehen.
- Jedes dritte Kind soll sich umdrehen.
- Jedes fünfte Kind soll ein Lied singen.

Eine Skizze hilft dir, die Fragen zu beantworten:
- a) Wie viele Kinder müssen alle Aufgaben erfüllen? An der wievielten Stelle stehen sie?
- b) Wie viele Kinder mit nur einem Schuh schauen in die andere Richtung? Begründe.
- c) Wie viele Kinder bekommen keine Aufgabe? An welchen Stellen stehen sie?

**1** Prüfe, ob die Zahl durch 3 teilbar ist.
a) 89    b) 184    c) 255    d) 803
e) 1371    f) 5829    g) 8038    h) 53 792

**2** Bestimme die nächstgrößere Zahl, die durch 3 teilbar ist.
a) 38      b) 67      c) 232
d) 256     e) 671     f) 974
g) 2147    h) 5692    i) 10 421

**3** Leonie sagt: „Wenn ich eine zehnstellige Zahl aus allen Ziffern von 0 bis 9 bilde, dann ist die Zahl immer durch 3 teilbar. Die Reihenfolge der Ziffern ist egal." Stimmt das? Begründe.

**4** Die U-Bahn in Barcelona fährt alle 3 Minuten. Die erste Bahn fährt um 5:00 Uhr.
Muss man warten, wenn man um 6:27 Uhr am Bahnsteig ist? Bestimme zuerst, wie viele Minuten von 5:00 Uhr bis 6:27 Uhr vergehen.

**5** Prüfe, ob die Zahl durch 9 teilbar ist.
a) 639    b) 236    c) 457    d) 1067
e) 1395    f) 3781    g) 8217    h) 91 112

**6** Ergänze die Lücken, sodass die Zahl durch 9 teilbar ist.
a) 23●     b) 35●     c) 561●
d) 891●    e) 1054●    f) 2372●

**7** Übertrage die Tabelle in dein Heft. Kreuze an. Formuliere eine Teilbarkeitsregel für die 6.

| | teilbar durch 2 | teilbar durch 3 | teilbar durch 6 |
|---|---|---|---|
| 234 | | | |
| 1378 | | | |
| 2091 | | | |
| 5892 | | | |

**8** Prüfe, ob die Zahlen durch 6 teilbar sind.
a) 75    b) 84    c) 186    d) 288
e) 1062    f) 2204    g) 2781    h) 52 654

**9** Ergänze die Teilermenge in deinem Heft.
a) $T_{56} = \{1; ●; ●; 7; ●; 14; ●; 56\}$
b) $T_{68} = \{●; ●; ●; 17; ●; 68\}$
c) $T_{42} = \{●; ●; ●; 6; ●; ●; ●; ●\}$
d) $T_{108} = \{●; ●; ●; ●; ●; ●; ●; ●; ●; ●; ●; ●\}$

**10** Bestimme die Teilermenge.
a) $T_{60}$    b) $T_{72}$    c) $T_{90}$    d) $T_{120}$    e) $T_{175}$

**11** Überprüfe mit mehreren Beispielen, ob die Aussage stimmt.
a) Je größer die Zahl, desto mehr Teiler enthält ihre Teilermenge.
b) Eine gerade Zahl hat immer eine gerade Anzahl von Teilern.

**12** Bestimme die Teilermengen und kennzeichne die Teilermengen von Primzahlen rot.
a) $T_{57}$    b) $T_{69}$    c) $T_{79}$    d) $T_{91}$    e) $T_{111}$

**13** Beim Fußballtraining jonglieren zwei Spielerinnen mit einem Ball. Immer bei einer Primzahl muss der Ball zur anderen gespielt werden.
Also so:
Spielerin 1 hat den 1. und den 2. Ballkontakt,
Spielerin 2 hat den 3. Ballkontakt,
Spielerin 1 hat den 4. und 5. Ballkontakt …

| Spielerin 1 | 1, 2 | | 4, 5 | | |
|---|---|---|---|---|---|
| Spielerin 2 | | 3 | | | |

Ergänze die Tabelle bis zum 50. Ballkontakt. Wer hatte den Ball öfter?

**14** Du kannst für zwei Zahlen aufschreiben, welche Vielfachen sie haben:
- von 9:    9; 18; 27; <u>36</u>; 45; 54; 63; <u>72</u> …
- von 12:    12; 24; <u>36</u>; 48; 60; <u>72</u> …

Durch Vergleichen erkennt Sina: 36 und 72 sind gemeinsame Vielfache von 9 und von 12.
Das **kleinste gemeinsame Vielfache** (kgV) von 9 und 12 ist 36.
a) Notiere die Vielfachen von 6 und 9 als Listen. Finde damit drei gemeinsame Vielfache. Finde auch das kleinste gemeinsame Vielfache.
b) Finde das kleinste gemeinsame Vielfache durch Vergleichen.
   • 8 und 12     • 6 und 8     • 14 und 21
c) Finde zwei Zahlen, deren kleinstes gemeinsames Vielfaches 15 ist.

## Brüche erweitern und kürzen

Jonas und Mia backen Pizza.
Jonas hat seine Pizza zur Hälfte mit Salami und zur Hälfte mit Pilzen belegt.

Mia hat ihre Pizza in Viertel eingeteilt und so belegt: zwei Viertel mit Salami, ein Viertel mit Pilzen und ein Viertel mit Paprika.

Bei Jonas ist 1 Teil von 2 Teilen mit Salami belegt, also ist der Bruch $\frac{1}{2}$.

Bei Mia sind 2 Teile von 4 Teilen mit Salami belegt, also ist der Bruch $\frac{2}{4}$.

Die Flächen mit Salami sind bei Jonas und Mia gleich groß. Also sind $\frac{1}{2}$ und $\frac{2}{4}$ gleich groß.

▸ 🖵 Brüche erweitern und kürzen

**W** **Brüche erweitern**

Der Nenner eines Bruchs gibt an, in wie viele Teile das Ganze aufgeteilt wurde. Wenn du das Ganze in noch mehr Teile einteilst, dann **verfeinerst** du die Einteilung.
Das bedeutet: Du **erweiterst** den Bruch.

So rechnest du:
Multipliziere den Zähler und den Nenner mit der gleichen Zahl.

Diese Zahl darf nicht 0 sein.
Der Wert des Bruchs bleibt gleich.

**Erweitere $\frac{1}{2}$ mit 2.**

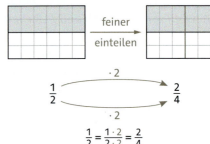

$$\frac{1}{2} = \frac{1 \cdot 2}{2 \cdot 2} = \frac{2}{4}$$

▶ **Aufgabe** Erweitere den Bruch $\frac{1}{2}$ mit 3. ▸ 1 ▸ 1 ▸ 1

**W** **Brüche kürzen**

Wenn du das Ganze in weniger Teile einteilst, dann **vergröberst** du die Einteilung.
Das bedeutet: Du **kürzt** den Bruch.

So rechnest du:
Dividiere den Zähler und den Nenner durch die gleiche Zahl.
Diese Zahl darf nicht 0 sein.

Der Wert des Bruchs bleibt gleich.

**Kürze $\frac{2}{4}$ mit 2.**

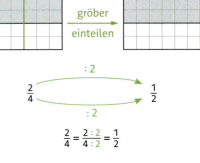

$$\frac{2}{4} = \frac{2 : 2}{4 : 2} = \frac{1}{2}$$

*Achtung: Erweitern heißt hier **nicht** weiter oder größer machen! Kürzen heißt hier nicht kürzer machen!*

▶ **Aufgabe** Kürze den Bruch $\frac{4}{6}$ mit 2. ▸ 3 ▸ 2 ▸ 3

**1** Erweitere die Brüche mit 3.

**Beispiel**

· 3

$\frac{2}{5}$    $\frac{6}{15}$

· 3

Rechnung:

$\frac{2}{5} = \frac{2 \cdot 3}{5 \cdot 3} = \frac{6}{15}$

a) $\frac{1}{4}$   b) $\frac{3}{5}$   c) $\frac{2}{3}$   d) $\frac{5}{6}$   e) $\frac{4}{7}$

**2** Notiere die beiden Brüche. Entscheide dann, wie der erste Bruch erweitert wurde.

**Beispiel**

$\frac{1}{2} = \frac{3}{6}$ ; $\frac{1}{2}$ wurde mit 3 erweitert.

a)

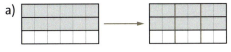

b)

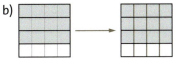

**3** Kürze die Brüche mit 2.

**Beispiel**

: 2

$\frac{6}{8}$    $\frac{3}{4}$

: 2

Rechnung:

$\frac{6}{8} = \frac{6 : 2}{8 : 2} = \frac{3}{4}$

a) $\frac{2}{4}$   b) $\frac{8}{10}$   c) $\frac{2}{8}$   d) $\frac{10}{12}$   e) $\frac{14}{20}$

**4** Notiere: Mit welcher Zahl wurde gekürzt? Wie heißt der neue Bruch?

**Beispiel**

$\frac{6}{9}$ wurde mit 3 gekürzt: $\frac{6}{9} = \frac{2}{3}$

a)

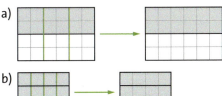

b)

▶ 4

**5** Nimm ein DIN-A4-Blatt.
- Falte das Blatt zweimal in der Mitte.
- Falte das Blatt wieder auseinander.
- Du siehst vier Viertel. Färbe ein Viertel ein.
- Falte das Blatt wieder in der Mitte, diesmal viermal. Wie viele Rechtecke hast du nun?
- Was ist aus dem farbigen Viertel geworden?

**6** Die Zeichnung und der Text unten beschreiben, wie ein Bruch gekürzt oder erweitert wird. Schreibe den Text ab. Entscheide dich immer für einen der farbigen Ausdrücke.

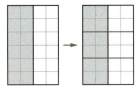

Die Zeichnung zeigt, wie ein Bruch gekürzt/ erweitert wird. Das Ganze wird in mehr/ weniger Teile eingeteilt. So wird der Bruch $\frac{1}{2}$ zum Bruch $\frac{3}{6}$ / $\frac{6}{3}$. Zähler und Nenner werden mit 3 multipliziert/durch 3 dividiert. Der Wert des Bruchs hat sich nicht verändert/verdreifacht.

**7** Wurde erweitert oder gekürzt? Mit welcher Zahl wurde erweitert oder gekürzt?

**Beispiel** $\frac{1}{4} = \frac{3}{12}$

· 3

$\frac{1}{4}$    $\frac{3}{12}$

· 3

Der Bruch $\frac{1}{4}$ wurde mit 3 erweitert.

a) $\frac{1}{2} = \frac{3}{6}$   b) $\frac{1}{3} = \frac{4}{12}$   c) $\frac{4}{8} = \frac{1}{2}$

d) $\frac{15}{20} = \frac{3}{4}$   e) $\frac{2}{5} = \frac{8}{20}$   f) $\frac{18}{42} = \frac{3}{7}$   ▶ 6

**8** Übertrage in dein Heft. Fülle die Lücken.

a)

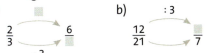

$\frac{2}{3}$    $\frac{6}{\square}$

· 3

b) : 3

$\frac{12}{21}$    $\frac{\square}{7}$

c) $\frac{5}{6} = \frac{5 \cdot 4}{6 \cdot \square} = \frac{\square}{\square}$    d) $\frac{16}{20} = \frac{16 : \square}{20 : \square} = \frac{4}{5}$   ▶ 8

**9** Kürze den Bruch so weit wie möglich.

**Beispiel** (mit 2) (mit 3)

$\frac{24}{30} = \frac{12}{15} = \frac{4}{5}$

a) $\frac{18}{36}$   b) $\frac{27}{45}$   c) $\frac{24}{40}$   d) $\frac{45}{60}$

e) $\frac{28}{42}$   f) $\frac{42}{84}$   g) $\frac{36}{48}$   h) $\frac{66}{99}$

**10** Erhan behauptet: „Zwei Achtel fehlen." Alexander ist anderer Meinung: „Nein, da fehlt ein Viertel." Wer hat recht? Begründe.

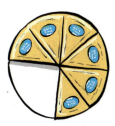

# Üben ☒

**1** Erweitere den Bruch zuerst mit 2, dann mit 3 und zum Schluss mit 4.

Beispiel $\frac{2}{3} = \frac{2 \cdot 2}{3 \cdot 2} = \frac{4}{6}$

$\frac{2}{3} = \frac{2 \cdot 3}{3 \cdot 3} = \frac{6}{9}$

$\frac{2}{3} = \frac{2 \cdot 4}{3 \cdot 4} = \frac{8}{12}$

a) $\frac{1}{5}$  b) $\frac{3}{4}$  c) $\frac{2}{7}$  d) $\frac{5}{6}$

e) $\frac{5}{8}$  f) $\frac{6}{11}$  g) $\frac{10}{13}$  h) $\frac{9}{14}$

**2** Fülle die Tabelle im Heft aus. Kürze die Brüche.

| Bruch | gekürzt mit | | | |
|---|---|---|---|---|
| | 2 | 3 | 4 | 6 |
| $\frac{12}{18}$ | $\frac{6}{9}$ | $\frac{4}{6}$ | geht nicht | $\frac{2}{3}$ |
| a) $\frac{8}{12}$ | | | | |
| b) $\frac{18}{24}$ | | | | |
| c) $\frac{28}{32}$ | | | | |
| d) $\frac{30}{48}$ | | | | |
| e) $\frac{36}{60}$ | | | | |

**3** Notiere, wie gekürzt oder erweitert wurde.

Beispiel

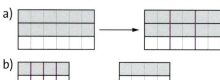

$\frac{1}{3}$ wurde mit 2 erweitert zu $\frac{2}{6}$.

a)

b)

c)

▶ **4**

**4** Mit welcher Zahl wurde erweitert oder gekürzt?

Beispiel $\frac{3}{4}$ $\cdot 8$ $\frac{24}{32}$ $\cdot 8$   $\frac{3}{4}$ wurde mit 8 erweitert.

a) $\frac{1}{4} = \frac{3}{12}$  b) $\frac{8}{28} = \frac{2}{7}$  c) $\frac{30}{40} = \frac{3}{4}$

d) $\frac{4}{5} = \frac{48}{60}$  e) $\frac{63}{72} = \frac{7}{8}$  f) $\frac{6}{7} = \frac{90}{105}$

**5** 👥 Bastelt zu zweit ein Domino mit Brüchen. Schneidet dazu zehn solcher Rechtecke aus. Das werden eure Dominosteine.

Länge: 5 cm
Breite: 2,5 cm

Tragt immer links einen Bruch ein und schreibt auf einem anderen Rechteck rechts einen passenden gekürzten oder erweiterten Bruch. Spielt dann mit zwei anderen zusammen. Legt immer zwei Dominosteine aneinander, bei denen die Brüche zusammengehören.

**6** Ergänze die fehlende Zahl im Heft.

a) $\frac{2}{3} = \frac{4}{\square}$  b) $\frac{3}{4} = \frac{\square}{12}$  c) $\frac{2}{6} = \frac{1}{\square}$

d) $\frac{6}{24} = \frac{\square}{4}$  e) $\frac{4}{5} = \frac{\square}{30}$  f) $\frac{5}{7} = \frac{25}{\square}$

**7** Fülle die Lücken im Heft.

a) $\frac{1}{2} = \frac{3}{\square} = \frac{6}{\square} = \frac{\square}{24}$  b) $\frac{6}{7} = \frac{18}{\square} = \frac{\square}{63} = \frac{108}{\square}$

c) $\frac{10}{17} = \frac{\square}{34} = \frac{120}{\square} = \frac{\square}{51}$  d) $\frac{60}{100} = \frac{\square}{50} = \frac{15}{\square} = \frac{\square}{5}$  ▶ **8**

**8** Mit welchen Zahlen kannst du den Bruch kürzen? Markiere immer die größte Zahl, mit der du gekürzt hast.

Beispiel $\frac{6}{12}$;  gekürzt mit 2: $\frac{6}{12} = \frac{3}{6}$

gekürzt mit 3: $\frac{6}{12} = \frac{2}{4}$

gekürzt mit **6**: $\frac{6}{12} = \frac{1}{2}$

a) $\frac{8}{12}$  b) $\frac{6}{18}$  c) $\frac{15}{60}$  d) $\frac{18}{30}$  ▶ **9**

**9** Welche Brüche sind gleich? Schreibe sie auf.

| $\frac{14}{21}$ | $\frac{27}{36}$ | $\frac{60}{84}$ | $\frac{2}{3}$ | $\frac{9}{12}$ | $\frac{75}{100}$ |
|---|---|---|---|---|---|
| $\frac{10}{14}$ | $\frac{3}{4}$ | $\frac{5}{7}$ | $\frac{26}{39}$ | $\frac{25}{35}$ | $\frac{4}{6}$ |

**10** Richtig oder falsch? Begründe.

a) Wenn ein Bruch mit 2 erweitert wird, dann verdoppelt sich sein Wert.

b) Wenn Zähler und Nenner ungerade sind, dann kann man den Bruch nicht kürzen.

c) $\frac{1}{2}$ oder $\frac{1}{12}$ sind Stammbrüche. Stammbrüche kann man nicht kürzen.

Die Lösungen zu **6** ergeben in der richtigen Reihenfolge ein Lösungswort: 1 (U); 3 (G); 6 (J); 9 (A); 24 (A); 35 (R)

Tipp zu **10c**: Bei einem Stammbruch steht eine 1 im Zähler.

**1** Erweitere den Bruch mit 3, mit 5 und mit 7.

**Beispiel** $\frac{3}{4} = \frac{9}{12}$; $\frac{3}{4} = \frac{15}{20}$; $\frac{3}{4} = \frac{21}{28}$

a) $\frac{1}{5}$   b) $\frac{5}{6}$   c) $\frac{3}{7}$   d) $\frac{4}{9}$

**2** Stelle mit einer Zeichnung dar, wie der Bruch erweitert wird. Gib dann die Rechnung an.

**Beispiel** $\frac{1}{2}$ wird mit 3 erweitert.

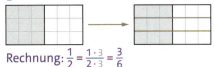

Rechnung: $\frac{1}{2} = \frac{1 \cdot 3}{2 \cdot 3} = \frac{3}{6}$

a) $\frac{3}{4}$ wird mit 2 erweitert.

b) $\frac{2}{3}$ wird mit 4 erweitert.

c) $\frac{2}{5}$ wird mit 3 erweitert.

**3** Kürze den Bruch mit 3, mit 6 und mit 12.

**Beispiel** $\frac{12}{36} = \frac{4}{12}$; $\frac{12}{36} = \frac{2}{6}$; $\frac{12}{36} = \frac{1}{3}$

a) $\frac{12}{48}$   b) $\frac{24}{60}$   c) $\frac{36}{84}$   d) $\frac{72}{120}$

**4** Kürze so weit wie möglich.

**Beispiel** $\frac{60}{84} = \frac{30}{42} = \frac{15}{21} = \frac{5}{7}$

a) $\frac{32}{40}$   b) $\frac{56}{64}$   c) $\frac{24}{60}$   d) $\frac{45}{60}$

e) $\frac{60}{108}$   f) $\frac{48}{128}$   g) $\frac{105}{120}$   h) $\frac{84}{112}$

**5** Fülle die Tabelle im Heft aus.

| Bruch | erweitert mit | | | |
|---|---|---|---|---|
| | 3 | 5 | 7 | 12 |
| a) $\frac{3}{5}$ | $\frac{9}{15}$ | | | |
| b) $\frac{7}{8}$ | | | | |
| c) | | $\frac{45}{55}$ | | |

**6** Welche Aussagen sind falsch? Begründe.

a) $\frac{3}{4}$ erweitert mit 2 ist $\frac{6}{4}$.

b) $\frac{4}{5}$ erweitert mit 8 ist $\frac{32}{40}$.

c) $\frac{6}{18}$ gekürzt mit 6 ist $\frac{0}{3}$.

d) $\frac{54}{112}$ gekürzt mit 2 ist $\frac{27}{56}$.

**7** Fülle die Lücken im Heft.

a) $\frac{5}{8} = \frac{\square}{32}$   b) $\frac{4}{7} = \frac{\square}{56}$   c) $\frac{6}{\square} = \frac{30}{55}$

d) $\frac{5}{13} = \frac{45}{\square}$   e) $\frac{5}{\square} = \frac{40}{96}$   f) $\frac{7}{15} = \frac{49}{\square}$

**8** Erweitere die beiden Brüche so, dass sie einen gleichen Nenner haben.

**Beispiel** $\frac{5}{6}$ und $\frac{3}{4}$

Ein gleicher Nenner ist 12.

$\frac{5}{6} = \frac{10}{12}$ und $\frac{3}{4} = \frac{9}{12}$

a) $\frac{1}{2}$ und $\frac{2}{3}$   b) $\frac{3}{5}$ und $\frac{5}{6}$

c) $\frac{1}{2}$ und $\frac{5}{8}$   d) $\frac{5}{6}$ und $\frac{5}{8}$

**9** Gib den Anteil als Bruch an. Kürze so weit wie möglich.

a) 12 von 30 Schülerinnen und Schülern wählten Jan zum Klassensprecher.

b) Von 200 Losen waren 150 Nieten.

c) Bei einer Radarkontrolle fuhren 18 von 120 kontrollierten Autos zu schnell.

**10** Am Tag der offenen Tür verkauft die Klasse 6 c Lose. Die Kinder haben 400 Lose hergestellt, von denen 60 Gewinnlose sind.

a) Gib den Anteil der Gewinnlose als Bruch an.

b) Der Losverkauf läuft so gut, dass die Klasse 6 c weitere 200 Lose herstellt. Wie viele davon müssen Gewinnlose sein, damit der Anteil an Gewinnlosen gleich bleibt?

c) Gib mindestens drei weitere Anzahlen für Lose insgesamt und Gewinnlose an, sodass der Anteil an Gewinnlosen unverändert ist.

**11** Sind die Aussagen richtig oder falsch? Finde Beispiele. Begründe deine Entscheidung.

a) Wenn der Zähler eine Primzahl ist, dann kann man den Bruch nicht kürzen.

b) Wenn der Zähler gerade und der Nenner ungerade ist, dann kann man den Bruch nicht kürzen.

c) Wenn der Zähler und der Nenner verschiedene Primzahlen sind, dann kann man den Bruch nicht kürzen.

Die Lösungen für die Lücken in **7** ergeben in der richtigen Reihenfolge ein Lösungswort:
11 (I); 12 (G); 20 (F); 32 (L); 105 (E); 117 (E)

▶ Tipp zu **5**

## Brüche vergleichen und ordnen

*Das Gehalt ist das Geld, das eine Person mit ihrer Arbeit verdient.*

Über einen Fußballer wird folgende Geschichte erzählt: Der Verein wollte sein Gehalt um ein Drittel erhöhen. Aber der Fußballer sagte: „Ich will ein Viertel mehr, nicht nur ein Drittel!"

 oder

▶ 💻 **Brüche vergleichen**

*Wenn zwei Brüche den gleichen Nenner haben, dann heißen sie gleichnamig.*

**W** **Brüche vergleichen bei gleichem Nenner oder gleichem Zähler**
Wenn die Nenner gleich sind, dann vergleiche die Zähler. Der Bruch mit dem größeren Zähler ist größer.

Wenn die Zähler gleich sind, dann vergleiche die Nenner. Der Bruch mit dem kleineren Nenner ist größer.

Vergleiche $\frac{3}{4}$ und $\frac{1}{4}$.

$\frac{3}{4} > \frac{1}{4}$

mehr Teile

Vergleiche $\frac{1}{3}$ und $\frac{1}{4}$.

$\frac{1}{3} > \frac{1}{4}$

größere Teile

$\frac{1}{3}$ mehr Gehalt ist besser als $\frac{1}{4}$ mehr Gehalt.

▶ **Aufgabe** Vergleiche. a) $\frac{3}{6}$ und $\frac{5}{6}$ b) $\frac{3}{7}$ und $\frac{3}{5}$

▶ 1 ▶ 1 ▶ 1

**W** **Brüche vergleichen bei verschiedenen Zählern und verschiedenen Nennern**
① Finde einen gemeinsamen Nenner. Du kannst dafür die beiden Nenner multiplizieren.
② Erweitere beide Brüche auf den gemeinsamen Nenner.

③ Vergleiche die Zähler.

Vergleiche $\frac{3}{5}$ und $\frac{2}{3}$.
Multipliziere die Nenner, also $5 \cdot 3 = 15$.

15 ist ein gemeinsamer Nenner.

$\frac{3}{5} = \frac{3 \cdot 3}{5 \cdot 3} = \frac{9}{15}$ (erweitert mit 3) und

$\frac{2}{3} = \frac{2 \cdot 5}{3 \cdot 5} = \frac{10}{15}$ (erweitert mit 5)

Es ist $\frac{9}{15} < \frac{10}{15}$. Also ist $\frac{3}{5} < \frac{2}{3}$.

▶ **Aufgabe** Vergleiche: $\frac{1}{4}$ und $\frac{2}{5}$

▶ 5 ▶ 3 ▶ 4

▶ 💻 **Brüche am Zahlenstrahl ablesen**

▶ 💻 **Einen Zahlenstrahl zeichnen und Brüche eintragen**

**W** **Brüche auf dem Zahlenstrahl darstellen**
Der Nenner gibt an, **in wie viele Teile** der Abschnitt zwischen 0 und 1 eingeteilt wird.
Der Zähler gibt an, wo der Bruch stehen muss.

Wenn der Zähler größer ist als der Nenner, dann ist der Bruch größer als 1.
Der Bruch liegt dann rechts von der 1.

Stelle $\frac{5}{6}$ auf dem Zahlenstrahl dar.

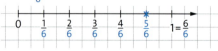

Unterteile den Abschnitt zwischen 0 und 1 in 6 gleich große Teile.

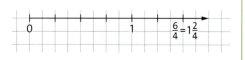

▶ **Aufgabe** Übertrage den unteren Zahlenstrahl aus dem Kasten in dein Heft. Trage die Brüche $\frac{1}{4}$, $\frac{2}{4}$, $\frac{3}{4}$, $\frac{4}{4}$ und $\frac{5}{4}$ ein.

▶ 8 ▶ 9 ▶ 10

**1** Was ist größer?

a) $\frac{1}{4}$ einer Pizza oder

$\frac{3}{4}$ einer Pizza

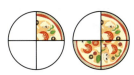

b) $\frac{1}{4}$ einer Torte oder

$\frac{1}{2}$ einer Torte

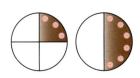

c) $\frac{3}{4}$ einer Tafel Schokolade oder

$\frac{3}{8}$ einer Tafel Schokolade

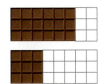

**2** Welche Brüche sind dargestellt?
Welcher der beiden Brüche ist größer?

a)    b)

c)    d)

e)    f)

**3** Setze im Heft < (kleiner) oder > (größer) ein.

a) $\frac{1}{3} \bigcirc \frac{2}{3}$   b) $\frac{3}{4} \bigcirc \frac{1}{4}$   c) $\frac{4}{5} \bigcirc \frac{3}{5}$

d) $\frac{3}{8} \bigcirc \frac{5}{8}$   e) $\frac{9}{11} \bigcirc 2$   f) $\frac{1}{2} \bigcirc \frac{1}{8}$

g) $\frac{1}{4} \bigcirc \frac{1}{3}$   h) $\frac{2}{3} \bigcirc \frac{2}{9}$   i) $\frac{4}{7} \bigcirc 1$   ▸ **3**

**4** Schreibe die Sätze ab und ergänze sie.

• Wenn zwei Brüche den gleichen Nenner haben, dann ist der Bruch mit dem ◯ Zähler größer.

• Wenn zwei Brüche den gleichen Zähler haben, dann ist der Bruch mit dem ◯ Nenner größer.

Ordne dann jedem Satz zwei Beispiele zu:

$\frac{1}{2} > \frac{1}{10}$   $\frac{5}{8} > \frac{3}{8}$   $\frac{7}{9} > \frac{5}{9}$   $\frac{3}{4} > \frac{3}{8}$

**5** Vergleiche die Brüche. ▸ 🔊
Erweitere zuerst den ersten Bruch passend.
Vergleiche dann die Zähler.
**Beispiel** $\frac{2}{3}$ und $\frac{5}{6}$   $\frac{2}{3} = \frac{4}{6} < \frac{5}{6}$

a) $\frac{1}{2}$ und $\frac{3}{4}$   b) $\frac{2}{5}$ und $\frac{3}{10}$   c) $\frac{3}{4}$ und $\frac{5}{8}$

d) $\frac{1}{3}$ und $\frac{4}{9}$   e) $\frac{1}{2}$ und $\frac{5}{6}$   f) $\frac{2}{7}$ und $\frac{5}{28}$

**6** Vergleiche die Brüche.
Kürze zuerst den ersten Bruch passend.
Vergleiche dann die Zähler.
**Beispiel** $\frac{6}{8}$ und $\frac{1}{4}$   $\frac{6}{8} = \frac{3}{4} > \frac{1}{4}$

a) $\frac{4}{6}$ und $\frac{1}{3}$   b) $\frac{6}{10}$ und $\frac{2}{5}$   c) $\frac{9}{12}$ und $\frac{1}{4}$

d) $\frac{12}{20}$ und $\frac{4}{5}$   e) $\frac{5}{30}$ und $\frac{1}{6}$

**7** Vergleiche. Erweitere zuerst die beiden Brüche auf den gemeinsamen Nenner.

a) $\frac{2}{3}$ und $\frac{3}{4}$   gemeinsamer Nenner 12

b) $\frac{4}{6}$ und $\frac{5}{9}$   gemeinsamer Nenner 18

c) $\frac{2}{3}$ und $\frac{6}{7}$   gemeinsamer Nenner 21   ▸ **9**

**8** Übertrage den Zahlenstrahl in dein Heft. ▸ 🔊
Ergänze die Brüche an den Markierungen.

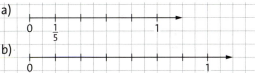

**9** Übertrage den Zahlenstrahl in dein Heft.

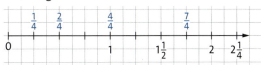

a) Ergänze die fehlenden blauen Brüche über dem Zahlenstrahl.

b) Ergänze unten $\frac{1}{2}$, $1\frac{1}{4}$ und $1\frac{3}{4}$.

c) Richtig oder falsch? Begründe am Zahlenstrahl.

• $\frac{3}{4} < 1\frac{1}{2}$   • $\frac{8}{4} = 2$   • $1\frac{1}{4} > \frac{7}{4}$

**10** Welche Brüche sind mit Kreuzen markiert?

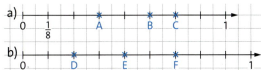

**1** Finde den größeren Bruch. Begründe anschaulich mithilfe einer Tafel Schokolade.

**Beispiel** $\frac{1}{3}$ ist größer als $\frac{1}{6}$, weil bei $\frac{1}{3}$ die Schokolade in nur 3 Teile geteilt wird.

a) $\frac{1}{6}$ und $\frac{1}{4}$

b) $\frac{1}{2}$ und $\frac{1}{4}$

c) $\frac{5}{24}$ und $\frac{11}{24}$

d) $\frac{3}{4}$ und $\frac{1}{4}$

e) $\frac{7}{24}$ und $\frac{7}{12}$

f) $\frac{1}{3}$ und $\frac{2}{6}$

**2** Setze im Heft < oder > ein. Begründe.

**Beispiel** $\frac{2}{3} > \frac{2}{5}$ Die Zähler sind gleich. Also ist der linke Bruch größer, weil er den kleineren Nenner hat.

a) $\frac{5}{7} \bigcirc \frac{6}{7}$

b) $\frac{7}{9} \bigcirc \frac{4}{9}$

c) $\frac{3}{41} \bigcirc \frac{1}{41}$

d) $\frac{3}{5} \bigcirc \frac{3}{10}$

e) $\frac{5}{7} \bigcirc \frac{5}{6}$

f) $\frac{7}{18} \bigcirc \frac{7}{20}$

**3** Vergleiche die Brüche. Erweitere oder kürze zuerst einen Bruch so, dass beide Brüche den gleichen Nenner haben.

a) $\frac{3}{5}$ und $\frac{7}{10}$

b) $\frac{4}{9}$ und $\frac{2}{3}$

c) $\frac{5}{7}$ und $\frac{13}{21}$

d) $\frac{1}{2}$ und $\frac{6}{12}$

e) $\frac{4}{5}$ und $\frac{12}{20}$

f) $\frac{7}{8}$ und $\frac{30}{40}$

**4** Setze im Heft eine passende Zahl ein. Gibt es mehrere Möglichkeiten?

a) $\frac{2}{7} > \frac{\blacksquare}{7}$

b) $\frac{7}{10} < \frac{\blacksquare}{10}$

c) $\frac{1}{3} < \frac{1}{\blacksquare}$

d) $\frac{3}{\blacksquare} < \frac{3}{5}$

e) $\frac{1}{6} < \frac{\blacksquare}{12}$

f) $\frac{7}{15} > \frac{\blacksquare}{5}$ ▶ **6**

**5** Vergleiche die Brüche. Erweitere zuerst beide Brüche auf den gemeinsamen Nenner.

a) $\frac{2}{3}$ und $\frac{3}{5}$ gemeinsamer Nenner 15

b) $\frac{3}{8}$ und $\frac{5}{12}$ gemeinsamer Nenner 24

c) $\frac{7}{12}$ und $\frac{5}{9}$ gemeinsamer Nenner 36

**6** Kira und Enno vergleichen $\frac{18}{45}$ und $\frac{3}{10}$.

| Kira | Enno |
|---|---|
| $\frac{18}{45} = \frac{6}{15} = \frac{2}{5} = \frac{4}{10}$ und $\frac{4}{10} > \frac{3}{10}$, also $\frac{18}{45} > \frac{3}{10}$ | $\frac{18}{45} = \frac{36}{90}$ und $\frac{3}{10} = \frac{27}{90}$ also $\frac{18}{45} > \frac{3}{10}$ |

a) 👥 Erklärt und vergleicht beide Wege.

b) Vergleiche genauso $\frac{28}{35}$ und $\frac{7}{10}$. ▶ **7**

**7** 👥 Bruchlandung – ein Spiel für zwei

*Vorbereitung:* Schreibt auf acht Zettel je einen Bruch. Es muss gelten:

• Der Zähler muss kleiner sein als der Nenner.

• Der Nenner darf nicht größer als 10 sein.

• Notiert jeden Nenner nur einmal.

*Spiel:* Der jüngere Spieler legt einen Bruch in die Mitte. Der andere legt einen Bruch …

• links daneben, wenn der Bruch kleiner ist.

• rechts daneben, wenn der Bruch größer ist.

Nach und nach ordnet ihr so alle Brüche. Für einen Fehler („Bruchlandung") gibt es einen Strafpunkt. Wer die wenigsten Strafpunkte hat, gewinnt.

**8** Gib jeweils den Anteil der grauen Kugeln als Bruch an.

Du gewinnst, wenn du eine graue Kugel ziehst. Welches Gefäß wählst du? Begründe.

**9** Übertrage den Zahlenstrahl in dein Heft.

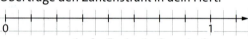

a) Trage ein: $\frac{1}{8}$; $\frac{3}{8}$; $\frac{7}{8}$; $\frac{1}{2}$; $\frac{1}{4}$; $\frac{3}{4}$; $1\frac{1}{8}$; $\frac{9}{8}$.

b) Sind diese Aussagen richtig oder falsch? Begründe mit dem Zahlenstrahl.

• $\frac{3}{8} < \frac{1}{2}$

• $1\frac{1}{4} = \frac{10}{8}$

• $1\frac{1}{4} > 1\frac{1}{8}$ ▶ **10**

**10** Lies die markierten Brüche ab. Kürze, falls möglich. Schreibe Brüche als gemischte Zahl, wenn der Zähler größer als der Nenner ist.

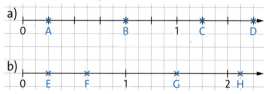

**11** Zeichne je einen 13 cm langen Zahlenstrahl. Beginne mit 0 und zeichne die 1 wie angegeben. Trage dann die Zahlen ein.

a) Der Abstand von 0 bis 1 beträgt 5 cm.

$\frac{1}{5}$; $\frac{3}{10}$; $\frac{1}{2}$; $\frac{4}{5}$; $\frac{7}{5}$; $1\frac{7}{10}$; 2

b) Der Abstand von 0 bis 1 beträgt 6 cm.

$\frac{1}{6}$; $\frac{5}{12}$; $\frac{2}{3}$; $\frac{3}{4}$; $1\frac{1}{2}$; $1\frac{5}{6}$; $2\frac{1}{12}$

**1** Veranschauliche beide Brüche mit Rechtecken. Welcher Bruch ist größer? Begründe.

**Beispiel** $\frac{2}{3}$ und $\frac{2}{5}$

Es sind immer 2 Teile. Aber bei $\frac{2}{3}$ wird das Ganze in weniger Teile geteilt, deshalb sind die Teile größer. Also ist $\frac{2}{3}$ größer als $\frac{2}{5}$.

a) $\frac{1}{6}$ und $\frac{1}{8}$        b) $\frac{3}{7}$ und $\frac{3}{4}$

**2** Setze im Heft < oder > ein und begründe.

a) $\frac{7}{10}$ ⬤ $\frac{3}{10}$    b) $\frac{5}{12}$ ⬤ $\frac{7}{12}$    c) $\frac{1}{2}$ ⬤ $\frac{1}{7}$

d) $\frac{3}{5}$ ⬤ $\frac{3}{4}$    e) $\frac{3}{4}$ ⬤ 1    f) $\frac{7}{6}$ ⬤ 2

**3** Überprüfe. Korrigiere die Fehler im Heft.

a) $\frac{14}{15} > \frac{11}{15}$ , weil die Nenner gleich groß sind und 14 > 11 ist.

b) $\frac{7}{18} > \frac{7}{9}$, weil die Zähler gleich groß sind und 18 > 9 ist.

c) $\frac{1}{2} < \frac{3}{8}$, weil alle Zahlen im linken Bruch kleiner sind als im rechten Bruch.

**4** Vergleiche. Schreibe zuerst beide Brüche mit einem gemeinsamen Nenner.

a) $\frac{1}{5}$ und $\frac{2}{10}$    b) $\frac{1}{2}$ und $\frac{3}{4}$    c) $\frac{3}{8}$ und $\frac{10}{16}$

d) $\frac{3}{10}$ und $\frac{1}{9}$    e) $\frac{3}{10}$ und $\frac{4}{15}$    f) $\frac{5}{12}$ und $\frac{4}{9}$

g) $\frac{3}{16}$ und $\frac{5}{24}$    h) $\frac{5}{14}$ und $\frac{10}{21}$    i) $\frac{11}{20}$ und $\frac{13}{25}$

**5** Setze im Heft eine passende Zahl ein. Gibt es mehrere Möglichkeiten?

a) $\frac{3}{5} < \frac{\blacksquare}{5}$    b) $\frac{1}{4} < \frac{1}{\blacksquare}$    c) $\frac{\blacksquare}{3} > \frac{2}{9}$

d) $\frac{2}{3} > \frac{\blacksquare}{9}$    e) $\frac{\blacksquare}{6} < \frac{2}{9}$    f) $\frac{7}{8} < \frac{\blacksquare}{12}$

g) $\frac{2}{3} > \frac{\blacksquare}{12} > \frac{1}{4}$    h) $\frac{5}{12} < \frac{\blacksquare}{6} < \frac{7}{8}$

**6** Ordne die drei Brüche von klein nach groß.

a) $\frac{3}{8}; \frac{3}{10}; \frac{3}{5}$        b) $\frac{3}{4}; \frac{1}{2}; \frac{5}{8}$

c) $\frac{13}{20}; \frac{3}{5}; \frac{7}{10}$        d) $\frac{3}{8}; \frac{5}{12}; \frac{1}{3}$

e) $1\frac{1}{4}; \frac{7}{4}; 1\frac{3}{8}$        f) $\frac{15}{6}; 2\frac{1}{2}; \frac{25}{10}$

**7** Bestimme, welcher der beiden Brüche größer und welcher kleiner als $\frac{1}{2}$ ist. Vergleiche dann.

a) $\frac{1}{8}$ und $\frac{4}{5}$    b) $\frac{7}{9}$ und $\frac{3}{7}$    c) $\frac{6}{11}$ und $\frac{5}{13}$

d) $\frac{9}{20}$ und $\frac{2}{3}$    e) $\frac{17}{22}$ und $\frac{11}{25}$    f) $\frac{19}{40}$ und $\frac{1}{2}$

**8** Betrachte die Brüche $\frac{1}{2}, \frac{2}{3}, \frac{3}{4}$ und $\frac{4}{5}$.

a) Vergleiche Zähler und Nenner. Welche Eigenschaft erkennst du?

b) Ordne die Brüche von klein nach groß.

c) Vergleiche $\frac{10}{13}, \frac{11}{14}, \frac{12}{15}$ und $\frac{13}{16}$.

d) Ergänze im Heft:
Wenn bei zwei echten Brüchen die Differenz zwischen Nenner und Zähler gleich groß ist, dann ist der Bruch größer, der ...

**9** Wenn du eine graue Kugel ziehst, dann gewinnst du. Welches Gefäß wählst du? Begründe deine Wahl. Bestimme dazu jeweils den Anteil der grauen Kugeln als Bruch.

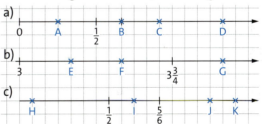

**10** Lies die markierten Brüche ab. Kürze, falls möglich. Schreibe als gemischte Zahl, wenn möglich.

a)

| 0 | A | $\frac{1}{2}$ | B | C | D |

b)

| 3 | E | F | $3\frac{3}{4}$ | G |

c)

| H | $\frac{1}{2}$ | I | $\frac{5}{6}$ | J | K |

**11** Zeichne einen Zahlenstrahl. Beginne mit 0. Die 1 soll 12 cm von der 0 entfernt liegen.
Trage ein: $\frac{1}{12}; \frac{5}{12}; \frac{7}{12}; \frac{1}{6}; \frac{5}{6}; \frac{2}{3}; \frac{1}{4}; \frac{3}{4}; \frac{1}{2}; \frac{11}{24};$
$1\frac{1}{3}$ und $1\frac{5}{24}$.

**12** Zeichne zu jeder Aufgabe einen passenden Zahlenstrahl und trage die Brüche ein.

a) $\frac{7}{10}; \frac{2}{5}; \frac{1}{2}; 1\frac{3}{10}$

b) $\frac{1}{2}; \frac{2}{3}; \frac{3}{4}; \frac{11}{12}; \frac{1}{6}; 1\frac{1}{4}$

c) $\frac{2}{9}; \frac{2}{3}; \frac{1}{2}; \frac{8}{9}; \frac{5}{18}; 1\frac{1}{3}$

**13** Knifflig: Welcher Bruch liegt genau in der Mitte zwischen den beiden Zahlen?

a) von $\frac{2}{7}$ und $\frac{4}{7}$        b) von $\frac{3}{9}$ und 1

c) von $\frac{5}{7}$ und $\frac{6}{7}$        d) von $\frac{1}{2}$ und $\frac{3}{4}$

## Brüche addieren und subtrahieren

Für das Schulfest hatte Lenas Mutter zwei Torten gespendet. Wie viel ist von den Torten noch da?
Von der einen Torte sind noch 3 Stücke da.
Von der anderen Torte sind noch 4 Stücke da.
Lena schiebt die Reste zusammen.

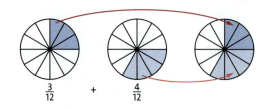

$\frac{3}{12}$ + $\frac{4}{12}$

▶ ☐ Gleichnamige Brüche addieren und subtrahieren

**W** **Brüche mit gleichem Nenner**
So **addierst** du Brüche mit gleichem Nenner: Addiere nur die Zähler. Der Nenner bleibt gleich.

$\frac{3}{12} + \frac{4}{12} = \frac{7}{12}$

Es ist noch $\frac{7}{12}$ Torte da.

Genauso **subtrahierst** du Brüche mit gleichem Nenner: Subtrahiere nur die Zähler. Der Nenner bleibt gleich.

$\frac{4}{5} - \frac{1}{5} = \frac{3}{5}$

▶ **Aufgabe** Auf dem Schulfest gab es zwei Kirschkuchen. Davon sind noch $\frac{1}{6}$ und $\frac{3}{6}$ da. Wie viel ist das insgesamt?

▶ 1 ▶ 1 ▶ 1

▶ ☐ Ungleichnamige Brüche addieren

*Der kleinste gemeinsame Nenner heißt* **Hauptnenner.**

**W** **Brüche mit verschiedenen Nennern**
Finde einen gemeinsamen Nenner.
1. Möglichkeit: Ein Nenner ist das Vielfache des anderen Nenners. Erweitere den Bruch, der den kleineren Nenner hat. Addiere dann.

$\frac{1}{6} + \frac{2}{3}$   6 ist gemeinsamer Nenner.

$\frac{1}{6} + \frac{2}{3} = \frac{1}{6} + \frac{2 \cdot 2}{3 \cdot 2}$

$= \frac{1}{6} + \frac{4}{6} = \frac{5}{6}$

 +  =

2. Möglichkeit: Du erhältst einen gemeinsamen Nenner, wenn du beide Nenner multiplizierst. Erweitere beide Brüche. Berechne.

$\frac{2}{5} - \frac{1}{3}$   5 · 3 = 15 ist gemeinsamer Nenner.

$\frac{2}{5} - \frac{1}{3} = \frac{2 \cdot 3}{5 \cdot 3} - \frac{1 \cdot 5}{3 \cdot 5}$

$= \frac{6}{15} - \frac{5}{15} = \frac{1}{15}$

3. Möglichkeit: Finde einen möglichst kleinen gemeinsamen Nenner. Erweitere beide Brüche. Berechne.

$\frac{1}{6} + \frac{1}{8}$   24 ist ein kleinerer gemeinsamer Nenner als 48.

$\frac{1}{6} + \frac{1}{8} = \frac{1 \cdot 4}{6 \cdot 4} + \frac{1 \cdot 3}{8 \cdot 3}$

$= \frac{4}{24} + \frac{3}{24} = \frac{7}{24}$

▶ **Aufgabe** Berechne $\frac{1}{6} + \frac{3}{4}$.

▶ 6 ▶ 4 ▶ 2

Wenn du Brüche **addierst**, dann kannst du **vorteilhaft rechnen**.

*Vertauschen heißt:*
*5 + 8 = 8 + 5*

*Verbinden heißt:*
*8 + 5 + 4 = 8 + (5 + 4)*

**W** **Vertauschungsgesetz (Kommutativgesetz)**

$\frac{1}{5} + \frac{1}{10} + \frac{2}{5} = \frac{1}{5} + \frac{2}{5} + \frac{1}{10}$

$= \frac{3}{5} + \frac{1}{10}$

$= \frac{6}{10} + \frac{1}{10} = \frac{7}{10}$

**Verbindungsgesetz (Assoziativgesetz)**

$\frac{3}{14} + \frac{2}{7} + \frac{1}{7} = \frac{3}{14} + \left(\frac{2}{7} + \frac{1}{7}\right)$

$= \frac{3}{14} + \frac{3}{7}$

$= \frac{3}{14} + \frac{6}{14} = \frac{9}{14}$

▶ **Aufgabe** Rechne vorteilhaft: $\frac{2}{5} + \frac{4}{15} + \frac{1}{5}$

▶ 12 ▶ 9 ▶ 9

**1** Übertrage die Zeichnung in dein Heft.
Notiere die passende Aufgabe und addiere.

**Beispiel**

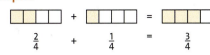

$$\frac{2}{4} \quad + \quad \frac{1}{4} \quad = \quad \frac{3}{4}$$

a)

b)

**2** Erstelle eine passende Zeichnung. Addiere.
a) $\frac{2}{4} + \frac{1}{4}$    b) $\frac{3}{5} + \frac{1}{5}$
c) $\frac{4}{8} + \frac{3}{8}$    d) $\frac{2}{9} + \frac{5}{9}$

**3** Schreibe den Text ab und fülle die Lücken.
So addierst du Brüche mit gleichem ●:
Addiere die ●. Die ● bleiben gleich.

**4** Addiere die Brüche.
a) $\frac{1}{6} + \frac{4}{6}$    b) $\frac{4}{9} + \frac{1}{9}$
c) $\frac{1}{5} + \frac{3}{5}$    d) $\frac{5}{12} + \frac{6}{12}$
e) $\frac{3}{10} + \frac{4}{10}$    f) $\frac{7}{11} + \frac{3}{11}$

**5** Subtrahiere die Brüche.
a) $\frac{6}{10} - \frac{3}{10}$    b) $\frac{5}{8} - \frac{2}{8}$
c) $\frac{7}{9} - \frac{2}{9}$    d) $\frac{7}{11} - \frac{3}{11}$
e) $\frac{5}{7} - \frac{3}{7}$    f) $\frac{11}{15} - \frac{4}{15}$    ▶ **4**

**6** Notiere die passende Aufgabe. Berechne.
Finde zuerst einen gemeinsamen Nenner.
Du musst nur einen Bruch erweitern.
a)

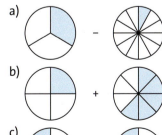

b)

c)

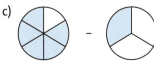

d) Erkläre zum Schluss, wie du bei
Teilaufgabe a) vorgegangen bist.

**7** Finde zuerst einen gemeinsamen Nenner.
Du musst nur einen Bruch erweitern.
Addiere dann.

**Beispiel** $\frac{1}{16} + \frac{1}{8} = \frac{1}{16} + \frac{1 \cdot 2}{8 \cdot 2}$
$$= \frac{1}{16} + \frac{2}{16} = \frac{3}{16}$$

a) $\frac{1}{10} + \frac{1}{5}$    b) $\frac{1}{4} + \frac{1}{8}$
c) $\frac{1}{3} + \frac{1}{9}$    d) $\frac{2}{7} + \frac{5}{14}$
e) $\frac{5}{12} + \frac{1}{2}$    f) $\frac{1}{18} + \frac{2}{3}$

**8** Finde zuerst einen gemeinsamen Nenner.
Du musst nur einen Bruch erweitern.
Subtrahiere dann.
a) $\frac{1}{2} - \frac{1}{4}$    b) $\frac{3}{10} - \frac{1}{5}$
c) $\frac{2}{3} - \frac{1}{6}$    d) $\frac{3}{4} - \frac{5}{12}$
e) $\frac{13}{18} - \frac{2}{3}$    f) $\frac{17}{24} - \frac{1}{2}$    ▶ **6**

**9** Finde einen gemeinsamen Nenner.
Du musst beide Brüche erweitern.
Berechne dann.

**Beispiel** $\frac{3}{4} - \frac{1}{6} = \frac{3 \cdot 3}{4 \cdot 3} - \frac{1 \cdot 2}{6 \cdot 2}$
$$= \frac{9}{12} - \frac{2}{12} = \frac{7}{12}$$

a) $\frac{5}{6} - \frac{1}{4}$    b) $\frac{1}{2} - \frac{1}{3}$
c) $\frac{2}{9} - \frac{1}{6}$    d) $\frac{1}{4} + \frac{1}{6}$
e) $\frac{2}{3} + \frac{1}{4}$    f) $\frac{1}{4} + \frac{3}{10}$

**10** Berechne. Kürze das Ergebnis, wenn möglich.
a) $\frac{1}{3} + \frac{1}{6}$    b) $\frac{3}{10} + \frac{1}{5}$    c) $\frac{3}{4} - \frac{2}{8}$
d) $\frac{7}{15} - \frac{3}{10}$    e) $\frac{5}{6} - \frac{1}{9}$    f) $\frac{1}{4} - \frac{1}{6}$    ▶ **8**

**11** Im Kühlschrank stehen
zwei geöffnete
Flaschen Limo.
In der einen Flasche
sind noch $\frac{5}{8}$ Liter.
In der anderen Flasche
ist $\frac{1}{4}$ Liter.
Lisa will alles in eine 1-Liter-Flasche schütten.
Passt das?

$\frac{5}{8}$        $\frac{1}{4}$

**12** Rechne vorteilhaft. Vertausche und verbinde.
a) $\frac{1}{4} + \frac{2}{5} + \frac{1}{4}$    b) $\frac{3}{8} + \frac{1}{2} + \frac{1}{8}$
c) $\frac{3}{10} + \frac{1}{5} + \frac{2}{10}$    d) $\frac{1}{3} + \frac{1}{4} + \frac{1}{3}$    ▶ 🔊

**1** Notiere die passende Aufgabe und addiere.

**Beispiel**

$\frac{3}{6} + \frac{2}{6} = \frac{5}{6}$

a)   b)

c)   d)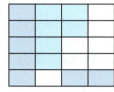

**2** Berechne. Kürze das Ergebnis, wenn möglich.

a) $\frac{1}{5} + \frac{3}{5}$  b) $\frac{2}{7} + \frac{3}{7}$

c) $\frac{3}{8} + \frac{1}{8}$  d) $\frac{1}{12} + \frac{7}{12}$

e) $\frac{4}{9} - \frac{2}{9}$  f) $\frac{3}{6} - \frac{1}{6}$

g) $\frac{9}{10} - \frac{7}{10}$  h) $\frac{8}{9} - \frac{5}{9}$

**3** Bilde einen Merksatz und notiere ihn.

 indem du    und den Nenner

die Zähler addierst    Brüche mit gleichem Nenner,

Du addierst    gleich lässt.

▶ 2

**4** Notiere die passende Aufgabe.
Finde zuerst einen gemeinsamen Nenner.
Du musst nur einen Bruch erweitern.
Berechne dann.

a)  –

b)  +

c)  –

**5** Finde zuerst einen gemeinsamen Nenner.
Du musst nur einen Bruch erweitern.
Berechne dann.

a) $\frac{2}{5} + \frac{3}{10}$  b) $\frac{3}{8} + \frac{1}{4}$

c) $\frac{5}{12} + \frac{1}{2}$  d) $\frac{2}{3} + \frac{1}{9}$

e) $\frac{3}{4} - \frac{3}{8}$  f) $\frac{5}{6} - \frac{7}{12}$

g) $\frac{7}{10} - \frac{1}{2}$  h) $\frac{11}{12} - \frac{2}{3}$  ▶ 3

**6** Finde zuerst einen gemeinsamen Nenner.
Du musst beide Brüche erweitern.
Berechne dann. Kürze das Ergebnis, wenn möglich.

**Beispiel** $\frac{1}{4} + \frac{3}{10} = \frac{1 \cdot 5}{4 \cdot 5} + \frac{3 \cdot 2}{10 \cdot 2}$

$= \frac{5}{20} + \frac{6}{20} = \frac{11}{20}$

a) $\frac{1}{2} + \frac{1}{3}$  b) $\frac{2}{5} + \frac{1}{3}$

c) $\frac{5}{12} + \frac{1}{8}$  d) $\frac{2}{9} + \frac{1}{6}$

e) $\frac{5}{6} - \frac{3}{4}$  f) $\frac{13}{15} - \frac{2}{10}$

g) $\frac{9}{12} - \frac{5}{8}$  h) $\frac{7}{9} - \frac{1}{12}$

**7** Stimmen die Rechnungen? Vergleiche und
erkläre die Rechenwege von Lilli und Felix.

*Lilli:* $\frac{1}{6} + \frac{1}{4} = \frac{1 \cdot 4}{6 \cdot 4} + \frac{1 \cdot 6}{4 \cdot 6} = \frac{4}{24} + \frac{6}{24} = \frac{10}{24}$

*Felix:* $\frac{1}{6} + \frac{1}{4} = \frac{1 \cdot 2}{6 \cdot 2} + \frac{1 \cdot 3}{4 \cdot 3} = \frac{2}{12} + \frac{3}{12} = \frac{5}{12}$  ▶ 6

**8** Clara will aus drei verschiedenen Säften
1 Liter Fruchtsaft mischen. Sie nimmt $\frac{1}{4}$ Liter
Pfirsichsaft und $\frac{1}{8}$ Liter Orangensaft.
Berechne, wie viel Kirschsaft noch fehlt.

$\frac{1}{4}$    $\frac{1}{8}$    ?    1 ℓ

**9** Rechne vorteilhaft.

a) $\frac{2}{6} + \frac{5}{12} + \frac{1}{6}$  b) $\frac{2}{5} + \frac{4}{15} + \frac{1}{5}$

c) $\frac{4}{21} + \frac{1}{14} + \frac{3}{42}$  d) $\frac{1}{4} + \frac{1}{10} + \frac{3}{20}$

e) $\frac{3}{4} - \frac{3}{10} - \frac{1}{4}$  f) $\frac{4}{5} - \frac{1}{2} - \frac{1}{5}$  ▶ 10

Die Ergebnisse aus **6** ergeben in der richtigen Reihenfolge ein Lösungswort:
$\frac{1}{12}$ (I); $\frac{1}{8}$ (G); $\frac{7}{18}$ (M); $\frac{13}{24}$ (A); $\frac{2}{3}$ (N); $\frac{25}{36}$ (O); $\frac{11}{15}$ (L); $\frac{5}{6}$ (F)

**1** Berechne. Kürze das Ergebnis, wenn möglich.

a) $\frac{1}{8} + \frac{5}{8}$  b) $\frac{3}{7} + \frac{4}{7}$

c) $\frac{5}{12} + \frac{1}{12}$  d) $\frac{4}{15} + \frac{7}{15}$

e) $\frac{8}{9} - \frac{5}{9}$  f) $\frac{9}{10} - \frac{3}{10}$

g) $\frac{6}{7} - \frac{4}{7}$  h) $\frac{11}{16} - \frac{5}{16}$

**2** Schreibe als Aufgabe und berechne. Kürze das Ergebnis, wenn möglich.

a)

b)

c)

d)

**3** Finde zuerst den Hauptnenner. Das ist der kleinste gemeinsame Nenner.
Erweitere dann beide Brüche und berechne.

**Beispiel** $\frac{1}{6}$ und $\frac{3}{10}$

Hauptnenner ist 30.

$$\frac{1}{6} + \frac{3}{10} = \frac{1 \cdot 5}{6 \cdot 5} + \frac{3 \cdot 3}{10 \cdot 3}$$
$$= \frac{5}{30} + \frac{9}{30} = \frac{14}{30} = \frac{7}{15}$$

a) $\frac{2}{3} + \frac{1}{5}$  b) $\frac{1}{4} + \frac{1}{6}$

c) $\frac{3}{8} + \frac{1}{6}$  d) $\frac{5}{9} + \frac{2}{6}$

e) $\frac{11}{14} - \frac{4}{21}$  f) $\frac{14}{15} - \frac{7}{10}$

g) $\frac{5}{6} - \frac{4}{15}$  h) $\frac{4}{5} - \frac{2}{3}$

**4** Kürze das Ergebnis, wenn nötig. Wandle in eine gemischte Zahl um, wenn möglich.

a) $\frac{5}{6} + \frac{4}{15}$  b) $\frac{3}{4} + \frac{7}{10}$

c) $\frac{11}{12} - \frac{3}{8}$  d) $\frac{23}{30} - \frac{5}{12}$

e) $\frac{2}{3} + \frac{3}{4} + \frac{1}{2}$  f) $\frac{4}{5} - \frac{7}{20} - \frac{3}{10}$

**5** Finde die Fehler und berichtige sie im Heft.

a) $\frac{3}{8} + \frac{1}{4} = \frac{3}{8} + \frac{1}{8} = \frac{4}{8} = \frac{1}{2}$  b) $\frac{2}{7} + \frac{3}{4} = \frac{5}{11}$

c) $\frac{2}{5} + \frac{4}{6} = \frac{4}{10} + \frac{4}{6} = \frac{8}{16} = \frac{1}{2}$

d) $\frac{2}{3} + \frac{1}{6} = \frac{4}{6} + \frac{2}{6} = \frac{6}{6} = 1$

e) $\frac{7}{9} - \frac{2}{3} = \frac{7}{9} - \frac{6}{9} = \frac{13}{9}$

f) $\frac{2}{3} - \frac{1}{2} = \frac{4}{6} - \frac{1}{6} = \frac{3}{6} = \frac{1}{2}$

**6** Übersetze den Text in eine Aufgabe und berechne den fehlenden Wert.

a) Berechne die Summe aus $\frac{1}{5}$ und $\frac{2}{3}$.

b) Wie groß ist die Differenz aus $\frac{7}{9}$ und $\frac{1}{6}$?

c) Der Wert einer Summe beträgt $\frac{13}{15}$, der erste Summand lautet $\frac{1}{3}$.

**7** Linus, Mehmet und Kai haben sich ein Spiel ausgedacht. Sie gießen nacheinander $\frac{1}{2}\ell$, $\frac{1}{3}\ell$, $\frac{1}{4}\ell$, $\frac{1}{5}\ell$, … Wasser in einen 1,5-ℓ-Messbecher.

Verloren hat, bei wem das Wasser überfließt. Linus beginnt, dann ist Mehmet dran, dann Kai, dann wieder Linus, … Wer verliert?

**8** In 1 kg Waffelteig sind $\frac{1}{3}\ell$ Milch ($\approx \frac{1}{3}$ kg), $\frac{2}{5}$ kg Dinkelmehl und $\frac{1}{6}$ kg Roggenmehl. Wie viel wiegen die übrigen Zutaten?

$\frac{1}{3}$  $\frac{2}{5}$  $\frac{1}{6}$  1 kg

**9** Rechne vorteilhaft, wenn möglich.

a) $\frac{2}{9} + \frac{4}{6} + \frac{1}{9}$  b) $\frac{2}{21} + \frac{1}{14} + \frac{5}{14}$

c) $\frac{5}{6} - \frac{5}{18} - \frac{7}{18}$  d) $\frac{13}{15} - \frac{2}{5} - \frac{4}{15}$

e) $\frac{1}{3} + \frac{2}{9} + \frac{2}{3}$  f) $\frac{2}{9} + \frac{1}{6} + \frac{1}{9}$

g) $\frac{5}{6} - \frac{2}{9} - \frac{1}{18}$  h) $\frac{7}{8} - \frac{2}{3} - \frac{1}{12}$

**10** Ergänze im Heft die fehlende Zahl.

a) $\frac{1}{3} + \frac{\blacksquare}{6} + \frac{5}{12} = 1\frac{1}{12}$  b) $\frac{19}{21} - \frac{3}{7} - \frac{\blacksquare}{14} = \frac{1}{21}$

---

Die Ergebnisse von **9** ergeben in der richtigen Reihenfolge ein Lösungswort:
$\frac{1}{8}$ (D); $\frac{1}{6}$ (U); $\frac{1}{5}$ (G); $\frac{1}{2}$ (U); $\frac{11}{21}$ (L); $\frac{5}{9}$ (N); 1(F); $1\frac{2}{9}$ (H)

## Gemischte Zahlen addieren und subtrahieren

Metin und Paul machen eine Radtour.
Sie fahren $1\frac{1}{4}$ h bis zu einem See.
Vom See bis zu Paul nach Hause zurück
fahren sie $1\frac{1}{2}$ h.
Wie lange sind sie insgesamt gefahren?

*Bei $\frac{5}{4}$ ist der Zähler größer als der Nenner. Man sagt: $\frac{5}{4}$ ist ein unechter Bruch.*

*Du kannst $\frac{5}{4}$ in eine gemischte Zahl umwandeln: $\frac{5}{4} = 1\frac{1}{4}$*

$1\frac{1}{4}$ ist eine **gemischte Zahl:**
1 Ganzes und $\frac{1}{4}$, also $1 + \frac{1}{4}$.

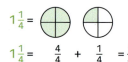

$$1\frac{1}{4} = \quad \frac{4}{4} \quad + \quad \frac{1}{4} \quad = \frac{5}{4}$$

▶1 ▶1 ▶1

*Du kannst die gemischten Zahlen auch erst in unechte Brüche umwandeln und dann addieren oder subtrahieren.*

**W** **Gemischte Zahlen addieren**

① Trenne die Ganzen und die Brüche.
② Vertausche die Zahlen.
③ Erweitere auf einen gemeinsamen Nenner.
④ Addiere einzeln: zuerst die Ganzen, dann die Brüche.
⑤ Schreibe das Ergebnis als gemischte Zahl.

$$1\frac{1}{4} + 1\frac{1}{2}$$
$$= 1 + \frac{1}{4} + 1 + \frac{1}{2}$$
$$= 1 + 1 + \frac{1}{4} + \frac{1}{2}$$
$$= 1 + 1 + \frac{1}{4} + \frac{2}{4}$$
$$= \quad 2 \quad + \quad \frac{3}{4} = 2\frac{3}{4}$$

Leon und Paul sind $2\frac{3}{4}$ h gefahren.

▶ **Aufgabe** Berechne. a) $1\frac{3}{8} + 2\frac{1}{4}$ b) $1\frac{1}{3} + 3\frac{1}{6}$ ▶3 ▶3 ▶3

Beim Subtrahieren kannst du ähnlich vorgehen wie beim Addieren.

**W** **Gemischte Zahlen subtrahieren**

① Trenne die Ganzen und die Brüche. Achte auf das Minuszeichen vor dem letzten Bruch.
② Vertausche die Zahlen.
③ Erweitere auf einen gemeinsamen Nenner.
④ Subtrahiere einzeln: zuerst die Ganzen, dann die Brüche.
⑤ Schreibe das Ergebnis als gemischte Zahl.

Sonderfall: Der zweite Bruch ist größer als der erste Bruch. Wandle ein Ganzes in einen Bruch um und subtrahiere dann.

$$2\frac{5}{6} - 1\frac{2}{3}$$
$$= 2 + \frac{5}{6} - 1 - \frac{2}{3}$$
$$= 2 - 1 + \frac{5}{6} - \frac{2}{3}$$
$$= 2 - 1 + \frac{5}{6} - \frac{4}{6}$$
$$= \quad 1 \quad + \quad \frac{1}{6} = 1\frac{1}{6}$$

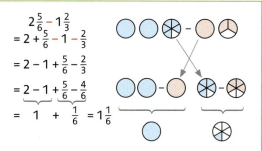

$$2\frac{1}{4} - \frac{3}{4}$$
$$= \quad 2 \quad + \frac{1}{4} - \frac{3}{4}$$
$$= 1 + \frac{4}{4} + \frac{1}{4} - \frac{3}{4}$$
$$= 1 + \quad \frac{5}{4} \quad - \frac{3}{4}$$
$$= 1 + \quad \frac{2}{4} \quad = 1\frac{1}{2}$$

▶ **Aufgabe** Berechne. a) $3\frac{5}{8} - 2\frac{1}{4}$ b) $4\frac{1}{3} - 1\frac{5}{6}$ ▶7 ▶5 ▶5

**1** Ella liest einmal eine gemischte Zahl und einmal einen Bruch ab. Erkläre: Wie ist Ella vorgegangen? Schreibe als gemischte Zahl und als Bruch.

$2 + \frac{1}{2} = 2\frac{1}{2}$

$\frac{4}{2} + \frac{1}{2} = \frac{5}{2}$

a)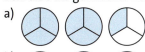

b)

c) 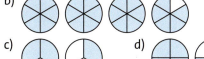 d)

**2** Schreibe den Bruch als gemischte Zahl.

**Beispiel** $\frac{13}{5} = 13 : 5$
$= 2$ Rest $3 = 2\frac{3}{5}$

a) $\frac{3}{2}$ b) $\frac{6}{5}$ c) $\frac{9}{4}$ d) $\frac{15}{6}$ e) $\frac{21}{8}$

**3** Ordne jeder Zeichnung eine Aufgabe zu. Bestimme dann das Ergebnis.

(1)

(2)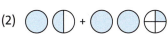

(3)

**A** $3\frac{2}{6} + \frac{1}{3}$

**B** $2\frac{1}{6} + 1\frac{4}{6}$

**C** $1\frac{1}{2} + 2\frac{1}{4}$

▶ 3

**4** Zeichne eine passende Skizze und addiere.
a) $2\frac{1}{4} + 1\frac{2}{4}$ b) $3\frac{1}{3} + 2\frac{1}{3}$
c) $1\frac{1}{5} + 2\frac{2}{5}$ d) $\frac{3}{5} + 6\frac{1}{5}$

**5** Addiere. Achtung: Die Brüche ergeben zusammen mehr als ein Ganzes.

**Beispiel** $2\frac{4}{5} + 1\frac{3}{5}$

trennen $= 2 + \frac{4}{5} + 1 + \frac{3}{5}$

vertauschen $= 2 + 1 + \frac{4}{5} + \frac{3}{5}$

einzeln addieren $= 3 + \frac{7}{5}$
$7 : 5 = 1$ Rest $2 = 1\frac{2}{5}$

Ganze addieren $= 3 + 1 + \frac{2}{5} = 4\frac{2}{5}$

a) $4\frac{2}{4} + \frac{3}{4}$ b) $2\frac{5}{7} + 3\frac{6}{7}$
c) $6\frac{8}{9} + 5\frac{2}{9}$ d) $2\frac{6}{11} + \frac{7}{11}$ ▶ 5

**6** Addiere die gemischten Zahlen. Du musst einen gemeinsamen Nenner finden.

**Beispiel** $2\frac{1}{6} + 1\frac{2}{3}$

Trennen $= 2 + \frac{1}{6} + 1 + \frac{2}{3}$

vertauschen $= 2 + 1 + \frac{1}{6} + \frac{2}{3}$

erweitern $= 2 + 1 + \frac{1}{6} + \frac{4}{6}$

einzeln addieren $= 3 + \frac{5}{6} = 3\frac{5}{6}$

a) $3\frac{1}{2} + 2\frac{1}{4}$ b) $1\frac{2}{5} + \frac{3}{10}$
c) $5\frac{2}{3} + 7\frac{1}{4}$ d) $4\frac{1}{2} + 6\frac{2}{5}$

**7** Welche Aufgabe passt zur Zeichnung? Löse die Aufgabe.

   –

a) $2\frac{4}{6} + 1\frac{1}{6}$ b) $2\frac{2}{6} - 1\frac{1}{6}$ c) $2\frac{4}{6} - 1\frac{1}{6}$

**8** Subtrahiere die gemischten Zahlen. Du musst einen gemeinsamen Nenner finden.

**Beispiel** $6\frac{3}{4} - 2\frac{5}{8}$

trennen (Achtung: −) $= 6 + \frac{3}{4} - 2 - \frac{5}{8}$

vertauschen $= 6 - 2 + \frac{3}{4} - \frac{5}{8}$

erweitern $= 6 - 2 + \frac{6}{8} - \frac{5}{8}$

einzeln subtrahieren $= 4 + \frac{1}{8} = 4\frac{1}{8}$

a) $4\frac{7}{8} - 2\frac{1}{2}$ b) $2\frac{1}{3} - \frac{1}{6}$
c) $6\frac{1}{2} - 4\frac{1}{3}$ d) $9\frac{2}{3} - \frac{3}{8}$ ▶ 7

**9** Beim Bowling:
Die rote Kugel wiegt $5\frac{9}{10}$ kg.
Die blaue Kugel wiegt $3\frac{3}{5}$ kg.
Wie schwer sind beide Kugeln zusammen?

**10** Sara fährt mit dem Fahrrad zum Fußball-training. Der Hinweg dauert $\frac{1}{2}$ h, weil sie noch eine Freundin abholt.
Das Training dauert mit Umziehen $1\frac{3}{4}$ h.
Der Rückweg dauert $\frac{1}{4}$ h.
Wie lange ist Sara unterwegs? Eine Skizze mit Wegen und Zeiten kann dir helfen.

**1** Schreibe als gemischte Zahl und als unechten Bruch. Bei einem unechten Bruch ist der Zähler größer als der Nenner.

**Beispiel**

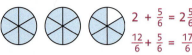

$2 + \frac{5}{6} = 2\frac{5}{6}$

$\frac{12}{6} + \frac{5}{6} = \frac{17}{6}$

a)     b)

c)

d)

**2** Schreibe als gemischte Zahl.

**Beispiel** $\frac{17}{3} = 17 : 3$

$= 5 \text{ Rest } 2 = 5\frac{2}{3}$

a) $\frac{7}{2}$    b) $\frac{11}{3}$    c) $\frac{21}{5}$    d) $\frac{47}{10}$    e) $\frac{49}{7}$

**3** Zeichne eine passende Skizze und addiere.

**Beispiel**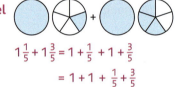

$1\frac{1}{5} + 1\frac{3}{5} = 1 + \frac{1}{5} + 1 + \frac{3}{5}$

$= 1 + 1 + \frac{1}{5} + \frac{3}{5}$

$= \quad 2 \quad + \quad \frac{4}{5} = 2\frac{4}{5}$

a) $1\frac{1}{4} + 2\frac{1}{4}$      b) $3\frac{1}{5} + \frac{3}{5}$

c) $2\frac{2}{3} + 2\frac{1}{6}$      d) $1\frac{1}{4} + 3\frac{1}{2}$    ▶ **3**

**4** Addiere. Achtung: Die beiden Brüche können zusammen mehr als ein Ganzes ergeben.

**Beispiel** $2\frac{3}{4} + 3\frac{2}{3}$

trennen $= 2 + \frac{3}{4} + 3 + \frac{2}{3}$

vertauschen $= 2 + 3 + \frac{3}{4} + \frac{2}{3}$

gem. Nenner $= 2 + 3 + \frac{9}{12} + \frac{8}{12}$

addieren $= \quad 5 \quad + \quad \frac{17}{12}$

$17 : 12 = 1 \text{ Rest } 5 = 1\frac{5}{12}$

addieren $= 6\frac{5}{12}$

a) $4\frac{2}{3} + 2\frac{5}{6}$      b) $\frac{1}{3} + 5\frac{7}{9}$

c) $6\frac{1}{4} + 3\frac{2}{5}$      d) $5\frac{7}{8} + 4\frac{3}{4}$

**5** Schreibe die Aufgabe mit gemischten Zahlen auf, die zur Zeichnung passt. Subtrahiere dann.

**Beispiel**

   –

$2\frac{3}{5} - 1\frac{2}{5} = 1\frac{1}{5}$

a)  –

b)

c)   –

▶ **5**

**6** Subtrahiere die gemischten Zahlen. Du musst einen gemeinsamen Nenner finden.

a) $3\frac{7}{10} - 2\frac{3}{5}$      b) $5\frac{7}{8} - \frac{1}{2}$

c) $9\frac{5}{6} - \frac{3}{10}$      d) $6\frac{5}{6} - 4\frac{3}{4}$

e) $6\frac{5}{7} - 2\frac{1}{2}$      f) $3\frac{3}{4} - \frac{2}{3}$

**7** Subtrahiere. Beachte: Du musst ein Ganzes in einen Bruch umwandeln.

**Beispiel** $4\frac{1}{3} - 1\frac{3}{4}$

minus beachten $= 4 + \frac{1}{3} - 1 - \frac{3}{4}$

vertauschen $= 4 - 1 + \frac{1}{3} - \frac{3}{4}$

gem. Nenner $= \quad 3 \quad + \frac{4}{12} - \frac{9}{12}$

aufspalten $= 2 + \frac{12}{12} + \frac{4}{12} - \frac{9}{12}$

zusammenfassen $= 2 + \quad \frac{16}{12} \quad - \frac{9}{12}$

subtrahieren $= 2\frac{7}{12}$

a) $4\frac{2}{5} - 2\frac{3}{5}$      b) $5\frac{2}{9} - \frac{4}{9}$

c) $1\frac{5}{8} - \frac{3}{4}$      d) $6\frac{1}{4} - 5\frac{2}{3}$    ▶ **10**

**8** Mit seinem Führerschein darf Herr Lange einen Lkw mit einem Gesamtgewicht von $7\frac{1}{2}$ t fahren.
Das Fahrzeug wiegt $3\frac{2}{5}$ t. Berechne, wie viel Herr Lange zuladen darf.

**1** Schreibe die gemischte Zahl als einen unechten Bruch. Bei einem unechten Bruch ist der Zähler größer als der Nenner.

**Beispiel**

$$2\frac{5}{7} = 2 + \frac{5}{7}$$
$$= \frac{14}{7} + \frac{5}{7} = \frac{19}{7}$$

a) $2\frac{4}{5}$  b) $5\frac{1}{2}$  c) $3\frac{5}{11}$  d) $7\frac{5}{6}$

e) Beschreibe, wie du vorgegangen bist.

**2** Schreibe als gemischte Zahl.

**Beispiel** $\frac{25}{7} = 25 : 7$
$= 3 \text{ Rest } 4 = 3\frac{4}{7}$

a) $\frac{23}{7}$  b) $\frac{34}{5}$  c) $\frac{19}{2}$  d) $\frac{57}{6}$

e) $\frac{63}{9}$  f) $\frac{96}{12}$  g) $\frac{28}{13}$  h) $\frac{56}{15}$

**3** Addiere die gemischten Zahlen. Manchmal musst du einen gemeinsamen Nenner finden.

a) $4\frac{2}{5} + 3\frac{1}{5}$  b) $\frac{5}{9} + 6\frac{2}{9}$

c) $5\frac{1}{3} + 4\frac{2}{15}$  d) $2\frac{1}{12} + 7\frac{5}{6}$

e) $2\frac{2}{3} + 5\frac{1}{4}$  f) $3\frac{1}{15} + 3\frac{2}{5} + 3\frac{6}{15}$

**4** Addiere. Achtung: Die beiden Brüche können zusammen mehr als ein Ganzes ergeben.

**Beispiel** $2\frac{5}{6} + \frac{3}{4}$

gem. Nenner $= 2 + \frac{10}{12} + \frac{9}{12}$

addieren $= 2 + \frac{19}{12}$
$19 : 12 = 1 \text{ Rest } 7 = 1\frac{7}{12}$
$= 2 + 1\frac{7}{12}$

addieren $= 3\frac{7}{12}$

a) $3\frac{5}{6} + 1\frac{1}{3}$  b) $\frac{3}{8} + 5\frac{3}{4}$

c) $3\frac{1}{4} + 2\frac{5}{6}$  d) $10\frac{4}{12} + 4\frac{3}{4} + 3\frac{6}{12}$

**5** Subtrahiere die gemischten Zahlen.

a) $6\frac{3}{5} - 4\frac{1}{5}$  b) $3\frac{7}{9} - \frac{4}{9}$

c) $7\frac{5}{9} - 4\frac{1}{3}$  d) $2\frac{4}{5} - 2\frac{3}{10}$

e) $6\frac{8}{9} - 5\frac{5}{6}$  f) $5\frac{11}{12} - 3\frac{2}{4} - 1\frac{1}{6}$

**6** Subtrahiere. Beachte: Du musst ein Ganzes in einen Bruch umwandeln, bevor du subtrahierst.

a) $5\frac{2}{9} - 2\frac{5}{9}$  b) $4\frac{3}{8} - \frac{7}{8}$

c) $8\frac{3}{14} - 2\frac{5}{7}$  d) $3\frac{1}{5} - \frac{8}{15}$

e) $12\frac{1}{3} - 8\frac{3}{4}$  f) $17\frac{1}{6} - 9\frac{5}{9}$

**7** Mila und Jacek sollen die Aufgabe $6\frac{1}{7} - 2\frac{3}{14}$ berechnen.

*Mila:*
$$6\frac{1}{7} - 2\frac{3}{14}$$
$$= 6 - 2 + \frac{2}{14} - \frac{3}{14}$$
$$= 4 + \frac{2}{14} - \frac{3}{14}$$
$$= 3 + \frac{14}{14} + \frac{2}{14} - \frac{3}{14}$$
$$= 3\frac{13}{14}$$

*Jacek:*
$$6\frac{1}{7} - 2\frac{3}{14}$$
$$= \frac{43}{7} - \frac{31}{14}$$
$$= \frac{86}{14} - \frac{31}{14}$$
$$= \frac{55}{14}$$
$$= 3\frac{13}{14}$$

a) Erkläre und vergleiche die Rechenwege.

b) Berechne wie Jacek:

• $6\frac{5}{8} - 3\frac{3}{4}$   • $4\frac{4}{9} - 2\frac{1}{18}$

• $9\frac{5}{6} + \frac{5}{8}$   • $6\frac{2}{3} + 2\frac{4}{5}$

**8** Berechne.

a) $5\frac{2}{3} + 3\frac{2}{5}$  b) $6\frac{3}{4} + 1\frac{5}{6}$

c) $11\frac{5}{7} - 7\frac{3}{5}$  d) $6\frac{5}{9} - 4\frac{1}{2}$

e) $8\frac{3}{4} + 2\frac{1}{6}$  f) $12 - 9\frac{4}{5}$

g) $8\frac{7}{10} - 2\frac{1}{5} - 3\frac{2}{5}$  h) $7\frac{2}{9} + 3\frac{1}{2} + 17 + 4\frac{5}{6}$

**9** Finde die fehlenden Zahlen.

a) $2\frac{3}{7} + \square\frac{}{7} = 6\frac{5}{7}$  b) $\square\frac{5}{9} + 3\frac{}{9} = 7\frac{8}{9}$

c) $12\frac{\square}{10} - \square\frac{1}{10} = 8\frac{7}{10}$  d) $5\frac{4}{5} + \square\frac{}{} = 7\frac{13}{15}$

**10** Fülle die Zahlenmauer in deinem Heft aus.

a)

| | |
|---|---|
| $\frac{1}{2}$ | $1\frac{1}{4}$ | $\frac{1}{8}$ |

b)

| | |
|---|---|
| | $2\frac{3}{4}$ |
| $1\frac{1}{2}$ | |
| $\frac{1}{3}$ | |

**11** In einem Benzinkanister sind 5 ℓ Benzin. Ronan tankt $2\frac{3}{4}$ ℓ in den Rasenmäher und $\frac{5}{6}$ ℓ in die Kettensäge.
Wie viel Benzin bleibt übrig?

| Kompetenz | ☑ |
|---|---|

**1** Ich kann die Teilbarkeitsregeln für 2, für 5 und für 10 anwenden.

→ Lies auf **Seite 8** nach.

**1** Übertrage in dein Heft. Kreuze passend an.

|  | teilbar durch 2 | teilbar durch 5 | teilbar durch 10 |
|---|---|---|---|
| 75 |  |  |  |
| 82 |  |  |  |
| 190 |  |  |  |
| 216 |  |  |  |

---

**2** Ich kann die Teilbarkeitsregeln für 3 und für 9 anwenden.

→ Lies auf **Seite 12** nach.

**2** Berechne zuerst die Quersumme. Prüfe dann: Ist die Zahl durch 3 teilbar? Ist die Zahl durch 9 teilbar?
a) 51  b) 117  c) 305

---

**3** Ich kann Brüche erweitern.

→ Lies auf **Seite 16** nach.

**3** Erweitere den Bruch im Heft.
a) $\frac{1}{3} = \frac{}{6}$ erweitert mit 2
b) $\frac{2}{5} = \frac{}{}$ erweitert mit 4

---

**4** Ich kann Brüche kürzen.

→ Lies auf **Seite 16** nach.

**4** Kürze den Bruch im Heft.
a) $\frac{8}{12} = \frac{4}{}$ gekürzt mit 2
b) $\frac{9}{24} = \frac{}{}$ gekürzt mit 3

---

**5** Ich kann Brüche vergleichen.

→ Lies auf **Seite 20** nach.

**5** Vergleiche. Setze im Heft <, > oder = ein.
a) $\frac{5}{8}$ ⬤ $\frac{7}{8}$   b) $\frac{3}{5}$ ⬤ $\frac{3}{9}$
c) $\frac{4}{9}$ ⬤ $\frac{8}{18}$   d) $\frac{3}{5}$ ⬤ $\frac{8}{10}$

---

**6** Ich kann Brüche addieren und subtrahieren.

→ Lies auf **Seite 24** nach.

**6** Berechne. Achte auf gleiche Nenner.
a) $\frac{2}{5} + \frac{1}{5}$   b) $\frac{3}{10} + \frac{2}{5}$
c) $\frac{7}{8} - \frac{3}{8}$   d) $\frac{13}{15} - \frac{2}{3}$

---

**7** Ich kann gemischte Zahlen als unechte Brüche schreiben und umgekehrt.

→ Lies auf **Seite 28** nach.

**7** Schreibe als gemischte Zahl und als Bruch.
a)

b)

---

**8** Ich kann gemischte Zahlen addieren und subtrahieren.

→ Lies auf **Seite 28** nach.

**8** Berechne.
a) $2\frac{1}{5} + 3\frac{3}{5}$   b) $3\frac{2}{9} + 1\frac{2}{3}$
c) $6\frac{7}{9} - 4\frac{5}{9}$   d) $3\frac{3}{4} - 2\frac{5}{8}$

→ Lösungen auf Seite 252

☒

**1** Untersuche die sechs Zahlen
258; 285; 528; 582; 825; 852.
a) Welche Zahlen sind durch 2 teilbar?
b) Welche Zahlen sind durch 5 teilbar?
c) Tausche die Ziffer 8 in den Zahlen oben durch eine andere Ziffer aus. Dabei sollen zwei Zahlen entstehen, die durch 10 teilbar sind.

**2** Prüfe, ob die Zahl durch 3 teilbar ist.
Ist die Zahl auch durch 9 teilbar?
a) 657　　　　b) 892　　　　c) 1065

**3** Erweitere den Bruch. Ergänze im Heft.
a) $\frac{3}{4} = \frac{}{}$ erweitert mit 6
b) $\frac{5}{8} = \frac{}{24}$ erweitert mit ▨

**4** Kürze den Bruch. Ergänze im Heft.
a) $\frac{15}{21} = \frac{}{}$ gekürzt mit 3
b) $\frac{12}{16} = \frac{}{4}$ gekürzt mit ▨

**5** Vergleiche. Setze im Heft <, > oder = ein.
a) $\frac{12}{5}$ ⬤ $\frac{12}{4}$　　　　b) $\frac{3}{10}$ ⬤ $\frac{7}{10}$
c) $\frac{9}{12}$ ⬤ $\frac{3}{4}$　　　　d) $\frac{7}{8}$ ⬤ $\frac{5}{6}$

**6** Berechne.
a) $\frac{4}{7} + \frac{2}{7}$　　　　b) $\frac{5}{8} + \frac{1}{6}$
c) $\frac{4}{5} - \frac{9}{15}$　　　　d) $\frac{11}{12} - \frac{5}{9}$

**7** Schreibe ...
a) als unechte Brüche:
　$4\frac{3}{5}$ und $3\frac{2}{7}$
b) als gemischte Zahlen:
　$\frac{15}{7}$ und $\frac{20}{3}$

**8** Berechne.
a) $5\frac{1}{7} + 4\frac{4}{7}$　　　　b) $6\frac{3}{4} + 3\frac{5}{6}$
c) $8\frac{5}{8} - 4\frac{7}{16}$　　　　d) $13\frac{1}{6} - 7\frac{5}{6}$

☒

**1** Bilde aus den Ziffern 4, 5 und 6 sechs dreistellige Zahlen.
a) Welche Zahlen sind durch 2 teilbar?
b) Welche Zahlen sind durch 5 teilbar?
c) Nun sollen auch zwei Zahlen entstehen, die durch 10 teilbar sind.
　Tausche eine Ziffer passend aus.

**2** Bestimme zuerst die nächstkleinere Zahl, die durch 3 teilbar ist. Prüfe dann, ob diese Zahl auch durch 9 teilbar ist.
a) 58　　　　b) 335　　　　c) 974

**3** Erweitere den Bruch. Ergänze im Heft.
a) $\frac{2}{5} = \frac{}{15}$ erweitert mit ▨
b) $\frac{4}{8} = \frac{32}{}$ erweitert mit ▨

**4** Kürze den Bruch so weit wie möglich.
a) $\frac{28}{36}$
b) $\frac{45}{54}$

**5** Ordne die Brüche von klein nach groß.
a) $\frac{3}{4}$; $\frac{4}{5}$; $\frac{7}{10}$; $\frac{6}{5}$
b) $\frac{9}{5}$; $\frac{7}{6}$; $\frac{8}{15}$; $\frac{17}{30}$

**6** Berechne.
a) $\frac{5}{16} + \frac{3}{8}$　　　　b) $\frac{1}{4} + \frac{1}{16} + \frac{3}{8}$
c) $\frac{7}{8} - \frac{1}{6}$　　　　d) $\frac{2}{3} - \frac{1}{12} - \frac{5}{10}$

**7** Schreibe ...
a) als unechte Brüche:
　$5\frac{7}{8}$ und $12\frac{3}{4}$
b) als gemischte Zahlen:
　$\frac{22}{2}$ und $\frac{39}{15}$

**8** Berechne.
a) $4\frac{5}{9} + 3\frac{1}{3}$　　　　b) $2\frac{1}{3} + 4\frac{3}{4} + 2\frac{5}{6}$
c) $12\frac{7}{12} - 9\frac{3}{8}$　　　　d) $20\frac{1}{2} - 10\frac{8}{15}$

→ Lösungen auf Seite 252 und 253

Die Aufgaben kannst du auch digital machen. ▸ 🖲

## 🔊 Gemischte Zahlen umwandeln mit einer Tabellenkalkulation

▶ 🔊 Hier lernst du, wie du mit einer Tabellenkalkulation gemischte Zahlen in Brüche umwandeln kannst.

Öffne deine Tabellenkalkulation.
Du siehst ein Tabellenblatt mit
**Spalten** (A, B, C, ...) und **Zeilen** (1,2, 3, ...).
Die Zelle mit dem „Hallo" steht in
**Spalte** B und **Zeile** 3. Diese Zelle heißt **B3**.

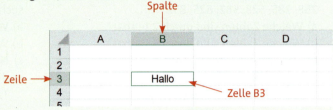

Wenn du eine Zelle anklickst, dann kannst du Wörter, Zahlen und Formeln eintragen.
Mit den Formeln kannst du etwas berechnen. Achtung: Formeln beginnen immer mit **=**.
Nach jedem Eintrag drückst du ENTER.

**So wandelst du die gemischte Zahl $2\frac{3}{4}$ in einen unechten Bruch um:**

① **Beschriften und Bekanntes eintragen**

Die gemischte Zahl $2\frac{3}{4}$ besteht aus mehreren
**Ganzen** und einem **Bruch**. Das Ergebnis soll ein
**unechter Bruch** sein.

|  | A | B | C | D |
|---|---|---|---|---|
| 1 | Ganze | Bruch | | unechter Bruch |
| 2 | 2 | 3 | = | |
| 3 | | 4 | | |
| 4 | | | | |

- Trage die Begriffe in die Zellen **A1, B1** und **D1**
ein. Dann weißt du, was wo steht. C1 bleibt frei.
- Trage darunter in die Zelle **A2** die **2** Ganzen ein und in **B2** und **B3** den Zähler **3** und den Nenner **4**.
Trage in C2 ein Gleichheitszeichen = ein.

② **Den unechten Bruch berechnen**

Trage nun **die Formeln in Spalte D** ein:

|  | A | B | C | D |
|---|---|---|---|---|
| 1 | Ganze | Bruch | | unechter Bruch |
| 2 | 2 | 3 | = | 11 |
| 3 | | 4 | | 4 |
| 4 | | | | |

- Der **Nenner** 4 bleibt **gleich**. Er steht in B3.
Du trägst in **D3** die Formel =B3 ein und
drückst ENTER.
- Für den Zähler multiplizierst du zuerst **die** 2
**Ganzen** aus A2 mit dem **Nenner** 4 aus B3 und addierst dann den Zähler 3 aus der Zelle B2.
Du trägst in D2 die Formel =A2*B3+B2 ein.
* bedeutet: multiplizieren.

③ **Formatieren**

Zuletzt machst du alles noch etwas schöner.

|  | A | B | C | D |
|---|---|---|---|---|
| 1 | Ganze | Bruch | | unechter Bruch |
| 2 | 2 | $\frac{3}{4}$ | = | $\frac{11}{4}$ |
| 3 | | | | |
| 4 | | | | |

- Stelle die Einträge in die Mitte der Zelle
(**zentriere** sie) mit der Taste ▤.
- Füge Bruchstriche mit dem Werkzeug „Rahmen"
ein.
- Verbinde die Zellen A2 und A3 sowie die Zellen
C2 und C3.

**1** Wandle die gemischten Zahlen in Brüche um. Ändere dazu die Zahlen in deinem Tabellenblatt.

a) $2\frac{5}{7}$　　　　b) $5\frac{2}{9}$　　　　c) $12\frac{6}{11}$　　　　d) $258\frac{29}{134}$

**2** Erstelle ein Tabellenblatt, das Brüche mit gleichem Nenner addiert.

**1** Untersuche die Zahlen 12; 15; 16; 45; 56; 70.
a) Welche Zahlen sind durch 5 teilbar?
b) Welche Zahlen sind Vielfache von 7?
c) Welche Zahlen sind durch 3, aber nicht durch 2 teilbar?

**2** Ist die Zahl durch 3 und durch 9 teilbar? Begründe.
**Beispiel** 816  Quersumme $8 + 1 + 6 = 15$
Die Quersumme 15 ist durch 3 teilbar, aber nicht durch 9. Also ist 816 …
a) 423  b) 376  c) 711
d) 1378  e) 5081  f) 10 302

**3** Finde alle Teiler der Zahl.
Schreibe die Teilermenge auf.
**Beispiel** 28  $1 \cdot 28$
$2 \cdot 14$
$4 \cdot 7$
Die Teiler von 28 sind $T_{28} = \{1, 2, 4, 7, 14, 28\}$.
a) 30  b) 32  c) 36  d) 42  e) 48
▶ **4**

**4** Erweitere den Bruch auf den Nenner 12.
Ergänze dazu die Lücken im Heft.
a)
b)

c)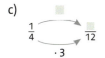
d)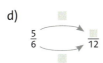

**5** Kürze den Bruch so weit wie möglich.
**Beispiel** $\frac{18}{24} = \frac{9}{12} = \frac{3}{4}$
a) $\frac{12}{18}$  b) $\frac{6}{24}$  c) $\frac{12}{28}$  d) $\frac{8}{36}$
e) $\frac{4}{10}$  f) $\frac{15}{25}$  g) $\frac{3}{33}$  h) $\frac{10}{75}$

**6** Zeichne den Zahlenstrahl in dein Heft.
Trage die Brüche $\frac{5}{6}$; $\frac{2}{3}$; $\frac{1}{2}$ und $\frac{5}{12}$ ein.
Ordne dann die Brüche von klein nach groß.
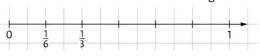

**7** Welche Brüche sind mit Kreuzen markiert?
Lies die Brüche ab. Kürze, wenn möglich.
**Beispiel** zu a)  $C = \frac{8}{16}$  und  $\frac{8}{16} = \frac{1}{2}$
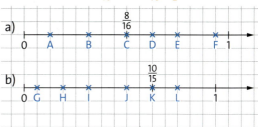
▶ **7**

**8** Schreibe in dein Heft und setze < oder > ein.
a) $\frac{3}{5} \bigcirc \frac{4}{5}$  b) $\frac{5}{6} \bigcirc \frac{3}{6}$  c) $\frac{4}{4} \bigcirc \frac{3}{4}$
d) $\frac{8}{11} \bigcirc \frac{8}{9}$  e) $\frac{4}{5} \bigcirc \frac{4}{6}$  f) $\frac{1}{5} \bigcirc \frac{1}{8}$
g) $\frac{3}{4} \bigcirc \frac{5}{8}$  h) $\frac{9}{12} \bigcirc \frac{4}{6}$  i) $\frac{13}{7} \bigcirc 2$  ▶ **9**

**9** Berechne. Kürze das Ergebnis, wenn möglich.
a) $\frac{2}{9} + \frac{3}{9}$  b) $\frac{7}{11} - \frac{5}{11}$  c) $\frac{3}{8} + \frac{3}{8}$
d) $\frac{7}{10} - \frac{3}{10}$  e) $\frac{5}{8} - \frac{1}{2}$  f) $\frac{11}{12} - \frac{3}{4}$
g) $\frac{2}{6} + \frac{2}{9}$  h) $\frac{9}{10} - \frac{3}{8}$

**10** Schreibe als gemischte Zahl und als Bruch.
a)   b)
▶ **11**

**11** Rico und seine Freunde planen einen „Monster-Triathlon": $\frac{1}{2}$ km schwimmen, 10 km radfahren, $2\frac{1}{2}$ km laufen.
Berechne die Länge der gesamten Strecke.
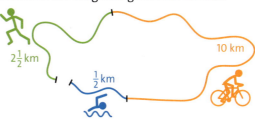

**12** Addiere oder subtrahiere die gemischten Zahlen. Kürze das Ergebnis, wenn möglich.
a) $1\frac{3}{7} + 2\frac{2}{7}$  b) $2\frac{1}{5} + 4\frac{3}{5}$  c) $3\frac{1}{4} + 1\frac{5}{8}$
d) $5\frac{4}{5} - 1\frac{1}{5}$  e) $7\frac{5}{6} - 2\frac{1}{6}$  f) $3\frac{3}{4} - 1\frac{1}{2}$

Die Ergebnisse von **12** ergeben in der richtigen Reihenfolge ein Lösungswort:
$2\frac{1}{4}$ (N); $3\frac{5}{7}$ (O); $4\frac{3}{5}$ (N); $4\frac{7}{8}$ (D); $5\frac{2}{3}$ (E); $6\frac{4}{5}$ (R)

▶ 💡 Tipp zu **6**, **8**, **9**, **12**

**1** Diese vier Zahlen sind durch 3 teilbar:
1653; 40 791; 67 551; 92 253.
   a) Vertausche zwei Ziffern, sodass die vier
   Zahlen durch 2 und durch 3 teilbar sind.
   b) Vertausche zwei Ziffern, sodass die vier
   Zahlen durch 3 und durch 5 teilbar sind.

**2** Ergänze die Ziffer, sodass die Zahl durch 9
teilbar ist: 14▮; 6▮7; 89▮2; 72▮02.

**3** Bestimme die Teilermenge.
   a) $T_{30}$   b) $T_{42}$   c) $T_{56}$   d) $T_{59}$   e) $T_{65}$   ▶ 4

**4** Vervollständige die Tabelle im Heft.

| | | erweitert mit | | |
|---|---|---|---|---|
| | | 2 | 3 | 5 |
| a) | $\frac{2}{5}$ | | $\frac{6}{15}$ | |
| b) | $\frac{5}{7}$ | | | |
| c) | $\frac{7}{10}$ | | | |
| d) | | $\frac{8}{18}$ | | |

**5** Lies die markierten Brüche ab. Falls möglich:
Kürze und schreibe als gemischte Zahl.
**Beispiel** zu a) E = $\frac{9}{8}$  und  $\frac{9}{8} = 1\frac{1}{8}$

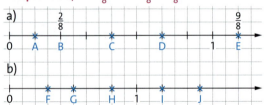

**6** Zeichne den Zahlenstrahl in dein Heft.

a) Trage die Brüche $\frac{1}{2}$; $\frac{2}{3}$; $\frac{1}{6}$; $\frac{11}{12}$; $1\frac{1}{3}$; $1\frac{2}{12}$ ein.
b) Schreibe die Brüche von klein nach groß
   geordnet auf.   ▶ 7

**7** Vergleiche. Setze im Heft < oder > ein.
   a) $\frac{7}{5}$ ▢ $\frac{7}{6}$   b) $\frac{5}{15}$ ▢ $\frac{3}{15}$   c) $\frac{11}{12}$ ▢ 1
   d) $\frac{9}{8}$ ▢ $\frac{8}{9}$   e) $\frac{4}{5}$ ▢ $\frac{4}{6}$   f) $\frac{1}{5}$ ▢ $\frac{1}{8}$
   g) $\frac{3}{4}$ ▢ $\frac{5}{8}$   h) $\frac{9}{12}$ ▢ $\frac{4}{6}$   i) $\frac{13}{7}$ ▢ 2

**8** Ordne die Brüche von klein nach groß.
   a) $\frac{1}{2}$; $\frac{3}{4}$; $\frac{3}{5}$; $\frac{7}{10}$; $\frac{3}{20}$
   b) $\frac{1}{2}$; $\frac{2}{3}$; $\frac{5}{6}$; $\frac{2}{9}$; $\frac{7}{9}$; $\frac{5}{18}$; $\frac{11}{18}$   ▶ 9

**9** Addiere. Falls möglich: Kürze das Ergebnis und
schreibe es als gemischte Zahl.
   **Beispiel**  $\frac{5}{6} + \frac{1}{2} = \frac{5}{6} + \frac{3}{6}$
   $$= \frac{8}{6} = \frac{4}{3} = 1\frac{1}{3}$$
   a) $\frac{3}{7} + \frac{5}{14}$   b) $\frac{2}{5} + \frac{1}{10}$   c) $\frac{1}{2} + \frac{3}{4}$
   d) $\frac{3}{4} + \frac{5}{12}$   e) $\frac{3}{4} + \frac{2}{5}$   f) $\frac{9}{10} + \frac{8}{15}$

**10** Vergleiche. Subtrahiere dann den kleineren
Bruch vom größeren Bruch.
   a) $\frac{2}{3}$ und $\frac{5}{6}$         b) $\frac{3}{4}$ und $\frac{1}{8}$
   c) $\frac{1}{4}$ und $\frac{7}{12}$         d) $\frac{2}{15}$ und $\frac{3}{10}$   ▶ 11

**11** Die Klasse 6b hat Wandertag. Sie wandern
$1\frac{1}{2}$ h und machen dann $\frac{3}{4}$ h Pause an einer
Eisdiele. Danach wandern sie $1\frac{3}{4}$ h und machen
$1\frac{1}{2}$ h Pause an einem See. Nach der Pause
wandern sie noch $2\frac{3}{4}$ h zurück.
   a) Wie lange dauerten die Pausen insgesamt?
   b) Wie lange ist die Klasse gewandert?
   c) Wie lange waren sie insgesamt unterwegs?
   Nutze eine Skizze.

**12** Setze die fehlenden Brüche im Heft ein.
   a) ▢ $+ \frac{3}{8} = \frac{5}{8}$         b) ▢ $- \frac{2}{7} = \frac{3}{7}$
   c) $\frac{3}{4} +$ ▢ $= 1$         d) $2 -$ ▢ $= 1\frac{1}{4}$
   e) ▢ $- 1\frac{1}{2} = 1\frac{3}{4}$         f) $3\frac{5}{8} -$ ▢ $= 1\frac{1}{2}$

**13** Mala fliegt nach Australien. Der Flug von
Düsseldorf nach Dubai dauert $6\frac{1}{2}$ h. Dort gibt es
eine Wartezeit von 3 h 20 min.
Der Flug von Dubai nach Sydney dauert $13\frac{3}{4}$ h.
   a) Berechne die reine Flugzeit.
   b) Wie viel Zeit vergeht zwischen dem Abflug
      in Düsseldorf und der Ankunft in Sydney?

Die Ergebnisse von **9** ergeben in der richtigen Reihenfolge ein Lösungswort: $\frac{1}{2}$ (Y); $\frac{11}{14}$ (S); $1\frac{3}{20}$ (E); $1\frac{1}{6}$ (N); $1\frac{1}{4}$ (D); $1\frac{13}{30}$ (Y)
Hinweis zu **13**: Sydney ist eine der größten Städte in Australien.

**1** Finde die nächstgrößere Zahl, die durch 3 und durch 9 teilbar ist.
a) 42    b) 65    c) 124    d) 378    e) 987

**2** Finde Beispiele und überprüfe die Aussage.
a) Wenn eine Zahl durch 3 und 4 teilbar ist, dann ist sie auch durch 12 teilbar.
b) Wenn eine Zahl durch 2 und 6 teilbar ist, dann ist sie auch durch 12 teilbar.
c) Wenn eine Zahl durch 3 und 5 teilbar ist, dann ist sie auch durch 15 teilbar.

**3** Bestimme die Teilermenge.
a) $T_{38}$    b) $T_{45}$    c) $T_{49}$    d) $T_{65}$    e) $T_{91}$

**4** Kürze oder erweitere.
a) Erweitere alle Brüche auf einen Nenner, der größer als 20 ist: $\frac{2}{3}$; $\frac{7}{11}$; $\frac{2}{5}$; $\frac{1}{4}$; $\frac{4}{9}$
b) Kürze so weit wie möglich:
$\frac{12}{48}$; $\frac{14}{35}$; $\frac{25}{45}$; $\frac{45}{63}$; $\frac{36}{84}$

**5** Lies die markierten Brüche ab.

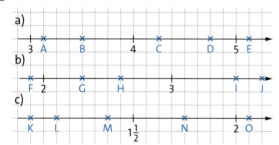

**6** Stelle die Brüche $\frac{1}{12}$; $1\frac{5}{12}$; $\frac{5}{6}$; $\frac{1}{4}$; $\frac{2}{3}$; $1\frac{1}{3}$ und $\frac{1}{2}$ auf einem Zahlenstrahl dar. Gehe so vor:
a) Begründe, warum dieser Zahlenstrahl gut geeignet ist.

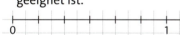

b) Zeichne den Zahlenstrahl in dein Heft und trage die Brüche ein.
c) Zeichne einen geeigneten Zahlenstrahl und trage die Brüche $\frac{3}{16}$; $1\frac{1}{16}$; $\frac{3}{8}$; $\frac{3}{4}$; $1\frac{1}{4}$ und $\frac{1}{2}$ ein.

**7** Ordne die Brüche von klein nach groß.
a) $\frac{3}{9}$; $\frac{3}{7}$; $\frac{3}{3}$; $\frac{1}{3}$; $\frac{3}{11}$; $\frac{3}{5}$    b) $\frac{7}{24}$; $\frac{3}{4}$; $\frac{3}{9}$; $\frac{2}{3}$; $\frac{3}{8}$; $\frac{5}{6}$

**8** Berechne. Setze dann <, > oder = im Heft ein.
a) $\frac{3}{5} + \frac{1}{10}$ ◯ $\frac{1}{5} + \frac{3}{10}$    b) $\frac{4}{7} + \frac{5}{9}$ ◯ $\frac{4}{9} + \frac{5}{7}$
c) $\frac{2}{3} - \frac{7}{15}$ ◯ $\frac{7}{10} - \frac{11}{25}$    d) $\frac{1}{4} + \frac{3}{16}$ ◯ $1\frac{7}{8} - \frac{11}{16}$

**9** Berechne.
a) $\frac{5}{6} - \frac{1}{3}$    b) $\frac{2}{7} + \frac{12}{21}$
c) $\frac{5}{8} + \frac{5}{6}$    d) $\frac{8}{9} - \frac{5}{6}$
e) $5\frac{1}{2} + 4\frac{1}{6}$    f) $9\frac{4}{5} - 3\frac{7}{10}$

**10** Berechne. Du kannst die gemischten Zahlen auch zuerst in unechte Brüche umwandeln.
a) $6\frac{3}{4} + 3\frac{1}{2}$    b) $5\frac{3}{8} + 7\frac{5}{6}$
c) $5\frac{3}{8} - 1\frac{5}{8}$    d) $10\frac{1}{6} - 9\frac{2}{3}$
e) $2\frac{1}{2} + 5\frac{2}{3} + \frac{5}{6}$    f) $5 - 3\frac{4}{5} - 1\frac{1}{5}$
g) $6\frac{1}{4} + 4\frac{9}{10} - 2\frac{1}{2}$    h) $4\frac{3}{4} - \left(1\frac{3}{8} + 1\frac{1}{2}\right)$

**11** Für eine Suppe kauft Lydia
$1\frac{1}{2}$ kg Hackfleisch,
$\frac{1}{2}$ kg Zwiebeln,
$1\frac{1}{4}$ kg Lauch,
750 g Schmelzkäse
und $2\frac{1}{2}$ kg Brühe.
Wie schwer ist der
Einkauf insgesamt?

**12** Erfinde eine passende Sachaufgabe. Löse sie und schreibe einen Antwortsatz.
a) $2\frac{1}{2} + \frac{3}{4} + 1\frac{3}{4}$    b) $1 - \frac{1}{2} - \frac{3}{8}$

**13** Schreibe die Rechenaufgabe auf und berechne die fehlende Zahl.
a) Berechne die Summe aus $1\frac{2}{3}$ und $2\frac{1}{5}$.
b) Berechne die Differenz aus $7\frac{5}{8}$ und $3\frac{3}{4}$.
c) Der Wert der Summe ist $3\frac{1}{4}$. Der erste Summand ist $1\frac{5}{6}$.
d) Der Wert der Differenz ist $\frac{1}{2}$. Der Minuend ist $3\frac{1}{5}$.

Die Ergebnisse von **10** ergeben in der richtigen Reihenfolge ein Lösungswort:
0 (C); $\frac{1}{2}$ (I); $1\frac{7}{8}$ (T); $3\frac{3}{4}$ (M); $8\frac{13}{20}$ (H); 9 (S); $10\frac{1}{4}$ (G); $13\frac{5}{24}$ (E)

► 💡 Tipp zu **8**, **12**, **13**

## Brüche im Alten Ägypten

Die alten Ägypter kannten keine Zahlen aus Ziffern.
Sie stellten Zahlen mit einfachen Bildern dar.
Ein Strich war eine 1, zwei Striche eine 2 und neun
Striche eine 9.
Das Zeichen ∩ bedeutete 10.

Die alten Ägypter konnten auch Brüche mit dem Zähler 1 schreiben. Sie zeichneten einen Kringel ⬭
über das Bild für den Nenner. Der Kringel hieß: Die Zahl heißt nicht 4, sondern $\frac{1}{4}$.

Dies war der Bruch $\frac{1}{5}$:     Dies war der Bruch $\frac{1}{12}$:

Und was war mit den anderen Brüchen? Andere Brüche schrieben die alten Ägypter
als Summe von Stammbrüchen, ganz einfach nebeneinander ohne ein Plus-Zeichen.

Den Bruch $\frac{2}{3}$ schrieben sie zum Beispiel als $\frac{1}{3} + \frac{1}{3}$, also:

**A** Schreibe die fünf ägyptischen Brüche in
unserer Schreibweise. Der Zähler ist immer 1.

**B** Übertrage den Zahlenstrahl in dein Heft
und trage diese drei Brüche ein:

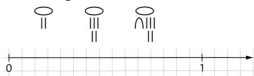

**C** Kannst du den
Bruch $\frac{2}{3}$ auch
so schreiben?
Rechne nach.

**D** Schreibe die ägyptischen Brüche in unserer Schreibweise.
Tipp: Du musst addieren.

**E** Übertrage die Tabelle in dein Heft.
Ordne die vier ägyptischen Brüche ein.

| Bruch | ägyptische Darstellung |
|-------|------------------------|
| $\frac{2}{3}$ | |
| $\frac{2}{5}$ | |
| $\frac{2}{7}$ | |
| $\frac{2}{9}$ | |

**F** Jetzt wird es knifflig: Schreibe die Brüche als Summe von zwei Brüchen mit dem Zähler 1.
Schreibe sie dann in ägyptischer Schreibweise.
**Beispiel** $\frac{5}{12} = \frac{1}{12} + \frac{4}{12} = \frac{1}{12} + \frac{1}{3}$

a) $\frac{3}{10}$    b) $\frac{4}{9}$    c) $\frac{5}{8}$    d) $\frac{9}{20}$    e) $\frac{13}{30}$    f) $\frac{5}{9}$

## Spalte 1 (⬜)

**1** Untersuche die Zahlen.

45 57 65 90
36 62 72

a) Welche der Zahlen sind durch 5 teilbar?
b) Welche der Zahlen sind durch 3 teilbar?

**2** Setze im Heft ein: <, >, =.
a) $\frac{3}{8} \bigcirc \frac{4}{8}$  b) $\frac{8}{3} \bigcirc \frac{8}{4}$
c) $\frac{4}{8} \bigcirc \frac{1}{2}$  d) $\frac{3}{4} \bigcirc \frac{5}{8}$

**3** Ordne von groß nach klein.
a) $\frac{1}{2}$; $\frac{1}{4}$; $\frac{3}{4}$; $\frac{2}{2}$
b) $\frac{5}{6}$; $\frac{1}{2}$; $\frac{5}{4}$

**4** Berechne. Kürze das Ergebnis, wenn nötig.
a) $\frac{3}{8} + \frac{3}{8}$  b) $\frac{1}{2} + \frac{2}{6}$
c) $\frac{3}{4} - \frac{7}{12}$  d) $\frac{5}{7} - \frac{6}{14}$

**5** Berechne. Schreibe das Ergebnis als gemischte Zahl.
a) $1\frac{1}{5} + 2\frac{3}{5}$
b) $3\frac{5}{7} + 5\frac{9}{14}$
c) $5\frac{7}{9} - 3\frac{4}{9}$
d) $10\frac{5}{6} - 2\frac{5}{12}$

**6** Das Ergebnis von $\frac{\square}{6} + \frac{2}{3}$ soll möglichst groß werden. Musst du 2, 4 oder 6 einsetzen? Berechne im Heft.

**7** Lana kauft auf dem Markt $2\frac{1}{2}$ kg Kartoffeln, $\frac{3}{4}$ kg Möhren und $\frac{2}{3}$ kg Rosenkohl.
Ist alles zusammen schwerer als 4 kg?

## Spalte 2 (⊠)

**1** Welche Ziffern können an der letzten Stelle stehen?

34 245 573

a) Die Zahl soll durch 5 teilbar sein.
b) Die Zahl soll durch 3 teilbar sein.

**2** Setze im Heft ein: <, >, =.
a) $\frac{5}{12} \bigcirc \frac{6}{12}$  b) $\frac{12}{5} \bigcirc \frac{12}{6}$
c) $\frac{11}{12} \bigcirc \frac{5}{6}$  d) $\frac{2}{4} \bigcirc \frac{8}{16}$

**3** Ordne von groß nach klein.
a) $\frac{17}{10}$; $\frac{1}{2}$; $\frac{3}{5}$; $\frac{9}{5}$
b) $\frac{7}{3}$; $\frac{7}{6}$; $\frac{14}{8}$; $\frac{9}{4}$

**4** Berechne. Kürze das Ergebnis, wenn nötig.
a) $\frac{2}{3} + \frac{2}{9}$  b) $\frac{11}{8} + \frac{1}{6}$
c) $\frac{5}{6} - \frac{1}{4}$  d) $\frac{10}{12} - \frac{5}{9}$

**5** Berechne. Schreibe das Ergebnis als gemischte Zahl.
a) $2\frac{2}{9} + 7\frac{2}{3}$
b) $4\frac{1}{3} + 2\frac{3}{4}$
c) $8\frac{5}{7} - 3\frac{9}{14}$
d) $6\frac{7}{10} - 3\frac{5}{6}$

**6** Welche Ziffer musst du einsetzen, damit das Ergebnis möglichst groß wird?

$\frac{1}{\square} + \frac{1}{2}$

**7** In einer Kanne sind 3 Liter Milch. Lisa nimmt $1\frac{3}{4}$ Liter, um daraus Kakao zu machen.
Aus $1\frac{1}{6}$ Liter kocht sie Pudding. Berechne, wie viel Liter Milch noch in der Kanne sind.

## Spalte 3 (⊠)

**1** Bilde dreistellige Zahlen aus den Ziffern.

2 4 5 6 7 0

a) Die Zahl soll durch 9 teilbar sein. Finde drei Möglichkeiten.
b) Die Zahl soll zugleich durch 2, 3 und 5 teilbar sein.

**2** Vergleiche im Heft.
a) $\frac{7}{13} \bigcirc \frac{14}{26}$  b) $\frac{5}{6} \bigcirc \frac{3}{4}$
c) $\frac{7}{18} \bigcirc \frac{7}{13}$  d) $\frac{9}{10} \bigcirc \frac{11}{12}$

**3** Ordne der Größe nach.
a) $\frac{4}{7}$; $\frac{8}{12}$; $\frac{1}{3}$; $\frac{13}{21}$
b) $\frac{7}{5}$; $\frac{17}{15}$; $\frac{5}{3}$; $\frac{8}{6}$

**4** Berechne.
a) $\frac{3}{4} + \frac{1}{6}$  b) $\frac{4}{5} - \frac{1}{4}$
c) $\frac{2}{6} + \frac{4}{9} + \frac{2}{3}$  d) $\frac{5}{6} - \frac{1}{3} + \frac{1}{2}$

**5** Berechne.
a) $1\frac{1}{2} + 2\frac{4}{5}$
b) $4\frac{2}{9} + 5\frac{5}{6} + 1\frac{2}{3}$
c) $8\frac{9}{10} - 3\frac{3}{4}$
d) $5\frac{4}{5} - 1\frac{2}{6} - 2\frac{4}{8}$

**6** Welche Ziffer musst du einsetzen, damit das Ergebnis möglichst klein wird?

$\frac{3}{4} - \frac{1}{\square}$

**7** Herr Sterzek hat 5 t Pflastersteine gekauft. Auf seinen Anhänger kann er $1\frac{3}{4}$ t laden.
a) Wie oft fährt er, um alle Steine zu transportieren?
b) Wie schwer ist die letzte Wagenladung?

→ Lösungen auf Seite 253 und 254

### Teilbarkeitsregeln → Seite 8, 12

Eine Zahl ist **durch 2 teilbar**, wenn die letzte Ziffer eine 0; 2; 4; 6 oder 8 ist.

Eine Zahl ist **durch 5 teilbar**, wenn die letzte Ziffer eine 0 oder 5 ist.

Eine Zahl ist **durch 10 teilbar**, wenn die letzte Ziffer eine 0 ist.

Eine Zahl ist **durch 3 teilbar**, wenn ihre Quersumme durch 3 teilbar ist.

Eine Zahl ist **durch 9 teilbar**, wenn ihre Quersumme durch 9 teilbar ist.

90**5** ist nicht durch 2 teilbar.
357**6** ist durch 2 teilbar.
90**5** ist durch 5 teilbar.
357**6** ist nicht durch 5 teilbar.
90**5** und 357**6** sind nicht durch 10 teilbar.
95**0** ist durch 10 teilbar.
Die Quersumme von 1638 ist
$1 + 6 + 3 + 8 = 18$.
18 ist durch 3 und durch 9 teilbar.
Also ist 1638 durch 3 und durch 9 teilbar.

### Brüche erweitern und kürzen → Seite 16

So **erweiterst** du einen Bruch: Multipliziere Zähler und Nenner mit der gleichen Zahl.

So **kürzt** du einen Bruch: Teile den Zähler und den Nenner durch die gleiche Zahl ungleich 0. Der Wert des Bruchs bleibt dabei gleich.

$$\frac{2}{3} = \frac{2 \cdot 2}{3 \cdot 2} = \frac{4}{6}$$

$$\frac{3}{9} = \frac{3 : 3}{9 : 3} = \frac{1}{3}$$

### Brüche vergleichen und ordnen → Seite 20

**Gleiche Nenner:** Vergleiche die Zähler.
Der Bruch mit dem größeren Zähler ist größer.
**Gleiche Zähler:** Vergleiche die Nenner.
Der Bruch mit dem kleineren Nenner ist größer.

$$\frac{4}{5} > \frac{2}{5}$$

$$\frac{3}{7} < \frac{3}{4}$$

**Zähler und Nenner verschieden:**
① Finde einen gemeinsamen Nenner.
② Schreibe die Brüche mit diesem Nenner.
③ Vergleiche die Zähler.

Vergleiche $\frac{5}{6}$ und $\frac{7}{9}$.
18 ist ein gemeinsamer Nenner.
$\frac{5}{6} = \frac{15}{18}$ und $\frac{7}{9} = \frac{14}{18}$
$15 > 14$, also $\frac{5}{6} > \frac{7}{9}$

### Brüche addieren und subtrahieren → Seite 24

**Brüche mit gleichem Nenner:** Addiere oder subtrahiere die Zähler. Der Nenner bleibt gleich.
**Brüche mit verschiedenen Nennern:** Schreibe die Brüche mit einem gemeinsamen Nenner. Addiere oder subtrahiere dann.

$$\frac{3}{6} + \frac{1}{6} = \frac{4}{6} = \frac{2}{3}$$

$$\frac{2}{5} + \frac{4}{15} = \frac{6}{15} + \frac{4}{15}$$
$$= \frac{10}{15} = \frac{2}{3}$$

$$\frac{3}{4} - \frac{2}{3} = \frac{9}{12} - \frac{8}{12}$$
$$= \frac{1}{12}$$

### Gemischte Zahlen addieren und subtrahieren → Seite 28

Brüche größer als 1 kannst du als gemischte Zahlen oder als unechte Brüche schreiben.

$$3\frac{5}{6} = 3 + \frac{5}{6} = \frac{18}{6} + \frac{5}{6} = \frac{23}{6}$$

So addierst oder subtrahierst du:
① Trenne die Ganzen und die Brüche.
② Berechne die Ganzen und dann die Brüche.
③ Wenn nötig, schreibe ein Ganzes als Bruch.
④ Schreibe das Ergebnis als gemischte Zahl.

$3\frac{4}{5} - 1\frac{3}{10}$
$= 3 - 1 + \frac{4}{5} - \frac{3}{10}$
$= 2 + \frac{5}{10}$
$= 2\frac{1}{2}$

$3\frac{1}{5} - 1\frac{3}{5}$
$= 3 - 1 + \frac{1}{5} - \frac{3}{5}$
$= 2 + \frac{1}{5} - \frac{3}{5}$
$= 1 + \frac{3}{5} = 1\frac{3}{5}$

# Mit Dezimalzahlen rechnen

▶ Kinder und Jugendliche können ab 6 Jahren das Deutsche Sport-Abzeichen machen. Das Sport-Abzeichen gibt es in Bronze, Silber oder Gold.

Für Silber muss ein 12 Jahre altes Mädchen 50 m in 9,6 s oder schneller laufen. Ein zwölfjähriger Junge muss 3,50 m weit springen.

Wie viel Zeit brauchst du für 50 m? Wie weit kannst du springen? Wo findest du im Sport noch mehr Zahlen mit einem Komma?

In diesem Kapitel lernst du …

- was Dezimalzahlen sind,

- Dezimalzahlen zu vergleichen und zu ordnen,

- Dezimalzahlen zu runden,

- Brüche in Dezimalzahlen umzuwandeln und umgekehrt,

- Prozentzahlen zu benutzen,

- Dezimalzahlen zu addieren,

- Dezimalzahlen zu subtrahieren,

- Dezimalzahlen zu multiplizieren,

- Dezimalzahlen zu dividieren.

| Kompetenz | Aufgabe | Lies und übe. |
|---|---|---|
| 1 Ich kann Zahlen in die Stellenwerttafel eintragen. | **1** Übertrage die Stellenwerttafel in dein Heft. Trage die Zahlen ein. | → Seite 228 Nr. 3, 4 |

| Millionen | | | Tausender | | | | | |
|---|---|---|---|---|---|---|---|---|
| H | Z | E | H | Z | E | H | Z | E |
| | | | | | | | | |

a) 23 500          b) 917 080          c) 13 500 325
d) dreihundertsieben          e) siebentausendzwölf

| Kompetenz | Aufgabe | Lies und übe. |
|---|---|---|
| 2 Ich kann Zahlen aus einer Stellenwerttafel ablesen und in Worten schreiben. | **2** Lies die Zahlen aus der Stellenwerttafel ab. Schreibe sie als Wort. | → Seite 228 Nr. 5, 6 |

| Millionen | | | Tausender | | | | | |
|---|---|---|---|---|---|---|---|---|
| H | Z | E | H | Z | E | H | Z | E |
| | | | | 9 | 4 | 5 | 0 | 0 |
| | | 4 | 7 | 8 | 0 | 0 | 2 | 0 |
| 8 | 0 | 7 | 0 | 6 | 0 | 4 | 0 | 3 |

| Kompetenz | Aufgabe | Lies und übe. |
|---|---|---|
| 3 Ich kann Zahlen miteinander vergleichen. | **3** Vergleiche. Setze im Heft < (kleiner) oder > (größer) ein.<br>a) 250 ● 230          b) 4092 ● 4029<br>c) 76 320 ● 76 200          d) 356 507 ● 356 567 | → Seite 229 Nr. 7, 8 |
| 4 Ich kann Zahlen der Größe nach ordnen. | **4** Ordne die Zahlen von klein nach groß.<br>a) 55 000; 7900; 22 900; 450; 75; 97 900<br>b) 8539; 8359; 8955; 8533; 8593; 8895 | → Seite 229 Nr. 9, 10 |
| 5 Ich kann Zahlen auf dem Zahlenstrahl ablesen. | **5** Notiere zu jedem Buchstaben die passende Zahl.<br> | → Seite 227 Nr. 1 |
| 6 Ich kann Zahlen auf dem Zahlenstrahl eintragen. | **6** Zeichne den Zahlenstrahl ins Heft. Wähle 2 Kästchen für jede Markierung.<br>Trage die Zahlen ein: 30; 55; 95. | → Seite 227 Nr. 2 |
| 7 Ich kann Zahlen runden. | **7** Hier geht es um das Runden.<br>a) Runde die Zahl 6837 auf Zehner, Hunderter und Tausender.<br>b) Finde die größte Zahl, die abgerundet 800 ergibt.<br>c) Finde die kleinste Zahl, die aufgerundet 120 ergibt. | → Seite 230 Nr. 11, 12 |
| 8 Ich kann im Kopf addieren und subtrahieren. | **8** Rechne im Kopf.<br>a) 17 + 26          b) 45 − 19          c) 29 + 49<br>d) 100 − 23          e) 36 + 64          f) 84 − 63 | → Seite 238 Nr. 42, 43, 44 |

| Kompetenz | Aufgabe | Lies und übe. |
|---|---|---|
| 9 Ich kann im Kopf multiplizieren und dividieren. | **9** Rechne im Kopf.<br>a) $9 \cdot 6$     b) $27 : 9$     c) $12 \cdot 4$<br>d) $36 : 4$     e) $6 \cdot 15$     f) $85 : 5$ | → Seite 242<br>Nr. 56, 57 |
| 10 Ich kann Brüche erweitern. | **10** Erweitere die Brüche mit 2.<br>a) $\frac{1}{2}$     b) $\frac{1}{5}$     c) $\frac{3}{4}$ | → Seite 16;<br>Seite 17<br>Nr. 1, 2 |
| 11 Ich kann Brüche kürzen. | **11** Kürze die Brüche so weit wie möglich.<br>a) $\frac{4}{8}$     b) $\frac{9}{12}$     c) $\frac{15}{25}$ | → Seite 16;<br>Seite 17<br>Nr. 3, 4, 9 |
| 12 Ich kann unechte Brüche in gemischte Zahlen umwandeln. | **12** Wandle den Bruch in eine gemischte Zahl um.<br>**Beispiel** $\frac{7}{4} = 1\frac{3}{4}$<br>a) $\frac{3}{2}$     b) $\frac{5}{3}$     c) $\frac{11}{5}$ | → Seite 234<br>Nr. 25, 26 |
| 13 Ich kann schriftlich addieren und subtrahieren. | **13** Berechne schriftlich im Heft.<br>a) $157 + 286$     b) $412 - 225 - 19$<br>c) $1312 + 187 + 59$     d) $198 - 103 - 46$ | → Seite 239<br>Nr. 45, 46, 47, 48 |
| 14 Ich kann schriftlich multiplizieren und dividieren. | **14** Berechne schriftlich im Heft.<br>a) $76 \cdot 16$     b) $189 : 9 =$<br>c) $119 \cdot 23$    d) $714 : 14$    e) $54 \cdot 734$    f) $1164 : 12$ | → Seite 243<br>Nr. 62, 63<br>→ Seite 244<br>Nr. 64, 65 |
| 15 Ich kann die **Vorrangregeln** anwenden. | **15** Berechne. Gib an, welche Vorrangregel du beachten musst: „Punkt vor Strich" oder „Klammern zuerst".<br>a) $18 - 5 \cdot 3$     b) $19 - (13 - 11)$<br>c) $4 \cdot (7 + 3)$     d) $18 : 3 + 6$ | → Seite 245<br>Nr. 68, 69 |
| 16 Ich kann Sachaufgaben lösen. | **16** Lisa, Jule, Tom und Sven kaufen zusammen ein Geschenk. Jedes Kind bezahlt 10 €.<br>a) Wie viel kostet das Geschenk?<br>b) Pia möchte sich auch an dem Geschenk beteiligen. Wie viel muss nun jeder bezahlen? | → Seite 245<br>Nr. 70<br>→ Seite 246<br>Nr. 71, 72, 73 |

→ Lösungen auf Seite 255

## Dezimalzahlen kennenlernen

*Zwischen zwei Millimeterstriche eines Lineals passen 10 Milben.*

Es gibt sehr winzige Lebewesen. Viele können wir mit dem Auge nicht sehen. Sie sind oft kleiner als ein Millimeter.

Die Milbe
0,1 mm

Das Pantoffeltierchen
0,05 mm

Der Wasserfloh
1,58 mm

Das Bärtierchen
0,4 mm

Die Längen der Tiere sind mit Dezimalzahlen angegeben.

*Die Vorsilbe „Dezi"
bedeutet „Zehntel",
also der zehnte Teil.
Ein **Dezi**meter ist
der zehnte Teil
eines Meters.*

**W** **Dezimalzahlen** sind Zahlen mit einem Komma. Die Ziffern nach dem Komma sprichst du einzeln.

**Nach** dem Komma stehen die **Nachkommastellen**
Zehntel (z),
Hundertstel (h),
Tausendstel (t) …

Dezimalzahlen kannst du in einer **erweiterten Stellenwerttafel** eintragen. Die erweiterte Stellenwerttafel enthält auch die Stellen nach dem Komma.

0,1 und 12,235 sind Dezimalzahlen.

0,1      sprich: null Komma eins
12,835  sprich: zwölf Komma acht drei fünf

$$12,835$$

Zehner Einer , Zehntel Hundertstel Tausendstel
zwölf Komma acht drei fünf

| erweiterte Stellenwerttafel | | | | | |
|---|---|---|---|---|---|
| | Ganze | | Nachkommastellen | | |
| Dezi-mal-zahl | Zehner Z | Einer E, | Zehntel z $\frac{1}{10}$ | Hundertstel h $\frac{1}{100}$ | Tausendstel t $\frac{1}{1000}$ |
| 0,1 | | 0, | 1 | | |
| 0,05 | | 0, | 0 | 5 | |
| 4,301 | | 4, | 3 | 0 | 1 |
| 12,835 | 1 | 2, | 8 | 3 | 5 |

▶ Dezimal-zahlen in die Stellenwerttafel eintragen

▶ **Aufgabe** Übertrage die Stellenwerttafel in dein Heft. Trage die Zahlen ein. Lies sie.
0,4; 0,15; 0,902; 1,58

▶1 ▶1 ▶1

**W** **Dezimalzahlen** kannst du als Brüche mit den Nennern 10, 100, 1000 … schreiben und andersherum. Dezimalzahlen sind deshalb Brüche in einer anderen Schreibweise. Du erkennst an den Nullen im Nenner, wie viele Nachkommastellen die Dezimalzahl hat.

| Dezimal-zahl | H | Z | E, | z $\frac{1}{10}$ | h $\frac{1}{100}$ | t $\frac{1}{1000}$ | Bruch |
|---|---|---|---|---|---|---|---|
| 0,8 | | | 0, | 8 | | | $\frac{8}{10}$ |
| 0,13 | | | 0, | 1 | 3 | | $\frac{13}{100}$ |
| 19,526 | | 1 | 9, | 5 | 2 | 6 | $19\frac{526}{1000}$ |

Vom Bruch zur Dezimalzahl:
$\frac{9}{10} = 0,9$       $1\frac{23}{100} = 1,23$       $\frac{704}{1000} = 0,704$

▶ Dezimal-zahlen in Zehnerbrüche umwandeln

▶ **Aufgabe** Schreibe die Dezimalzahlen als Brüche und umgekehrt:
0,145; 0,03; $\frac{2}{10}$; $\frac{12}{100}$

▶4 ▶4 ▶4

**1** 👥 Übt gemeinsam Dezimalzahlen zu lesen.
Schreibt auf vier Kärtchen die Ziffern 1; 5; 9
und ein Komma. Legt damit Dezimalzahlen,
lest sie laut vor und schreibt sie auf.
**Beispiel** 15,9    fünfzehn    Komma    neun

| 1 | 5 | , | 9 |

**2** Ordne jeder Dezimalzahl die passende
Sprechweise zu.

| 0,02 | zwei Komma null zwei |
| 2,02 | zwei Komma null null zwei |
| 0,202 | null Komma null zwei |
| 2,002 | null Komma zwei null zwei |

**3** Lies die Dezimalzahl aus der Stellenwerttafel
ab und schreibe sie auf.

| | Z | E, | z $\frac{1}{10}$ | h $\frac{1}{100}$ | t $\frac{1}{1000}$ |
|---|---|---|---|---|---|
| a) | | 2, | 8 | | |
| b) | | 8, | 2 | 5 | |
| c) | | 3, | 7 | 0 | 1 |
| d) | 5 | 2, | 3 | 4 | |
| e) | 1 | 8, | 5 | | |

► 3

**4** Vervollständige die Stellenwerttafel im Heft.
Lies die Brüche und die Dezimalzahlen vor.

| Dezimalzahl | Z | E, | z $\frac{1}{10}$ | h $\frac{1}{100}$ | t $\frac{1}{1000}$ | Bruch |
|---|---|---|---|---|---|---|
| 0,5 | | 0, | 5 | | | $\frac{5}{10}$ |
| | | | | | | $\frac{8}{10}$ |
| | | | | | | $\frac{7}{100}$ |
| 0,6 | | | | | | |
| 0,19 | | | | | | |

**5** Ordne jeder Dezimalzahl einen Bruch zu.

**6** Schreibe die Dezimalzahl als Bruch oder
als gemischte Zahl.
Eine Stellenwerttafel kann dir helfen.
a) 0,7    b) 0,3    c) 0,56    d) 0,154
e) 1,5    f) 2,6    g) 3,69    h) 5,653

**7** Schreibe die Brüche als Dezimalzahlen.

Gehe so vor:
• Ordne die Brüche nach Zehntel, Hundertstel,
Tausendstel.
• Schreibe neben jeden Bruch die passende
Dezimalzahl.    ► 8

**8** Schreibe als Bruch und als Dezimalzahl.
a) 5 Zehntel            b) 45 Tausendstel
c) 245 Hundertstel      d) 31 Zehntel
e) 564 Tausendstel      f) 2 Hundertstel

**9** Schreibe als Dezimalzahl.
**Beispiel** $3\frac{1}{2}$ m = 3,5 m
a) $8\frac{1}{4}$ km    b) $5\frac{1}{2}$ kg    c) $5\frac{3}{4}$ m    d) $5\frac{2}{4}$ cm

**10** Wie viele Sekunden, Zehntelsekunden und
Hundertstelsekunden zeigt die Stoppuhr an?

**11** Bei den Nachkommastellen kannst du die
**Nullen am Ende** einer Dezimalzahl weglassen.
Die Zahl bleibt gleich.
Schreibe die Dezimalzahl ohne die Nullen am
Ende und als Bruch.
**Beispiel** 0,100 00 = 0,1 = $\frac{1}{10}$
a) 0,900      b) 0,1500      c) 0,410
d) 0,731 00   e) 0,040       f) 0,1020

---

Tipp zu **1**: Hebt eure Karten auf.
Sprachhilfe zu **4** und **5**: Tausender – Hunderter – Zehner – Einer – Zehntel – Hundertstel – Tausendstel

☀ Tipp zu **3**, **5**, **6**, **7**, **9**

**1** Welche Dezimalzahl ist das?
a) Schreibe mit Ziffern:
  • sechs Komma acht neun
  • acht Komma zwei null neun
  • null Komma null acht sieben
b) Schreibe in Worten: 5,43; 1,08; 12,0807

**2** Lies die Dezimalzahl aus der Stellenwerttafel ab und schreibe sie ins Heft.

| | H | Z | E, | z $\frac{1}{10}$ | h $\frac{1}{100}$ | t $\frac{1}{1000}$ |
|---|---|---|---|---|---|---|
| a) | | | 3, | 1 | 5 | |
| b) | | 2 | 1, | 4 | 3 | 7 |
| c) | | 3 | 0, | 9 | 0 | 3 |
| d) | 2 | 1 | 8, | 0 | 4 | |
| e) | 6 | 4 | 0, | 0 | 6 | 7 |

**3** An welchen Stellen der Dezimalzahl stehen die Ziffern 3 und 5?
**Beispiel** Dezimalzahl 5,73
5 an der Einer-Stelle
3 an der Hundertstel-Stelle
a) 3,45     b) 3,51     c) 2,375     ▶ **4**

**4** Vervollständige die Stellenwerttafel im Heft.
Lies die Brüche und die Dezimalzahlen vor.

| | Dezimal-zahl | H | Z | E, | z $\frac{1}{10}$ | h $\frac{1}{100}$ | t $\frac{1}{1000}$ | Bruch |
|---|---|---|---|---|---|---|---|---|
| a) | 0,78 | | | | | | | $\frac{78}{100}$ |
| b) | 0,238 | | | | | | | |
| c) | 15,3 | | 1 | 5, | 3 | | | $15\frac{3}{10}$ |
| d) | | | | | | | | $2\frac{6}{10}$ |
| e) | | | | 3, | 2 | 5 | | |
| f) | | | | 0, | 5 | 9 | 8 | |
| g) | | | | 0, | 0 | 8 | 1 | |

**5** Schreibe die Dezimalzahl als Bruch oder als gemischte Zahl. Kürze so weit wie möglich.
**Beispiel** $0,48 = \frac{48}{100} = \frac{24}{50} = \frac{12}{25}$
a) 0,2       b) 0,12      c) 0,75
d) 0,202     e) 0,05      f) 0,005
g) 2,3       h) 15,44     i) 10,101

**6** Hier stimmt etwas nicht.
Finde die Fehler und korrigiere sie im Heft.
a) $12,5 = 1\frac{25}{100}$
b) $2,96 = 2\frac{24}{25}$
c) $0,34 = \frac{34}{10} = 3\frac{4}{10}$
d) $5,428 = 5\frac{428}{1000} = 5\frac{107}{25}$

**7** Schreibe den Bruch als Dezimalzahl.
**Beispiel** $\frac{25}{100} = 0,25$
a) $\frac{7}{10}$       b) $\frac{19}{100}$      c) $\frac{457}{1000}$
d) $\frac{12}{1000}$    e) $\frac{1}{100}$       f) $\frac{3}{1000}$
g) $2\frac{7}{10}$      h) $8\frac{99}{100}$     i) $10\frac{7}{1000}$

**8** Schreibe den Bruch als Dezimalzahl.
Du musst den Bruch dafür passend erweitern oder kürzen.
a) $\frac{2}{50}$       b) $\frac{3}{20}$        c) $\frac{8}{80}$
d) $\frac{4}{5}$        e) $1\frac{2}{4}$        f) $2\frac{4}{20}$     ▶ **8**

**9** Aylin meint: „0,4 ist dasselbe wie 0,400.
Denn $0,4 = \frac{4}{10}$ und $0,400 = \frac{400}{1000} = \frac{4}{10}$."
a) Hat Aylin recht? Prüfe nach.
b) „Nullen am Ende einer Dezimalzahl kannst du weglassen." Stimmt das?     ▶ **10**

**10** Lies ab, was der **Wasserzähler** anzeigt. Schreibe als Dezimalzahl und als gemischte Zahl.

a) 3 9 7 4 3 m³    05.4484
c) 1 2 2 0 5 6 m³    05.4484

b) 4 7 5 8 1 m³    05.4484
d) 1 5 2 9 2 1 m³    05.4484

**11** Finde immer zwei passende Kärtchen.

| | | | |
|---|---|---|---|
| 1,26 m | $1\frac{13}{50}$ m | 25,6 km | $25\frac{3}{5}$ km |
| 34,25 cm | $342\frac{1}{2}$ mm | 1260 m | $1\frac{13}{50}$ km |
| $2\frac{14}{25}$ m | 256 cm | $34\frac{1}{4}$ km | 342 500 dm |

Sprachhilfe zu **10**: Wasserzähler messen, wie viel Kubikmeter (kurz m³) Wasser durch die Leitung geflossen sind.
Ein Kubikmeter (kurz 1 m³) passt genau in einen großen Würfel mit 1 m Kantenlänge.

**1** Finde drei Situationen aus deiner Umwelt, in denen Dezimalzahlen vorkommen. Schreibe sie mit einem Beispiel in dein Heft.
**Beispiel** Schwimmen: 45,07 s
Lies die Dezimalzahlen laut vor.
Markiere die Zehntel in rot, die Hundertstel in blau und die Tausendstel in grün.

**2** Vervollständige die Stellenwerttafel im Heft.

| | Dezimal-zahl | H | Z | E, | z $\frac{1}{10}$ | h $\frac{1}{100}$ | t $\frac{1}{1000}$ |
|---|---|---|---|---|---|---|---|
| a) | 0,35 | | | | | | |
| b) | 0,8 | | | | | | |
| c) | 2,77 | | | | | | |
| d) | 89,07 | | | | | | |
| e) | 0,013 | | | | | | |
| f) | | | | 0, | 0 | 5 | |
| g) | | | | | | | 9 |

**3** Welchen Stellenwert haben die roten Ziffern?
**Beispiel** 4,867
8 Zehntel, 7 Tausendstel
a) 2,34        b) 7,935        c) 24,52
d) 5,863       e) 15,209       f) 591,162

**4** Welche Dezimalzahl gehört zu welchem Bruch?

0,9    0,09    0,009    0,19    0,019
0,91    0,091        9,1        1,9

$\frac{9}{100}$    $\frac{19}{100}$    $\frac{91}{100}$    $\frac{19}{1000}$    $\frac{91}{1000}$
$\frac{9}{1000}$    $\frac{9}{10}$    $\frac{19}{10}$    $\frac{91}{10}$

**5** Schreibe die Dezimalzahl als Bruch. Kürze.
**Beispiel** $0,125 = \frac{125}{1000} = \frac{5}{40} = \frac{1}{8}$
a) 0,4          b) 0,14          c) 0,66
d) 0,02         e) 20,08         f) 9,038
g) 0,300
h) Was fällt dir bei g) auf?

**6** Schreibe als Dezimalzahl.
a) $\frac{45}{100}$       b) $\frac{183}{1000}$       c) $\frac{609}{1000}$
d) $\frac{5}{1000}$       e) $\frac{505}{10000}$      f) $8\frac{8}{10}$
g) $2\frac{90}{100}$      h) $\frac{234}{10}$         i) $\frac{5407}{100}$

**7** Hier stimmt etwas nicht.
Finde die Fehler. Erkläre und korrigiere sie.
a) $0,25 = \frac{25}{10} = 2\frac{1}{2}$
b) $0,56 = \frac{56}{100} = \frac{14}{25}$
c) $9,264 = 9\frac{264}{100} = 9\frac{66}{25} = 11\frac{16}{25}$
d) $58,45 = 5\frac{845}{1000} = 5\frac{169}{200}$

**8** Bei Längen ist Meter die Grundeinheit. Dezimeter sind „Zehntelmeter", Zentimeter sind „Hundertstelmeter" und Millimeter sind „Tausendstelmeter". Schreibe die Länge in m.

**Beispiel** 3 m 7 dm = 3,7 m

a) 14 m 1 dm 5 cm 3 mm      b) 2 m 5 cm
c) 12 m 2 dm 1 mm           d) 3 dm 4 mm
e) 5 cm                     f) 31 mm

**9** Schreibe die drei Angaben mit Brüchen und mit gemischten Zahlen.
Für welche Einheiten stehen die einzelnen Stellen nach dem Komma?

gestoppte Zeit:
**53,16 s**
gelaufene Strecke:
**246,8 m**
Distanz bis zum Ziel:
**3,753 km**

**10** Schreibe das Rezept mit Dezimalzahlen.
**Beispiel** 275 mℓ = 0,275 ℓ

**Bauernbrot**
380 mℓ lauwarmes Wasser
$2\frac{1}{2}$ TL Salz
300 g Weizenmehl
130 g Roggenmehl
$1\frac{1}{2}$ TL Zucker

**11** Zeitangaben mit Komma
a) Schreibe in Minuten.

**Beispiel** $3,5 h = 3\frac{1}{2} h = 3 h 30 min = 210 min$

• 1,5 h        • 0,75 h        • 1,25 h
b) Schreibe in Stunden.
• 120 min      • 150 min       • 15 min

---

Tipp zu **9**: Mögliche Einheiten sind mm, cm, dm, m, km, Zehntelsekunden, Hundertstelsekunden.

▶ ☼ Tipp zu **4**, **7**

## Dezimalzahlen vergleichen und runden

In einem Computerspiel fliegst du mit einem Drachen.
Steffi ist nach 43,028 Sekunden im Ziel.
Du bist nach 43,03 Sekunden im Ziel.
Wer hat weniger Zeit benötigt?

▸ 🖵 Dezimal-
zahlen vergleichen

**W** **Dezimalzahlen vergleichen**

Beginne links und vergleiche die Ziffern
Stelle für Stelle miteinander.
Der erste Unterschied entscheidet.

43,0**3**
43,0**2**8     3 > 2; also ist 43,0**3** > 43,0**2**8
Steffi brauchte 43,028 s. Sie war schneller.

**2**5,4
**8**,976     25 > 8; also ist 25,4 > 8,976

3 < 3,0**7**;   denn 3 = 3,0**0** und 3,0**0** < 3,0**7**

▶ Aufgabe   Vergleiche die Zeiten. Wer war am schnellsten?
Max 45,03 s;  Lena 45,0219 s;  Sven 45,038 s

▸ **1** ▸ **1** ▸ **1**

▸ 🖵 Dezimal-
zahlen am Zahlen-
strahl ablesen

▸ 🖵 Dezimal-
zahlen am Zahlen-
strahl eintragen

**W** **Dezimalzahlen auf dem Zahlenstrahl**

So kannst du Zehntel (oder Hundertstel oder Tausendstel …) eintragen:
Unterteile die Strecke zwischen zwei
natürlichen Zahlen in 10 (oder 100
oder 1000 …) gleich große Teile.

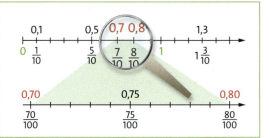

▶ Aufgabe   Übertrage den Zahlenstrahl in dein Heft.

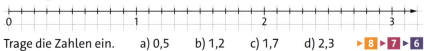

Trage die Zahlen ein.     a) 0,5     b) 1,2     c) 1,7     d) 2,3

▸ **8** ▸ **7** ▸ **6**

▸ 🖵 Dezimal-
zahlen runden

*Die Rundungsstelle
steht oft in der
Aufgabe hinter
„Runde auf …".
Alle Ziffern rechts
von der Rundungs-
stelle fallen weg.*

**W** **Dezimalzahlen runden**

Dezimalzahlen rundest du genauso
wie natürliche Zahlen.
① Finde die Rundungsstelle.
② Betrachte die Ziffer rechts daneben:
– Bei 0, 1, 2, 3 und 4 **abrunden**
  (Rundungsstelle bleibt gleich.)
– Bei 5, 6, 7, 8 und 9 **aufrunden**
  (Rundungsstelle wird um 1 größer.)

Runde 2,731 und 2,7564 auf Zehntel.
2,7**3**1 ≈ 2,7     3 bedeutet **abrunden**.
2,7**5**64 ≈ 2,8     5 bedeutet **aufrunden**.

Runde 2,731 und 2,7564 auf Hundertstel.
2,73**1** ≈ 2,73     1 bedeutet **abrunden**.
2,75**6**4 ≈ 2,76     6 bedeutet **aufrunden**.

2,70  2,71  2,72  2,73  2,74  2,75  2,76  2,77  2,78  2,79  2,80
⟵ abrunden ⟶        ⟵ aufrunden ⟶
2,7                              2,8

▸ 🔊

▶ Aufgabe   Runde auf Zehntel:  53,13 s;  46,24 s;  47,56 s;  55,881 s

▸ **11** ▸ **10** ▸ **10**

**1** 👥 Schreibt auf vier Kärtchen die Ziffern 1; 5; 9 und ein Komma.
a) Legt nacheinander diese Zahlen:

| 1 | 5 | , | 9 | und | 1 | , | 5 | 9 |

Lest die Zahlen vor. Welche Zahl ist größer?
b) Legt eine Zahl. Legt dann eine zweite Zahl. Schreibt die Zahlen nebeneinander ins Heft. Setzt zwischen den Zahlen < oder > ein.

**2** Vergleiche. Setze im Heft < oder > ein.
a) 15,6 ⚪ 5,4    b) 8,3 ⚪ 8,5    c) 17,1 ⚪ 7,9
d) 4,36 ⚪ 4,37   e) 1,66 ⚪ 1,63   f) 5,8 ⚪ 5,79

**3** Ordne die Zahlen von klein nach groß.    ▶ **4**
**Beispiel** 0,2; 0,5; 0,1
          0,1 < 0,2 < 0,5
a) 0,7; 0,9; 0,5          b) 0,13; 0,15; 0,11
c) 0,005; 0,001; 0,901  d) 2,453; 2,454; 2,451

**4** 👥 Legt 8 Plättchen in die Stellenwerttafel.

| E, | z $\frac{1}{10}$ | h $\frac{1}{100}$ | Dezimalzahl |
|---|---|---|---|
| 🟢 | 🟢🟢🟢 | 🟢🟢🟢🟢 | 1,34 |

Welche ist die kleinste Dezimalzahl, die ihr so legen könnt? Welche ist die größte?

**5** Welche Zahl passt in das Kästchen? Es gibt mehrere Lösungen. Vergleicht eure Ergebnisse.

| 1,65 | 2,5 | 2,56 | 1,6 | 1,67 | 2,55 |

a) 1,5 < ⬜ < 1,7       b) 2,4 < ⬜ < 2,6
c) 2,54 < ⬜ < 2,56    d) 1,64 < ⬜ < 1,68
e) 2,53 < ⬜ < 2,57    f) 1,63 < ⬜ < 1,66

**6** Die Kinder der Technik AG haben **Drohnen** gebaut. Dann haben sie ein Wettfliegen veranstaltet.
Wer belegte welchen Platz?    ▶ **7**
Flugzeiten:
Ari: 52,42 s
Lea: 52,34 s
Till: 52,23 s
Ava: 52,12 s
Noa: 51,41 s

**7** Lies die Längen ab.
Ordne die Längen von klein nach groß.
a)                                    b)

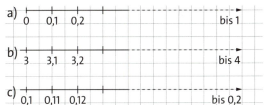

c)

**8** Übertrage den Zahlenstrahl in dein Heft.
Setze den Zahlenstrahl nach rechts fort.
a)
  0    0,1   0,2                        bis 1
b)
  3    3,1   3,2                        bis 4
c)
  0,1  0,11  0,12                       bis 0,2

**9** Lies die markierten Zahlen ab.

  2,7      A  2,73      B      2,77      C  2,8

  15,4  D  15,42      E          F  15,48   15,5

**10** Zeichne einen Zahlenstrahl.
Beginne links mit 2 und markiere nach 10 cm rechts die 3.
Trage die Zahlen ein: 2,5; 2,1; 2,4; 2,9; 2,35   ▶ **10**

**11** Runde auf **Einer**.    ▶ 🔊
**Beispiel** 7,49 € ≈ 7 €
a) 8,99 €        b) 3,56 cm       c) 9,7 km
d) 7,51 kg       e) 5,39 m        f) 1,725 Liter

**12** Runde die Preise auf **Zehntel**.
a) Bananen 2,89 €      b) Birnen 3,44 €
c) Himbeeren 4,65 €    d) Orangen 1,57 €
e) Erdbeeren 1,84 €    f) Weintrauben 6,09 €

---

In **5** gibt es so viele Lösungen: a) 3 Lösungen, b) 3 Lösungen, c) 1 Lösung, d) 2 Lösungen, e) 2 Lösungen, f) 1 Lösung
Sprachhilfe zu **6**: Eine **Drohne** ist ein Fluggerät, das ferngesteuert wird.
Sprachhilfe zu **12**: Antwort in a): Die Bananen kosten rund 2,90 €.

**1** Vergleiche. Setze im Heft <, >, oder = ein.
a) 2,758 ◯ 27,58    b) 7,9 ◯ 7,8
c) 1,4 ◯ 1,39    d) 9,7 ◯ 9,70
e) 16,72 ◯ 16,73    f) 4,967 ◯ 4,796
g) 75,75 ◯ 75,075    h) 2,134 ◯ 2,127

**2** Ordne die Dezimalzahlen der Größe nach.
Beginne mit der kleinsten Zahl.
a) 0,76;  0,675;  0,79;  0,677
b) 0,080;  0,018;  0,081;  0,008
c) 0,080;  0,077;  0,078;  0,007
d) 12,11;  11,22;  12,12;  12,21
e) 0,5378;  0,5387;  0,5637;  0,5376
f) 7,230;  7,32;  7,321;  7,231    ▶ **3**

**3** Bastle die vier Kärtchen. ⬛3 ⬛0 ⬛5 ⬛,
Bilde mit den Kärtchen sechs Dezimalzahlen,
die immer zwei Nachkommastellen haben.
Ordne die Zahlen der Größe nach im Heft.

**4** Bilde aus 0; 1; 2 und einem Komma …
a) die größte mögliche Dezimalzahl.
b) die kleinste mögliche Dezimalzahl.
c) alle Dezimalzahlen, die größer
als 0,9 sind.    ▶ **5**

**5** Schreibe mindestens zwei Zahlen auf, die
zwischen den beiden Dezimalzahlen liegen.
a) 4,6 < ⬛ < 4,9    b) 6,12 < ⬛ < 6,2
c) 0,7 < ⬛ < 0,79    d) 0,92 < ⬛ < 1,2
e) 3,2 < ⬛ < 3,3    f) 0,04 < ⬛ < 0,05

**6** Für sechs Wale wurden folgende Größen
gemessen (Geschwindigkeit und Länge):

| | | |
|---|---|---|
| **Pottwal** | 31,046 $\frac{km}{h}$ | 18,10 m |
| **Grauwal** | 8,894 $\frac{km}{h}$ | 15,77 m |
| **Delfin** | 39,095 $\frac{km}{h}$ | 6,91 m |
| **Finnwal** | 39,981 $\frac{km}{h}$ | 27,84 m |
| **Nordkaper** | 8,682 $\frac{km}{h}$ | 18,02 m |
| **Flussdelfin** | 31,659 $\frac{km}{h}$ | 3,16 m |

a) Ordne die Wale nach ihrer Geschwindigkeit.
Beginne mit dem schnellsten Wal.
b) Ordne die Wale nach ihrer Länge.
c) Runde die gemessenen Geschwindigkeiten
auf Zehntel.
d) 👥 Recherchiert, wie viel die Wale wiegen.
Ordnet sie dem Gewicht nach.

**7** Lies die markierten Zahlen ab.
a)

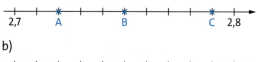

b)

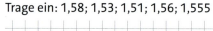

**8** Übertrage den Zahlenstrahl in dein Heft.
a) Setze den Zahlenstrahl bis 1,6 fort.
Trage ein: 1,58; 1,53; 1,51; 1,56; 1,555

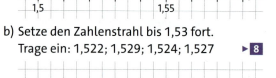

b) Setze den Zahlenstrahl bis 1,53 fort.
Trage ein: 1,522; 1,529; 1,524; 1,527    ▶ **8**

**9** Zeichne einen passenden Zahlenstrahl.
Beginne mit der kleinsten Zahl.
Entscheide, ob du Zehntel-Schritte oder
Hundertstel-Schritte brauchst.
Trage dann die Dezimalzahlen ein.
a) 0,0;  0,5;  0,8;  0,2
b) 5,5;  5,1;  5,6;  5,55
c) 1,95;  1,99;  1,93;  1,97

**10** Korrigiere die Fehler in deinem Heft.
a) Runde auf Zehntel.
*0,678 ≈ 0,778*    *1,246 ≈ 1,2*
*6,751 ≈ 6,75*    *5,439 ≈ 5,5*
b) Runde auf Hundertstel.
*0,978 ≈ 0,97*    *8,942 ≈ 8,9*
*5,785 ≈ 5,79*    *2,392 ≈ 2,492*    ▶ **10**

**11** Nina hat gerundet: *4,599 ≈ 4,6*.
Auf welche Stelle kann Nina gerundet haben?

**12** 👥 Ist es sinnvoll, die Größe so genau
anzugeben? Begründe.
Wie würdet ihr die Zahl schreiben?
a) *Von Dortmund bis Köln sind es 89,432 km.*
b) *Ein Kaugummi kostet 7,142 85 Cent.*
c) *Eine Mücke wiegt etwa 0,2138 mg.*
d) *Ein Schimpanse kann bis zu 60,235 Jahre
alt werden.*

**1** Vergleiche. Setze im Heft <, >, oder = ein.
a) 9,85 ⬤ 9,588　　b) 3,19 ⬤ 3,24
c) 1,51 ⬤ 1,155　　d) 2,002 ⬤ 2,02
e) 40,04 ⬤ 40,040　f) 6,873 ⬤ 6,869

**2** Ordne die Zahlen der Größe nach.
Beginne mit der kleinsten Zahl.
a) 0,9;　0,091;　0,09;　0,009;　0,89
b) 0,031;　0,034;　0,030;　0,0043;　0,0034
c) 2,87;　2,784;　2,874;　2,748
d) $\frac{6}{100}$;　0,065;　0,0655;　$\frac{656}{10\,000}$
e) 0,2;　$\frac{19}{100}$;　0,25;　0,18;　0,3

**3** Gib alle Ziffern an, die du einsetzen kannst.
a) 1,55 < 1,5⬛8　　b) 7,0⬛4 < 7,044
c) 2,46 < 2,4⬛7　　d) 12,81 > 12,⬛8
e) 11,5⬛5 < 11,545　f) 1,79 < 1,7⬛⬛

**4** Bilde aus den drei Ziffern und dem Komma
Dezimalzahlen mit einer oder
zwei Nachkommastellen.
**Beispiel** 2,50;　20,5;　…
a) Finde die kleinste und die größte
　Dezimalzahl, die du so bilden kannst.
b) Bilde alle zwölf möglichen Dezimalzahlen.
c) Ordne die zwölf Zahlen der Größe nach.

**5** Ergänze die Sätze im Heft. Finde jeweils
drei Dezimalzahlen als Beispiele.
a) Wenn ich das Komma in einer Dezimalzahl
　nach rechts verschiebe, dann wird die Zahl …
b) Wenn ich das Komma in einer Dezimalzahl
　nach links verschiebe, dann wird die Zahl …

**6** Dezimalzahlen auf dem Zahlenstrahl ablesen
a) Lies die markierten Zahlen ab.

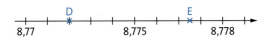

b) Übertrage die Zahlenstrahlen in dein Heft.
Achtung: Korrigiere zuerst die falsche Zahl.
Lies dann die markierten Zahlen ab.

**7** Übertrage den Zahlenstrahl ins Heft.
Trage die Zahlen ein:　3,012;　2,988;　2,994;
2,982;　3,008;　3;　3,004;　2,99

**8** Zeichne einen passenden Zahlenstrahl.
Entscheide zuerst, ob du Zehntel-Schritte,
Hundertstel-Schritte oder Tausendstel-Schritte
brauchst. Trage dann die Dezimalzahlen ein.
a) 1,0;　1,4;　1,1;　1,6;　1,25
b) 0,34;　0,344;　0,35;　0,342;　0,348
c) 7,88;　7,83;　7,84;　7,80;　7,92

**9** Tankstellen geben die
Preise in Tausendstel
Euro an.

| Diesel | 1,949 € |
|---|---|
| Super E 10 | 1,819 € |
| Super + | 1,919 € |
| Super | 1,839 € |

a) Ordne die Preise
　der Größe nach.
b) Frau Özlan hat 25 Liter getankt.
　Als Preis wird 45,975 € angezeigt.
　Ermittle, wie viel sie bezahlen muss.

**10** Runde die Zahl 75,805 94 auf …
a) Zehner,　　　　b) Hundertstel,
c) Tausendstel,　　d) Einer.

**11** Andere Rundungsstelle, gleiches Ergebnis　►◁))
a) Es gilt: 9,7991 ≈ 9,8. Auf welche Stelle kann
　hier gerundet worden sein?
b) Finde drei Zahlen, die auf Einer, auf Zehntel
　und auf Hundertstel gerundet immer das
　gleiche Ergebnis haben.

**12** Beim Gokart-Fahren erreichten die Kinder
folgende Rundenzeiten:
Tan 53,269 s;　Marie 54,136 s;
Frido 53,297 s;　Olivia 52,979 s;
Aysha 55,008 s;　Per 54,185 s.
a) Ordne die Zeiten der Größe nach.
b) Wer war mit seiner Zeit am nächsten dran
　an genau 53 s?
c) Runde die Zeiten auf:
　• Hundertstel
　• Zehntel
　• Einer
　Was fällt dir
　auf?

## Brüche in Dezimalzahlen und Prozentzahlen umwandeln

Nino will eine Saft-Schorle mischen. Er nimmt $\frac{1}{2}$ ℓ Apfelsaft und $\frac{1}{4}$ ℓ Wasser.

Passt die Schorle in eine 0,75-ℓ-Flasche?

$\frac{1}{2}$ ℓ = $\frac{2}{4}$ ℓ,   also $\frac{2}{4}$ ℓ + $\frac{1}{4}$ ℓ = $\frac{3}{4}$ ℓ

Du musst also $\frac{3}{4}$ und 0,75 vergleichen.
Das geht besser, wenn du $\frac{3}{4}$ in eine
Dezimalzahl umwandelst.

▶ ▷ **Brüche in Dezimalzahlen umwandeln – Erweitern oder Kürzen**

**W** **Brüche umwandeln durch Erweitern oder Kürzen**
Kürze oder erweitere den Nenner auf 10, 100, 1000, …
Schreibe dann den Bruch als Dezimalzahl.

Wandle $\frac{3}{4}$ durch Erweitern in eine Dezimalzahl um. Erweitere mit 25:

$\frac{3}{4} = \frac{3 \cdot 25}{4 \cdot 25} = \frac{75}{100} = 0{,}75$

0,75 ℓ passen genau in die Flasche.

Umwandeln durch Kürzen: $\frac{8}{40} = \frac{2}{10} = 0{,}2$
$\frac{8}{200} = \frac{4}{100} = 0{,}04$

▶ **Aufgabe**   Schreibe $\frac{1}{4}$ Liter und $\frac{4}{5}$ Liter mit Dezimalzahlen.

▶ ▷ **Brüche in Dezimalzahlen umwandeln – Schriftliches Dividieren**

*Fachbegriffe bei der Division:*
*Dividend : Divisor*
*= Wert des Quotienten*
7 : 8 = 0,875

**W** **Brüche umwandeln durch Dividieren**
Ein Bruchstrich bedeutet „geteilt".
Dividiere den Zähler durch den Nenner.
Setze beim Dividenden ein **Komma** und ergänze danach so viele Nullen, wie du brauchst.
Wenn du das Komma überschreitest, dann setze im Ergebnis ein Komma.
Das funktioniert bei allen Brüchen.

Bruch: $\frac{7}{8}$      $\frac{7}{8} = 7 : 8 = 0{,}875$

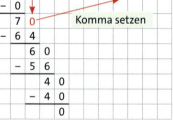

▶ **Aufgabe**   Wandle $\frac{5}{8}$ in eine Dezimalzahl um. Dividiere.   **▶7 ▶6 ▶4**

Anteile hast du bisher mit Brüchen angegeben. Nun lernst du eine neue Schreibweise dafür.

*1 Kästchen von 100 Kästchen ist 1 %:*

**W** **Prozentzahlen**
Das **Prozent-Zeichen %** steht für Hundertstel und bedeutet: von hundert.

Brüche mit dem Nenner 100 oder Dezimalzahlen kannst du als **Prozentzahlen** schreiben.

1 % bedeutet „1 von 100".

$1 \% = \frac{1}{100} = 0{,}01$      $49 \% = \frac{49}{100} = 0{,}49$

15 von 100 Kindern mögen Sport.
Das sind $\frac{15}{100} = 15 \% = 0{,}15$.

$\frac{3}{100} = 3 \%$      $\frac{3}{4} = \frac{75}{100} = 75 \%$

$0{,}08 = \frac{8}{100} = 8 \%$      $0{,}37 = \frac{37}{100} = 37 \%$

▶ ▷ **Brüche in Prozentzahlen umwandeln**

▶ **Aufgabe**   Schreibe $\frac{78}{100}$ und 0,04 als Prozentzahlen.

**1** Wandle in eine Dezimalzahl um. Erweitere zuerst auf den Nenner 10 oder 100.

**Beispiel** $\frac{3}{5}$

$5 \cdot 2 = 10$, also erweitern mit 2

$\frac{3 \cdot 2}{5 \cdot 2} = \frac{6}{10} = 0,6$

a) Nenner 10: $\frac{2}{5}$;  $\frac{1}{2}$

b) Nenner 100: $\frac{3}{50}$;  $\frac{9}{25}$;  $\frac{3}{4}$;  $\frac{7}{20}$

**2** Wandle in eine Dezimalzahl um. Kürze zuerst auf einen Bruch mit dem Nenner 10 oder 100.

**Beispiel** $\frac{6}{20} = \frac{6 : 2}{20 : 2} = \frac{3}{10} = 0,3$

a) Nenner 10: $\frac{3}{30}$;  $\frac{18}{20}$;  $\frac{24}{80}$

b) Nenner 100: $\frac{16}{200}$;  $\frac{20}{400}$;  $\frac{21}{700}$  ▶**3**

**3** Schaue die **Skala** auf dem Messbecher an.

a) Notiere zu jedem Bruch die passende Dezimalzahl. Beginne mit $\frac{1}{4}$ = 0,25. Lerne die Paare auswendig.

b) 👥 Fragt euch gegenseitig ab.

**4** Jan und Lisa sollen $\frac{8}{200}$ in eine Dezimalzahl umwandeln.

Jan
$\frac{8}{200}$ erweitern mit 5
$= \frac{40}{1000}$
$= \frac{4}{100} = 0,04$

Lisa
$\frac{8}{200}$ kürzen mit 2
$= \frac{4}{100}$
$= 0,04$

a) Beschreibe und vergleiche die Rechenwege.

b) Schreibe $\frac{15}{500}$ und $\frac{25}{250}$ als Dezimalzahlen.  ▶**5**

**5** Ordne jedem Bruch eine Dezimalzahl zu. Manchmal musst du kürzen oder erweitern.

| $\frac{200}{400}$ | $\frac{3}{5}$ | $\frac{98}{10}$ | $\frac{34}{200}$ | $\frac{8}{20}$ | $\frac{133}{100}$ |
|---|---|---|---|---|---|
| 0,17 | 0,4 | 1,33 | 0,5 | 0,6 | 9,8 |

**6** Kürze oder erweitere auf einen Bruch mit dem Nenner 10 oder 100. Schreibe als Dezimalzahl.

a) $\frac{3}{5}$   b) $\frac{15}{25}$   c) $\frac{36}{600}$   d) $\frac{260}{1000}$

e) $\frac{33}{50}$   f) $\frac{12}{300}$   g) $\frac{2}{4}$   h) $\frac{32}{800}$

**7** Wandle in eine Dezimalzahl um. Dividiere den Zähler durch den Nenner.

a) $\frac{1}{2}$   b) $\frac{1}{5}$   c) $\frac{4}{5}$

d) $\frac{1}{4}$   e) $\frac{3}{5}$   f) $\frac{2}{5}$  ▶**7**

**8** Untersuche die Brüche mit dem Nenner 8. Das kannst du mit der Tabelle tun. Übertrage die Tabelle ins Heft und fülle sie aus.

| Bruch | $\frac{1}{8}$ | $\frac{2}{8}$ | $\frac{4}{8}$ | $\frac{6}{8}$ | $\frac{8}{8}$ |
|---|---|---|---|---|---|
| gekürzter Bruch | – | $\frac{1}{4}$ | | | $\frac{1}{1}$ |
| Bruch mit Nenner 100 oder 1000 | $\frac{125}{1000}$ | | | | |
| Dezimalzahl | | 0,25 | | | 1,0 |

**9** Wandle die Angaben mit Kilogramm (kg) in Gramm (g) um. Wandle Liter (ℓ) in Milliliter (mℓ) um.

**Beispiel** Mehl: $\frac{7}{40} = \frac{175}{1000} = 0,175$ und

0,175 kg = 175 g

**Zutaten für Käsekuchen**

| | |
|---|---|
| $\frac{7}{40}$ kg Mehl | $\frac{1}{2}$ kg Magerquark |
| $\frac{1}{10}$ kg kalte Butter | $\frac{3}{20}$ kg Zucker |
| 3 Eier | $\frac{1}{25}$ ℓ Speiseöl |

**10** Schreibe als Prozentzahl.

**Beispiel** $\frac{3}{100}$ = 3 %

a) $\frac{13}{100}$   b) $\frac{56}{100}$   c) $\frac{97}{100}$   d) $\frac{5}{100}$  ▶**8**

**11** Hundert Kinder testen ein Computerspiel. Schreibe die Sätze mit Prozentzahlen.

a) $\frac{56}{100}$ der Kinder finden das Spiel cool.

b) $\frac{13}{100}$ der Kinder finden das Spiel doof.

c) 31 von 100 Kindern finden das Spiel okay.

**12** Prozentzahl, Bruch, Dezimalzahl: Immer drei Kärtchen passen zusammen. Ordne im Heft zu.

| 0,2 | | 2 % | | 0,02 | |
|---|---|---|---|---|---|
| | $\frac{20}{100}$ | | $\frac{5}{100}$ | | $\frac{2}{100}$ |
| 5 % | | 0,05 | | 20 % | |

**Sprachhilfe zu 1**: „Wandle den Bruch in eine Dezimalzahl um" heißt dasselbe wie „Schreibe den Bruch als Dezimalzahl".

**Sprachhilfe zu 3**: Eine Skala ist eine gleichmäßige Einteilung zum Messen, die aus Strichen und Zahlen besteht.

Die Lösungen von **7** findest du unter den Dezimalzahlen: 0,8;  0,75;  0,6;  0,5;  0,4;  0,3;  0,25;  0,2;  0,1

## Dezimalzahlen multiplizieren

Die Geschwister Lisa, Mark und Robin
streiten sich, wer das größte Zimmer hat.
Jetzt wollen sie genau berechnen,
wie groß die Zimmer sind.
Alle Zimmer sind rechteckig. Es ist also
Flächeninhalt = Länge · Breite.
Für die Kammer ist der Flächeninhalt
$1\,m \cdot 2\,m = 2\,m^2$.

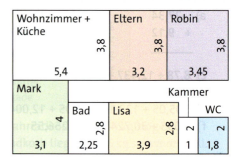

*Fachbegriffe bei
der Multiplikation:*
1. Faktor    2. Faktor
3,45    · 3,8

▸ 🖳 Dezimal-
zahlen schriftlich
multiplizieren

**W** **Dezimalzahlen multiplizieren**

① Multipliziere die Zahlen schriftlich,
ohne das Komma zu beachten.

② Zähle bei beiden Faktoren, wie viele
Stellen nach dem Komma stehen.

③ Setze das Komma im Ergebnis:
Das Ergebnis hat so viele Stellen
nach dem Komma wie beide
Faktoren zusammen.
Achtung, zähle Nullen am Ende
mit.

④ Überprüfe dein Ergebnis mit einem
Überschlag.

Lisas Zimmer:
1 Stelle + 1 Stelle

| 3, | 9 | · | 2, | 8 |
|---|---|---|---|---|
|   |   | 7 | 8 |   |
|   |   | 3 | 1 | 2 |
|   | 1 |   |   |   |
| 1 | 0, | 9 | 2 |   |

= 2 Stellen

Robins Zimmer:
2 Stellen + 1 Stelle

| 3, | 4 | 5 | · | 3, | 8 |
|---|---|---|---|---|---|
|   | 1 | 0 | 3 | 5 |   |
|   | 2 | 7 | 6 | 0 |   |
|   | 1 | 1 |   |   |   |
| 1 | 3, | 1 | 1 | 0 |   |

= 3 Stellen

Lisas Zimmer ist 10,92 m² groß.
Robins Zimmer ist 13,11 m² groß.
Überschläge: 4 · 3 = 12 und 3 · 4 = 12

▶ **Aufgabe** Das Elternzimmer ist 3,2 m lang und 3,8 m breit.
Berechne den Flächeninhalt.

▸1 ▸1 ▸1

Einfache **Dezimalzahlen** kannst du auch **im Kopf multiplizieren**.
Mark kann 3,1 · 4 im Kopf berechnen. Mark rechnet:    31 · 4 = 124
Das Ergebnis muss 1 Stelle nach dem Komma haben:    3,1 · 4 = 12,4
Marks Zimmer ist 12,4 m² groß.                              1 Stelle    1 Stelle

▶ **Aufgabe** Das WC ist 1,8 m breit und 2 m lang. Berechne den Flächeninhalt. ▸5 ▸5 ▸6

*Stufenzahlen sind:*
10
100
1000
10 000
...

▸ 🖳 Dezimal-
zahlen mit
Stufenzahlen
multiplizieren

**W** **Dezimalzahlen** mit **Stufenzahlen multiplizieren**

Wenn du eine Dezimalzahl mit einer Stufenzahl multiplizierst, so wird die Zahl größer.
Das Komma verschiebt sich für jede Null der Stufenzahl um eine Stelle nach rechts.

10 hat eine Null, also
Komma 1 Stelle nach rechts.

3,45 · 10    = 34,5
3,45 · 100    = 345
3,45 · 1000 = 3450

| | | T | H | Z | E, | z | h |
|---|---|---|---|---|---|---|---|
| | | | | | 3, | 4 | 5 |
| 3,45 · 10 = | | | | 3 | 4, | 5 | |
| 3,45 · 100 = | | | 3 | 4 | 5 | | |
| 3,45 · 1000 = | | 3 | 4 | 5 | 0 | | |

·10
·100
·1000

▶ **Aufgabe** Berechne:    a) 4,67 · 10    b) 7,8 · 100    c) 0,62 · 100    ▸8 ▸8 ▸7

**1** Übertrage die Rechnung in dein Heft.
Setze das Komma im Ergebnis.
a) <u>2,35 · 3</u>    b) <u>42,7 · 5</u>    c) <u>3,45 · 4</u>
    705            2135            1380

**2** Übertrage die Rechnung in dein Heft.
Setze das Komma im Ergebnis.
a) 20,3 · 321,4 = 652442
b) 1,15 · 2,29 = 26335
c) 13,22 · 0,03 = 3966

🔊 **3** Multipliziere schriftlich.
▼
a) 2,3 · 1,5          b) 1,2 · 1,6
c) 5,2 · 3,4          d) 10,6 · 2,22
e) 6,25 · 2,1         f) 14,13 · 5,5
g) 3,41 · 2,36        h) 6,24 · 6,53

**4** Multipliziere schriftlich. Setze das Komma im
Ergebnis. Zähle die Nullen am Ende mit.
a) 2,34 · 5     b) 3,25 · 4     c) 0,25 · 8
d) 0,06 · 2,5   e) 11,2 · 5     f) 4,05 · 3,22  ▸ **5**

**5** Berechne zuerst die obere Aufgabe.
Nutze das Ergebnis für die Aufgaben darunter.
Überlege, wo du das Komma setzen musst.
**Beispiel**  4 · 6 = 24
            0,4 · 0,6 = 0,24
        1 + 1 = . 2 Stellen nach dem Komma

| a)    5 · 7 | b)    6 · 8 | c)   12 · 5 |
|---|---|---|
| 0,5 · 0,7 | 0,6 · 0,8 | 1,2 · 0,5 |
| 0,05 · 0,7 | 0,06 · 0,08 | 0,12 · 0,5 |

**6** Multipliziere im Kopf.
a) 2,1 · 3     b) 1,3 · 3     c) 1,1 · 7
d) 0,6 · 6     e) 4 · 0,7     f) 0,5 · 0,3

**7** Immer zwei Aufgaben haben dasselbe Ergebnis.
Finde die vier Paare.
Erkläre, wie du vorgegangen bist.

1,2 · 0,2      0,9 · 0,02      11,5 · 0,03

0,09 · 0,02    0,12 · 2        0,9 · 0,002

0,009 · 2      1,15 · 0,3  ▸ **8**

**8** Multipliziere. Zähle zuerst die Nullen der    ▸🔊
Stufenzahl. Verschiebe dann das Komma.
a) 2,27 · 10          b) 6,287 · 10
c) 4,125 · 100        d) 2,58 · 100
e) 1,0934 · 1000      f) 0,143 · 10

**9** Multipliziere. Verschiebe das Komma.
Fülle fehlende Stellen mit Nullen.
**Beispiel**  1,23 · 1000 = 1230
a) 5,37 · 1000        b) 2,71 · 1000
c) 4,1 · 100          d) 6,5 · 1000

**10** Multipliziere im Kopf mit der Stufenzahl.
a) 10 · 3,06          b) 100 · 11,6
c) 100 · 2,6          d) 1000 · 0,0002
e) 10 · 12,27         f) 0,004 · 10

**11** Tina kauft für die Schule ein.
Berechne jeweils den Preis.
a) vier Schnellhefter für je 1,20 €
b) fünf Hefte für je 0,99 €
c) drei Tintenkiller für je 0,75 €
d) sechs Bleistifte für je 0,55 €  ▸ **11**

**12** Die Größe von Bildschirmen wird in Zoll
gemessen. 1 Zoll entspricht 2,54 cm.

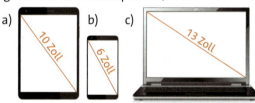

a) 10 Zoll    b) 6 Zoll    c) 13 Zoll

Berechne die Längen in Zentimetern (cm).
**Beispiel**  3 Zoll entsprechen 3 · 2,54 cm.
Du darfst die Faktoren
vertauschen.

| 2 | 5 | 4 | · | 3 |
|---|---|---|---|---|
|   |   | 7 | 6 | 2 |

**13** Marie geht mit ihren 4 Freundinnen ins Kino.
Eine Kinokarte kostet 6,50 €. Wie viel bezahlen
die 5 Freundinnen zusammen?

**14** Emir fährt mit seinen Eltern in die Türkei.
Sie haben 650 Türkische Lira dabei.
1 türkische Lira ist so viel wert wie 0,16 €.
Wie viele Euro sind 650 Türkische Lira wert?

Wenn du die Ergebnisse von **3** in die richtige Reihenfolge bringst, dann ergibt sich ein Lösungswort:
1,92 (A); 3,45 (F); 8,0476 (E); 13,125 (O); 17,68 (K); 23,532 (T); 40,7472 (N); 77,715 (R)

▸💡 Tipp zu **2**, **3**, **6**, **8**, **14**

**1** Setze im Heft das Komma an die richtige Stelle.
Nutze das Ergebnis der Rechnung
123 · 456 = 56 088.
a) 12,3 · 456
b) 123 · 4,56
c) 1,23 · 45,6
d) 1,23 · 4,56
e) 1,23 · 0,456
f) 0,123 · 4,56

**2** Multipliziere schriftlich.
a) 3,6 · 0,4
b) 9,2 · 2,7
c) 20,5 · 4,31
d) 4,75 · 8,3
e) 42,91 · 7,08
f) 0,37 · 0,1081

**3** Multipliziere. Zähle die Nullen im Ergebnis mit.

| ·    | 4 | 0,2 | 2,8 | 12,6 |
|------|---|-----|-----|------|
| 4,5  |   |     |     |      |
| 7,5  |   |     |     |      |
| 9,35 |   |     |     |      |

**4** Finde die Fehler. Erkläre und korrigiere die
Fehler dann in deinem Heft.

a) 12,5 · 3
    375

b) 2,33 · 0,3
    000
    699
    6,99

c) 5,24 · 1,5
    524
   2620
   0,636

▶ **5**

**5** Berechne. Schaffst du das, indem du jeweils nur
eine Aufgabe rechnest? Begründe.

a) 0,8 · 9
   0,8 · 0,9
  0,08 · 0,9

b) 15 · 0,8
  0,15 · 0,8
  0,15 · 0,08

c) 12 · 1,5
  1,2 · 1,5
  0,12 · 0,15

**6** Multipliziere im Kopf.
a) 0,5 · 0,9
b) 0,7 · 0,8
c) 0,9 · 0,06
d) 0,07 · 0,04
e) 1,5 · 0,03
f) 11 · 0,8

**7** Immer zwei Aufgaben haben das gleiche
Ergebnis. Finde sie. Beschreibe dein Vorgehen.

12,4 · 0,003    2,2 · 3    0,22 · 3

2,2 · 0,3    1,24 · 0,3    1,24 · 0,03

12,4 · 0,03    22 · 0,3    ▶ **7**

**8** Multipliziere. Verschiebe dazu das Komma.
Fülle fehlende Stellen mit Nullen.
**Beispiel** 1,56 · 10 000 = 15 600
a) 3,37 · 10
b) 2,45 · 100
c) 8,6 · 100
d) 1,027 · 10 000
e) 1000 · 0,067
f) 10 000 · 0,054

**9** Multipliziere im Kopf.
a) 2,04 · 10
b) 1000 · 0,009
c) 32,64 · 10
d) 22,93 · 1000
e) 100 · 13,9
f) 1000 · 0,0007

**10** Ein Verein kauft für die Jugend-Mannschaft
14 neue Bälle. Ein Ball kostet 12,73 €.
Wie viel muss der Verein bezahlen? ▶ **12**

**11** Am Wandertag fährt die 6 b in den Tierpark.
Für alle 29 Kinder zusammen kostet das 67 €.
Der Klassenlehrer sammelt von jedem 2,40 €
ein. Reicht das Geld oder braucht der Lehrer
noch Geld aus der Klassenkasse?

**12** Ali war im Urlaub in den USA und hat sich
Basketball-Schuhe für 154,99 $ gekauft.
1 $ (US-Dollar) entsprach zu der Zeit 0,88 €.
Milos hat in Kanada die Schuhe für
199,99 CAD (Kanadische Dollar) gekauft.
1 CAD entsprach zu der Zeit 0,67 €.
Schätze zuerst, wer die Schuhe günstiger
gekauft hat. Berechne dann genau.

**13** In den USA wird die Geschwindigkeit
in Meilen pro Stunde (mph) angegeben.
1 mph entspricht etwa 1,61 $\frac{km}{h}$.
Wie schnell fährt das Auto? Gib in $\frac{km}{h}$ an.

**14** Mona möchte in ihrem
Zimmer **Laminat** auslegen.
1 m² Laminat kostet 11,75 €.
Berechne die Kosten.

3,24 m

4,50 m

Sprachhilfe zu **14**: **Laminat** besteht aus einzelnen Platten, die auf dem Boden verlegt werden können.
Laminat sieht häufig so aus wie ein Fußboden aus Holz.

**1** Multipliziere.
a) $9,7 \cdot 0,6$
b) $3,8 \cdot 5,7$
c) $12,04 \cdot 6,5$
d) $9,40 \cdot 4,8$
e) $103,4 \cdot 7,02$
f) $0,059 \cdot 0,89$

**2** Vervollständige die Zahlenmauer im Heft. Multipliziere.

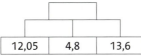

| | | |
|---|---|---|
| 12,05 | 4,8 | 13,6 |

**3** Berichtige die Fehler im Heft. Wie können die Fehler passiert sein? Erkläre.

Tom:

| 1, | 2 | 5 | · | 0, | 0 | 3 | 3 | |
|---|---|---|---|---|---|---|---|---|
| | | | | 3 | 7 | 5 | | |
| | | | 3 | 7 | 5 | | | |
| | | 1 | | | | | | |
| 0, | 0 | 0 | 4 | 1 | 2 | 5 | | |

Valentin:

| 2, | 0 | 8 | · | 1, | 3 | |
|---|---|---|---|---|---|---|
| | | | 2 | 0 | 8 | |
| | | 6 | 2 | 4 | | |
| | | 1 | | | | |
| | 2 | 7 | 0, | 4 | | |

Lisa:

| 0, | 3 | 5 | · | 8 | = | 0, | 2 | 8 | 0 |
|---|---|---|---|---|---|---|---|---|---|

**4** Schreibe ab. Setze in der grünen Zahl das fehlende Komma. Ergänze Nullen, falls notwendig.
a) $102 \cdot 5,2 = 5,304$
b) $2,03 \cdot 322 = 65,366$
c) $0,2278 \cdot 0,02 = 4556$
d) $0,12 \cdot 212 = 0,2544$
e) $64 \cdot 1,02 = 0,06528$

**5** Berechne. Finde zu jeder Aufgabe zwei weitere Aufgaben mit dem gleichen Ergebnis.
**Beispiel** $2,03 \cdot 0,6 = 1,218$
$20,3 \cdot 0,06 = 1,218$
$0,203 \cdot 6 = 1,218$
a) $4,5 \cdot 0,83$
b) $12,4 \cdot 0,9$
c) $6,32 \cdot 4,05$
d) $3,005 \cdot 11,8$

**6** Multipliziere im Kopf.
a) $1,7 \cdot 0,3$
b) $0,6 \cdot 1,8$
c) $0,8 \cdot 0,13$
d) $0,09 \cdot 1,1$
e) $0,15 \cdot 0,6$
f) $12,5 \cdot 0,002$

**7** Berechne, indem du das Komma verschiebst. Fülle fehlende Stellen mit Nullen, wenn nötig.
a) $5,02 \cdot 10$
b) $3,2 \cdot 100$
c) $4,04 \cdot 10\,000$
d) $9,5 \cdot 1000$
e) $100 \cdot 0,3$
f) $10\,000 \cdot 0,19$

**8** Multipliziere geschickt im Kopf.
**Beispiel** $50 \quad \cdot 0,8$
$= 5 \cdot 10 \cdot 0,8$
$= \quad 5 \quad \cdot \quad 8 = 40$
a) $70 \cdot 0,3$
b) $90 \cdot 0,6$
c) $400 \cdot 0,25$
d) $500 \cdot 0,12$
e) $3000 \cdot 0,035$
f) $6000 \cdot 0,012$

**9** Finde die fehlende Zahl.
a) $5,8 \cdot \blacksquare = 5800$
b) $0,076 \cdot \blacksquare = 760$
c) $31,2 \cdot \blacksquare = 62\,400$
d) $\blacksquare \cdot 2,5 = 1000$

**10** Zwei Dezimalzahlen werden multipliziert. Wie verändert sich das Ergebnis, wenn du …
a) bei beiden Faktoren das Komma um eine Stelle nach rechts verschiebst?
b) das Komma beim 1. Faktor um eine Stelle nach links und beim 2. Faktor um eine Stelle nach rechts verschiebst?

**11** In den USA misst man Längen oft in Inch.
1 Inch entspricht 2,54 cm.
Berechne die Länge in Zentimetern.
a) 5 Inch
b) 12 Inch
c) 32 Inch

**12** An Tankstellen werden die Preise auf $\frac{1}{10}$ Cent genau angegeben, z. B. $1,89^9 = 1,899\,€$.

| Diesel | 1,949 € |
|---|---|
| Super E 10 | 1,819 € |
| Super | 1,839 € |

Erst auf der Rechnung wird auf Cent gerundet. Berechne die Kosten.
a) Miriams große Schwester tankt ihren Motorroller mit 3,8 ℓ Super.
b) Miriams Papa tankt 23,94 ℓ Super E10.
c) Bauer Willi tankt seinen Traktor auf. Er kauft 53,91 ℓ Diesel.

**13** Jonas sucht einen möglichst großen Käfig für seine Maus. Welchen soll er kaufen?
1. Käfig „Wohlig" mit 31,8 cm × 29,3 cm
2. Käfig „Nest" mit 35,6 cm × 27,9 cm

**14** Ayeshas Familie hat ein rechteckiges Grundstück gefunden, das 32,4 m lang und 16,3 m breit ist. Ein Quadratmeter kostet 179,80 €. Berechne die Kosten.

## Dezimalzahlen dividieren

Ole, Burak und Louis wollen ihr Baumhaus streichen.
Sie kaufen einen Eimer Farbe für 13,80 €.
Wie viel muss jeder bezahlen?

▶ ▷ Dezimal-
zahlen durch eine
natürliche Zahl
dividieren

Probe: 4,6 · 3
⎯⎯⎯
13,8

**W** **Eine Dezimalzahl durch eine natürliche Zahl dividieren**
Dividiere schriftlich.
Wenn du bei der ersten Ziffer nach dem Komma ankommst, dann musst du im Ergebnis ein Komma setzen.

$$13,8 : 3 = 4,6$$

Die 8 ist die erste Ziffer nach dem Komma.
Setze deshalb im Ergebnis ein Komma.

Jeder bezahlt 4,60 €.

▶ **Aufgabe** Ole, Burak und Louis kaufen sich außerdem Sitzkissen für 14,70 €.
Wie viel muss jeder bezahlen?          ▶ 1 ▶ 1 ▶ 1

Im Kopf rechnen:                    3,9 : 3 = ?
Beachte das Komma zuerst nicht.      Nebenrechnung: 39 : 3 = 13
Setze es dann im Ergebnis.           3,9 : 3 = 1,3          ▶ 3 ▶ 3 ▶ 4

Fachbegriffe
bei der Division:
Dividend  Divisor
13,95 : 3 = 4,65

▶ ▷ Dezimal-
zahlen durch eine
andere Dezimal-
zahl dividieren

**W** **Eine Dezimalzahl durch eine andere Dezimalzahl dividieren**
Wandle die Zahlen so um, dass der Divisor eine natürliche Zahl wird.
Verschiebe dazu das Komma bei beiden Zahlen um gleich viele Stellen nach rechts.
Das Ergebnis ändert sich dadurch nicht.

Dividiere dann wie oben eine Dezimalzahl durch eine natürliche Zahl.

· 10 ⎛ 4,96 : 0,8 ⎞ · 10
⎝ 49,6 : 8 ⎠
natürliche Zahl

Komma jeweils
1 Stelle nach rechts;
du multiplizierst
beide Zahlen mit 10.

Komma im
Ergebnis setzen

**Sonderfälle:**
**Hier treten Nullen auf.**

· 100 ⎛ 5,6 : 0,32 ⎞ · 100
⎝ 560 : 32 ⎠

$$1,41 : 3 = 0,47$$
$-\underline{0}$
$14$
$-\underline{12}$
$21$
$-\underline{21}$
$0$

$$0,9 : 6 = 0,15$$
$-\underline{0}$
$09$
$-\underline{6}$
$30$
$-\underline{30}$
$0$

▶ **Aufgabe** Berechne:   a) 5,84 : 1,6   b) 1,74 : 0,58          ▶ 5 ▶ 5 ▶ 5

▶ ▷ Dezimal-
zahlen durch
eine Stufenzahl
dividieren

**W** **Durch eine Stufenzahl dividieren**
Verschiebe das Komma um so viele Stellen nach links, wie die Stufenzahl Nullen hat.

85,2 : 10 = 8,52    Komma 1 nach links
85,2 : 100 = 0,852  Komma 2 nach links,

Null davor

▶ **Aufgabe** Dividiere durch die Stufenzahl.  a) 56,8 : 10  b) 89,1 : 100  ▶ 10 ▶ 10 ▶ 9

**1** Dividiere schriftlich. Rechne die Probe.
**Beispiel** 18,6 : 6 = 3,1; Probe: 3,1 · 6 = 18,6
a) 12,5 : 5     b) 14,8 : 4     c) 5,12 : 4
d) 9,74 : 2     e) 17,4 : 3     f) 28,2 : 6

**2** Dividiere.
a) 11,4 : 6     b) 49,8 : 3     c) 89,5 : 5
d) 5,36 : 2     e) 8,88 : 6     f) 20,4 : 12 ▸ **3**

**3** Berechne im Kopf zuerst ohne Komma.
Setze dann das Komma im Ergebnis.
**Beispiel** im Kopf:  48    : 4 = 12
                       4,8 : 4 =   1,2
a) 2,4 : 2     b) 3,6 : 3     c) 2,7 : 9
d) 3,5 : 5     e) 3,2 : 2     f) 4,4 : 4
g) 5,6 : 8     h) 4,2 : 6     i) 7,2 : 8

**4** Nutze das erste Ergebnis für die Aufgaben
darunter. Überlege, wo du das Komma setzt.
a) 315 : 7 = 45          b) 1614 : 3 = 538
   31,5 : 7 =               161,4 : 3 =
   3,15 : 7 =               16,14 : 3 =     ▸ **5**

**5** Dividiere schriftlich.
▼
a) 2,25 : 0,5          b) 4,07 : 1,1
c) 0,81 : 0,9          d) 2,613 : 2,01
e) 19,32 : 2,1         f) 3,75 : 0,25
g) 9,6 : 0,08          h) 6,606 : 22,02

**6** Dividiere schriftlich. Rechne dann die Probe.
Achtung: Es sind Sonderfälle. Erkläre, warum.
a) 3,57 : 7     b) 2,28 : 3     c) 2,52 : 6
d) 91,6 : 0,04  e) 906 : 0,06   f) 20,1 : 0,15

**7** Immer zwei Aufgaben haben dasselbe Ergebnis.
Finde die vier Paare. Erkläre dein Vorgehen.

| 12,6 : 0,07 | 1,26 : 7 | 0,126 : 0,07 | 126 : 7 |

| 1,26 : 0,7 | 12,6 : 0,7 | 126 : 700 | 126 : 0,7 |

**8** Verschiebe das Komma. Rechne im Kopf.
▼
a) 1,2 : 0,6     b) 4,5 : 0,5     c) 2,1 : 0,7
d) 1,5 : 0,5     e) 0,28 : 0,04   f) 0,48 : 0,12

**9** Finde zu jeder Aufgabe die richtige Lösung.
Dann erhältst du ein Lösungswort.

| ① 0,42 : 0,7 | Ⓝ 1,4 |
| ② 0,7 : 0,2 | Ⓛ 3,5 |
| ③ 0,45 : 0,5 | Ⓣ 2,5 |
| ④ 0,42 : 0,3 | Ⓐ 0,9 |
| ⑤ 0,72 : 0,4 | Ⓟ 0,6 |
| ⑥ 0,75 : 0,3 | Ⓔ 1,8 |     ▸ **10**

**10** Dividiere. Zähle zuerst die Nullen der
Stufenzahl. Verschiebe dann das Komma.
**Beispiel** 12,3 : 100 = 0,123
a) 314,2 : 10     314,2 : 100     314,2 : 1000
b) 16,35 : 10     16,35 : 100     16,35 : 1000
c)   478 : 10       478 : 100       478 : 1000

**11** Dividiere. Oft musst du Nullen ergänzen.
a) 3,7 : 10          b) 2,715 : 10
c) 41,6 : 100        d) 64,5 : 100
e) 1,2 : 100         f) 3,07 : 1000

**12** Teile Preise, Gewichte und Längen.
▼
a) 2,24 € : 7        b) 5,34 m : 3
c) 3,225 kg : 5      d) 1,800 km : 4

**13** Cans Mutter kauft ein Paket mit 5 Heften für
1,95 €. Can gibt seinem Freund Mika 1 Heft.
Mika möchte das Heft bezahlen.
Wie viel kostet ein Heft?     ▸ **13**

**14** Julia kauft auf dem
Markt 2,5 kg Äpfel.
Der Verkäufer
verlangt 4,25 €.
Stimmt der Preis?

Heute im Angebot:
1 kg für 1,50 €

**15** Nächste Woche hat die 6 d in der Schule einen
Basteltag. Jedes Kind benötigt 0,45 m buntes
Band. Auf einer Rolle sind 9 m Band.
Für wie viele Kinder reicht eine Rolle?

Bringe die Ergebnisse von **5** in die richtige Reihenfolge. Dann ergibt sich ein Lösungswort:
   0,3 (D); 0,9 (V); 1,3 (I); 3,7 (I); 4,5 (D); 9,2 (D); 15 (E); 120 (N)
Die Lösungen von **8** ergeben zusammen 28.
Tipp zu **12**: Du kannst ohne Komma rechnen. Rechne in eine kleinere Einheit um. Beispiel: 6,69 m : 3 → 669 cm : 3.

▸ Tipp zu **2**, **5**, **6**, **11**, **13**, **14**

**1** Dividiere schriftlich. Rechne dann die Probe.
- a) 4,68 : 3
- b) 45,54 : 6
- c) 26,04 : 4
- d) 12,42 : 6
- e) 3,111 : 3
- f) 7,413 : 7
- g) 13,09 : 11
- h) 55,38 : 13
- i) 43,68 : 26

**2** Finde die falschen Ergebnisse und korrigiere sie.
- a) *6,4 : 8 = 8*
- b) *3,5 : 7 = 0,5*
- c) *13,2 : 6 = 2,2*
- d) *20,7 : 9 = 0,23*
- e) *0,84 : 14 = 0,6*
- f) *1,75 : 25 = 0,7*  ▶ **4**

**3** Berechne im Kopf.

**Beispiel** im Kopf:  48  : 6 = 8
                      4,8 : 6 = 0,8
- a) 4,5 : 9
- b) 3,6 : 3
- c) 5,4 : 6
- d) 0,9 : 3
- e) 0,48 : 4
- f) 1,25 : 5
- g) 12,5 : 5
- h) 1,21 : 11
- i) 0,81 : 9

**4** Berechne zuerst eine der vier Aufgaben. Löse die anderen Aufgaben, indem du das Komma verschiebst.
- a) 8,142 : 6
  81,42 : 6
  8142 : 6
  814,2 : 6
- b) 1513 : 17
  1,513 : 17
  0,1513 : 17
  151,3 : 17  ▶ **5**

**5** Dividiere schriftlich.
- a) 7,02 : 0,9
- b) 13,36 : 0,8
- c) 1,164 : 0,04
- d) 0,162 : 0,03
- e) 28,42 : 1,4
- f) 0,361 : 0,19
- g) 20,02 : 2,2
- h) 34,5 : 1,5

**6** Dividiere. Achtung, es sind Sonderfälle.
- a) 5,67 : 9
- b) 26,04 : 8
- c) 19,3 : 8
- d) 11,286 : 5,4
- e) 18,147 : 23
- f) 0,36 : 1,5

**7** Verschiebe das Komma. Rechne dann im Kopf.
- a) 14,4 : 0,6
- b) 5,2 : 0,4
- c) 2,1 : 0,7
- d) 15 : 0,3
- e) 0,28 : 0,04
- f) 0,48 : 0,12

**8** Bilde aus den vier Dezimalzahlen mindestens sechs Divisionsaufgaben. Berechne die Ergebnisse.

| 12,8 | 0,4 | 2,56 | 0,08 |

**9** Finde vier Aufgaben mit demselben Ergebnis. Verschiebe dazu nur das Komma.
**Beispiel** 1,55 : 0,5 = 15,5 : 5 = 155 : 50 = …
- a) 73,2 : 6
- b) 0,396 : 0,09  ▶ **8**

**10** Teile durch die Stufenzahlen. Formuliere eine Regel, wie man das Komma verschiebt.
- a) 948,5 : 10      948,5 : 100      948,5 : 1000
- b) 67,03 : 10      67,03 : 100      67,03 : 1000
- c) 83 : 10         83 : 100         83 : 1000

**11** Wenn du eine Größe durch eine Zahl teilst, dann kann es sinnvoll sein, das Ergebnis zu runden.
**Beispiel**
12,95 € : 6 = 2,158 333…€
Sinnvoll gerundet: 12,95 € : 6 ≈ 2,16 €
- a) 13,76 € : 7
- b) 1,60 € : 6
- c) 14,74 m : 5
- d) 8,9 m : 9
- e) 1,975 kg : 3
- f) 6,21 kg : 8

**12** Pia, Ceren und Bao haben beim Flohmarkt zusammen 65,25 € eingenommen. Jeder bekommt gleich viel Geld. Wie viel ist das?

**13** Obstbauer Heinz spendet Apfelsaft für das Schulfest. Aus seinen Äpfeln hat er 68,6 Liter Apfelsaft gepresst. Wie viele 0,7-Liter-Flaschen ergibt das?  ▶ **12**

**14** Eine Postkarte wiegt etwa 5,5 g und ist ungefähr 0,6 mm dick.
- a) Wie viele Postkarten wiegen etwa so viel wie eine Tafel Schokolade (100 g)? Tipp: Hier musst du runden.
- b) Wie dick wäre der Stapel Postkarten ungefähr?

Die Ergebnisse von **5** ergeben in der richtigen Reihenfolge ein Lösungswort. Finde den letzten Buchstaben:
1,9 (A); 5,4 (H); 7,8 (F); 9,1 (R); 16,7 (L); 20,3 (M); 23 (K); 29,1 (O)
Die Lösungen von **7** ergeben zusammen 101.

**66**  ▶ 💡 Tipp zu **1**, **5**, **10**, **12**, **14**

# Üben ⊠

**1** Dividiere schriftlich. Rechne die Probe.
a) 13,5 : 6    b) 40,32 : 12    c) 74,85 : 15
d) 43,68 : 13    e) 11,568 : 16    f) 90,72 : 24

**2** Beschreibe die Fehler und korrigiere im Heft.

a)
$$
\begin{array}{l}
95,22 : 9 = 1,58 \\
\underline{-9} \\
052 \\
\underline{-45} \\
72 \\
\underline{-72} \\
0
\end{array}
$$

b)
$$
\begin{array}{l}
270,12 : 6 = 45,2 \\
\underline{-24} \\
30 \\
\underline{-30} \\
012 \\
\underline{-12} \\
0
\end{array}
$$

c)
$$
\begin{array}{l}
8,127 : 9 = 9,03 \\
\underline{-81} \\
02 \\
\underline{-00} \\
27 \\
\underline{-27} \\
0
\end{array}
$$

d)
$$
\begin{array}{l}
8,45 : 5 = 169 \\
\underline{-5} \\
34 \\
\underline{-30} \\
45 \\
\underline{-45} \\
0
\end{array}
$$

**3** Dividiere schriftlich. Runde das Ergebnis auf zwei Stellen nach dem Komma.
**Beispiel** 4,94 : 6 = 0,823 33... ≈ 0,82
a) 1,28 : 8          b) 17,52 : 8
c) 0,645 : 5        d) 1,112 : 12
e) 12,15 : 7        f) 9,999 : 4
g) 64,5 : 13        h) 12,112 : 12

**4** Rechne im Kopf. Überprüfe mit der Probe.
a) 6,3 : 9      b) 8,4 : 7      c) 11,4 : 6
d) 3,5 : 7      e) 0,81 : 9     f) 11,5 : 5
g) 1,25 : 5     h) 0,84 : 12   i) 1,2 : 5

**5** Dividiere schriftlich.
a) 0,264 : 0,5       b) 1,6436 : 1,4
c) 4,75 : 0,4        d) 3,2 : 0,25
e) 1,2544 : 2,8     f) 18,666 : 0,18
g) 0,04125 : 0,015   h) 593,04 : 0,08
i) 3,44 : 1,6        j) 26,288 : 1,24

**6** Dividiere. Achtung, das ist etwas knifflig.
a) 0,413 : 7    b) 1,274 : 13    c) 72,8 : 1,82
d) 9,69 : 1,6    e) 17,55 : 3,12   f) 1,28 : 1,6
g) 19,28 : 16   h) 11,275 : 5,5

**7** Setze im Heft = oder ≠ passend ein. Vergleiche ohne zu rechnen.
a) 0,125 : 0,08 ⬤ 125 : 8
b) 17,139 : 0,047 ⬤ 1713,9 : 4,7
c) 239,58 : 763,19 ⬤ 2,3958 : 7,6319
d) 4 : 0,0135 ⬤ 4000 : 135

**8** Verschiebe das Komma. Rechne im Kopf.
a) 19,8 : 0,9         b) 1,25 : 0,5
c) 7,86 : 0,2         d) 4 : 0,25
e) 15,6 : 0,06       f) 0,04 : 0,005
g) 9,24 : 0,3         h) 0,666 : 0,9

**9** Berechne. Formuliere eine Regel.
a) 39,4 : 10    b) 9,24 : 10    c) 4,47 : 100
d) 242 : 100   e) 13,3 : 100   f) 7,12 : 1000

**10** Ben hat eine Eidechse. Sie frisst regelmäßig lebende Heuschrecken. Im Internet bestellt Ben eine Großpackung Heuschrecken mit 1,5 kg. Wie viele Heuschrecken enthält die Packung, wenn jede Heuschrecke etwa 0,4 g wiegt?

**11** Lina sieht im Supermarkt ein Preisschild für Käse. Sie geht zu einem Verkäufer und sagt: „Der Preis für 1 kg stimmt nicht!"
a) Überschlage. Hat Lina recht?
b) Berechne den richtigen Preis für 1 kg. Beginne so: Multipliziere die Werte mit 100. Du erhältst: 15 kg kosten 159 €.

> **Löchli**
> Schweizer Käse
> 150-g-Packung
> nur **3,19 €**
> 1 kg = 17,20 €

**12** Karim behauptet: „Wenn der Divisor kleiner ist als 1, dann ist der Wert des Quotienten immer größer als der Dividend."
Stimmt das? Überprüfe Karims Behauptung: Rechne je drei Beispiele mit Dividenden größer oder kleiner als 1.

Die Ergebnisse von **8** ergeben in der richtigen Reihenfolge ein Lösungswort:
0,74 (E); 2,5 (I); 8 (H); 16 (E); 22 (E); 30,8 (S); 39,3 (D); 260 (C)

▶ 💡 Tipp zu **5**, **6**, **9**, **10**, **12**

| Kompetenz | ☑ |
|---|---|
| **1** Ich kann Brüche als Dezimalzahlen schreiben.<br>→ Lies auf **Seite 44** nach. | **1** Schreibe als Dezimalzahl.<br>a) $\frac{8}{10}$ b) $\frac{55}{100}$ c) $\frac{25}{10}$ |
| **2** Ich kann Dezimalzahlen als Brüche schreiben.<br>→ Lies auf **Seite 44** nach. | **2** Schreibe als Bruch.<br>a) 0,25 b) 0,3 |
| **3** Ich kann Dezimalzahlen vergleichen und der Größe nach ordnen.<br>→ Lies auf **Seite 48** nach. | **3** Setze im Heft <, > oder = ein.<br>a) 0,65 ● 0,55 b) 5,27 ● 5,28<br>c) 1,33 ● 1,3 ● 1,30 ● 1,03 |
| **4** Ich kann Dezimalzahlen runden.<br>→ Lies auf **Seite 48** nach. | **4** Runde.<br>a) auf Zehntel: 3,62 und 5,279<br>b) auf Hundertstel: 0,044 |
| **5** Ich kann Brüche als Prozentzahlen schreiben und umgekehrt.<br>→ Lies auf **Seite 52** nach. | **5** Wandle um.<br>a) in eine Prozentzahl: $\frac{75}{100}$ und $\frac{20}{100}$<br>b) in einen Bruch: 19 % und 5 % |
| **6** Ich kann Dezimalzahlen addieren.<br>→ Lies auf **Seite 56** nach. | **6** Addiere.<br>a) 0,3 + 0,6 b) 3,47 + 4,34 |
| **7** Ich kann Dezimalzahlen subtrahieren.<br>→ Lies auf **Seite 56** nach. | **7** Überschlage zuerst. Subtrahiere dann.<br>a) 8,6 − 5,1 b) 8,45 − 2,54 |
| **8** Ich kann Dezimalzahlen schriftlich multiplizieren.<br>→ Lies auf **Seite 60** nach. | **8** Multipliziere schriftlich.<br>a) 8,5 · 7,1 b) 6,3 · 6,2<br>c) 2,61 · 4,3 |
| **9** Ich kann Dezimalzahlen schriftlich dividieren.<br>→ Lies auf **Seite 64** nach. | **9** Verschiebe erst das Komma und dividiere dann schriftlich.<br>a) 8,52 : 0,6 b) 3,12 : 0,4 c) 4,95 : 0,09 |
| **10** Ich kann Dezimalzahlen im Kopf dividieren.<br>→ Lies auf **Seite 64** nach. | **10** Dividiere im Kopf.<br>a) 2,4 : 3 b) 3,6 : 4 c) 4,9 : 7 |
| **11** Ich kann Dezimalzahlen mit Stufenzahlen multiplizieren und durch Stufenzahlen dividieren.<br>→ Lies auf **Seite 60 und 64** nach. | **11** Rechne. Verschiebe das Komma.<br>a) 2,82 · 10 b) 5,203 · 100 c) 6,755 · 1000<br>d) 12,2 : 10 e) 139,2 : 100 f) 1371,7 : 1000 |
| **12** Ich kann Sachaufgaben mit Dezimalzahlen lösen.<br>→ Lies auf **Seite 56, 60 und 64** nach. | **12** Martin und seine 3 Freunde haben auf dem Flohmarkt altes Spielzeug verkauft.<br>Sie haben 65,36 € eingenommen.<br>Jeder der 4 Jungen soll gleich viel Geld bekommen. Wie viel ist das? |

→ Lösungen auf Seite 255 und 256

## ☒

**1** Schreibe den Bruch als Dezimalzahl.

a) $\frac{88}{100}$      b) $\frac{120}{10}$      c) $7\frac{5}{10}$

**2** Schreibe die Dezimalzahl als Bruch.

a) 0,95      b) 0,002

**3** Vergleiche. Setze im Heft <, > oder = ein.

a) 3,95 ⬤ 3,59      b) 75,6 ⬤ 75,600

c) Ordne der Größe nach: 2,045; 2,405; 2,540; 2,054; 2,504; 2,440; 2,45

**4** Runde.

a) auf Hundertstel: 0,739 und 1,0636

b) auf Tausendstel: 15,8007

**5** Wandle um.

a) in eine Prozentzahl: $\frac{5}{100}$ und $\frac{9}{10}$

b) in einen Bruch: 6 % und 70 %

**6** Überschlage zuerst. Addiere dann.

a) 7,8 + 4,2      b) 11,24 + 5,903

**7** Subtrahiere. Rechne dann die Probe.

a) 7,8 − 4,5      b) 7,09 − 5,382

**8** Multipliziere schriftlich.

a) 11,3 · 0,5      b) 9,2 · 2,3

c) 21,3 · 0,245

**9** Verschiebe zuerst das Komma. Dividiere dann schriftlich. Rechne die Probe.

a) 1,7 : 0,5      b) 1,52 : 0,8      c) 3,072 : 0,6

**10** Dividiere im Kopf.

a) 7,2 : 8      b) 0,28 : 4      c) 0,72 : 1,2

**11** Rechne, indem du das Komma verschiebst.

a) 5,289 · 1000      b) 0,87 · 1000

c) 19,2 : 10      d) 26,73 : 100

**12** Die Klasse von Mara hat ein Fest gefeiert. 25 Schülerinnen und Schüler waren da. Essen und Getränke haben 72,40 € gekostet. Davon kamen 36,15 € aus der Klassenkasse. Wie viel muss jeder noch dazuzahlen?

## ☒

**1** Schreibe den Bruch als Dezimalzahl.

a) $\frac{65}{100}$      b) $\frac{370}{100}$      c) $2\frac{38}{100}$

**2** Schreibe die Dezimalzahl als Bruch.

a) 0,655      b) 2,03

**3** Vergleiche. Setze im Heft <, > oder = ein.

a) 12,093 ⬤ 12,93      b) 14,204 00 ⬤ 14,204

c) Ordne der Größe nach: 0,0337; 0,3307; 0,7033; 0,0373; 0,0733; 0,3370; 0,3037

**4** Runde.

a) auf Hunderstel: 6,0641

b) auf Tausendstel: 12,8705 und 0,005 49

**5** Wandle in eine Prozentzahl oder in einen Bruch um.

a) $\frac{135}{100}$ und $\frac{3}{10}$      b) 1 % und 105 %

**6** Addiere.

a) 4,39 + 13,1      b) 2,5 + 4,21 + 1,032 + 4

**7** Rechne einen Überschlag und berechne dann die Differenz.

a) 21 − 14,5      b) 0,927 − 0,0927 − 0,31

**8** Multipliziere schriftlich.

a) 2,35 · 3,5      b) 11,38 · 0,25

c) 32,6 · 2,952

**9** Dividiere schriftlich. Rechne auch die Probe.

a) 4,23 : 0,9      b) 4,08 : 1,2      c) 0,222 : 0,15

**10** Dividiere im Kopf.

a) 4,2 : 7      b) 0,056 : 0,8      c) 14,4 :12

**11** Rechne.

a) 1000 · 24,3      b) 9,3213 · 10 000

c) 77,3 : 10      d) 25 : 100 000

**12** Tim möchte um seine Spielzeug-Burg einen Zaun aus Holzstücken bauen. Jedes Holzstück soll 8,5 cm lang sein. Tim hat drei 1,2 m lange Holzleisten. Wie viele Zaunstücke kann er daraus bauen?

→ Lösungen auf Seite 256, 257 und 258

Die Aufgaben kannst du auch digital machen. ▸

# Periodische Dezimalzahlen

## Endliche und periodische Dezimalzahlen

Zoe wandelt den Bruch $\frac{5}{8}$ in eine Dezimalzahl um.

$\frac{5}{8} = 5 : 8 = 5,000... : 8 = 0,625$

$\begin{array}{r} -\underline{0} \\ 50 \\ -\underline{48} \\ 20 \\ -\underline{16} \\ 40 \\ -\underline{40} \\ 0 \end{array}$

Zoe erhält das Ergebnis 0,625.

Leon wandelt den Bruch $\frac{1}{3}$ in eine Dezimalzahl um.

$\frac{1}{3} = 1 : 3 = 1,000... : 3 = 0,333...$

$\begin{array}{r} -\underline{0} \\ 10 \\ -\underline{9} \\ 10 \\ -\underline{9} \\ 10 \end{array}$

Das endet ja nie!

Nach einiger Zeit fragt sich Leon, ob er einen Fehler gemacht hat.

**1** 👥 Vergleicht die Rechenwege von Zoe und Leon. Besprecht, was bei Leons Rechnung anders ist.

Bisher kennst du Dezimalzahlen, bei denen du die Anzahl an **Nachkommastellen** angeben kannst.
Die Anzahl der Nachkommastellen dieser Zahlen ist **endlich**.

| | |
|---|---|
| **Endliche Dezimalzahlen**<br>Dezimalzahlen, die nach dem Komma eine bestimmte Anzahl an Nachkommastellen haben, heißen **endliche Dezimalzahlen**. | 0,625 ist eine endliche Dezimalzahl. Sie hat drei Nachkommastellen.<br><br>Weitere Beispiele für endliche Dezimalzahlen:<br>0,76; 47,222; 3,8; 19,0 |

Es gibt Dezimalzahlen, bei denen sich eine oder mehrere Ziffern nach dem Komma immer wiederholen.
Die Wiederholungen können bei der ersten **Nachkommastelle** beginnen oder erst später.
Die Anzahl der Nachkommastellen dieser Zahlen ist **unendlich**.

| | |
|---|---|
| **Periodische Dezimalzahlen**<br>Die Ziffern nach dem Komma, die sich immer wiederholen, heißen Periode.<br><br>Dezimalzahlen heißen **periodische Dezimalzahlen**, wenn sich eine Ziffer oder eine Folge von Ziffern immer wiederholt. | $0,333... = 0,\overline{3}$<br>    lies: null Komma Periode drei<br><br>$0,1666... = 0,1\overline{6}$<br>    lies: null Komma eins Periode sechs<br><br>$4,2727... = 4,\overline{27}$<br>    lies: vier Komma Periode zwei sieben |

**2** Schreibe auf, wie man die Dezimalzahl liest.
a) $1,\overline{5}$    b) $0,\overline{27}$    c) 3,75    d) $0,\overline{6}$    e) $1,\overline{16}$    f) 0,333

**3** Schreibe die Dezimalzahlen in Kurzform mit einem Strich über der Periode.
a) 1,666...   b) 78,999...   c) 0,777...   d) 2,3636...   e) 107,0404...   f) 8,123123...

# Reinperiodische und gemischtperiodische Dezimalzahlen

Karim und Dana wandeln Brüche in periodische Dezimalzahlen um.

Karim wandelt den Bruch $\frac{3}{11}$ um.

$\frac{3}{11} = 3 : 11 = 3,0000... : 11 = 0,2727... = 0,\overline{27}$

$\quad\quad -\underline{0}$
$\quad\quad\; 30$
$\quad\quad -\underline{22}$
$\quad\quad\quad 80$
$\quad\quad\; -\underline{77}$
$\quad\quad\quad\; 30$
$\quad\quad\quad -\underline{22}$
$\quad\quad\quad\quad 80$
$\quad\quad\quad\quad \vdots$

Dana wandelt den Bruch $\frac{7}{6}$ um.

$\frac{7}{6} = 7 : 6 = 7,0000... : 6 = 1,1666... = 1,1\overline{6}$

$\quad\quad -\underline{6}$
$\quad\quad\; 10$
$\quad\quad -\underline{6}$
$\quad\quad\; 40$
$\quad\quad -\underline{36}$
$\quad\quad\; 40$
$\quad\quad -\underline{36}$
$\quad\quad\; 40$
$\quad\quad\; \vdots$

**4** 👥 Vergleicht die Ergebnisse von Karim und Dana.
Besprecht gemeinsam, ab wann sich die Ziffern in den Ergebnissen wiederholen.

Die periodischen Dezimalzahlen kannst du in zwei Arten unterteilen.

| | | |
|---|---|---|
| **Reinperiodische Dezimalzahlen** Dezimalzahlen, bei denen die Periode direkt nach dem Komma beginnt, nennt man reinperiodische Dezimalzahlen. | $1,\overline{7}$ <br> $9,\overline{81}$ <br> $0,\overline{503}$ | lies: eins Komma Periode sieben <br> lies: neun Komma Periode acht eins <br> lies: null Komma Periode fünf null drei |
| **Gemischtperiodische Dezimalzahlen** Dezimalzahlen, bei denen zwischen dem Komma und der Periode noch eine oder mehrere Ziffern stehen, nennt man gemischtperiodische Dezimalzahlen. | $1,1\overline{6}$ <br> $12,0\overline{32}$ <br> $3,12\overline{4}$ | lies: eins Komma eins Periode sechs <br> lies: zwölf Komma null Periode drei zwei <br> lies: drei Komma eins zwei Periode vier |

**5** Wandle den Bruch in eine Dezimalzahl um. Dividiere den Zähler durch den Nenner.
Notiere, ob du eine reinperiodische Dezimalzahl oder eine gemischtperiodische Dezimalzahl erhältst.
a) $\frac{5}{9}$      b) $\frac{1}{6}$      c) $\frac{2}{11}$      d) $\frac{2}{15}$

**6** 👥 Wandelt die Brüche in Dezimalzahlen um. Überlegt gemeinsam, wie ihr am besten umwandeln könnt: durch Erweitern und Kürzen oder durch Dividieren. Begründet eure Wahl.
$\frac{4}{5}; \frac{3}{2}; \frac{4}{9}; \frac{4}{15}; \frac{9}{8}; \frac{5}{12}$

Ordnet die Ergebnisse in drei Gruppen:
• endliche Dezimalzahlen
• reinperiodische Dezimalzahlen
• gemischtperiodische Dezimalzahlen

**7** Wandle die Brüche in Dezimalzahlen um. Teile den Zähler durch den Nenner.
a) $\frac{1}{9}; \frac{2}{9}; \frac{3}{9}; \frac{4}{9}$      b) $\frac{1}{11}; \frac{2}{11}; \frac{3}{11}; \frac{4}{11}$
c) Setze die beiden Reihen fort, bis du 1 erreichst. Versuche das, ohne zu rechnen.

**8** 👥 Zu jedem Weihnachtsfest bekommen Anna, Ben und Fritz von ihrer Großtante zusammen 100 € geschenkt.
Und jedes Jahr gibt es Streit. Warum?
Was könnten Anna, Ben und Fritz tun, damit es nicht zum Streit kommt?
Macht einen Vorschlag und stellt ihn der Klasse vor.

**9** Ordne jedem Bruch eine Dezimalzahl zu. Welche Dezimalzahl fehlt auf dem leeren Kärtchen?

$\frac{6}{30}$  $\frac{2}{3}$  $\frac{8}{11}$  $\frac{9}{25}$  $\frac{1}{3}$  $\frac{99}{10}$  $\frac{5}{6}$

$0,\overline{72}$  $0,2$  $0,8\overline{3}$  $0,36$  $9,9$  $0,\overline{3}$

**10** 👥 Untersucht Brüche der Form $\frac{1}{\square}$.
Übertragt die Tabelle für die Nenner 2 bis 10 in eure Hefte. Tragt eure Ergebnisse in die Tabelle ein.

| | Bruch | Dezimalzahl | Wie wandle ich um? | Wie sieht die Dezimalzahl aus? |
|---|---|---|---|---|
| **Nenner 2** | $\frac{1}{2}$ | 0,5 | erweitern auf Nenner 10 | endlich, eine Nachkommastelle |
| **Nenner 3** | | | | reinperiodisch, eine Ziffer als Periode |
| **...** | | | | |
| **Nenner 10** | | | umschreiben als Dezimalzahl | |

**11** Notiere die wahren Aussagen in deinem Heft. Woran erkennst du periodische Dezimalzahlen?

a) *Periodische Dezimalzahlen haben einen Strich über der Zehntelstelle.*
b) *Wenn in einer Zahl eine Ziffer ganz oft vorkommt, dann ist die Zahl periodisch.*
c) *Jeder Bruch ist eine periodische Zahl.*
d) *Periodische Dezimalzahlen sind endlich.*
e) *Periodische Dezimalzahlen haben einen Strich über Stellen hinter dem Komma.*

**12** Stina hat eine Entdeckung gemacht:

$0,\overline{8} = \frac{8}{9}$    $0,\overline{12} = \frac{12}{99}$    $0,\overline{563} = \frac{563}{999}$

a) Beschreibe Stinas Entdeckung. Überprüfe sie an weiteren Beispielen.
b) Finde die Brüche zu $0,\overline{2}$; $0,\overline{15}$ und $0,\overline{413}$.

**13** Milan hat von seiner großen Schwester gehört, dass $0,\overline{9} = 1$ sein soll.
Milan glaubt nicht, dass das stimmt:
„Hinter dem Komma gehen die Neunen doch immer weiter!"
Begründe, dass Milans Schwester recht hat.
Benutze für deine Begründung:

$\frac{1}{9} = 0,\overline{1}$;    $\frac{\square}{9} = 0,\overline{2}$;    ...    $\frac{\square}{\square} = 0,\overline{9}$

aber es gilt auch $\frac{9}{9} = \square$.

**1** Vergleiche die Zahlen. Gehe so vor:
① Wandle den Bruch in eine Dezimalzahl um.
② Vergleiche die beiden Dezimalzahlen.
③ Setze im Heft < oder > ein.
a) $\frac{3}{10}$ ○ 0,305
b) $\frac{5}{20}$ ○ 0,26
c) $\frac{17}{20}$ ○ 0,916
d) $9\frac{3}{4}$ ○ 9,64

**2** Runde die Zahl 1,6935 auf ...
a) Zehntel, b) Hundertstel, c) Tausendstel.

**3** Berechne im Kopf oder schriftlich.
a) 7,5 + 1,5
b) 12,3 − 0,9
c) 12,6 − 0,05
d) 82,91 − 24,75

**4** Berechne schriftlich im Heft.
a)    175,62
   +  12,04
   +   5,21
   _____

b)    704,51
   + 160,09
   + 104,3
   _____
▸ **5**

**5** Überschlage zuerst.
Berechne dann im Kopf oder schriftlich.
a) 10 · 0,5
b) 8 · 2,5
c) 12,9 · 34,9
d) 40,7 · 8,04
e) 7,7 : 1,1
f) 8,55 : 1,5

**6** Übertrage in dein Heft. Fülle die Lücken.
**Beispiel** 12,5+ ▢ =27,8
     Rechne: 27,8 − 12,5 = **15,3**
     Also: 12,5 + **15,3** = 27,8
a) 27,5 + ▢ = 58,27
b) ▢ + 2,7 = 5,38
c) 15,9 − ▢ = 8,71
d) ▢ − 1,8 = 9,6
e) 7,5 · ▢ = 105
f) ▢ · 4,3 = 35,26
g) ▢ : 1,5 = 1,5
h) 10,08 : ▢ = 3,6

**7** Vier Rechnungen mit denselben Zahlen

| 5,95 : 1,7 | 5,95 + 1,7 |
|---|---|
| 5,95 − 1,7 | 5,95 · 1,7 |

a) Berechne.
b) Welche Rechnung war für dich am einfachsten? Warum?
▸ **8**

**8** Berechne schriftlich. Tipp: Klammern zuerst!
a) 27,5 · (34,8 − 12,7)
b) (8,72 + 1,28) · 9,8
c) 12,6 : 2 + 18,9
d) (123,42 + 12,68) : 0,5

**9** 👥 Bastelt zehn Ziffernkarten:

Bastelt für jeden von euch diese Spielkarten.
Auf die Striche legt ihr später die Ziffernkarten.

__ __,__ __ + __,__     __ __,__ __ − __,__

__ __,__ __ · __,__     __ __,__ __ : __,__

• Mischt die Ziffernkarten und legt sie verdeckt auf einen Stapel.
• Jeder nimmt sich seine Spielkarte mit dem +.
• Zieht abwechselnd Ziffernkarten vom Stapel. Legt die gezogenen Ziffernkarten nacheinander auf eure Spielkarten. So entsteht für jeden eine Aufgabe.
• Berechnet eure Aufgaben im Heft.
• Tauscht eure Rechnungen. Rechnet nach. Für jede richtige Aufgabe gibt es 1 Punkt.
• Nun ist die nächste Spielkarte an der Reihe. Gewinner ist, wer nach allen vier Spielkarten die meisten Punkte hat.
▸ **10**

**10** Die Klasse 6d verkauft auf dem Schulfest Limonade. Die Eltern haben 126 Liter gespendet. In ein Glas passen 0,3 Liter.

a) Wie viele Gläser Limonade kann die Klasse maximal verkaufen?
b) Ein Glas Limonade kostet 1,50 €. Am Ende hat die Klasse 287 Gläser verkauft. Wie viel hat sie eingenommen?

**11** Alessandro möchte für seine Kaninchen ein Gehege bauen.
a) Wie viele Meter Zaun benötigt er?
b) 1 m Zaun kostet 3,87 €. Reichen 32 €?

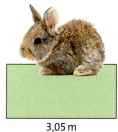

1,45 m

3,05 m

Finde die vier Ergebnisse von **8**: In der richtigen Reihenfolge ergibt sich ein Lösungswort:
25,2 (U); 37,4 (A); 98 (L); 106,2 (E); 272,2 (S); 399,8 (M); 549,31 (D); 607,75 (P)
Sprachhilfe zu **11**: Ein Gehege ist ein eingezäunter Bereich, in dem Tiere gehalten werden.

▸ 💡 Tipp zu **2**, **3**, **8**, **10**, **11**

**1** Nenne drei Dezimalzahlen, die ...
a) größer als 0,46 und kleiner als 0,5 sind.
b) größer als 1,8 und kleiner als 1,9 sind.
c) größer als 0,01 und kleiner als 0,02 sind.

**2** Runde die Zahl jeweils auf Einer, auf Zehntel, auf Hundertstel und auf Tausendstel.
a) 27,9082   b) 3,1649   c) 0,0297

**3** Überschlage zuerst. Berechne schriftlich.
a) 57,82 + 104,09
b) 4,91 + 532,096 + 32,07
c) 42,7453 + 724,945
d) 314,01 − 245,95
e) 623,974 − 34,73 − 462,006
f) 92,407 − 25,5298

**4** Setze im Heft eine der Ziffern 1, 6 oder 9 ein. Jede Ziffer darf nur einmal vorkommen.
Wann wird das Ergebnis am größten?
Wann wird das Ergebnis am kleinsten?
a) 6▢,72 − ▢6,03
b) ▢27,93 + 5,▢8 − 6▢3,25
c) (1▢35,84 + 85,08) − (▢44,89 + 932,1▢)   ▶ **4**

**5** Berechne im Kopf oder schriftlich. Rechne bei den Divisionsaufgaben auch die Probe.
a) 0,7 · 1,3        b) 7,093 · 10,74
c) 0,873 · 2,74     d) 2,1 · 0,4
e) 6,3 : 0,9        f) 235,52 : 12,8
g) 0,16 : 1,6       h) 60,27 : 4,9

**6** Setze im Heft die passende Zahl ein.
a) 31,43 : ▢ = 3,143   b) 725,98 − ▢ = 567,9
c) ▢ · 1,7 = 11,05     d) 0,23 + ▢ = 4,64
e) 3,69 : ▢ = 1,8

**7** Rückwärts gedacht: Dies sind die Ergebnisse.

| 20,8 | 24,5 | 6,25 |
|------|------|------|

Finde zu jedem Ergebnis eine ...
a) Plus-Aufgabe,   b) Minus-Aufgabe,
c) Mal-Aufgabe,    d) Geteilt-Aufgabe.   ▶ **5**

**8** Berechne schriftlich.
a) 9,87 · (73,48 − 9,5)   b) 44,88 : (98,1 − 79,4)
c) 127,3 + 12,64 : 7,9    d) 123,42 + 98,68 : 0,5

**9** 👥 Bastelt 20 Ziffernkarten mit den Ziffern von 0 bis 9. Jede Ziffer soll zweimal vorkommen.

| 0 | 1 | 2 | 3 | 4 | 5 | 6 | 7 | 8 | 9 |
|---|---|---|---|---|---|---|---|---|---|

Bastelt für jeden von euch diese Spielkarten:

__ __ , __   +   __ , __          __ __ , __ __   −   __ , __

__ __ , __ __   ·   __ , __        __ __ , __ __   :   __ , __

- Mischt die Ziffernkarten und legt sie verdeckt auf einen Stapel.
- Jeder nimmt sich eine erste Spielkarte.
- Zieht abwechselnd Ziffernkarten vom Stapel. Legt die gezogenen Ziffern der Reihenfolge nach auf eure Karte.
  So entsteht für jeden eine Aufgabe.
- Berechnet eure Aufgaben im Heft.
- Tauscht eure Rechnungen. Rechnet nach. Für jede richtige Aufgabe gibt es 1 Punkt. Gewinner ist, wer nach allen vier Spielkarten die meisten Punkte hat.

**10** Eine BMX-Strecke wird überdacht, weil dort oft große Pfützen waren. Das Dach hat die Form eines Rechtecks mit 28,7 m Länge und 22,2 m Breite.
Das Dach besteht aus rechteckigen Platten, die 2,05 m lang und 0,925 m breit sind.

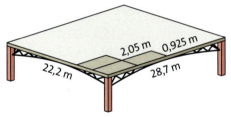

a) Wie viele Platten braucht man?
b) Eine Platte kostet 11,99 €. Wie viel kosten die Platten für das gesamte Dach?   ▶ **9**

**11** Laurenz hat Spielzeug verkauft.
Dieses Geld hat er eingenommen:

| 2-mal 5,34 €  | 6-mal 2,68 €  |
|---------------|---------------|
| 1-mal 17,40 € | 3-mal 14,72 € |

a) Wie viel Geld ist das insgesamt?
b) Auf dem Konto hat Laurenz 187,23 €. Reicht das ganze Geld für einen Laptop für 285 €?

Hier findest du die fünf gesuchten Zahlen von **6**. In der richtigen Reihenfolge ergibt sich ein Lösungswort:
2,05 (A); 4,41 (M); 6,5 (M); 9,8 (R); 10 (K); 45,78 (T); 79,8 (N); 158,08 (O)

**1** Ergänze den Lückentext in deinem Heft:
  a) Die Zahl 0,35 liegt auf dem Zahlenstrahl in der Mitte zwischen 0,3 und ⬤. 0,35 ist also ⬤ als 0,3 und kleiner als ⬤.
  b) Auf einem Zahlenstrahl mit Tausendstel-Schritten kommt nach 0,35 die Zahl ⬤.

**2** Runde sinnvoll. Begründe, welche Rundungsstelle du gewählt hast.
  a) Ermal ist 1,5689 m weit gesprungen.
  b) Anna wiegt 39,2863 kg.
  c) Die Laufstrecke ist 15,492 km lang.
  d) Der Film dauert 118,55 Minuten.

**3** Überschlage zuerst. Berechne dann schriftlich.
  a) 9,6391 + 492,503
  b) 27,942 + 8,3006 + 307,83
  c) 1050,8 − 62,952
  d) 50603,055 − 86,4 − 9902,75

**4** Ergänze die passende Zahl im Heft.
  a) 56,983 − ⬛ = 23,478
  b) ⬛ : 2,18 = 28,6
  c) 3,6 · ⬛ = 194,472
  d) 8,6 · 7,4 · ⬛ = 82,732
  e) 8 · 0,018 + ⬛ · 0,982 = 8

**5** Berechne. Beachte die Vorrangregeln.
  a) (2,25 : 1,5 + 0,64 · 1,1) : 100
  b) 9,6 + 0,12 : 0,6 − 2,3 · 4,18
  c) 5298,76 − (2304,76 · 0,1) + 254,091
  d) 0,125 · 3,7 · 8 · 2,985

**6** 👥 Denkt euch eine Dezimalzahl mit zwei Stellen nach dem Komma aus. Das ist eure Zielzahl. Bildet aus den Ziffern unten eine Aufgabe mit lauter Dezimalzahlen. Das Ergebnis soll möglichst nah an eurer Zielzahl liegen.

**Beispiel** Zielzahl 11,45 Rechnung: 4,05 + 7,4

Ziffern für die erste Dezimalzahl:

| 4 | 2 | 0 | 4 | 1 | 5 | 9 |

Ziffern für die zweite Dezimalzahl:

| 9 | 7 | 0 | 8 | 2 | 4 | 3 |

**7** Multipliziere eine Dezimalzahl mit sich selbst. Begründe: Warum kann das Ergebnis keine Dezimalzahl mit einer ungeraden Anzahl an Nachkommastellen sein?

**8** Bei einem Kart-Rennen erreichten Max und seine Freunde diese Zeiten (in Sekunden):

| Name | Runde 1 | Runde 2 | Runde 3 | Runde 4 |
|------|---------|---------|---------|---------|
| Max  | 23,465  | 22,987  | 23,023  | 23,309  |
| Eric | 22,986  | 23,701  | 22,964  | 23,245  |
| Tan  | 23,195  | 23,205  | 23,401  | 22,908  |
| Elli | 23,781  | 22,845  | 22,998  | 23,210  |

  a) Wer war insgesamt am schnellsten?
  b) Der Rekord liegt bei 1 Minute 35,122 s. Wie weit ist der Sieger davon entfernt?

**9** Wie viel Geschenkband benötigt Eren für dieses Geschenk? Rechne mit 1,2 m zusätzlich für die Schleife.

15,4 cm
19,3 cm   26,8 cm

**10** Die Haare eines Menschen wachsen rund 0,04 cm pro Tag. Lenjas Haare sind etwa 21,2 cm lang.
  a) Wie lange hat es gedauert, bis ihre Haare diese Länge erreicht hatten?
  b) Wann sind Lenjas Haare 30 cm lang?

**11** Denk dir zur Rechnung eine passende Sachaufgabe aus und löse sie.
  a) 42,85 − 42,13   b) 978 : 0,33

Hier findest du die fünf gesuchten Zahlen von **4** . In der richtigen Reihenfolge ergibt sich ein Lösungswort:
  1,3 (B); 1,51 (F); 5,7 (M); 8 (E); 33,1 (K); 33,505 (P); 54,02 (O); 62,348 (R); 208,05 (L)

## Das Sport-Abzeichen

Die Kinder der 6. Klassen trainieren im Sportunterricht für das Deutsche Sport-Abzeichen.
In dieser Woche üben sie für den 50-m-Lauf und
den Weitsprung.

Die Tabelle zeigt, wie schnell die Kinder mindestens
laufen müssen und wie weit sie mindestens springen
müssen, um die Sportabzeichen Bronze, Silber oder
Gold zu erhalten.

| Alter | 10–11 Jahre | | | | | | 12–13 Jahre | | | | | |
|---|---|---|---|---|---|---|---|---|---|---|---|---|
| Geschlecht | weiblich | | | männlich | | | weiblich | | | männlich | | |
| Abzeichen | Bronze | Silber | Gold | Bronze | Silber | Gold | Bronze | Silber | Gold | Bronze | Silber | Gold |
| Laufen 50 m (in s) | 11,0 | 10,1 | 9,1 | 10,3 | 9,3 | 8,4 | 10,6 | 9,6 | 8,5 | 9,7 | 8,9 | 8,1 |
| Weitsprung (in m) | 2,30 | 2,60 | 2,90 | 2,60 | 2,90 | 3,20 | 2,80 | 3,10 | 3,40 | 3,20 | 3,50 | 3,80 |

**A** Leyla (11 Jahre) ist fünfmal gesprungen:
2,63 m; 2,41 m; 2,36 m; 2,81 m; 2,40 m
Ordne die Ergebnisse der Größe nach.
Beginne mit dem kürzesten Sprung.
Welches Abzeichen erhält sie für ihren
weitesten Sprung?

**B** Max ist dreimal gesprungen:
2,93 m; 3,05 m; 2,99 m
Übertrage den Zahlenstrahl in dein Heft
und trage die Ergebnisse ein.

**C** Lukas (12 Jahre) möchte beim
50-m-Lauf das Abzeichen Silber
schaffen. Nenne drei mögliche
Zeiten, mit denen er das
Abzeichen Silber erhält.

**D** Beim 50-m-Lauf wurden diese Zeiten gemessen:
Alaina (12,61 s), Eliah (10,374 s), Louisa (11,58 s),
Matteo (8,87 s) und Paula (9,046 s).
Der Sportlehrer rundet auf Zehntel-Sekunden.
Welche Ergebnisse trägt er in seine Liste ein?

**E** Amar ist 3,20 m weit gesprungen.
Seinen Freunden erzählt er, dass
er $\frac{64}{20}$ m weit gesprungen ist.
Stimmt das oder übertreibt er?

**F** Welches Abzeichen erhalten Anna (11 Jahre)
und Ben (12 Jahre) für das Laufen und für den
Weitsprung?

| Name: | Anna |
|---|---|
| Laufen 50 m: | 8,9 s |
| Weitsprung: | 2,55 m |

| Name: | Ben |
|---|---|
| Laufen 50 m: | 9,5 s |
| Weitsprung: | 2,93 m |

**G** Betty (10 Jahre) und ihre jüngere Schwester Daja machen beim 50-m-Lauf mit.
Für Daja gelten andere Zeiten: Bronze 16,5 s, Silber 14,9 s und Gold 13,4 s.
Zeichne einen Zahlenstrahl und trage mit zwei Farben die geforderten Zeiten für Betty
und Daja ein.
Welche Unterschiede bestehen jeweils zwischen den Zeiten für Betty und Daja?

## Spalte 1

☒ **1** Schreibe als Dezimalzahl.
a) sechs Zehntel
b) fünf Hundertstel
c) $\frac{75}{100}$   d) $\frac{4}{1000}$

**2** Ergänze die Lücken im Heft.
a) $0{,}45 = \frac{\square}{100}$   b) $0{,}8 = \frac{\square}{\square}$

**3** Dezimalzahlen runden
a) Gib an, auf welche Stelle gerundet wurde:
$0{,}982 \approx 0{,}98$
b) Runde 22,46 auf Zehntel.

**4** Überschlage zuerst. Berechne dann schriftlich.
a) $3{,}04 + 5{,}67$
b) $12{,}14 - 3{,}09$

**5** Rechne schriftlich.
a) $1{,}35 \cdot 3$   b) $1{,}92 : 8$

**6** Lea hat einen 10-€-Schein. Sie kauft einen Malblock für 2,60 €, ein Lineal für 2,90 € und Gummibärchen für 1,30 €.
a) Wie viel bekommt Lea zurück?
b) Wie viele Bonbons für 8 ct kann Lea noch kaufen?

**7** 3 Stunden auf dem Trampolin kosten 25,80 €.

a) Wie viel kostet 1 Stunde?
b) Wie viel kosten 2 Stunden?

## Spalte 2

☒ **1** Schreibe als Dezimalzahl.
a) siebzehn Hundertstel
b) zweihunderteins Tausendstel
c) $\frac{3}{100}$   d) $\frac{302}{100}$

**2** Ergänze die Lücken im Heft.
a) $0{,}495 = \frac{495}{\square}$   b) $0{,}36 = \frac{\square}{\square}$

**3** Dezimalzahlen runden
a) Gib an, auf welche Stelle gerundet wurde: $9{,}047 \approx 9{,}0$
b) Runde 27,983 auf Hundertstel.

**4** Überschlage zuerst. Berechne dann.
a) $24{,}89 + 53{,}7$
b) $78{,}8 - 34{,}79$

**5** Rechne schriftlich.
a) $2{,}63 \cdot 0{,}16$   b) $11{,}13 : 0{,}7$

**6** Die Klasse 6 b verkauft Getränke für 91,17 €, Würstchen für 28,50 € und Kuchen für 35,80 €.
a) Berechne die Einnahmen.
b) Die Getränke hatte die 6 b vorher für 32,69 € gekauft. Wie hoch ist der Gewinn?

**7** Obstbauer Willi hat 462,5 kg Äpfel geerntet. Er möchte die Äpfel in 12,5-kg-Säcke füllen.
a) Wie viele Säcke braucht Obstbauer Willi?
b) Obstbauer Willi verkauft einen Sack Äpfel für 18,50 €. Wie viel Geld kann er mit seinen Äpfeln verdienen?

## Spalte 3

☒ **1** Schreibe als Dezimalzahl.
a) sieben Einer, fünf Zehntel, sechs Hundertstel
b) $\frac{3008}{1000}$   c) $\frac{503}{100}$

**2** Ergänze die Lücken im Heft.
a) $0{,}608 = \frac{\square}{\square}$   b) $1{,}07 = \frac{\square}{\square}$

**3** Dezimalzahlen runden
a) Runde 19,004 auf Hundertstel.
b) Nenne drei Dezimalzahlen, die gerundet 0,008 ergeben.

**4** Überschlage zuerst. Berechne dann.
a) $14{,}89 + 77{,}2 + 32{,}263$
b) $99{,}7 - 33{,}73 - 56{,}427$

**5** Rechne schriftlich.
a) $5{,}32 \cdot 2{,}4$   b) $8{,}408 : 0{,}08$

**6** Mark und Lisa kaufen für ihren kleinen Bruder Geschenke: ein Modellauto für 8,99 €, ein Comic-Heft für 5,90 € und ein PC-Spiel für 19,99 €. Jeder soll gleich viel bezahlen. Wie viel Geld ist das?

**7** Die 27 Kinder der 6 b machen eine Klassenfahrt. Hotel und Busfahrt kosten zusammen 4101,30 €. Die Busfahrt kostet 17,50 € pro Kind.
a) Wie viel kostet das Hotel für ein Kind?
b) Das Schwimmbad kostet 1,75 € pro Kind. Die Lehrerin zahlt insgesamt 33,25 €. Wie viele Kinder kamen mit?

→ Lösungen auf Seite 258 und 259

## Dezimalzahlen vergleichen und runden → Seite 48

So **vergleichst** du Dezimalzahlen:
Beginne links und vergleiche die
Ziffern Stelle für Stelle miteinander.
Der erste Unterschied entscheidet.

25,4
8,976    25 > 8; also ist 25,4 > 8,976

43,03
43,028    3 > 2; also ist 43,03 > 43,028

Dezimalzahlen **rundest** du genauso wie
natürliche Zahlen.

① Finde die Rundungsstelle.
   („Runde auf …")
② Betrachte die Ziffer rechts daneben:
   – Bei 0, 1, 2, 3 und 4 **ab**runden.
   – Bei 5, 6, 7, 8 und 9 **auf**runden.

Runde 3,121 auf Zehntel: 3,121 ≈ 3,1 (**ab**runden)

Runde 3,1564 auf Hundertstel:
3,1564 ≈ 3,16 (**auf**runden)

## Dezimalzahlen addieren und subtrahieren → Seite 56

Überschlage zuerst.

① Schreibe alle Dezimalzahlen
   untereinander.
   Schreibe Komma unter Komma.
② Rechne Stelle für Stelle von rechts
   nach links.
   Wenn die Summe 10 oder größer
   wird, dann denke an den Übertrag.
③ Setze auch im Ergebnis das Komma.

6,15 + 3,75 + 0,99 = ?
**Überschlag:** 6 + 4 + 1 = 11

|   | Z | E, | z | h | t |
|---|---|----|---|---|---|
|   |   | 6, | 1 | 5 |   |
| + |   | 3, | 7 | 5 |   |
| + |   | 0, | 9 | 9 |   |
|   |   | 1  | 1 | 1 |   |
|   | 1 | 0, | 8 | 9 |   |

20 − 4,99 − 3,79 = ?
**Überschlag:** 20 − 5 − 4 = 11

|   | Z | E, | z | h | t |
|---|---|----|---|---|---|
|   | 2 | 0, | 0 | 0 |   |
| − |   | 4, | 9 | 9 |   |
| − |   | 3, | 7 | 9 |   |
|   |   | 1  | 2 | 2 |   |
|   | 1 | 1, | 2 | 2 |   |

## Dezimalzahlen multiplizieren → Seite 60

① Multipliziere die Zahlen schriftlich,
   ohne das Komma zu beachten.
② Zähle bei beiden Faktoren, wie viele Stellen
   nach dem Komma stehen.
③ Setze das Komma im Ergebnis.
   Das Ergebnis hat so viele Stellen nach dem
   Komma wie beide Faktoren zusammen.
   Achtung, Nullen am Ende werden mitgezählt.

Berechne 4,7 · 1,5.

1 Stelle + 1 Stelle

| 4, | 7 | · | 1, | 5 |
|----|---|---|----|---|
|    |   |   | 4  | 7 |
|    | 2 | 3 | 5  |   |
|    | 1 |   |    |   |
|    |   | 7, | 0 | 5 |

= 2 Stellen

## Dezimalzahlen dividieren → Seite 64

Die zweite Zahl (der Divisor) muss eine natürliche
Zahl sein. Wenn der Divisor keine natürliche Zahl
ist, dann verschiebe das Komma beider Zahlen
um gleich viele Stellen nach rechts.

Dividiere schriftlich.
Wenn du bei der ersten Ziffer nach dem Komma
ankommst, dann musst du im Ergebnis ein
Komma setzen.

3,72 : 3,1
↓     ↓
37,2 : 31

Komma jeweils 1 Stelle nach rechts;
du multiplizierst beide Zahlen mit 10.

| 3 | 7, | 2 | : | 3 | 1 | = | 1, | 2 |
|---|----|---|---|---|---|---|----|---|
| − 3 | 1 |  |  |  |  |  |  |  |
|   | 6 | 2 |  |  |  |  |  |  |
| − | 6 | 2 |  |  |  |  |  |  |
|   |   | 0 |  |  |  |  |  |  |

Komma setzen

# Winkel

▶ Eine junge Radfahrerin fährt neben einem Lieferwagen. Das kann gefährlich werden.
Denn der Fahrer im Lieferwagen kann die Radfahrerin nicht durch das Seitenfenster
und nicht in den Außenspiegeln sehen.
Der Bereich, in dem der Fahrer etwas sehen kann, heißt Sichtbereich.
Der Bereich, in dem der Fahrer die Radfahrerin nicht sehen kann, heißt **der tote Winkel**.
Was meinst du: Warum heißt dieser Bereich der tote Winkel?

In welchen Situationen ist der tote Winkel besonders gefährlich für die Radfahrerin?

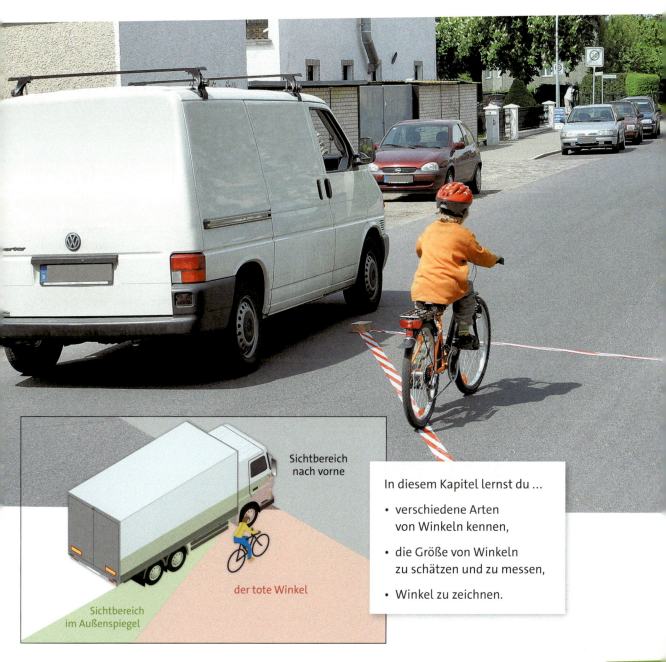

Sichtbereich
nach vorne

der tote Winkel

Sichtbereich
im Außenspiegel

In diesem Kapitel lernst du ...

• verschiedene Arten
  von Winkeln kennen,

• die Größe von Winkeln
  zu schätzen und zu messen,

• Winkel zu zeichnen.

| Kompetenz | Aufgabe | Lies und übe: |
|---|---|---|
| 1 Ich kann Strecken, Halbgeraden (Strahlen) und Geraden erkennen. | **1** Welche Linien sind … <br> a) Strecken?  b) Halbgeraden?  c) Geraden? <br> 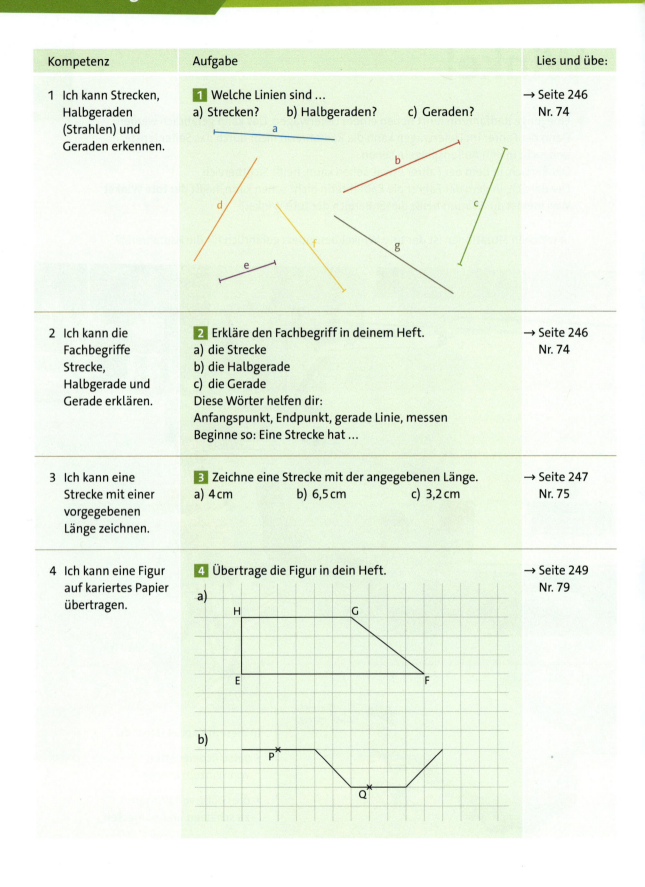 | → Seite 246 <br> Nr. 74 |
| 2 Ich kann die Fachbegriffe Strecke, Halbgerade und Gerade erklären. | **2** Erkläre den Fachbegriff in deinem Heft. <br> a) die Strecke <br> b) die Halbgerade <br> c) die Gerade <br> Diese Wörter helfen dir: <br> Anfangspunkt, Endpunkt, gerade Linie, messen <br> Beginne so: Eine Strecke hat … | → Seite 246 <br> Nr. 74 |
| 3 Ich kann eine Strecke mit einer vorgegebenen Länge zeichnen. | **3** Zeichne eine Strecke mit der angegebenen Länge. <br> a) 4 cm  b) 6,5 cm  c) 3,2 cm | → Seite 247 <br> Nr. 75 |
| 4 Ich kann eine Figur auf kariertes Papier übertragen. | **4** Übertrage die Figur in dein Heft. | → Seite 249 <br> Nr. 79 |

| Kompetenz | Aufgabe | Lies und übe: |
|---|---|---|

**5** Ich kann zueinander parallele und zueinander senkrechte Geraden erkennen.

**5** Welche Geraden sind zueinander parallel? Schreibe sie auf und benutze dabei das Zeichen ||. Welche Geraden stehen senkrecht aufeinander? Schreibe sie auf und benutze dabei das Zeichen ⊥.

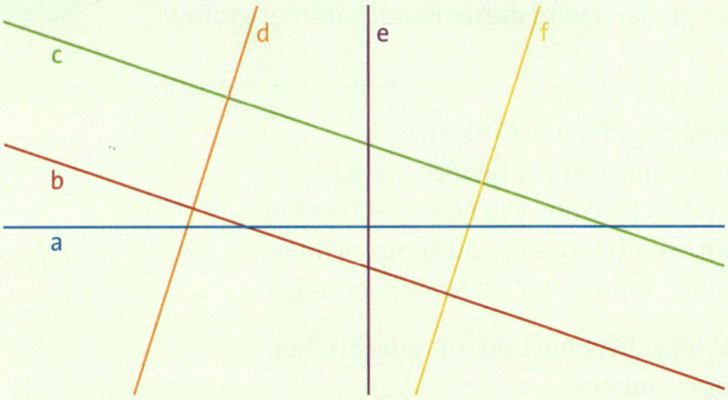

→ Seite 247 Nr. 76

**6** Ich kann zueinander senkrechte und zueinander parallele Geraden zeichnen.

**6** Zeichne auf Karopapier oder auf weißem Papier …
a) eine Gerade a und eine Gerade b, die senkrecht zu a ist.
b) eine Gerade c und eine Gerade d, die parallel zu c ist.
c) zwei zueinander parallele Geraden e und f und dazu eine Gerade g, die senkrecht zu e ist.

→ Seite 248 Nr. 77, 78

**7** Ich kann Vielecke benennen.

**7** Benenne die Vielecke.
a)          b)          c)

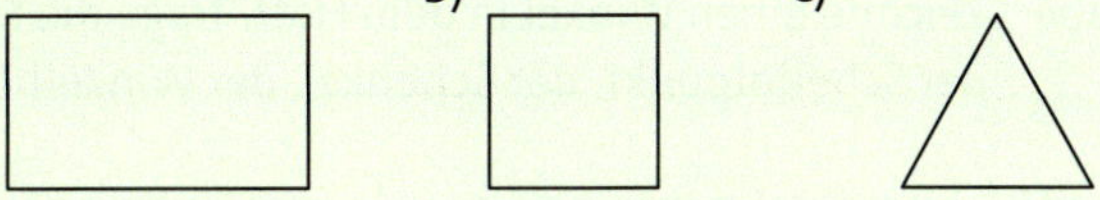

→ Seite 249 Nr. 80

**8** Ich kann die Koordinaten von Punkten ablesen und Punkte in ein Koordinatensystem eintragen.

**8** Übertrage das Koordinatensystem mit der Figur in dein Heft.
a) Schreibe die Koordinaten der Punkte A, B und C in dein Heft.
b) Trage die Punkte D(6|3), E(3|0) und F(3|2) ein. Verbinde C mit D, D mit E, E mit F und F mit A.

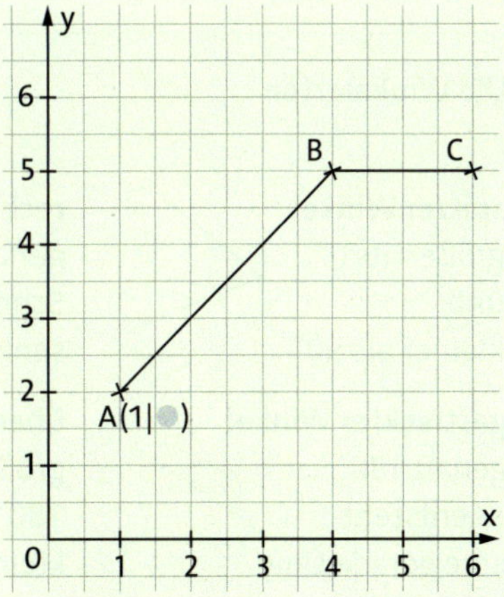

→ Seite 251 Nr. 87, 88

→ Lösungen auf Seite 260

## Winkel und Winkelarten

Um 12 Uhr stehen der Stundenzeiger und der Minutenzeiger genau übereinander.
10 Minuten später ist es 12:10 Uhr. Zwischen den beiden Zeigern ist der grüne Bereich entstanden. Wenn sich der Minutenzeiger weiter bewegt, dann wird dieser Bereich immer größer.

12:00 Uhr     12:10 Uhr

*Sprich so:*
*α „alfa"*
*Schreibe so:*

α
β
γ
δ
ε

*Statt Winkelgröße sagt man auch Winkelweite.*

**W**  **Fachbegriffe bei Winkeln**
Ein Winkel ist der Bereich zwischen zwei **Schenkeln**. Die Schenkel beginnen im **Scheitelpunkt S**. Du kennzeichnest einen Winkel mit einem **Winkelbogen**.

Winkel benennst du mit griechischen Buchstaben:

| α | β | γ | δ | ε |
|---|---|---|---|---|
| Alpha | Beta | Gamma | Delta | Epsilon |

Winkelgrößen misst du in **Grad**, kurz °.
Ein Kreis hat 360°. Teilst du den Kreis in vier gleich große Teile, dann ist jeder Winkel 90° groß. Du erhältst vier rechte Winkel. Teilst du den Kreis in 360 gleich große Teile, dann ist jeder Winkel 1° groß.

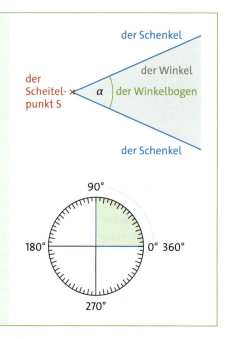

▶ Aufgabe  Zeichne einen Winkel in dein Heft. Trage die Fachbegriffe ein: der Scheitelpunkt, der Schenkel, der Winkelbogen, α

▶ **1** ▶ **1** ▶ **1**

Um 12:10 Uhr bilden die Zeiger einen Winkel von 55°. Dieser Winkel ist kleiner als ein rechter Winkel. Es ist ein spitzer Winkel.

*Einen rechten Winkel markierst du mit einem Punkt im Winkelbogen:*

**W**  **Die Winkelarten**

**spitzer Winkel**
größer als 0° und kleiner als 90°

**rechter Winkel**
genau 90°, die Schenkel sind senkrecht zueinander

**stumpfer Winkel**
größer als 90° und kleiner als 180°

**gestreckter Winkel**
genau 180°, es entsteht eine gerade Linie

**überstumpfer Winkel**
größer als 180° und kleiner als 360°

**Voll**winkel
genau 360°, die Schenkel liegen aufeinander

▶ Aufgabe  Ordne den Winkeln α, β und γ jeweils eine Winkelart zu.

▶ **4** ▶ **5** ▶ **5**

**1** 👥 Die Schenkel eines Zirkels bilden einen Winkel.
Findet Winkel in eurer Klasse, zum Beispiel an Tischen, Stühlen und Türen. Schreibt die Beispiele auf.

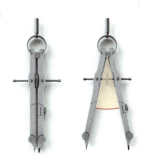

**2** Zeichne den Winkel in dein Heft. Die Größe muss nur ungefähr stimmen.
Ordne den drei Nummern die Fachbegriffe zu:
Scheitelpunkt, Schenkel, Winkelbogen ▸ **3**

**3** 👥 Überlegt zu zweit:
a) Warum heißt ein spitzer Winkel spitz?
b) Warum heißt ein stumpfer Winkel stumpf?
c) Stellt weitere Fragen und beantwortet sie.

**4** 👥 Bildet reihum mit euren Armen alle sechs Winkelarten. Die anderen bestimmen die Winkelart.

**5** Welche Winkelart bilden die Zeiger der Uhr?

a) 3 Uhr
b) 8 Uhr
c) 1 Uhr

**6** Bestimme die Winkelart. Ergänze dazu die Sätze in deinem Heft.

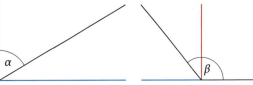

a) Winkel α ist kleiner als ⬤°.
   Also ist α ein ⬤ Winkel.
b) Winkel β ist größer als ⬤° und kleiner als ⬤°.
   Also ist β ein ⬤ Winkel. ▸ **5**

**7** Bestimme zuerst für jeden Winkel die Winkelart. Begründe deine Antworten.

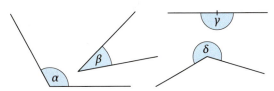

Ordne dann die Winkel von klein nach groß.
Schreibe so: β < ⬤ < ⬤ < ⬤

**8** Bestimme die Winkelart.
a) α = 40°   b) β = 180°   c) γ = 340°

**9** Übertrage die Figur in dein Heft.

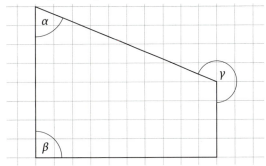

a) Bestimme für α, β und γ die Winkelart.
b) Markiere in der Figur drei weitere Winkel. Bestimme immer die Winkelart.

**10** 👥 Jeder zeichnet fünf Winkel.
Tauscht die Winkel untereinander aus. Jeder sortiert die fünf Winkel von klein nach groß. Sind alle Winkelarten dabei? Welche fehlen?

Zusatzaufgabe: Wenn du eine Winkelscheibe hast, dann stelle auf der Winkelscheibe den Winkel ein.
a) 90°   b) 270°   c) 50°   d) 120°   Nenne die Winkelart.

▸ 💡 Tipp zu **3** , **5** , **6** , **7** , **9**

**1** Wenn die Klappe zusammenschlägt, dann gibt es einen lauten Knall und das Rennen beginnt.

Auf die Plätze!    Fertig!    „Los!„

a) Beschreibe, wo die Winkel liegen. Es gibt jeweils zwei Möglichkeiten.
b) Wie verändern sich die Winkel, wenn du die Klappe zusammenschlägst?
c) Nenne drei Beispiele für Winkel in deiner Umgebung. Tipp: Denke an andere Gegenstände, die sich auf- und zuklappen lassen.

**2** Zeichne und beschrifte einen Winkel im Heft. Gehe so vor:
- Zeichne einen Punkt S (den Scheitelpunkt).
- Zeichne von S aus zwei Halbgeraden a und b. Das sind die Schenkel.
- Zeichne den Winkelbogen.
- Schreibe ein α in den Winkel. ▶ **3**

**3** Welche Einheit passt: cm², Grad oder cm? Ergänze die Lücken im Heft.
a) Eine Länge misst man in ◯.
b) Einen Flächeninhalt misst man in ◯.
c) Die Winkelgröße misst man in ◯.

**4** Jedes Dreieck hat drei (Innen-)Winkel. Finde zu jedem Winkel die beiden Schenkel.

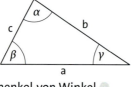

Schreibe so auf: Die Schenkel von Winkel ◯ sind die Seiten ◯ und ◯.

**5** Bestimme für jeden Winkel die Winkelart. Begründe deine Antwort.

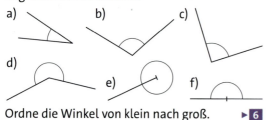

a)    b)    c)

d)    e)    f)

Ordne die Winkel von klein nach groß. ▶ **6**

**6** Korrigiere die falsche Aussage im Heft.
a) *Ein stumpfer Winkel ist größer als ein rechter Winkel.*
b) *Ein gestreckter Winkel ist größer als ein überstumpfer Winkel.*

**7** Bestimme zu jeder Winkelgröße die passende Winkelart: α = 30°; β = 100°; γ = 90°; δ = 250°.

**8** Nach 10 s hat der Zeiger der Stoppuhr einen bestimmten Winkel „überstrichen". Es ist ein spitzer Winkel entstanden. Bestimme jeweils die Winkelart für die folgenden Zeitspannen:

a) 15 s    b) 30 s    c) 31 s
d) 49 s    e) 60 s    ▶ **8**

**9** Übertrage die Figur in dein Heft.

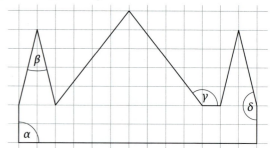

a) Bestimme für α, β, γ und δ die Winkelart.
b) Ordne den vier Winkeln die richtige Größe zu: 166°; 90°; 28°; 129°.
c) Markiere weitere Winkel und benenne die Winkelart. Findest du für jede Winkelart einen Winkel?

**10** 👥 Findet in diesem **Mosaik** möglichst viele unterschiedliche Winkelarten. Schätzt jeweils, wie groß die Winkel sind.

Sprachhilfe zu **10**: Ein **Mosaik** ist ein Muster aus vielen kleinen Steinen.

**1** Finde drei Beispiele für Winkel in deiner Umgebung. Beschreibe die Schenkel.

**2** Zeichne einen Winkel α, den Scheitelpunkt S und die beiden Schenkel c und d. Denke an die Beschriftung. Trage auch den Winkelbogen ein.

**3** In jedem Viereck gibt es vier (Innen-)Winkel.

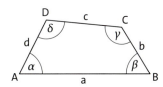

Schreibe zu jedem Winkel den Scheitelpunkt und die beiden Schenkel auf. Bilde ganze Sätze.

**4** In der Figur gibt es einige Winkel.

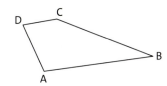

Marko meint: „Es gibt vier Winkel in der Figur."
Eske meint: „Nein, ich finde acht Winkel."
a) Skizziere das Viereck in deinem Heft.
b) Markiere die Winkel mit Winkelbogen.
   Hat Marko oder hat Eske recht?

**5** Betrachte die Winkel.

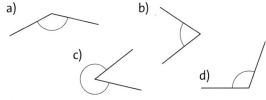

a) Bestimme jeweils die Winkelart.
   Welche drei Winkelarten fehlen?
b) Ordne die vier Winkel nach der Größe.

**6** Ermittle die passende Winkelgröße.

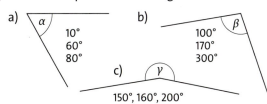

**7** Bestimme die Winkelart. Begründe.
a) 145°  b) 80°  c) 240°  d) 90°  e) 12°
**Beispiel** „Ein Winkel von 200° ist überstumpf, weil er größer als 180° und kleiner als 360° ist."

**8** Berichtige falsche Aussagen in deinem Heft.
a) *Ein spitzer Winkel kann um 90° größer sein als ein anderer spitzer Winkel.*
b) *Ein überstumpfer Winkel kann um 180° größer sein als ein stumpfer Winkel.*

**9** Starte im Mittelpunkt und wähle zwei Schenkel durch verschiedene Buchstaben. So ergeben sich zwei Winkel.

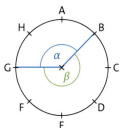

**Beispiel**
Die Schenkel durch B und durch G bilden die Winkel α und β.
Nenne zur angegebenen Winkelgröße je drei passende Beispiele. Gib immer die zwei Punkte an, durch die die Schenkel gehen.
a) γ = 90°     b) δ = 180°    c) spitzer Winkel ε

**10** Zeichne ein Koordinatensystem in dein Heft (1 Einheit = 1 cm). Beide Achsen sollen bis 7 gehen.
Bei welchem Punkt kommst du an?
  • Starte im Punkt (2 | 1) und schaue zum Punkt (2 | 2).
  • Laufe 2 Schritte (zwei Kästchenbreiten = 1 Schritt).
  • Dreh dich um 90° nach rechts und laufe 3 Schritte.
  • Dreh dich um 90° nach links und laufe 4 Schritte.

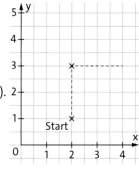

a) Starte im Punkt (5 | 7) und schaue zur x-Achse. Wie musst du dich drehen und laufen, damit du zum Punkt (6 | 1) kommst?
b) Starte bei (2 | 1) und schaue zum Punkt (2 | 2). Du möchtest zu einem Schatz bei (4 | 3). Allerdings darfst du nicht über (2 | 3) und (4 | 1) gehen und du darfst dich immer nur um 90° drehen. Schreibe eine Anleitung.

## Winkelgrößen messen

Mit dem Geodreieck kannst du messen, wie groß ein Winkel ist.
Es gibt eine innere Skala und eine äußere Skala für die Größen von Winkeln.

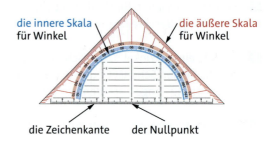

die innere Skala für Winkel

die äußere Skala für Winkel

die Zeichenkante    der Nullpunkt

**W**

*Eine Skala ist eine Einteilung zum Messen. Man sagt: die Skala (Einzahl), die Skalen (Mehrzahl).*

So kannst du die **Winkelgröße messen**:

① **Das Geodreieck anlegen:** Lege die Zeichenkante genau an einen Schenkel. Achte darauf, dass der Nullpunkt genau auf dem Scheitelpunkt liegt.

② **Die Skala wählen:** wähle die Skala, die beim angelegten Schenkel mit 0° beginnt.

③ **Ablesen:** Lies die Winkelgröße am anderen Schenkel ab.

60°

Schenkel

die äußere Skala

$\alpha$

Scheitelpunkt S    Schenkel    0°

Die Winkelgröße beträgt $\alpha = 60°$.

Winkel messen

120°

die innere Skala    Schenkel

$\beta$

0°    Schenkel    Scheitelpunkt S

Die Winkelgröße beträgt $\beta = 120°$.

▶ Aufgabe    Oliver und Felix skaten gerne. Felix zeigt Oliver die Zeichnung von einer Rampe.

a) Miss die Größen der Winkel $\alpha$ und $\gamma$.
   Hinweise: Die Schenkel wurden verlängert, damit du die Winkelgrößen gut ablesen kannst.
   Lege das Geodreieck an einem grünen Schenkel an.

b) Oliver sagt: „Das ist zu steil!"
   Schätze, wie groß der Winkel $\alpha$ an der Rampe sein sollte.
   Gib die Größe in Grad an.

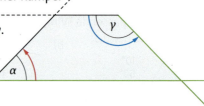

$\gamma$

$\alpha$

▶ 1 ▶ 1 ▶ 1

**1** Lies die Winkelgröße ab. Schreibe: α = ○°.

**2** Überlege zuerst, ob der Winkel spitz, stumpf oder rechtwinklig ist. Miss dann seine Größe.

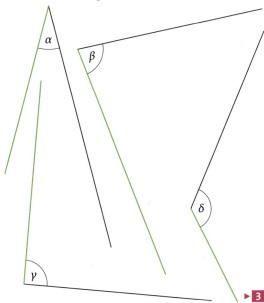

▶ **3**

**3** Nimm ein DIN-A4-Blatt.
   a) Falte eine Ecke auf eine Kante (Bild ①) und schneide den Rand ab. Fallte dann einen Hund (Bilder ② bis ④).

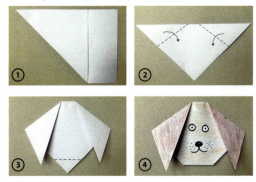

   b) Miss alle Winkel an den Ohren. Notiere die Winkelgrößen.
   c) 👥 Erfindet selbst Faltfiguren. Tauscht sie aus und messt die Winkel.

**4** Miss die beiden Winkelgrößen. Addiere die Winkelgrößen. Was fällt dir auf? Finde eine Erklärung.

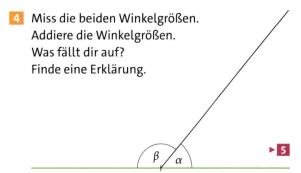

▶ **5**

**5** Kontrolliere Jakobs Hausaufgaben. Finde und verbessere seine Fehler, in dem du die Winkel richtig in dein Heft zeichnest. Erkläre, wie Jakob messen muss.

a)

b)

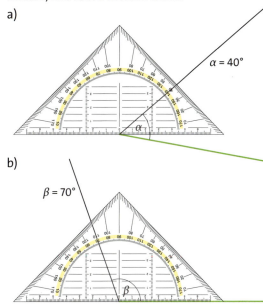

**6** Übertrage das Viereck in dein Heft. Schätze zuerst die vier Winkelgrößen. Miss dann die Winkelgrößen.

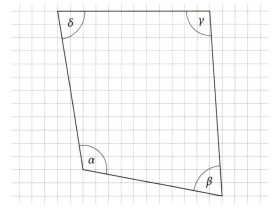

**1** Jasmin und Zitara lesen auf dem Geodreieck die Winkelgröße ab.

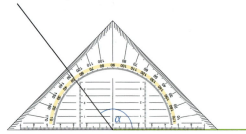

a) Jasmin liest 52° und Zitara 128°.
Wer von den beiden hat recht?
Begründe deine Antwort.

b) Erkläre den Fehler, den eine der beiden beim Abmessen gemacht hat.

**2** Miss und notiere die Winkelgrößen.
Finde spitze und stumpfe Winkel.
Kontrolliere damit, ob deine Messungen stimmen können.

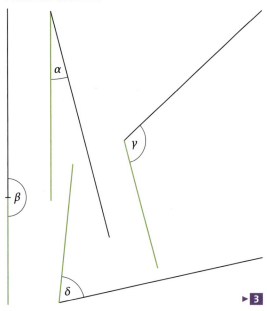

▶ **3**

**3** 👥 Spielt gegeneinander „Wer ist näher dran?".
So geht es:
• Jeder zeichnet einen Winkel.
• Tauscht die Winkel untereinander aus.
• Schätzt die Winkelgröße des anderen.
• Messt den Winkel und berechnet, wie sehr ihr euch verschätzt habt.
Wer näher dran ist, der gewinnt!
**Beispiel** „Ich schätze 115°." gemessen: 104°
um 115° − 104° = 11° verschätzt

**4** Gehe so vor:
• Nimm ein Blatt Papier oder ein Stück Pappe.
• Knicke eine Ecke um. Die Ecke darf nicht zu klein sein.
• Beschrifte die Winkel des Dreiecks.

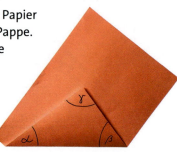

a) Miss alle drei Winkelgrößen im Dreieck und schreibe sie auf.

b) Addiere die Winkelgrößen deines Dreiecks.
Vergleicht untereinander.
Was fällt euch auf?
▶ **5**

**5** Miss die beiden Größen der Winkel α und β.
Schreibe sie ins Heft.

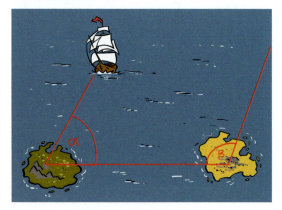

**6** Übertrage die Figur in dein Heft. Schätze die Größen der markierten Winkel.
Miss anschließend.
Tipp: Verlängere die Seiten, um besser messen zu können.

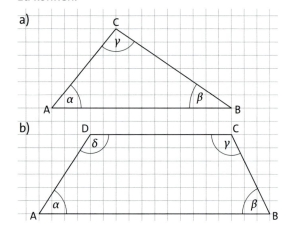

**1** Erkläre ohne zu messen, welche zwei Winkelgrößen falsch sind. Begründe.

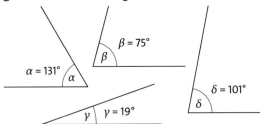

**2** Miss die Winkelgrößen und notiere sie.

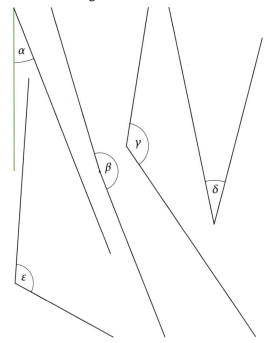

**3** Zeichne zuerst ein Viereck auf ein Blatt Papier.

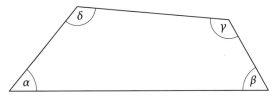

Gehe dann so vor:
- Markiere die Winkel wie im Beispiel.
- Miss Größen der markierten Winkel und notiere sie.
- Addiere die Winkelgrößen.
- Vergleicht untereinander eure Ergebnisse.

**4** Skizziere den Winkel ungefähr in der richtigen Größe. Die Skala am Geodreieck darfst du nicht benutzen.
a) 58°       b) 95°       c) 150°
Miss nach, wie gut du gezeichnet hast.
**Beispiel** Du solltest einen Winkel mit der Größe 58° zeichnen. Du misst 72°. Der Winkel ist 14° zu groß.

**5** Max schießt beim Fußball einen Eckstoß auf Ole, der dann auf das Tor schießt.

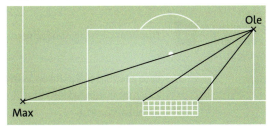

a) Bestimme die Größe des Winkels, in dem Ole das Tor treffen würde.
b) Gibt es einen besseren Punkt, an dem Ole stehen könnte? Begründe.

**6** Zeichne ein Koordinatensystem in dein Heft. Die Achsen sollen beide bis 10 gehen.
a) Trage die Punkte $(0|0)$, $(6|0)$, $(6|6)$, $(3|10)$ und $(0|6)$ ein und verbinde sie der Reihenfolge nach zu einem Haus.
Miss alle Winkel, die du findest.
b) Zeichne noch einen Schornstein auf das Haus. Miss die Winkel auch dort.

**7** Übertrage die Figur in doppelter Größe in dein Heft.

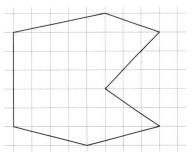

Schätze die Größen der sieben (Innen-)Winkel. Miss sie anschließend.

Hilfe zu **7**: „In doppelter Größe" heißt: Geht man im Buch 1 Kästchen in eine Richtung, dann entspricht das in der Zeichnung 2 Kästchen.

## Winkel zeichnen

*Eine Bienenwabe besteht aus vielen Zellen. In die Zellen legen die Bienen Honig, Pollen und ihre Eier. Die Zellen haben die Form von Sechsecken.*

Jasmin soll im Biologieunterricht die Zelle einer Bienenwabe zeichnen.
Aber ihre Zeichnung ist ganz schief geworden.
Die Lehrerin gibt Jasmin einen Tipp:
„Du zeichnest nacheinander sechs Winkel von 120°.
Es ist wichtig, dass du die Schenkel immer gleich lang zeichnest."

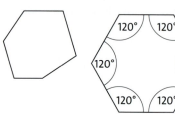

Jasmins Bild    Tipp der Lehrerin

Mit dem Geodreieck kannst du Winkel zeichnen. Dafür gibt es zwei Verfahren.

---

**W**  **Das Markierungsverfahren**

Wie zeichnest du einen Winkel von 60°?
Zeichne einen Schenkel mit dem Scheitelpunkt S.

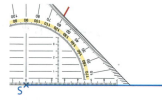

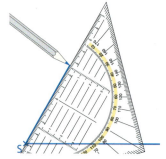

Lege die Kante des Geodreiecks auf den Schenkel und den Nullpunkt auf den Scheitelpunkt S. Markiere einen Strich bei der Gradzahl 60°.

Verbinde deine Markierung mit dem Scheitelpunkt S. Das ist der andere Schenkel.
Beschrifte den Winkel.

▶ ⊡ Winkel zeichnen

▶ **Aufgabe**  Zeichne mit dem Markierungsverfahren einen Winkel von 80°.  ▶ 1 ▶ 1 ▶ 1

---

**W**  **Das Drehverfahren**

Wie zeichnest du einen Winkel von 60°?
Zeichne einen Schenkel mit dem Scheitelpunkt S.
Lege das Geodreieck mit dem Nullpunkt auf den Scheitelpunkt S.

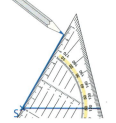

Drehe das Geodreieck so, dass die Gradzahl 60° auf dem Schenkel liegt.
Der Nullpunkt bleibt dabei auf dem Scheitelpunkt liegen.

Zeichne den anderen Schenkel.
Beschrifte den Winkel.

▶ **Aufgabe**  Zeichne mit dem Drehverfahren einen Winkel von 75°.  ▶ 2 ▶ 2 ▶ 2

**1** Zeichne den Winkel.
Benutze das Markierungsverfahren.

a)

45°

b)

120°

c)

90°

d)

150°

e)

20°

f)

170°

**2** Zeichne den Schenkel mit dem Scheitelpunkt S.
Vervollständige den Winkel.
Benutze das Drehverfahren.

a)

60°
S

b)

90°
S

c)

180°
S

d)

110°
S

e)

20°
S

f)

150°
S

**3** Hier stimmt etwas nicht. Beschreibe zuerst
den Fehler. Korrigiere dann die Zeichnung
im Heft.

a) Aufgabe: Zeichne einen Winkel von 40°.

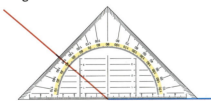

b) Aufgabe: Zeichne einen Winkel von 30°.

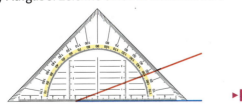

▶ **3**

**4** Zeichne die Winkel. Wähle das Markierungsverfahren oder das Drehverfahren.

a) 20°; 70°  b) 44°; 64°
c) 100°; 160°  d) 107°; 137°

**5** Zeichne den blauen Weg zum Ziel ab.

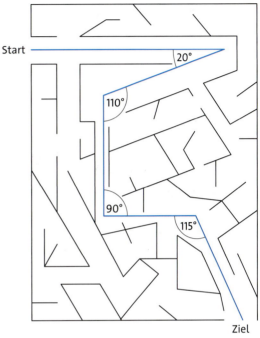

Start

20°

110°

90°

115°

Ziel

**6**  Zeichne mit einer dynamischen Geometrie-
Software Winkel mit den Größen 40°; 150°;
260° und 330°.

Winkel mit fester Größe

Gehe so vor:
① Klicke auf das Icon mit Winkel.
  Wähle „Winkel mit fester Größe" aus.
② Klicke auf zwei Punkte im Zeichenfenster.
  Der erste Punkt liegt auf dem ersten
  Schenkel.
  Der zweite Punkt ist der Scheitelpunkt.
③ Es öffnet sich ein Fenster.
  Gib die Winkelgröße ein. Dann trägt das
  Programm einen dritten Punkt und einen
  Winkelbogen ein.
④ Zeichne die beiden Schenkel als
  Halbgeraden ein.

---

Hilfe zu **2** : Achte auf die richtige Skala. Kontrolliere mit der Winkelart.

a) spitz  b) rechter Winkel  c) gestreckt  d) stumpf  e) spitz  f) stumpf

**1** Zeichne die Winkel. Verwende das Markierungsverfahren. Überlege vorher, ob ein Winkel spitz oder stumpf ist.
a) 20°; 75°; 66°
b) 100°; 155°; 178°

**2** Zeichne den Winkel mit dem Drehverfahren.

a)

b)

c)

d)

e)

f)

▶ **3**

**3** Zeichne die Winkel. Wähle selbst das Verfahren. Bestimme die Größe des Winkels, der zwischen zwischen β und γ liegt.

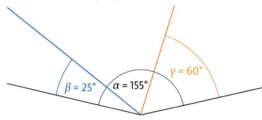

**4** Im Kunstunterricht zeichnen die Schülerinnen und Schüler Muster. Die Muster sollen aus verschiedenen Vielecken bestehen. Jedes Vieleck soll einen 45°-Winkel haben.
**Beispiel**

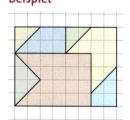
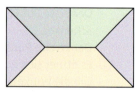

Gestalte zwei Muster. Wenn du dich sicher fühlst, dann zeichne auf weißes Papier.

**5** Zeichne ein Sechseck. Beginne so: Zeichne einen Schenkel mit einer Länge von 5 cm. Zeichne dann einen Winkel mit der Größe 120°. Der zweite Schenkel muss jeweils auch 5 cm lang sein.

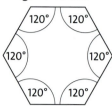

**6** Zeichne ein Koordinatensystem. Die Achsen sollen bis 7 gehen. ▶ 🔊

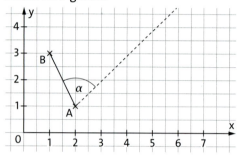

a) Zeichne die Punkte A (2|1) und B (1|3) ein. Verbinde die Punkte durch eine Strecke.
b) Zeichne den Winkel α = 73° bei A wie in der Skizze ein.
c) Verlängere den gezeichneten Schenkel des Winkels. Er geht durch den Punkt C (6|⬤). Lies die y-Koordinate von C ab.

**7** 🖥 Zeichne mit einer dynamischen Geometrie-Software die Winkel mit den Größen 28°; 169°; 111°; 272°; 355° und 279°.

   Winkel mit fester Größe

Gehe so vor:
① Klicke auf das Icon mit Winkel. Wähle „Winkel mit fester Größe" aus.
② Klicke auf zwei Punkte im Zeichenfenster. Der erste Punkt liegt auf dem ersten Schenkel. Der zweite Punkt ist der Scheitelpunkt.
③ Es öffnet sich ein Fenster. Gib die Winkelgröße ein. Dann trägt das Programm einen dritten Punkt und einen Winkelbogen ein.
④ Zeichne die beiden Schenkel als Halbgeraden ein.

**1** Zeichne die Winkel. Verwende das Markierungsverfahren. Überlege vorher, ob ein Winkel spitz oder stumpf ist.
   a) 10°; 80°; 81°  b) 56°; 69°; 72°
   c) 125°; 140°; 175°  d) 144°; 128°; 166°

**2** Zeichne den Winkel mit dem Drehverfahren.
   a) 50°  b) 140°  c) 26°
   d) 43°  e) 100°  f) 106°

**3** Zeichne die Figur.
   a)

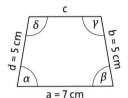

b)

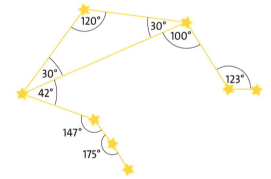

**4** Das ist das Sternbild Waage.

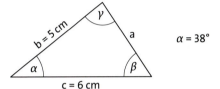

   a) Zeichne das Sternbild.
   b) Vergleiche deine Zeichnung mit dem Bild. Wenn deine Zeichnung ganz anders aussieht, dann verändere deine Streckenlängen.

**5** Zeichne eine Bienenwabe. Beginne mit einem Sechseck: Zeichne einen Schenkel mit einer Länge von 3 cm. Zeichne dann einen Winkel mit der Größe 120°.

**6** Über den See soll eine Brücke (rot) gebaut werden. Nun muss die Länge der Brücke bestimmt werden. Dazu wurden zwei Strecken am Ufer entlang abgesteckt und die Winkelgröße gemessen.

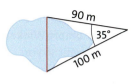

   a) Zeichne den Winkel in dein Heft. Zeichne auch die Strecken. 10 m im Bild sollen 1 cm in deiner Zeichnung entsprechen.
   b) Zeichne die rote Strecke ein und miss ihre Länge. Wie lang wird die Brücke in Wirklichkeit?

**7** Zeichne ein Koordinatensystem. Die Achsen sollen bis 7 gehen (1 Einheit = 1 cm).
   a) Zeichne eine Strecke zwischen den Punkten A(6|2) und B(1|4) ein. Diese Strecke soll auf einem Schenkel des Winkels liegen.
   b) Zeichne zwei Winkel mit 31° bei A ein.
   c) Verlängere die gezeichneten Schenkel der Winkel. Einer geht durch den Punkt C(⬤|6). Lies die x-Koordinate von C ab.

**8** So zeichnest du einen Winkel mit dynamischer Geometrie-Software:
   ① Klicke auf das Icon mit Winkel. Wähle „Winkel mit fester Größe" aus.

 Winkel mit fester Größe

   ② Klicke auf zwei Punkte im Zeichenfenster. Der erste Punkt liegt auf dem ersten Schenkel. Der zweite Punkt ist der Scheitelpunkt.
   ③ Es öffnet sich ein Fenster. Gib die Winkelgröße ein. Dann trägt das Programm einen dritten Punkt und einen Winkelbogen ein.
   ④ Zeichne die beiden Schenkel als Halbgeraden ein.
   a) Zeichne am Computer Winkel der Größe: 43°; 162°; 103°; 232°; 316° und 281°.
   b) Zeichne das abgebildete Dreieck am Computer. Beginne mit dem Winkel.

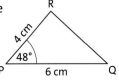

Tipp zu **3** : Weitere Werte sind: a) a = 3,7 cm; β = 56°; γ = 86° b) c = 5,3 cm; γ = δ = 100°

# Überstumpfe Winkel messen und zeichnen

Am Geodreieck reicht die Skala für Winkel nur bis 180°. Überstumpfe Winkel sind aber größer als 180°. Wie kannst du dann überstumpfe Winkel messen und zeichnen? Es gibt zwei Verfahren.

**Überstumpfe Winkel messen**

Anton geht so vor:

▶ **Winkel messen**

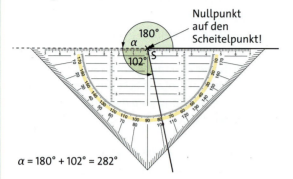

$\alpha = 180° + 102° = 282°$

Anton **addiert** also den abgelesenen Winkel zu 180°.

Badia geht so vor:

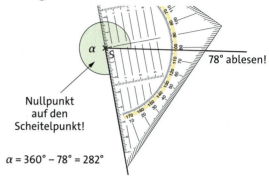

78° ablesen!

$\alpha = 360° - 78° = 282°$

Badia **subtrahiert** also den abgelesenen Winkel von 360°.

**Überstumpfe Winkel zeichnen**

Anton zeichnet einen Winkel von 230° so:

▶ **Überstumpfe Winkel zeichnen**

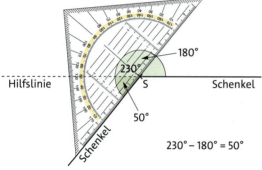

$230° - 180° = 50°$

Anton zeichnet also 50° zu einem gestreckten Winkel dazu.

Badia zeichnet einen Winkel α von 230° so:

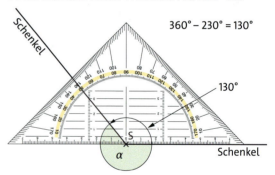

$360° - 230° = 130°$

Badia zeichnet den Winkel 130°. Der Winkel α ist der Winkel, der 130° zum Vollwinkel fehlt.

**1** Miss die Winkelgröße. Miss einmal wie Anton und einmal wie Badia.

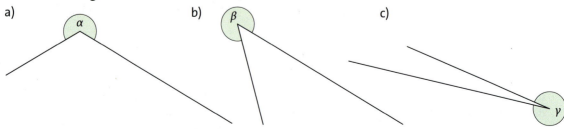

a)  b)  c)

**2** Zeichne den Winkel. Zeichne einmal wie Anton und einmal wie Badia.
   a) $\alpha = 200°$     b) $\beta = 290°$     c) $\gamma = 340°$

# Der Kreis

**Einen Kreis mit einem Zirkel zeichnen**
Markiere einen Punkt mit einem Kreuz. Der Punkt heißt Mittelpunkt M.
Stich die Zirkelspitze in den Mittelpunkt.
Um den Mittelpunkt herum ziehst du den Kreis.

**Der Radius und der Durchmesser**
In einem Kreis gibt es zwei besondere Strecken:
Der Radius r geht vom Mittelpunkt M zum Rand.
Der Durchmesser d geht von Rand zu Rand durch den Mittelpunkt M.

Der Durchmesser ist zweimal so lang wie der Radius.
So berechnest du den Durchmesser:
Multipliziere den Radius mit 2.
Also d = 2 · r

Das geht auch umgekehrt:
Der Radius ist halb so lang wie der Durchmesser.
So berechnest du den Radius:
Dividiere den Durchmesser durch 2.
Also r = d : 2

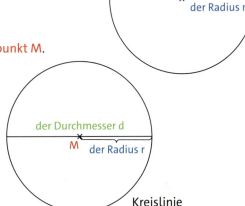

**1** David zeichnet einen Kreis mit dem Radius r = 3 cm. Ordne jeder Zeichnung den passenden Satz zu.

① 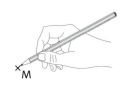  ②   ③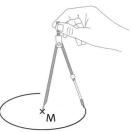

Ⓐ David zieht einen Kreis um den Mittelpunkt.
Ⓑ David stellt den Zirkel auf 3 cm ein.
Ⓒ David markiert den Mittelpunkt.

**2** Zeichne einen Kreis mit deinem Zirkel.
a) Radius r = 4 cm    b) r = 3,5 cm    c) r = 8,2 cm    d) r = 2,4 cm

**3** Zeichne das Muster in deinem Heft nach. Male die Kreise aus.

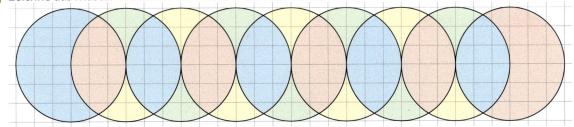

**4** Vervollständige die Tabelle im Heft. Achte auf gleiche Einheiten.

| Radius r | 6 cm | 4 cm | 62 m | 6 cm : 2 = 3 cm | | | 36 km |
| --- | --- | --- | --- | --- | --- | --- | --- |
| Durchmesser d | 6 cm · 2 = 12 cm | | | 6 cm | 10 cm | 240 mm | |

**5** Schätze zuerst, wie lang der Radius und der Durchmesser sind. Miss dann nach.

a)

b)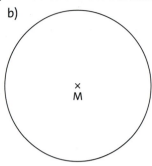

c)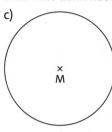

d)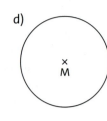

**6** 👥 Jeder misst den Durchmesser des grünen Knopfs.
Vergleicht eure Ergebnisse. Berechnet dann den Radius.

**7** 👥 Zeichnet mit Hilfsmitteln wie Flaschen oder Bechern
verschiedene Kreise auf Papier.
a) Schätzt, wie lang der Durchmesser ist.
b) Wo liegt der Mittelpunkt ungefähr? Zeichnet den Mittelpunkt ein.
c) Messt nun den Durchmesser und vergleicht mit eurer Schätzung.

▶🔊 **8** Untersuche den Zusammenhang zwischen Kreisteilen und Winkelgrößen.
Übertrage zur Vorbereitung die Tabelle in dein Heft.

| Wie oft hast du gefaltet? | 0 | 1 | 2 | 3 |
|---|---|---|---|---|
| Anzahl der Kreisteile | 1 | | | |
| Winkelgröße eines Kreisteils | 360° | | | |

a) ① Nimm ein DIN-A4-Blatt. Zeichne einen Kreis mit einem Radius von 6 cm.
Schneide den Kreis aus.
② Falte den Kreis einmal in der Mitte und falte ihn wieder auseinander.
Zähle die Anzahl der Kreisteile und bestimme die Winkelgröße.
Notiere beide Ergebnisse in der Tabelle.
③ Falte den Kreis nun zweimal in der Mitte und falte ihn wieder auseinander.
Notiere wieder die Anzahl der Kreisteile und die Winkelgröße.
④ Falte den Kreis nun dreimal …
b) Betrachte die Winkelgröße nach einem Mal falten, nach zwei Mal falten und nach drei Mal falten.
Was fällt dir auf?
c) Stell dir vor, du faltest den Kreis vier Mal. Wie groß ist dann der Winkel? Begründe.

**9** Betrachte die vier Kreise.

Ⓐ 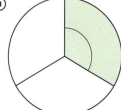  Ⓑ 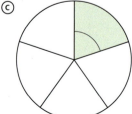  Ⓒ 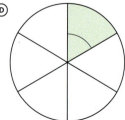  Ⓓ

a) Gib jeweils den grünen Teil als Bruch an.
b) Ordne die Winkelgrößen grünen Teilen zu: 72°; 120°; 60° und 90°.
c) Welcher Zusammenhang besteht zwischen den Brüchen und den Winkelgrößen?

**Den Umfang eines Kreises ermitteln**

**10** Lisa betrachtet den abgebildeten Kreis und die beiden Sechsecke. Im roten Sechseck sind alle Seiten 1,7 cm lang. Im blauen Sechseck sind alle Seiten 2,0 cm lang.

a) Lisa möchte möglichst viel über den Umfang des Kreises herausfinden.
Vervollständige ihren Lückentext im Heft.

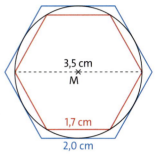

*Umfang des roten Sechsecks = ● cm*
*Umfang des blauen Sechsecks = ● cm*
*Der Kreis liegt zwischen dem roten Sechseck und dem*
*blauen Sechseck.*
*Sein Umfang muss deshalb zwischen ● cm und ● cm liegen.*
*Schätzung: Es sind etwa ● cm.*

b) Dividiere den Umfang des Kreises aus a) durch den Durchmesser des Kreises.
👥 Vergleicht eure Ergebnisse in der Klasse.

Dividierst du den Umfang eines Kreises durch seinen Durchmesser, dann erhältst du immer das gleiche Ergebnis: 3,141 592 ... Dies ist die Kreiszahl. Für die Kreiszahl schreibt man kurz den griechischen Buchstaben π. Verwende für Rechnungen den gerundeten Wert **π ≈ 3,14**.

Den Umfang eines Kreises berechnen: **Umfang = Kreiszahl π · Durchmesser = Kreiszahl π · 2 · Radius**
**u ≈ 2 · 3,14 · r**

**11** Berechne den Umfang des Kreises.
a) r = 5 cm          b) r = 10 cm          c) r = 8,5 cm          d) r = 15 m

**12** Luca wollte den Umfang eines Kreises mit dem Durchmesser d = 8 cm berechnen. Leider stimmt seine Rechnung nicht. Finde den Fehler in seiner Rechnung. Berichtige im Heft.

*u ≈ 2 · 3,14 · 8 cm*
*u = 3,14 · 16 cm*
*u = 50,24 cm*

**13** Das Rad eines Fahrrads hat einen Durchmesser von 71 cm. Wie weit rollt es bei einer Umdrehung?

**Den Flächeninhalt eines Kreises ermitteln**

**14** Berechne zuerst den Flächeninhalt des blauen Quadrats und den Flächeninhalt des roten Quadrats im Bild rechts.
Schätze damit den Flächeninhalt des Kreises mit r = 1,4 cm.

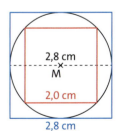

Den Flächeninhalt eines Kreises berechnen:
**Flächeninhalt = Kreiszahl π · Radius · Radius**
**A ≈ 3,14 · r²**

**15** Berechne die Flächeninhalte der Kreise aus Aufgabe 11.

**16** Runa möchte den Flächeninhalt eines Kreises mit dem Durchmesser d = 6 m berechnen.
Schreibe eine Anleitung, wie Runa dies machen kann.

**17** Eine Pizza hat einen Durchmesser von 28 cm. Wie viel cm² Pizza sind das?

**18** Die Kreise aus Aufgabe 9 haben alle den Radius 5 cm.
Berechne die Flächeninhalte der grün markierten Flächen.

| Kompetenz |  |
|---|---|

**1** Ich kann Winkel mit den Fachbegriffen beschriften.

→ Lies auf **Seite 82** nach.

**1** Ordne jeder Zeichnung a) bis c) einen Fachbegriff für den rot markierten Teil des Winkels zu: Winkelbogen, Schenkel, Scheitelpunkt

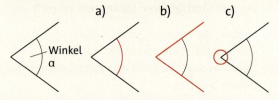

**2** Ich kenne die verschiedenen Winkelarten.

→ Lies auf **Seite 82** nach.

**2** Ordne jeder Zeichnung eine Winkelart zu: gestreckter Winkel, spitzer Winkel, rechter Winkel, stumpfer Winkel, überstumpfer Winkel

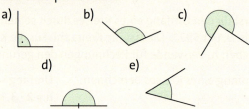

**3** Ich kann die Winkelgrößen schätzen und messen.

→ Lies auf **Seite 86** nach.

**3** Schätze zuerst die Größen der Winkel. Miss dann nach.

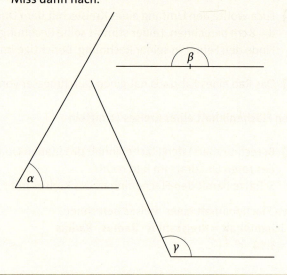

**4** Ich kann Winkel zeichnen.

→ Lies auf **Seite 90** nach.

**4** Zeichne den Winkel.
a) $\alpha = 50°$
b) $\beta = 90°$
c) $\gamma = 75°$
d) $\delta = 130°$

→ Lösungen auf Seite 260

**1** Zeichne einen Winkel.
Beschrifte den Winkel mit den Fachbegriffen:
Winkelbogen, Schenkel, Scheitelpunkt S,
Winkel β

 **1** Übertrage die Zeichnung ungefähr in dein
Heft.

Beschrifte die Winkel vollständig mit den
Fachbegriffen. Benenne die Winkel mit α und β.

**2** Betrachte die Winkel.

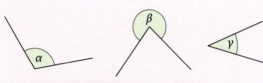

a) Bestimme jeweils die Winkelart.
b) Welche drei Winkelarten fehlen? Zeichne für
jede fehlende Winkelart ein Beispiel.

**2** Zeichne für jede Winkelart ein Beispiel.
Notiere, in welchem Bereich der Winkel liegt.
**Beispiel** überstumpfer Winkel

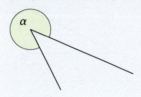

α > 180° und α < 360°

**3** Schätze zuerst die drei Winkelgrößen.
Miss dann nach. Beschreibe dein Vorgehen.

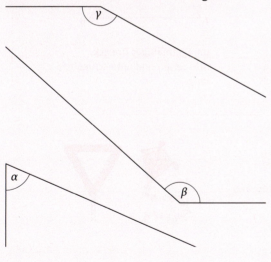

**3** Schätze zuerst die
Größen der Winkel
α, β und γ.
Miss dann nach.
Beschreibe dein
Vorgehen.

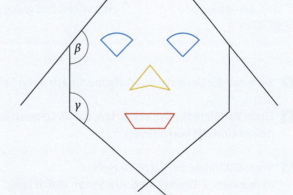

**4** Zeichne den Winkel.
a) α = 55°          b) β = 172°
c) γ = 112°         d) δ = 180°

**4** Zeichne den Winkel.
a) α = 34°          b) β = 9°
c) γ = 107°         d) δ = 179°

→ Lösungen auf Seite 260 und 261

# Dreiecksarten

## Benennung von Dreiecken nach Winkeln

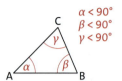
$\alpha < 90°$
$\beta < 90°$
$\gamma < 90°$

**spitzwinkliges Dreieck:**
Alle drei Winkel sind kleiner als 90°.

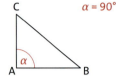
$\alpha = 90°$

**rechtwinkliges Dreieck:**
Das Dreieck hat einen rechten Winkel.

$\gamma > 90°$

**stumpfwinkliges Dreieck:**
Ein Winkel des Dreiecks ist größer als 90°.

**1** Benenne die Dreiecke nach ihren Winkeln.

a)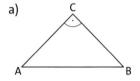
b)
c)
d)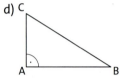

## Benennung von Dreiecken nach Seiten

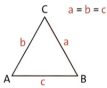
$a = b = c$

**gleichseitiges Dreieck:**
Alle Seiten sind gleich lang. Alle Winkel sind 60° groß.

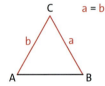
$a = b$

**gleichschenkliges Dreieck:**
Zwei Seiten sind gleich lang. Zwei Winkel sind gleich groß.

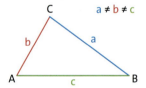
$a \neq b \neq c$

**unregelmäßiges Dreieck:**
Alle Seiten sind unterschiedlich lang.

**2** Benenne die Dreiecke aus Aufgabe 1 nach ihren Seiten.

**3** Finde Beispiele für Dreiecksarten, die an Gegenständen aus deiner Umwelt vorkommen.

**4** Vervollständige die Sätze im Heft.
   a) In einem ⬤ Dreieck sind alle Seiten gleich lang.
   b) In einem ⬤ Dreieck sind alle Winkel kleiner als 90°.
   c) Sind zwei Seiten eines Dreiecks gleich lang, nennt man es ⬤.

**5** Notiere die Dreiecke, auf die die folgenden Beschreibungen zutreffen.
   a) spitzwinklig und gleichschenklig
   b) rechtwinklig und gleichschenklig
   c) stumpfwinklig, aber nicht gleichschenklig
   d) spitzwinklig, aber nicht gleichseitig
   e) stumpfwinklig und unregelmäßig

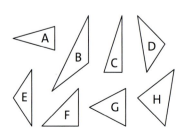

**1** Immer zwei Kärtchen gehören zusammen. Finde sie und bilde das Lösungswort.

gestreckter Winkel — genau 90° L

Vollwinkel — zwischen 180° und 360° E

stumpfer Winkel — zwischen 0° und 90° K

spitzer Winkel — genau 360° I

überstumpfer Winkel — genau 180° W

rechter Winkel — zwischen 90° und 180° N

**2** Bestimme zuerst die Winkelart und schätze die Winkelgröße. Miss dann genau.

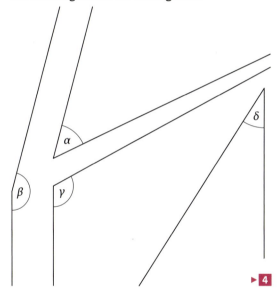

▸ **4**

**3** Zeichne einen Winkel von 75°.
Beschreibe, wie du vorgegangen bist.
Diese Wörter helfen dir: Geodreieck, Schenkel, Scheitelpunkt, Skala, Winkelbogen.

🔊 **4** Wie gut kannst du schätzen?
  a) Skizziere einen Winkel von 40°. Das heißt: Zeichne den Winkel ungefähr in der richtigen Größe. Die Skala am Geodreieck darfst du nicht benutzen.
  b) Miss deinen Winkel und berechne den Unterschied zu 40°.
  c) 👥 Einer denkt sich eine Winkelgröße aus. Der andere zeichnet dann den Winkel. Nun prüft ihr, ob die Zeichnung stimmt.

**5** Zeichne den Winkel. Bestimme die Winkelart.
  a) 45°  b) 120°  c) 75°
  d) 123°  e) 10°  f) 179°  ▸ **5**

**6** Zeichne den Winkel ab. Wie groß ist β?

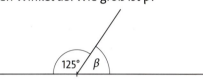

125° β

**7** Pietro steht auf einem Turm und schaut zuerst in Richtung Schule.
Dann dreht er sich in verschiedene Richtungen. Schreibe auf, was er sieht.
  a) Pietro dreht sich um 120° nach rechts.
  b) Von dort dreht er sich um 90° nach links.
  c) Nun dreht er sich um 150° nach links.

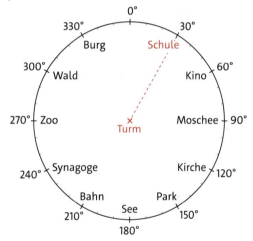

**8** Übertrage die Zeichnung in dein Heft. Miss, wie lang die Seiten sind.

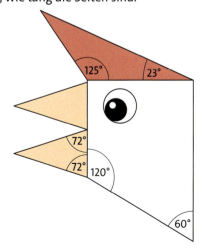

**1** Ordne jedem Winkel seine Größe zu.
Begründe mithilfe der Winkelarten.
Eine Winkelgröße bleibt übrig.

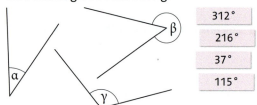

312°
216°
37°
115°

**2** Die Winkel α und β gehören zusammen.

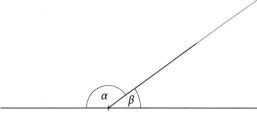

a) Miss die beiden Winkelgrößen.
Wie groß sind beide Winkel zusammen?
Schreibe als Rechnung: α + β = ⬤
b) Der Winkel β soll jetzt 67° betragen.
Wie groß ist dann der Winkel α?
c) Der Winkel α soll ein spitzer Winkel sein.
Bestimme die Winkelart von β. ▶ 2

**3** Übertrage die Tabelle in dein Heft und ergänze
drei weitere Zeilen für γ, δ und ε.

| Winkel | Winkelart | geschätzte Größe | gemessene Größe |
|--------|-----------|------------------|-----------------|
| α | | | |
| β | | | |

Trage deine Ergebnisse für diese Winkel ein:

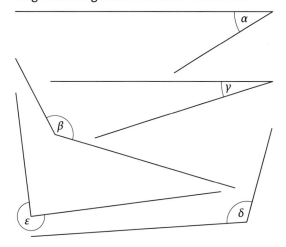

**4** Zeichne den Winkel. Bestimme die Winkelart.
a) 35°　　　　b) 100°　　　　c) 89°
d) 5°　　　　e) 155°　　　　f) 73°　　▶ 4

**5** Schätze verstecken und finden

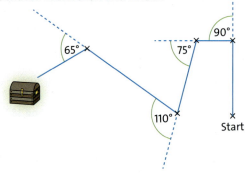

a) Ergänze die Anweisungen zum Versteck im
Heft.
*Gehe vom Start aus 2 cm geradeaus.*
*Drehe dich um 90° nach links und gehe 1 cm.*
*Drehe dich um 75° nach ⬤ und gehe 2 cm.*
*Drehe dich um ⬤° nach rechts, gehe 3 cm.*
*Drehe dich um ⬤° nach ⬤. Dort siehst du*
*den Schatz.*
b) Denke dir eine eigene Schatzkarte aus
und schreibe die Anweisungen auf.
c) 👥 Diktiert euch gegenseitig die Anweisun-
gen und zeichnet den Weg zum Schatz.
Vergleicht eure Schatzkarten.

**6** 👥 Auch wenn du geradeaus schaust, kannst du
Dinge sehen, die neben dir sind. Der Sehwinkel
gibt an, in welchem Bereich du etwas sehen
kannst.

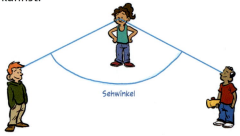

Sehwinkel

Bestimmt eure Sehwinkel und zeichnet die
Sehwinkel auf.
Geht so vor:
Einer von euch stellt sich in die Mitte. Zwei
andere stellen sich so rechts und links auf, dass
sie gerade noch gesehen werden. Ihr könnt
zwischen euch eine lange Schnur spannen,
um den Winkel sichtbar zu machen.

**1** Zeichne ein Viereck, das kein Rechteck ist.
Die Seiten sollen mindestens 5 cm lang sein.
a) Markiere alle Innenwinkel und benenne sie
mit griechischen Buchstaben.
b) Bestimme die Winkelarten.
c) Schätze die Winkelgrößen. Miss dann genau.
Um wie viel Grad hast du dich verschätzt?

**2** Betrachte die fünf Winkel.

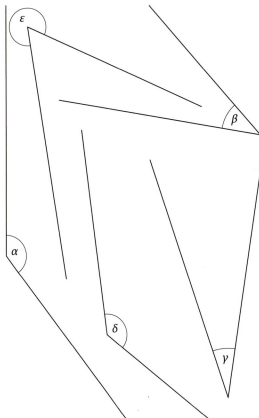

a) Ordne die Winkel nach der Größe, ohne zu
messen.
b) Miss alle Winkelgrößen. Stimmt deine
Reihenfolge aus Teilaufgabe a)?
c) Zeichne einen Winkel, dessen Größe
zwischen der von α und ε liegt.
d) Zeichne einen Winkel, dessen Größe
zwischen der von β und γ liegt.

**3** Zeichne den Winkel. Notiere die Winkelart.
a) 77°    b) 138°    c) 8°    d) 103°
e) 👥 Welche Winkel sind für euch einfach
zu zeichnen, welche sind schwieriger?
Beschreibt eure Schwierigkeiten.

**4** Zwei Winkel können direkt nebeneinander
liegen.

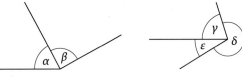

Zeichne …
a) zwei spitze Winkel, die zusammen einen
stumpfen Winkel ergeben.
b) einen spitzen Winkel und einen stumpfen
Winkel, die zusammen einen überstumpfen
Winkel ergeben.
c) drei Winkel, die zusammen einen Vollwinkel
ergeben.
d) zwei Winkel, die zusammen 170° ergeben.
Ein Winkel soll 55° groß sein.

**5**

*Starte beim hohlen Baum und schaue zum
großen Stein. Gehe 3 Schritte geradeaus.
Drehe dich um 90° nach rechts, gehe
2 Schritte. Drehe dich um 60° nach rechts,
gehe 4 Schritte. Drehe dich um 127° nach
rechts, gehe 4 Schritte zum Schatz.*

Zeichne eine passende Karte. Wo ist man
zum Schluss?

**6** Zeichne ein Koordinatensystem. Trage die
Punkte ein: A(4|1), B(6|5), C(3|3).
a) Verbinde A mit C und dann C mit B. Es entstehen zwei Winkel. Miss die Winkelgrößen.
b) Verbinde nun A und B. Wie groß sind die
vier Winkel, die neu entstanden sind?
c) Finde den Punkt D: Wenn du A mit D verbindest und D mit B, dann soll ein rechter
Winkel entstehen.

**7** Eine 4 m lange Leiter lehnt an einem Haus.
a) Zeichne die
Winkel und
die Strecke.
1 m im Bild
soll in deinem
Heft 1 cm lang
sein.
b) Wie hoch
reicht die
Leiter?

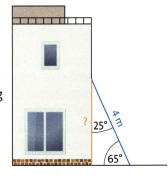

# Der tote Winkel

Wenn du mit deinem Fahrrad unterwegs bist, dann stehst du manchmal an Ampeln direkt neben Autos.
Der Fahrer des Autos kann dich aber nicht immer sehen, selbst wenn er in den Außenspiegel schaut.
Der Bereich, in dem der Fahrer dich nicht sieht, heißt der tote Winkel.

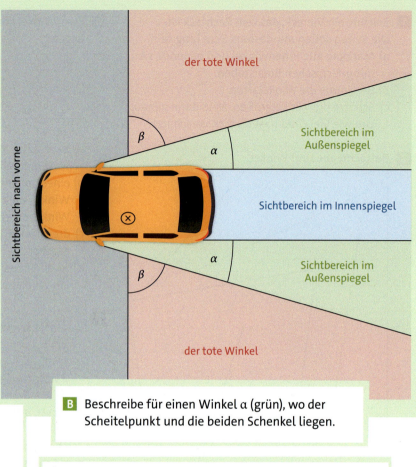

**A** Ist der tote Winkel ein spitzer Winkel, ein rechter Winkel oder ein stumpfer Winkel?

**B** Beschreibe für einen Winkel α (grün), wo der Scheitelpunkt und die beiden Schenkel liegen.

**C** Miss oben im Bild den Winkel α und den toten Winkel β.

**D** Ein Techniker hat einen neuen Außenspiegel entwickelt. Damit vergrößert sich der Winkel α auf 25°.
Übertrage die Zeichnung in dein Heft.
A steht für den Außenspiegel und F für die Fahrerin.
Zeichne in A den Winkel α = 25°.
Trage den toten Winkel β ein.
Miss den toten Winkel β.

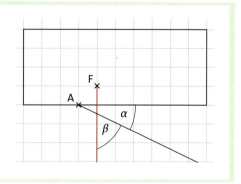

**E** Der tote Winkel bei einem Motorrad ist größer als bei einem Auto.
Beim Motorrad ist der tote Winkel β = 80°.
Zeichne eine Skizze für das Motorrad.
Ergänze die Winkel wie in Aufgabe D.

**F** Bei Frau Stasiaks Auto betrug der tote Winkel 68°. Aber nun ist der rechte Außenspiegel abgebrochen. Wie groß ist der tote Winkel auf der rechten Seite jetzt? Begründe.

☑

**1** Bestimme die Winkelarten. Welche drei Winkelarten fehlen?

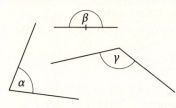

**2** Zeichne einen spitzen Winkel und einen stumpfen Winkel.
Gib die genauen Winkelgrößen an.

**3** Zeichne einen rechten Winkel. Trage dann eine Halbgerade so ein, dass zwei 45°-Winkel entstehen.

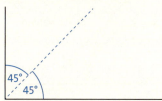

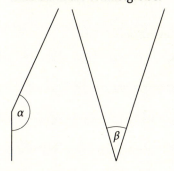

**4** Entscheide: Ist der Winkel spitz oder stumpf?
Miss dann die Winkelgröße.

**5** Zeichne den Winkel.
a) α = 30°
b) β = 75°
c) γ = 155°

☒

**1** Bestimme die Winkelarten für die schwarzen und roten Winkel. Welche Winkelarten fehlen?

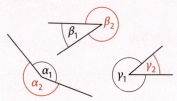

**2** Zeichne einen spitzen Winkel, der größer als 50° ist und einen stumpfen Winkel, der kleiner als 120° ist.
Gib die genauen Winkelgrößen an.

**3** Zeichne eine 10 cm lange Strecke und einen Punkt S in der Mitte.
Zeichne den Winkel β = 65°.
Wie groß ist der Winkel α?

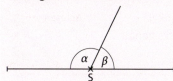

**4** Entscheide, ob der Winkel spitz oder stumpf ist.
Miss dann die Winkelgröße.

**5** Zeichne den Winkel.
a) α = 83°
b) β = 148°
c) γ = 7°

☒

**1** Sortiere die sechs dargestellten Winkel nach ihrer Größe, ohne zu messen. Bestimme alle Winkelarten. Welche Winkelarten fehlen?

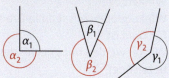

**2** Zeichne einen spitzen Winkel, der größer als 86° ist, und einen stumpfen Winkel, der kleiner als 99° ist.
Nenne jeweils noch zwei andere mögliche Winkelgrößen.

**3** Zeichne ein 10 cm langes und 4 cm breites Rechteck.
Zeichne den Winkel α = 55° an zwei Stellen ein.
Wie groß ist der Winkel β?

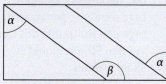

**4** Bestimme die Winkelart.
Miss dann die Winkelgröße.

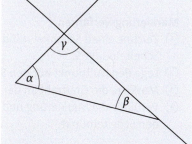

**5** Zeichne den Winkel.
a) α = 92°
b) β = 185°
c) γ = 333°

→ Lösungen auf Seite 261 und 262

## Winkel und Winkelarten → Seite 82

Ein Winkel ist der Bereich zwischen zwei **Schenkeln**.
Die Schenkel beginnen im **Scheitelpunkt S**.
Du markierst einen Winkel mit einem **Winkelbogen**.
Winkelgrößen misst du in Grad. Das Zeichen für Grad ist °.
Winkel werden mit griechischen Buchstaben bezeichnet.

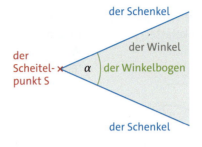

Alpha α, Beta β, Gamma γ, Delta δ, Epsilon ε

Es gibt folgende **Winkelarten:**

| **spitzer Winkel** größer als 0°, kleiner als 90° | **rechter Winkel** genau 90° | **stumpfer Winkel** größer als 90°, kleiner als 180° | **gestreckter Winkel** genau 180° | **überstumpfer Winkel** größer als 180°, kleiner als 360° | **Vollwinkel** genau 360° |
|---|---|---|---|---|---|

## Winkel messen → Seite 86

① **Das Geodreieck anlegen**
Lege die Kante genau an den Schenkel.
Lege den Nullpunkt des Geodreiecks genau auf den Scheitelpunkt S.

② **Skala wählen**
Die richtige Skala beginnt mit 0° am Schenkel.

③ **Ablesen**
Lies die Winkelgröße ab.

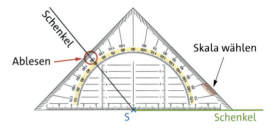

Du verwendest die äußere Skala.
Der Winkel ist 130°.

## Winkel zeichnen → Seite 90

### Markierungsverfahren

① Zeichne einen Schenkel mit dem Scheitelpunkt S.
② Lege den Nullpunkt auf den Scheitelpunkt.
③ Markiere die Gradzahl an der Winkelskala.
④ Verbinde die Markierung und den Scheitelpunkt.

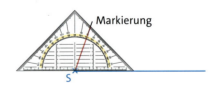

### Drehverfahren

① Zeichne einen Schenkel mit dem Scheitelpunkt S.
② Lege den Nullpunkt auf den Scheitelpunkt.
③ Drehe das Geodreieck um den Nullpunkt bis zur Gradzahl an der Winkelskala.
④ Zeichne den zweiten Schenkel.

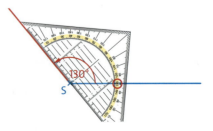

# Brüche multiplizieren und dividieren

▶ Im Schülercafé ist immer viel zu tun.
Die Jugendlichen backen, kochen und stellen die Getränke zusammen.

Am beliebtesten ist der Beeren-Mix-Saft.
Er besteht zu $\frac{3}{5}$ aus Himbeersaft,
zu $\frac{1}{5}$ aus Blaubeersaft und zu $\frac{1}{5}$ aus Erdbeersaft.
Heute mixt Felicitas 10 Liter Beeren-Mix-Saft.
Wie viel Liter Himbeersaft, wie viel Liter Blaubeersaft
und wie viel Liter Erdbeersaft braucht Felicitas dazu?

In diesem Kapitel lernst du ...

- Brüche zu multiplizieren,
- den Kehrwert eines Bruchs zu bilden,
- Brüche zu dividieren,
- vor dem Rechnen die Brüche zu kürzen, um einfacher rechnen zu können.

| Kompetenz | Aufgabe | Lies und übe: |
|---|---|---|
| 1 Ich kenne die Fachbegriffe der Multiplikation und Division. | **1** Übertrage die Aufgabe in dein Heft. Ordne den Zahlen die Fachbegriffe zu: Divisor, 1. Faktor, Wert des Quotienten, 2. Faktor, Dividend, Wert des Produkts<br>a) $3 \cdot 7 = 21$  b) $30 : 5 = 6$ | → Seite 241 Nr. 52 |
| 2 Ich kann Zähler und Nenner von Brüchen benennen. | **2** Betrachte die Brüche.<br>$\frac{3}{8}$  $\frac{5}{7}$  $\frac{8}{9}$  $\frac{2}{3}$<br>a) Der Zähler ist 8. Wie lautet der Nenner?<br>b) Gib alle Zähler an, die durch 2 teilbar sind. | → Seite 232 Nr. 19 |
| 3 Ich kann Teile von Kreisen und Rechtecken als Brüche angeben. | **3** Welcher Teil des Ganzen ist blau? Gib als Bruch an.<br>a) b) c)<br>d) e) f) | → Seite 232 Nr. 19 |
| 4 Ich kann Brüche in einem Kreis oder in einem Rechteck darstellen. | **4** Stelle die Brüche grafisch dar.<br>a) in Kreisen: $\frac{1}{2}$; $\frac{3}{4}$; $1\frac{3}{8}$<br>b) in Rechtecken: $\frac{7}{9}$; $\frac{5}{6}$; $2\frac{3}{11}$ | → Seite 233 Nr. 20 |
| 5 Ich kann Brüche kürzen. | **5** Kürze die Brüche so weit wie möglich. Mit welcher Zahl hast du gekürzt?<br>**Beispiel** $\frac{8}{12} = \frac{8:4}{12:4} = \frac{2}{3}$ gekürzt mit 4<br>a) $\frac{6}{8} = \frac{6:2}{8:2} = \frac{3}{\square}$  b) $\frac{9}{12} = \frac{9:3}{12:3} = \frac{\square}{4}$  c) $\frac{15}{20}$<br>d) $\frac{14}{21}$  e) $\frac{18}{27}$  f) $\frac{24}{64}$ | → Seite 16; Seite 17 Nr. 3, 9 |
| 6 Ich kann Brüche erweitern. | **6** Erweitere die Brüche passend. Mit welcher Zahl hast du erweitert?<br>**Beispiel** $\frac{2}{3} = \frac{2 \cdot 4}{3 \cdot 4} = \frac{8}{12}$ erweitert mit 4<br>a) $\frac{2}{3} = \frac{2 \cdot 5}{3 \cdot 5} = \frac{10}{\square}$  b) $\frac{4}{7} = \frac{4 \cdot 3}{7 \cdot 3} = \frac{\square}{21}$  c) $\frac{5}{8} = \frac{\square}{40}$<br>d) $\frac{9}{4} = \frac{27}{\square}$  e) $\frac{2}{5} = \frac{\square}{20}$  f) $\frac{5}{9} = \frac{30}{\square}$ | → Seite 16; Seite 17 Nr. 2 |
| 7 Ich kann Brüche so erweitern, dass sie den gleichen Nenner haben. | **7** Erweitere die Brüche so, dass sie den gleichen Nenner haben.<br>a) $\frac{2}{3}$ und $\frac{5}{6}$  b) $\frac{1}{2}$ und $\frac{3}{4}$  c) $\frac{3}{4}$ und $\frac{5}{7}$<br>d) $\frac{7}{10}$ und $\frac{8}{15}$  e) $\frac{5}{12}$ und $\frac{7}{8}$  f) $\frac{3}{4}$ und $\frac{9}{14}$ | → Seite 19 Nr. 8 |

| Kompetenz | Aufgabe | Lies und übe: |
|---|---|---|
| 8 Ich kann Brüche addieren oder subtrahieren. | **8** Beide Brüche sollen den gleichen Nenner haben. Erweitere dazu einen Bruch, falls nötig. Berechne dann.<br>**Beispiel** $\frac{3}{5} + \frac{3}{10} = \frac{3 \cdot 2}{5 \cdot 2} + \frac{3}{10}$<br>$= \frac{6+3}{10} = \frac{9}{10}$<br>a) $\frac{2}{7} + \frac{3}{7}$    b) $\frac{4}{9} + \frac{1}{3}$    c) $\frac{9}{10} - \frac{3}{40}$    d) $\frac{4}{5} - \frac{13}{25}$ | → Seite 24<br>Seite 25<br>Nr. 8 |
| 9 Ich kann mit Zahlenmauern und Rechendreiecken rechnen. | **9** Fülle die Figur im Heft aus.<br>a) Addiere.        b) Multipliziere.<br><br>2   3   4     7 / 2   5 | → Seite 240<br>Nr. 50<br>→ Seite 240<br>Nr. 51 |
| 10 Ich kann gemischte Zahlen in unechte Brüche umwandeln. | **10** Wandle um in einen unechten Bruch.<br>**Beispiel** $2\frac{1}{5} = 2 + \frac{1}{5}$<br>$= \frac{10}{5} + \frac{1}{5} = \frac{11}{5}$<br>a) $1\frac{1}{2}$   b) $2\frac{3}{4}$   c) $4\frac{2}{3}$   d) $9\frac{3}{5}$   e) $7\frac{1}{6}$   f) $10\frac{9}{10}$ | → Seite 234<br>Nr. 23, 24 |
| 11 Ich kann unechte Brüche als gemischte Zahl schreiben. | **11** Schreibe den Bruch als gemischte Zahl.<br>**Beispiel** $\frac{9}{4} = \frac{4}{4} + \frac{4}{4} + \frac{1}{4} = 2\frac{1}{4}$<br>a) $\frac{8}{3}$   b) $\frac{12}{11}$   c) $\frac{13}{5}$   d) $\frac{19}{4}$   e) $\frac{23}{6}$   f) $\frac{27}{9}$ | → Seite 234<br>Nr. 25, 26 |
| 12 Ich kann Dezimalzahlen multiplizieren und dividieren. | **12** Berechne. Achte darauf, ob du multiplizieren oder dividieren musst.<br>a) $0,3 \cdot 0,5$    b) $2,5 \cdot 0,2$    c) $1,2 \cdot 2,0$<br>d) $1,5 : 0,1$    e) $0,8 : 0,2$    f) $3,6 : 1,2$ | → Seite 60, 61<br>Nr. 3<br>→ Seite 64, 65<br>Nr. 2 |
| 13 Ich kann Dezimalzahlen in Brüche umwandeln | **13** Wandle die Dezimalzahl in einen Bruch um.<br>a) $0,2$    b) $0,3$    c) $0,8$    d) $1,25$ | → Seite 52, 54<br>Nr. 8 |
| 14 Ich kann einen Bruch in eine Dezimalzahl und in eine Prozentzahl umwandeln. | **14** Wandle den Bruch in eine Dezimalzahl und in eine Prozentzahl um.<br>**Beispiel** $\frac{1}{4} = \frac{25}{100} = 0,25 = 25\%$<br>a) $\frac{1}{10}$   b) $\frac{3}{5}$   c) $\frac{3}{2}$   d) $\frac{7}{20}$   e) $\frac{3}{50}$   f) $\frac{24}{200}$ | → Seite 52, 55<br>Nr. 10 |
| 15 Ich kann Sachaufgaben mit gemischten Zahlen lösen. | **15** Rita fährt zur Chorprobe. Der Weg hin und zurück dauert insgesamt $1\frac{1}{4}$ h. Die Chorprobe dauert $2\frac{1}{2}$ h. Wie lange ist Rita unterwegs? Eine Skizze mit Wegen und Zeiten kann dir helfen. | → Seite 29<br>Nr. 9, 10 |

→ Lösungen auf Seite 263

## Brüche mit natürlichen Zahlen multiplizieren

▶🔊

*der Bruch:*
$\frac{1}{8}$ ◀ der Zähler
◀ der Bruchstrich
◀ der Nenner

Sina und Maik haben ein Rezept für eine Portion Waffeln. Sie wollen 3 Portionen backen.
Deshalb nehmen sie von jeder Zutat 3-mal so viel.
Wie viel Liter Milch brauchen sie?
Maik sagt: „Im Rezept steht $\frac{1}{8}\ell$ Milch.
Also füllen wir 3-mal $\frac{1}{8}\ell$ Milch in den Messbecher!"

Waffel-Teig (1 Portion)
50g Mehl
$\frac{1}{8}$ l Milch
1 Ei
1 Prise Salz
1 EL Zucker

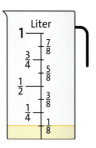 + 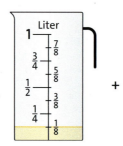 + 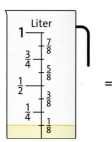 =

▶▶ Brüche mit einer natürlichen Zahl multiplizieren

*Hier gilt das Vertauschungs-gesetz:*
$3 \cdot \frac{1}{8} = \frac{1}{8} \cdot 3$

**W** **Eine natürliche Zahl mit einem Bruch multiplizieren**
Schreibe zuerst die natürliche Zahl **mit auf den Bruchstrich**.
Multipliziere dann die natürliche Zahl mit dem Zähler.
Der Nenner bleibt gleich.

$3 \cdot \frac{1}{8}\ell = \frac{3 \cdot 1}{8}\ell = \frac{3}{8}\ell$

Sina und Maik brauchen $\frac{3}{8}\ell$ Milch.

▶ **Aufgabe** Wie viel Liter Milch brauchen Sina und Maik für 5 Portionen Waffeln? ▶ **1** ▶ **1** ▶ **1**

Oft kannst du vor dem Multiplizieren noch kürzen. Das vereinfacht die Rechnung.

*Du darfst nicht mit 0 kürzen.*

**W** **Zuerst kürzen, dann multiplizieren**
① Schreibe zuerst die natürliche Zahl mit **auf** den Bruchstrich.
② **Kürze den Bruch:** Dividiere den Zähler und den Nenner durch die gleiche Zahl.
③ Multipliziere die Zahlen im Zähler. Der Nenner bleibt gleich.

$6 \cdot \frac{5}{32}$

$= \frac{{}^{3}6 \cdot 5}{32_{16}}$ Kürzen mit 2

$= \frac{3 \cdot 5}{16} = \frac{15}{16}$

▶ **Aufgabe** Berechne $6 \cdot \frac{3}{28}$. Kürze erst, multipliziere dann. ▶ **4** ▶ **5** ▶ **3**

*der Anteil*

*der Bruchteil*

$\frac{3}{4} \cdot 8\,kg = 6\,kg$

*das Ganze*

**W** **Anteil von …**
Wenn du **den Anteil von einem Ganzen** gegeben hast, dann kannst du den **Bruchteil** berechnen.
Multipliziere dafür den Anteil **mit dem Ganzen** wie in den Beispielen oben.

Wie viel sind $\frac{3}{4}$ **von** 8 Kilogramm (kg)?

$\frac{3}{4} \cdot 8\,kg = \frac{3 \cdot 8^{2}}{{}_{1}4}\,kg$ Kürzen mit 4

$= \frac{3 \cdot 2}{1}\,kg = 6\,kg$

$\frac{3}{4}$ von 8 Kilogramm sind 6 Kilogramm.

▶🔊 ▶ **Aufgabe** Wie viel Liter Saft sind $\frac{2}{5}$ von 10 Litern? ▶ **7** ▶ **8** ▶ **5**

**1** Notiere die Aufgabe als Additionsaufgabe und als Multiplikationsaufgabe. Berechne.

**Beispiel**

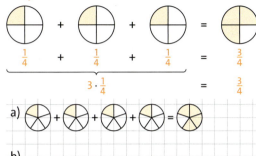

$$\frac{1}{4} + \frac{1}{4} + \frac{1}{4} = \frac{3}{4}$$
$$3 \cdot \frac{1}{4} = \frac{3}{4}$$

a) ⬡ + ⬡ + ⬡ + ⬡ = ⬡

b) ⬡ + ⬡ + ⬡ + ⬡ + ⬡ = (?)

**2** Notiere die Aufgabe als Multiplikationsaufgabe. Schreibe dann die natürliche Zahl mit auf den Bruchstrich. Berechne.

**Beispiel** $\frac{2}{7} + \frac{2}{7} + \frac{2}{7} = 3 \cdot \frac{2}{7} = \frac{3 \cdot 2}{7} = \frac{6}{7}$

a) $\frac{1}{3} + \frac{1}{3}$    b) $\frac{1}{5} + \frac{1}{5} + \frac{1}{5}$    c) $\frac{2}{15} + \frac{2}{15} + \frac{2}{15} + \frac{2}{15}$

**3** Schreibe zuerst die natürliche Zahl mit auf den Bruchstrich. Multipliziere dann.

a) $2 \cdot \frac{1}{5}$    b) $3 \cdot \frac{2}{7}$    c) $4 \cdot \frac{2}{9}$

d) $\frac{2}{11} \cdot 5$    e) $\frac{3}{16} \cdot 5$    f) $\frac{5}{13} \cdot 2$

g) $4 \cdot \frac{9}{43}$    h) $\frac{2}{23} \cdot 3$    i) $6 \cdot \frac{7}{43}$

**4** Schreibe die natürliche Zahl mit auf den Bruchstrich. Kürze zuerst, multipliziere dann.

**Beispiel** $5 \cdot \frac{1}{10} = \frac{5 \cdot 1}{10} = \frac{{}^{1}5 \cdot 1}{10_2} = \frac{1}{2}$

a) $2 \cdot \frac{3}{8}$    b) $3 \cdot \frac{1}{6}$    c) $2 \cdot \frac{3}{10}$

d) $\frac{1}{8} \cdot 6$    e) $\frac{3}{14} \cdot 4$    f) $9 \cdot \frac{2}{21}$

g) $4 \cdot \frac{9}{10}$    h) $\frac{5}{16} \cdot 8$    i) $3 \cdot \frac{7}{30} \cdot 5$    ▶ **6**

**5** Multipliziere. Kürze zuerst, wenn möglich.

a) $8 \cdot \frac{7}{12}$    b) $\frac{4}{7} \cdot 6$    c) $12 \cdot \frac{3}{5}$    d) $\frac{9}{15} \cdot 4$

**6** Ergänze in deinem Heft die Lücken im Text. So multipliziere ich eine natürliche Zahl mit einem Bruch: Ich multipliziere die natürliche Zahl mit dem ◯. Der ◯ bleibt gleich.

**7** Ordne a) bis d) die passende Rechnung zu.

a) $\frac{4}{5}$ von 12 kg      b) $\frac{5}{12}$ von 4 m

c) $\frac{6}{15}$ von 8 cm      d) $\frac{8}{15}$ von 6 mg

| $\frac{8}{15} \cdot 6$ | $\frac{4}{5} \cdot 12$ | $4 \cdot \frac{5}{12}$ | $8 \cdot \frac{6}{15}$ |

**8** Berechne den Bruchteil. ▶◀))

**Beispiel** $\frac{2}{3}$ von 5 ℓ

$$\frac{2}{3} \cdot 5\,\ell = \frac{2 \cdot 5}{3}\,\ell = \frac{10}{3}\,\ell$$

$\frac{2}{3}$ von 5 Litern sind $\frac{10}{3}$ Liter.

a) $\frac{2}{3}$ von 4 ℓ      b) $\frac{1}{5}$ von 8 kg

c) $\frac{3}{4}$ von 5 m      d) $\frac{1}{2}$ von 7 t

e) $\frac{2}{5}$ von 3 €      f) $\frac{5}{6}$ von 12 cm    ▶ **9**

**9** Schreibe als Rechenaufgabe und berechne.

a) Kamin ist schon $\frac{1}{3}$ von 600 m gelaufen.

b) Tjerko benötigt $\frac{3}{4}$ von 1 kg Mehl.

c) $\frac{5}{6}$ von den 30 Apps hat Jasmin gelöscht.

d) Lena nimmt $\frac{2}{5}$ von 25 Äpfeln.

e) Can schenkt Lisa $\frac{5}{6}$ von 120 Aufklebern.

f) Frau Blum kauft $\frac{1}{5}$ von 400 g Schinken.

**10** Ergänze die Lücken im Heft.

a) $2 \cdot \frac{\square}{5} = \frac{4}{5}$      b) $\frac{3}{7} \cdot \square = \frac{6}{7}$

c) $\frac{5}{8} \cdot 3 = 1\frac{7}{\square}$      d) $4 \cdot \frac{3}{\square} = \frac{12}{13}$

e) $3 \cdot \frac{\square}{9} = \frac{2}{3}$      f) $\frac{5}{4} \cdot \square = \frac{5}{2}$

**11** Maja hat 200 Gramm Schokolade.

a) Lisa bekommt $\frac{1}{4}$ von der Schokolade. Wie viel Gramm sind das?

b) Jennifer bekommt $\frac{2}{5}$ der Tafel Schokolade. Wie viel Gramm sind das?

---

Sprachhilfe zu **6**: Diese Wörter gehören in die Lücken: Nenner, Zähler.

Wenn du die Ergebnisse von **8** in die richtige Reihenfolge bringst, dann ergibt sich ein Lösungswort.

$10$ (N); $\frac{15}{4}$ (U); $\frac{7}{2}$ (F); $\frac{8}{3}$ (L); $\frac{8}{5}$ (A); $\frac{6}{5}$ (E)

**1** Schreibe die Aufgabe als Summe und dann als Produkt. Berechne.

**Beispiel**

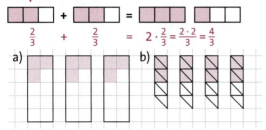

$\frac{2}{3}$ + $\frac{2}{3}$ = $2 \cdot \frac{2}{3} = \frac{2 \cdot 2}{3} = \frac{4}{3}$

a) b)

**2** Schreibe zuerst als Produkt, berechne dann.

a) $\frac{1}{5} + \frac{1}{5} + \frac{1}{5}$ 　　　 b) $\frac{2}{9} + \frac{2}{9} + \frac{2}{9} + \frac{2}{9} + \frac{2}{9}$

c) $\frac{3}{10} + \frac{3}{10} + \frac{3}{10} + \frac{3}{10}$

**3** Multipliziere. Schreibe zuerst die natürliche Zahl auf den Bruchstrich.

a) $2 \cdot \frac{3}{7}$ 　　 b) $5 \cdot \frac{1}{7}$ 　　 c) $\frac{4}{17} \cdot 3$

d) $4 \cdot \frac{3}{19}$ 　　 e) $\frac{5}{13} \cdot 2$ 　　 f) $4\frac{2}{7} \cdot 1$

**4** Multipliziere. Wandle das Ergebnis um in eine gemischte Zahl.

**Beispiel** $\quad 4 \cdot \frac{3}{5} = \frac{4 \cdot 3}{5} = \frac{12}{5}$

$\qquad\qquad\quad = \frac{10}{5} + \frac{2}{5} = 2\frac{2}{5}$

a) $3 \cdot \frac{4}{5}$ 　　 b) $\frac{7}{9} \cdot 2$ 　　 c) $5 \cdot \frac{5}{8}$

d) $\frac{6}{7} \cdot 3$ 　　 e) $\frac{9}{11} \cdot 10$ 　　 f) $7 \cdot \frac{3}{16}$

g) $4 \cdot \frac{7}{8}$ 　　 h) $\frac{7}{10} \cdot 9$ 　　 i) $\frac{5}{13} \cdot 3$ 　　 ▶ **4**

**5** Multipliziere. Kürze zuerst, wenn möglich.

a) $\frac{7}{8} \cdot 4$ 　　 b) $2 \cdot \frac{5}{6}$ 　　 c) $\frac{4}{9} \cdot 7$

d) $4 \cdot \frac{9}{10}$ 　　 e) $14 \cdot \frac{8}{49}$ 　　 f) $\frac{5}{27} \cdot 3$

g) $\frac{2}{5} \cdot 4$ 　　 h) $6 \cdot \frac{7}{9}$ 　　 i) $5 \cdot \frac{9}{10}$

**6** Formuliere aus dem Wortgeländer eine Regel.
Der – die Zahl mit dem – Ich multipliziere eine Zahl – Zähler – Nenner – mit einem Bruch – indem ich – multipliziere – bleibt gleich

**7** Schreibe als Rechenaufgabe. Berechne dann.
a) Berechne das Produkt aus 5 und $\frac{2}{7}$.
b) Multipliziere den Bruch $\frac{4}{15}$ mit 5.
c) Summiere 5-mal $\frac{4}{7}$.

**8** Berechne den Bruchteil.

**Beispiel** $\quad \frac{4}{9}$ von 12 kg $= \frac{4}{9} \cdot 12$ kg

$\qquad\qquad = \frac{4 \cdot \overset{4}{12}}{\underset{3}{9}}$ kg $\ = \frac{16}{3}$ kg $= 5\frac{1}{3}$ kg

a) $\frac{3}{4}$ von 10 g 　　　　 b) $\frac{2}{3}$ von 6 ℓ

c) $\frac{5}{9}$ von 6 m 　　　　 d) $\frac{4}{5}$ von 12 h

**9** Formuliere zu jeder Aufgabe eine Textaufgabe und löse sie.

$\frac{7}{12} \cdot 8$ 　　　 $\frac{3}{8} \cdot 14$ 　　　 $9 \cdot \frac{5}{6}$

$\frac{8}{15} \cdot 6$ 　　　 $\frac{10}{11} \cdot 33$ 　　　 $6 \cdot \frac{7}{9}$ 　 ▶ **10**

**10** ① Wandle zuerst die gemischte Zahl um in einen unechten Bruch.
② Berechne dann.

**Beispiel** $\quad 2\frac{1}{3} \cdot 4 \quad$ ① $2\frac{1}{3} = \frac{2 \cdot 3 + 1}{3} = \frac{7}{3}$

$\qquad\qquad\qquad$ ② $\frac{7}{3} \cdot 4 = \frac{7 \cdot 4}{3} = \frac{28}{3} = 9\frac{1}{3}$

a) $1\frac{2}{3} \cdot 5$ 　　 b) $2\frac{1}{5} \cdot 3$ 　　 c) $1\frac{1}{2} \cdot 4$

d) $2 \cdot 3\frac{1}{4}$ 　　 e) $3 \cdot 1\frac{1}{5}$ 　　 f) $6 \cdot 2\frac{1}{6}$

**11** Amina trainiert nachmittags verschiedene Sportarten in einem Sportverein. Eine Trainingsstunde dauert eine $\frac{3}{4}$ Stunde.

| | Montag | Mittwoch | Freitag |
|---|---|---|---|
| **1** | Handball | | Tanzen |
| **2** | Handball | Tennis | Handball |
| **3** | Schwimmen | Tennis | Handball |
| **4** | | Schwimmen | Schwimmen |

a) Wie lange hat Amina am Montag Training?
b) Wie lange trainiert sie in einer Woche Handball?
c) Wie lange trainiert sie insgesamt pro Woche?

**12** Maja bekommt in 2 Stunden Besuch von ihrer Freundin Luela. Davor möchte sie noch die letzten 3 Folgen ihrer Lieblingsserie schauen. Eine Folge dauert eine $\frac{3}{4}$ h. Hat Maja noch genug Zeit? Begründe deine Antwort.

Sprachhilfe zu **6** : Ein Wortgeländer gibt dir wichtige Wörter oder Teile eines Satzes für deine Formulierung vor. Du musst sie in die richtige Reihenfolge bringen.

**112** 　 ▶ ☀ Tipp zu **3** , **5**

**1** Schreibe die Aufgabe als Produkt.
Berechne.
Was fällt dir auf? Begründe.

a)

b)

**2** Schreibe die Summe als Produkt. Berechne.

a) $\frac{2}{7} + \frac{2}{7} + \frac{2}{7}$  b) $\frac{3}{10} + \frac{3}{10} + \frac{3}{10} + \frac{3}{10}$

c) $\frac{5}{8} + \frac{5}{8} + \frac{5}{8} + \frac{5}{8}$  d) $\frac{7}{12} + \frac{7}{12} + \frac{7}{12} + \frac{7}{12}$

**3** Multipliziere. Schreibe die Zahl auf den
Bruchstrich und kürze, wenn möglich.

a) $6 \cdot \frac{3}{4}$  b) $8 \cdot \frac{5}{7}$  c) $\frac{7}{15} \cdot 10$

d) $\frac{2}{7} \cdot 12$  e) $7 \cdot \frac{6}{11}$  f) $6 \cdot \frac{5}{6}$

g) $\frac{4}{33} \cdot 22$  h) $15 \cdot \frac{2}{3}$  i) $\frac{1}{9} \cdot 9$

**4** Berechne und schreibe das Ergebnis als
gemischte Zahl. Denke an das Kürzen.

**Beispiel** $8 \cdot \frac{5}{6} = \frac{{}^4 8 \cdot 5}{6_2} = \frac{20}{3}$
$= \frac{18}{3} + \frac{2}{3} = 6\frac{2}{3}$

a) $9 \cdot \frac{5}{6}$  b) $\frac{4}{3} \cdot 7$  c) $8 \cdot \frac{11}{12}$

d) $\frac{13}{20} \cdot 15$  e) $12 \cdot \frac{7}{10}$  f) $14 \cdot \frac{10}{21}$

g) $\frac{7}{9} \cdot 6$  h) $\frac{5}{12} \cdot 18$  i) $10 \cdot \frac{11}{15}$

**5** Berechne die Bruchteile.

**Beispiel** $\frac{5}{6}$ von 15 m $= \frac{5}{6} \cdot 15\,\text{m}$
$= \frac{5 \cdot {}^5 15}{6_2}\,\text{m} = \ldots$

a) $\frac{5}{7}$ von 21 m  b) $\frac{4}{9}$ von 15 ℓ

c) $\frac{7}{8}$ von 20 kg  d) $\frac{11}{15}$ von 300 km

e) $\frac{3}{20}$ von 45 cm  f) $\frac{14}{25}$ von 150 t

**6** Schreibe als Aufgabe. Berechne dann …
a) das Doppelte von $\frac{4}{7}$,
b) das Zehnfache von $\frac{5}{8}$,
c) ein Drittel von 12.

**7** Lotte rechnet:
$5 \cdot 3\frac{1}{2} = 15 + \frac{5}{2} = 15 + 2\frac{1}{2} = 17\frac{1}{2}$

a) Erkläre Lottes Rechenweg.
b) Rechne wie Lotte.

$6 \cdot 2\frac{1}{3}$  $7 \cdot 1\frac{3}{4}$  $5\frac{1}{2} \cdot 4$

c) Multipliziere. Wandle vorher die gemischte
Zahl in einen unechten Bruch um.

$3\frac{3}{4} \cdot 2$  $2\frac{2}{5} \cdot 4$  $4\frac{2}{6} \cdot 3$

**8** Finde die Fehler in den Rechnungen.
Berichtige sie im Heft.

a) $3\frac{4}{5} \cdot 5 = 3\frac{4 \cdot {}^1 5}{5_1} = 3\frac{4}{1} = 7$

b) $3 \cdot 2\frac{1}{5} = 3 \cdot 2 + 3 \cdot \frac{1}{5} = 6 + \frac{3}{5} = \frac{9}{5} = 1\frac{4}{5}$

c) $5\frac{1}{4} \cdot 8 = 40\frac{1 \cdot {}^2 8}{4_1} = 40 \cdot 2 = 80$

d) $2\frac{2}{3} \cdot 4 = \frac{2 \cdot 2}{3} \cdot 4 = \frac{4 \cdot 4}{3} = \frac{16}{3} = 5\frac{1}{3}$

**9** Setze die Ziffern so ein, dass das Ergebnis
① möglichst groß und
② möglichst klein wird.
a) 2, 3, 4  b) 2, 3, 4, 5

$\square \cdot \frac{\square}{\square}$  $\frac{\square}{\square} \cdot \square$

**10** In einer Flasche sind $\frac{3}{4}$ ℓ
Wasser. In einem Paket
sind 12 Flaschen und auf
einer Palette befinden sich
18 Pakete. Wie viel Liter
Wasser sind auf einer
Palette?

**11** Lina und Ole gehen regelmäßig laufen.
a) Lina läuft 5-mal in der Woche $4\frac{1}{4}$ km.
Wie viel km sind das …
① pro Woche? ② pro Jahr?
b) Ole läuft nur 4-mal in der Woche,
aber jedes Mal 0,5 km weiter als Lina.
Wer läuft mehr km pro Woche?

**12** Im Supermarkt gibt es Apfelsaft in Flaschen mit ▸◀))
0,7 ℓ und Orangensaft in Tetrapacks zu je $1\frac{1}{2}$ ℓ.
Jan kauft 6 Flaschen Apfelsaft und 3 Tetrapacks
Orangensaft. Hat er von beiden Säften gleich
viel? Berechne.

## Brüche multiplizieren

► 🔊 Marie findet ein altes Rezept ihrer Oma.
Nun möchte Marie mit ihrer Freundin Ecrin Plätzchen backen.
Für den ersten Versuch wollen sie erst einmal nur die Hälfte nehmen.
Ecrin fragt sich, wie viel die **Hälfte von** $\frac{3}{4}$ kg Mehl ist.
Die Freundinnen zeichnen:

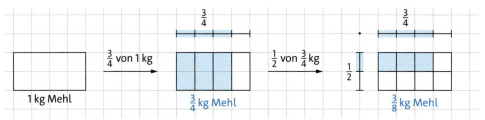

Oma sagt: „Wenn ihr die Hälfte berechnen möchtet, dann rechnet den Bruch mal $\frac{1}{2}$."

► 📹 Brüche
multiplizieren

**W** **Zwei Brüche multiplizieren**
① Schreibe zuerst die Brüche **auf einen**
gemeinsamen **Bruchstrich.**
② **Rechne dann:**
Zähler mal Zähler und
Nenner mal Nenner.

**Gemischte Zahlen multiplizieren**
Wandle zuerst gemischte Zahlen um in
unechte Brüche. Multipliziere dann.

Wie viel kg Mehl brauchen Marie und Ecrin?
Gesucht ist die **Hälfte von** $\frac{3}{4}$ kg Mehl.
Um diese Größe zu berechnen, wird
multipliziert:

$$\frac{1}{2} \cdot \frac{3}{4} \text{ kg} = \frac{1 \cdot 3}{2 \cdot 4} \text{ kg} = \frac{3}{8} \text{ kg}$$

Marie und Ecrin brauchen $\frac{3}{8}$ kg Mehl.

$$1\frac{2}{3} \cdot \frac{1}{2} = \frac{5}{3} \cdot \frac{1}{2}$$
$$= \frac{5 \cdot 1}{3 \cdot 2} = \frac{5}{6}$$

*un**echter** Bruch:* $\frac{5}{3}$
*(Zähler größer
oder gleich
Nenner)*

*So wandelst du eine
gemischte Zahl in
einen **unechten**
Bruch um:*
$1\frac{2}{3} = \frac{1 \cdot 3 + 2}{3} = \frac{5}{3}$

► **Aufgabe** Berechne, wie viel Butter Marie und Ecrin brauchen. ► 1 ► 1 ► 1

Oft kannst du vor dem Multiplizieren noch kürzen. Das vereinfacht die Rechnung.

**W** **Zuerst kürzen, dann multiplizieren**
① Schreibe zuerst die Brüche **auf einen**
gemeinsamen **Bruchstrich.**
② **Kürze dann:** Dividiere eine Zahl aus
dem Zähler und eine Zahl aus dem
Nenner durch die gleiche Zahl.
③ **Rechne dann:**
Zähler mal Zähler und
Nenner mal Nenner.

Berechne die benötigte Menge Zucker,
also die **Hälfte von** $\frac{2}{5}$ **kg** Zucker.

$$\frac{1}{2} \cdot \frac{2}{5} \text{ kg} = \frac{1 \cdot \overset{1}{\cancel{2}}}{\overset{}{\cancel{2}}_1 \cdot 5} \text{ kg} = \frac{1}{5} \text{ kg}$$

Es wird $\frac{1}{5}$ kg Zucker benötigt.

Weitere Beispiele:

$$\frac{5}{6} \cdot \frac{9}{10} = \frac{\overset{1}{\cancel{5}} \cdot \overset{3}{\cancel{9}}}{\underset{2}{\cancel{6}} \cdot \underset{2}{\cancel{10}}}$$
$$= \frac{1 \cdot 3}{2 \cdot 2} = \frac{3}{4}$$

$$\frac{3}{4} \cdot \frac{8}{11} \cdot \frac{22}{9} = \frac{\overset{1}{\cancel{3}} \cdot \overset{2}{\cancel{8}} \cdot \overset{2}{\cancel{22}}}{\underset{1}{\cancel{4}} \cdot \underset{1}{\cancel{11}} \cdot \underset{3}{\cancel{9}}}$$
$$= \frac{1 \cdot 2 \cdot 2}{1 \cdot 1 \cdot 3} = \frac{4}{3}$$

► **Aufgabe** Berechne $\frac{4}{5} \cdot \frac{7}{6}$. ► 4 ► 4 ► 3

**1** Ordne jeder Zeichnung die passende Aufgabe zu. Berechne das Ergebnis.
**Beispiel** Ⓐ gehört zu $\frac{1}{2} \cdot \frac{1}{2} = \frac{1 \cdot 1}{2 \cdot 2} = \frac{1}{4}$

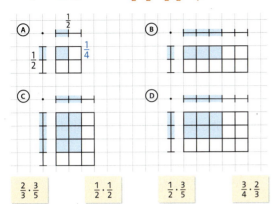

$\boxed{\frac{2}{3} \cdot \frac{3}{5}}$ $\qquad$ $\boxed{\frac{1}{2} \cdot \frac{1}{2}}$ $\qquad$ $\boxed{\frac{1}{2} \cdot \frac{3}{5}}$ $\qquad$ $\boxed{\frac{3}{4} \cdot \frac{2}{3}}$

**2** Vervollständige die Zeichnung im Heft. Berechne das Ergebnis.

a) $\frac{2}{3} \cdot \frac{1}{2}$ $\qquad\qquad$ b) $\frac{2}{3} \cdot \frac{4}{5}$

 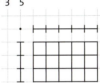

c) $\frac{1}{2} \cdot \frac{1}{3}$ $\qquad\qquad$ d) $\frac{3}{4} \cdot \frac{2}{5}$

 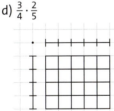

**3** Multipliziere. Schreibe zuerst die Brüche auf einen gemeinsamen Bruchstrich.
**Beispiel** $\frac{2}{3} \cdot \frac{4}{5} = \frac{2 \cdot 4}{3 \cdot 5} = \frac{8}{15}$

a) $\frac{1}{3} \cdot \frac{2}{5}$ $\qquad$ b) $\frac{2}{7} \cdot \frac{1}{5}$ $\qquad$ c) $\frac{3}{4} \cdot \frac{1}{2}$

d) $\frac{4}{5} \cdot \frac{2}{3}$ $\qquad$ e) $\frac{2}{7} \cdot \frac{3}{5}$ $\qquad$ f) $\frac{3}{5} \cdot \frac{4}{7}$ ▶ **4**

**4** Multipliziere. Schreibe zuerst die Brüche auf einen gemeinsamen Bruchstrich und kürze.
**Beispiel** $\frac{4}{5} \cdot \frac{1}{2} = \frac{{}^2\!4 \cdot 1}{5 \cdot 2_1} = \frac{2}{5}$

a) $\frac{2}{3} \cdot \frac{1}{2}$ $\qquad$ b) $\frac{3}{4} \cdot \frac{1}{6}$ $\qquad$ c) $\frac{1}{4} \cdot \frac{4}{5}$

d) $\frac{2}{9} \cdot \frac{6}{7}$ $\qquad$ e) $\frac{3}{4} \cdot \frac{4}{5}$ $\qquad$ f) $\frac{6}{13} \cdot \frac{3}{4}$

**5** Multipliziere. Schreibe zuerst die Brüche auf einen gemeinsamen Bruchstrich und kürze beide Zahlen im Zähler und im Nenner.
**Beispiel** $\frac{6}{7} \cdot \frac{14}{15} = \frac{6 \cdot 14}{7 \cdot 15}$

$$= \frac{{}^2\!6 \cdot 14^2}{{}_1\!7 \cdot 15_5} = \frac{4}{15}$$

a) $\frac{3}{4} \cdot \frac{4}{9}$ $\qquad$ b) $\frac{5}{6} \cdot \frac{3}{5}$ $\qquad$ c) $\frac{2}{3} \cdot \frac{9}{10}$

d) $\frac{2}{5} \cdot \frac{15}{16}$ $\qquad$ e) $\frac{14}{15} \cdot \frac{3}{7}$ $\qquad$ f) $\frac{4}{7} \cdot \frac{21}{20}$

g) $\frac{6}{25} \cdot \frac{15}{16}$ $\qquad$ h) $\frac{9}{20} \cdot \frac{8}{9}$ $\qquad$ i) $\frac{7}{10} \cdot \frac{5}{14}$ ▶ **8**

**6** Berechne die Bruchteile. Formuliere eine Frage und einen Antwortsatz.
**Beispiel** Frage: Wie viel Mehl sind $\frac{3}{4}$ von $\frac{2}{3}$ kg?

$$\frac{3}{4} \cdot \frac{2}{3} \text{ kg} = \frac{1\!3 \cdot 2^1}{2\!4 \cdot 3_1} \text{ kg}$$

$$= \frac{1 \cdot 1}{2 \cdot 1} \text{ kg} = \frac{1}{2} \text{ kg}$$

Antwort: $\frac{3}{4}$ von $\frac{2}{3}$ kg Mehl sind $\frac{1}{2}$ kg.

a) $\frac{1}{2}$ von $\frac{4}{7}$ kg $\qquad$ b) $\frac{1}{3}$ von $\frac{9}{10}$ cm

c) $\frac{3}{4}$ von $\frac{5}{9}$ km $\qquad$ d) $\frac{2}{5}$ von $\frac{15}{16}$ mℓ

e) $\frac{2}{3}$ von $\frac{12}{13}$ g $\qquad$ f) $\frac{3}{5}$ von $\frac{20}{21}$ mm

g) $\frac{3}{7}$ von $\frac{14}{15}$ m $\qquad$ h) $\frac{7}{10}$ von $\frac{2}{21}$ mg ▶ **10**

**7** Übertrage die Zahlenmauer ins Heft. Multipliziere.

a) 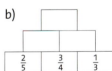 $\qquad$ b)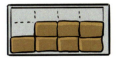

**8** Finde die Fehler. Berichtige die Fehler im Heft.

a) $\frac{6}{7} \cdot \frac{2}{3} = \frac{{}^1\!6 \cdot 2^1}{7 \cdot 3} = \frac{3}{21} = \frac{1}{7}$

b) $\frac{9}{10} \cdot \frac{5}{6} = \frac{{}^6\!9 \cdot 5^1}{{}_2\!10 \cdot 6_3} = \frac{6}{6} = 1$

c) $\frac{3}{4} \cdot \frac{1}{2} = \frac{3}{4} \cdot = \frac{2}{4} = \frac{6}{4} = 1\frac{1}{2}$

**9** Vom Geburtstagskuchen sind noch $\frac{7}{12}$ übrig. Davon möchte Casin $\frac{2}{7}$ mit in die Schule nehmen. Wie viele Kuchenstücke nimmt Casin mit in die Schule?

Die Lösungen zu **4** ergeben in der richtigen Reihenfolge eine Hafenstadt in Polen.
$\frac{3}{5}$ (I); $\frac{1}{5}$ (N); $\frac{9}{26}$ (G); $\frac{1}{3}$ (D); $\frac{1}{8}$ (A); $\frac{4}{21}$ (Z)

▶ Tipp zu **7**, **8**, **9**

**1** Notiere eine passende Aufgabe und gib das Ergebnis an.

a) · b) · c) ·

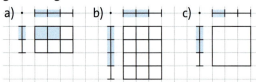

**2** ▼ Zeichne wie in Aufgabe 1 und gib das Ergebnis an.

a) $\frac{1}{2} \cdot \frac{1}{3}$    b) $\frac{4}{5} \cdot \frac{1}{3}$    c) $\frac{2}{3} \cdot \frac{1}{5}$

d) $\frac{1}{3} \cdot \frac{2}{7}$    e) $\frac{3}{5} \cdot \frac{1}{4}$    f) $\frac{4}{7} \cdot \frac{3}{5}$

**3** Multipliziere. Schreibe zuerst die Brüche auf einen Bruchstrich.

a) $\frac{1}{3} \cdot \frac{2}{5}$    b) $\frac{2}{7} \cdot \frac{1}{5}$    c) $\frac{3}{4} \cdot \frac{1}{2}$

d) $\frac{4}{5} \cdot \frac{2}{3}$    e) $\frac{2}{7} \cdot \frac{3}{5}$    f) $\frac{2}{5} \cdot \frac{4}{9}$

**4** 👥 Vergleicht die Rechenwege. Welcher Rechenweg fällt euch leichter? Begründet.

Elin: $\frac{3}{7} \cdot \frac{5}{9} = \frac{3 \cdot 5}{7 \cdot 9} = \frac{15^5}{63_{21}} = \frac{5}{21}$

Luam: $\frac{3}{7} \cdot \frac{5}{9} = \frac{{}^1 3 \cdot 5}{7 \cdot 9_3} = \frac{5}{21}$

**5** Berechne. Schreibe die Brüche auf einen Bruchstrich. Kürze zuerst, multipliziere dann.

a) $\frac{2}{3} \cdot \frac{1}{2}$    b) $\frac{3}{4} \cdot \frac{1}{6}$    c) $\frac{1}{4} \cdot \frac{4}{5}$

d) $\frac{2}{5} \cdot \frac{10}{11}$    e) $\frac{9}{20} \cdot \frac{1}{18}$    f) $\frac{5}{9} \cdot \frac{6}{7}$

**6** Multipliziere. Schreibe zuerst die Brüche auf einen Bruchstrich und kürze beide Zahlen im Zähler und im Nenner.

**Beispiel** $\frac{4}{9} \cdot \frac{15}{16} = \frac{{}^1 4 \cdot 15^5}{{}_3 9 \cdot 16_4} = \frac{5}{12}$

a) $\frac{3}{4} \cdot \frac{4}{9}$    b) $\frac{5}{6} \cdot \frac{3}{5}$    c) $\frac{2}{5} \cdot \frac{15}{16}$

d) $\frac{8}{7} \cdot \frac{21}{20}$    e) $\frac{9}{4} \cdot \frac{16}{18}$    f) $\frac{18}{14} \cdot \frac{35}{36}$   ▶ 4

**7** Übertrage die Zahlenmauern ins Heft. Multipliziere. Kürze zuerst.

a)

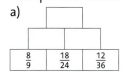

b)

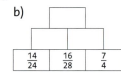

**8** ▼ Multipliziere. Wandle zuerst die gemischte Zahl um in einen unechten Bruch. Gib das Ergebnis als gemischte Zahl an, falls möglich.

**Beispiel** $2\frac{4}{5} \cdot \frac{9}{14} = \frac{14}{5} \cdot \frac{9}{14}$

$= \frac{{}^1 14 \cdot 9}{5 \cdot 14_1} = \frac{9}{5} = 1\frac{4}{5}$

a) $2\frac{1}{2} \cdot \frac{2}{3}$    b) $1\frac{2}{3} \cdot \frac{1}{2}$    c) $\frac{2}{3} \cdot 2\frac{1}{5}$

d) $\frac{2}{5} \cdot 1\frac{3}{5}$    e) $\frac{4}{9} \cdot 2\frac{1}{3}$    f) $3\frac{1}{2} \cdot \frac{1}{3}$

**9** Schreibe als Multiplikationsaufgabe und berechne die Bruchteile.

a) $\frac{4}{5}$ von $\frac{1}{2}$ km

b) drei Viertel von $\frac{7}{10}$ ℓ

c) neun Zehntel von $\frac{25}{27}$ t

d) neun Vierzehntel von $2\frac{2}{3}$ kg    ▶ 8

**10** Fülle das Rechendreieck im Heft aus. Multipliziere.

a)

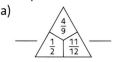

b)

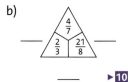

▶ 10

**11** Finde die Fehler und berichtige sie im Heft.

a) $\frac{2}{9} \cdot \frac{4}{9} = \frac{8}{9}$    b) $\frac{{}^2 6}{7} \cdot \frac{9^3}{10} = \frac{6}{70}$

c) $\frac{5}{9} \cdot 2 = \frac{10}{18}$    d) $2\frac{1}{5} \cdot \frac{2}{3} = 2\frac{2}{45}$

**12** Sarah hat sich Aufgaben zu ihrer Klasse ausgedacht. Berechne die Bruchteile.

a) Die Hälfte der Kinder ist größer als Sarah. $\frac{2}{3}$ davon sind Jungen.

b) $\frac{3}{7}$ sind Mädchen. Davon haben $\frac{4}{5}$ dunkle Haare.

**13** Moritz geht mit seinem Vater ins Möbelhaus. Ein rechteckiger Spiegel ist $\frac{3}{4}$ m breit und $\frac{4}{5}$ m hoch.

a) Wie groß ist die Spiegelfläche?

b) Moritz findet noch einen anderen rechteckigen Spiegel. Dieser ist $\frac{7}{10}$ m breit und $1\frac{1}{4}$ m hoch. Welcher Spiegel hat die größere Fläche?

Tipp zu **2**: Schaue auf die Nenner: Bei $\frac{1}{2} \cdot \frac{1}{3}$ wird das Rechteck 2 Kästchen hoch und 3 Kästchen breit.

Die Lösungen zu **8** ergeben in der der richtigen Reihenfolge ein Lösungswort:

$\frac{16}{25}$ (L); $\frac{5}{6}$ (E); $1\frac{1}{27}$ (I); $1\frac{1}{6}$ (N); $1\frac{2}{3}$ (B); $1\frac{7}{15}$ (R)

# Üben ⊠

**1** Stelle die Aufgabe zeichnerisch dar und löse sie.

**Beispiel** $\frac{2}{3} \cdot \frac{4}{5} = \frac{8}{15}$

a) $\frac{2}{3} \cdot \frac{1}{4}$　　b) $\frac{1}{2} \cdot \frac{3}{5}$

c) $\frac{2}{5} \cdot \frac{3}{4}$　　d) $\frac{3}{5} \cdot \frac{2}{3}$

e) $\frac{3}{4} \cdot \frac{2}{4}$　　f) $\frac{4}{6} \cdot \frac{5}{5}$

**2** Berechne. Falls nötig, wandle die Dezimalzahl um in einen Bruch. Schreibe dann die Brüche auf einen Bruchstrich und multipliziere.

a) $\frac{3}{5} \cdot \frac{4}{7}$　　b) $\frac{9}{10} \cdot \frac{7}{8}$　　c) $\frac{4}{7} \cdot \frac{2}{5}$

d) $\frac{7}{12} \cdot \frac{5}{6}$　　e) $\frac{8}{15} \cdot 0{,}5$　　f) $\frac{1}{2} \cdot 0{,}7$

g) $\frac{3}{4} \cdot \frac{1}{5} \cdot \frac{2}{3}$　　h) $\frac{4}{7} \cdot \frac{2}{3} \cdot \frac{5}{6}$　　i) $\frac{2}{5} \cdot \frac{1}{3} \cdot 0{,}5$

**3** Berechne. Schreibe die Brüche auf einen Bruchstrich. Kürze zuerst, multipliziere dann.

a) $\frac{4}{5} \cdot \frac{3}{8}$　　b) $\frac{7}{9} \cdot 1{,}2$　　c) $\frac{15}{16} \cdot \frac{9}{10}$

d) $\frac{7}{12} \cdot \frac{9}{14}$　　e) $\frac{5}{9} \cdot 0{,}9$　　f) $\frac{14}{15} \cdot \frac{25}{26}$

g) $\frac{8}{15} \cdot \frac{27}{28}$　　h) $\frac{5}{9} \cdot 0{,}3 \cdot \frac{4}{5}$　　i) $\frac{4}{7} \cdot \frac{21}{22} \cdot \frac{11}{12}$

**4** Multipliziere. Wandle zuerst die gemischte Zahl um in einen unechten Bruch. Gib das Ergebnis als gemischte Zahl an.

**Beispiel** $2\frac{1}{3} \cdot \frac{9}{14} = \frac{2 \cdot 3 + 1}{3} \cdot \frac{9}{14} = \frac{7}{3} \cdot \frac{9}{14}$

$$= \frac{\overset{1}{7} \cdot \overset{3}{9}}{\underset{1}{3} \cdot \underset{2}{14}} = \frac{3}{2} = 1\frac{1}{2}$$

a) $1\frac{3}{4} \cdot \frac{5}{7}$　　b) $2\frac{1}{2} \cdot \frac{3}{5}$　　c) $1\frac{2}{5} \cdot \frac{1}{6}$

d) $\frac{5}{7} \cdot 3\frac{1}{2}$　　e) $\frac{1}{6} \cdot 1\frac{4}{5}$　　f) $\frac{5}{6} \cdot 2\frac{2}{5}$

g) $\frac{3}{5} \cdot 2\frac{1}{2} \cdot \frac{4}{9}$　　h) $2\frac{5}{6} \cdot \frac{35}{34} \cdot \frac{6}{7}$　　i) $\frac{4}{7} \cdot \frac{3}{4} \cdot 2\frac{1}{3}$

**5** Übertrage die Zahlenmauern ins Heft. Multipliziere.

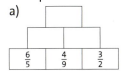

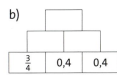

**6** Finde Paare, sodass das Produkt der Brüche $\frac{15}{28}$ ist. Ein Kärtchen bleibt übrig.

$1\frac{1}{4}$　　$1\frac{1}{2}$

$\frac{5}{14}$　　$2\frac{3}{7}$　　$\frac{3}{7}$

**7** Schreibe als Aufgabe und berechne das Ergebnis. Kürze zuerst und gib das Ergebnis als gemischte Zahl an, falls möglich.

a) $\frac{3}{4}$ von $\frac{8}{15}$ kg
b) zwei Siebtel von vierzehn Fünfzehntel mℓ
c) vier Fünftel von fünfzehn Sechzehntel cm
d) acht Neuntel von einundzwanzig Sechzehntel m
e) sechs Siebtel von Zwei zwei Drittel mg
f) fünf Neuntel von Drei sechs Zehntel dm

**8** Ergänze die fehlenden Zahlen im Heft.

a) $\frac{2}{3} \cdot \frac{\square}{7} = \frac{10}{21}$　　b) $\frac{4}{\square} \cdot \frac{2}{5} = \frac{8}{45}$　　c) $\frac{4}{5} \cdot \frac{\square}{\square} = \frac{16}{25}$

d) $\frac{\square}{\square} \cdot \frac{2}{3} = \frac{6}{15}$　　e) $\frac{2}{3} \cdot \frac{3}{\square} = \frac{1}{2}$　　f) $\frac{5}{9} \cdot \frac{\square}{19} = \frac{10}{19}$

g) $\frac{4}{8} \cdot \frac{3}{\square} = \frac{3}{10}$　　h) $\frac{9}{16} \cdot \frac{\square}{\square} = \frac{27}{32}$　　i) $\frac{\square}{15} \cdot \frac{7}{\square} = \frac{7}{10}$

**9** Fülle das Rechendreieck im Heft aus. Multipliziere die Brüche.

a)

b)

**10** Berechne die Aufgaben im Heft.

a) $\frac{1}{2} \cdot \frac{2}{3}$

b) $\frac{1}{2} \cdot \frac{2}{3} \cdot \frac{3}{4}$

c) $\frac{1}{2} \cdot \frac{2}{3} \cdot \frac{3}{4} \cdot \frac{4}{5}$

d) Ergänze drei weitere Rechnungen nach dem Muster. Bestimme die Ergebnisse, ohne zu rechnen. Was fällt dir auf?

**11** Schreibe als Produkt zweier Brüche. Gib mindestens zwei Möglichkeiten an.

**Beispiel** $\frac{12}{15} = \frac{2}{3} \cdot \frac{6}{5}$ und $\frac{12}{15} = \frac{3}{5} \cdot \frac{4}{3}$

a) $\frac{8}{15}$　　b) $\frac{12}{21}$　　c) $\frac{8}{45}$　　d) $\frac{1}{2}$　　e) $8\frac{2}{3}$

**12** $\frac{8}{21}$ der Tiere im Zoo sind Vögel. $\frac{27}{64}$ der Vögel sind weiblich. Gib den Anteil der männlichen Vögel an allen Tieren im Zoo an.

**13** Özlem ist $1\frac{1}{2}$ m groß. Ihr Bruder Khan hat $1\frac{1}{6}$ der Größe seiner Schwester. Wie groß ist Khan? Gib das Ergebnis als gemischte Zahl und als Dezimalzahl an.

## Brüche dividieren

Eine Zeitstunde hat 60 Minuten.

Eine Schulstunde dauert aber nur 45 Minuten. Das ist eine $\frac{3}{4}$ Zeitstunde.

Pia hat heute 6 Zeitstunden Unterricht. Wie viele Schulstunden hat Pia?

Überlege, wie oft $\frac{3}{4}$ in 6 passt.

Du kannst die Frage beantworten, wenn du die 6 Zeitstunden durch $\frac{3}{4}$ dividierst.

**W**

Der **Kehrwert** eines Bruchs entsteht, wenn du den Zähler und den Nenner vertauschst.

**Eine natürliche Zahl durch einen Bruch dividieren**
Du dividierst durch einen Bruch, indem du mit dem Kehrwert des Bruchs multiplizierst:
Ersetze das Geteilt-Zeichen durch ein Mal-Zeichen.
Vertausche beim Bruch Zähler und Nenner.
Multipliziere dann, wie du es vorher gelernt hast.

Bruch    Kehrwert des Bruchs

$\frac{3}{4}$ ⮎ $\frac{4}{3}$

$6 : \frac{3}{4} = 6 \cdot \frac{4}{3}$

$= \frac{6 \cdot 4}{3} = \frac{24}{3} = 8$

Pia hat heute 8 Schulstunden.

Probe: $8 \cdot \frac{3}{4} = \frac{8 \cdot 3}{4} = \frac{24}{4} = 6$

8 Schulstunden dauern 6 Zeitstunden.

*Die Multiplikation ist die Umkehrung der Division. Wenn du die Division umkehrst, dann musst du auch den Bruch umkehren.*

*Beispiel:*

$\cdot \frac{3}{4}$     $\cdot \frac{4}{3}$

 **Brüche dividieren**

 **Brüche durch eine natürliche Zahl dividieren**

▶ **Aufgabe** In jedes Glas passen $\frac{2}{5}$ Liter. Tim füllt 4 Liter Saft in die Gläser. Wie viele Gläser kann er füllen? Rechne $4 : \frac{2}{5}$.

 ▶ **1** ▶ **1** ▶ **1**

**W**

**Einen Bruch durch einen Bruch dividieren**
Du dividierst durch einen Bruch, indem du mit dem Kehrwert des zweiten Bruchs multiplizierst.
Wenn du durch einen echten Bruch teilst, dann wird das Ergebnis größer.

$\frac{2}{5} : \frac{3}{4} = \frac{2}{5} \cdot \frac{4}{3}$

$= \frac{2 \cdot 4}{5 \cdot 3} = \frac{8}{15}$

Probe: $\frac{8}{15} \cdot \frac{3}{4} = \frac{8 \cdot 3}{15 \cdot 4}$

$= \frac{2 \cdot 1}{5 \cdot 1} = \frac{2}{5}$

**Einen Bruch durch eine natürliche Zahl dividieren**
Eine natürliche Zahl hat als Bruch 1 im Nenner.
Deshalb ist der Kehrwert einer natürlichen Zahl ein Bruch mit dem Zähler 1.

Du dividierst einen Bruch durch eine natürliche Zahl, indem du mit dem Kehrwert der natürlichen Zahl multiplizierst.

Zahl   Bruch      Kehrwert

$2 = \frac{2}{1}$      $\frac{1}{2}$

$\frac{3}{5} : 2 = \frac{3}{5} : \frac{2}{1}$

$= \frac{3}{5} \cdot \frac{1}{2} = \frac{3}{10}$

▶ **Aufgabe** Dividiere. a) $\frac{4}{5} : \frac{2}{3}$   b) $\frac{6}{7} : 3$

 ▶ **3** ▶ **3** ▶ **3**

**1** Übertrage die Tabelle in dein Heft. Fülle sie aus.

| Bruch | $\frac{5}{6}$ | $\frac{3}{7}$ | $\frac{4}{9}$ | $\frac{4}{7}$ | $\frac{7}{5}$ | $\frac{3}{8}$ |
|---|---|---|---|---|---|---|
| Kehrwert | $\frac{6}{5}$ | | | | | |

**2** Dividiere durch den Bruch. Rechne die Probe.

**Beispiel** $2 : \frac{4}{5} = 2 \cdot \frac{5}{4} = \frac{\overset{6}{12} \cdot 5}{\underset{2}{4}} = \frac{5}{2}$

Probe: $\frac{5}{2} \cdot \frac{4}{5} = \frac{\overset{1}{5} \cdot \overset{2}{4}}{\underset{1}{2} \cdot \underset{1}{5}} = 2$

a) $6 : \frac{3}{2}$  b) $10 : \frac{5}{3}$  c) $4 : \frac{8}{9}$

d) $3 : \frac{6}{5}$  e) $6 : \frac{9}{10}$  f) $14 : \frac{21}{20}$

**3** Bilde zuerst den Kehrwert des zweiten Bruchs. Berechne dann.

a) $\frac{1}{2} : \frac{3}{5}$  b) $\frac{5}{9} : \frac{1}{4}$  c) $\frac{2}{3} : \frac{5}{8}$

d) $\frac{1}{3} : \frac{1}{4}$  e) $\frac{2}{5} : \frac{3}{7}$  f) $\frac{7}{8} : \frac{1}{3}$  ▶ **4**

**4** 👥 Ordnet jeder Aufgabe das Ergebnis zu.

| $4 : \frac{1}{10}$ | $\frac{7}{8} : \frac{14}{2}$ | $\frac{3}{6} : \frac{12}{5}$ | $\frac{11}{5} : \frac{22}{5}$ |
|---|---|---|---|
| $\frac{1}{10} : 4$ | $\frac{14}{2} : \frac{7}{8}$ | $\frac{12}{5} : \frac{3}{6}$ | $\frac{22}{5} : \frac{11}{5}$ |

| 40 | $\frac{1}{8}$ | $\frac{5}{24}$ | 2 | $\frac{1}{2}$ | $\frac{24}{5}$ | 8 | $\frac{1}{40}$ |

**5** Bilde den Kehrwert des zweiten Bruchs. Kürze zuerst, multipliziere dann.

a) $\frac{5}{6} : \frac{1}{2}$  b) $\frac{1}{3} : \frac{7}{9}$  c) $\frac{2}{3} : \frac{4}{5}$  d) $\frac{3}{5} : 9$

**6** Du kannst die Division durch eine Zahl auch in einem Rechteck darstellen.

**Beispiel**

$\frac{3}{4}$        $: 2 =$        $\frac{3}{8}$

a) Schreibe als Aufgabe und berechne.

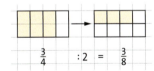

🔊 b) Zeichne eine passende Skizze und dividiere.

• $\frac{3}{5} : 2$    • $\frac{2}{7} : 3$    • $\frac{7}{9} : 4$

**7** Schreibe die natürliche Zahl als Bruch. Bilde den Kehrwert und multipliziere.

**Beispiel** $\frac{4}{5} : 3 = \frac{4}{5} : \frac{3}{1}$

$= \frac{4}{5} \cdot \frac{1}{3} = \frac{4 \cdot 1}{5 \cdot 3} = \frac{4}{15}$

a) $\frac{1}{4} : 5$  b) $\frac{2}{3} : 7$  c) $\frac{5}{8} : 3$

d) $\frac{4}{9} : 3$  e) $\frac{7}{6} : 4$  f) $\frac{1}{10} : 9$  ▶ **7**

**8** Kürze zuerst und berechne dann. Finde je zwei Karten mit dem gleichen Ergebnis.

| $\frac{3}{5} : 9$ | $\frac{10}{5} : 20$ | $\frac{10}{5} : 15$ |
|---|---|---|
| $\frac{24}{5} : 36$ | $\frac{6}{5} : 18$ | $\frac{9}{5} : 18$ |

**9** Dividiere durch den zweiten Bruch. Kürze beide Zahlen im Zähler und im Nenner. Rechne auch die Probe.

**Beispiel** $\frac{2}{3} : \frac{4}{9} = \frac{2}{3} \cdot \frac{9}{4} = \frac{\overset{1}{2} \cdot \overset{3}{9}}{\underset{1}{3} \cdot \underset{2}{4}} = \frac{3}{2}$

a) $\frac{3}{4} : \frac{9}{8}$  b) $\frac{2}{5} : \frac{8}{15}$  c) $\frac{9}{5} : \frac{3}{10}$

d) $\frac{10}{9} : \frac{2}{3}$  e) $\frac{10}{21} : \frac{4}{9}$  f) $\frac{2}{15} : \frac{4}{5}$

g) $\frac{14}{15} : \frac{21}{20}$  h) $\frac{6}{7} : \frac{12}{14}$  i) $\frac{9}{4} : \frac{27}{8}$  ▶ **9**

**10** Übertrage in dein Heft und ergänze die fehlenden Zahlen.

Start $\frac{1}{5}$

**11** Für das Gartenfest füllt Mirkos Vater 5 ℓ Saft in eine Karaffe. Mirko verteilt den Saft auf Becher zu $\frac{1}{4}$ ℓ. Wie viele Becher braucht Mirko für 5 ℓ Saft?

**12** In einem Online-Spiel verschenkt Sina $\frac{12}{20}$ ihrer Bonuspunkte an 3 Freunde: Jeder soll gleich viele Punkte bekommen. Welchen Teil der Bonuspunkte bekommt jeder?

**13** Patrick verteilt $\frac{4}{5}$ seiner Erdnüsse in kleine Tüten. In jede Tüte passt $\frac{1}{5}$ seiner Erdnüsse. Wie viele Tüten braucht Patrick?

Die Lösungen zu **9**: ergeben in der richtigen Reihenfolge den Namen einer Nordseeinsel:
$\frac{8}{9}$ (A); $\frac{2}{3}$ (D); $\frac{3}{4}$ (E); $\frac{5}{3}$ (G); $\frac{2}{3}$ (H); 6 (L); $\frac{1}{6}$ (L); 1 (N); $\frac{15}{14}$ (O)

Sprachhilfe zu **12**: Jeder Freund bekommt von Sina ⬤ ihrer Bonuspunkte.

▶💡 Tipp zu **3**, **5**, **8**, **10**, **11**, **13**

# Üben ☒

Brüche dividieren

**1** Fülle die Tabelle in deinem Heft aus.

| Bruch | $\frac{2}{6}$ | $\frac{3}{5}$ | $\frac{5}{4}$ | | | |
|---|---|---|---|---|---|---|
| Kehrwert | | | | $\frac{4}{7}$ | $\frac{7}{5}$ | $\frac{3}{8}$ |

**2** Bilde den Kehrwert der zweiten Zahl und berechne.

a) $4 : \frac{3}{7}$  b) $3 : \frac{7}{8}$  c) $10 : 1{,}5$

d) $9 : \frac{4}{5}$  e) $14 : \frac{9}{10}$  f) $8 : \frac{5}{7}$

g) $6 : \frac{2}{3}$  h) $1 : \frac{5}{9}$  i) $10 : 1{,}2$

**3** Bilde den Kehrwert des zweiten Bruchs und berechne. Rechne auch die Probe.

a) $\frac{7}{9} : \frac{2}{5}$  b) $\frac{4}{3} : \frac{1}{2}$  c) $\frac{8}{7} : \frac{4}{5}$

d) $\frac{5}{7} : \frac{10}{11}$  e) $\frac{8}{3} : \frac{5}{9}$  f) $\frac{11}{13} : \frac{2}{3}$

g) $\frac{4}{7} : \frac{5}{8}$  h) $\frac{9}{10} : \frac{7}{9}$  i) $\frac{12}{7} : \frac{1}{5}$

**4** 👥 Jeder löst die Aufgaben aus einem Kasten.

| Teile durch den echten Bruch: | Teile durch den unechten Bruch: |
|---|---|
| $6 : \frac{4}{8} =$ | $6 : \frac{8}{4} =$ |
| $18 : \frac{2}{3} =$ | $18 : \frac{3}{2} =$ |
| $12 : \frac{3}{4} =$ | $12 : \frac{4}{3} =$ |

Vergleicht dann die Ergebnisse. Was stellt ihr fest? Erklärt eure Beobachtung.

**5** ▼ Bilde erst den Kehrwert des zweiten Bruchs. Kürze dann und berechne.

**Beispiel** $\frac{15}{16} : \frac{10}{9} = \frac{15}{16} \cdot \frac{9}{10}$

$$= \frac{^3 15 \cdot 9}{16 \cdot 10_2} = \frac{27}{32}$$

a) $\frac{4}{7} : \frac{8}{9}$  b) $\frac{5}{8} : \frac{1}{6}$  c) $\frac{7}{3} : \frac{11}{15}$

d) $\frac{10}{9} : \frac{15}{16}$  e) $\frac{11}{12} : \frac{7}{8}$  f) $\frac{2}{21} : \frac{5}{7}$

g) $\frac{18}{23} : \frac{9}{2}$  h) $1{,}2 : \frac{24}{11}$  i) $\frac{13}{15} : \frac{2}{45}$  ▶ **4**

**6** Bilde den Kehrwert der natürlichen Zahl und berechne.

a) $\frac{7}{9} : 4$  b) $\frac{8}{7} : 3$  c) $\frac{4}{5} : 7$

d) $\frac{5}{6} : 7$  e) $0{,}7 : 6$  f) $\frac{11}{12} : 4$

**7** Hier kannst du zweimal kürzen. Überprüfe das Ergebnis mit einer Probe.

**Beispiel** $\frac{8}{9} : \frac{10}{21} = \frac{8}{9} \cdot \frac{21}{10}$

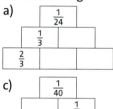

$$= \frac{^4 8 \cdot 21^7}{_3 9 \cdot 10_5} = \frac{28}{15}$$

a) $\frac{2}{9} : \frac{8}{3}$  b) $\frac{3}{16} : \frac{15}{4}$  c) $\frac{5}{18} : \frac{25}{6}$

d) $\frac{8}{10} : \frac{14}{15}$  e) $\frac{7}{10} : \frac{21}{22}$  f) $\frac{12}{25} : \frac{8}{15}$

g) $\frac{28}{9} : \frac{7}{6}$  h) $\frac{6}{13} : \frac{10}{39}$  i) $\frac{30}{49} : \frac{20}{7}$  ▶ **8**

**8** Vervollständige im Heft die Zahlenmauer.

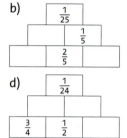

a)

| | $\frac{1}{24}$ | |
|---|---|---|
| | $\frac{1}{3}$ | |
| $\frac{2}{3}$ | | |

b)

| | $\frac{1}{25}$ | |
|---|---|---|
| | | $\frac{1}{5}$ |
| | $\frac{2}{5}$ | |

c)

| | $\frac{1}{40}$ | |
|---|---|---|
| | | $\frac{1}{6}$ |
| $\frac{3}{5}$ | | |

d)

| | $\frac{1}{24}$ | |
|---|---|---|
| | | |
| $\frac{3}{4}$ | $\frac{1}{2}$ | |

**9** Finde die Fehler und berichtige sie im Heft.

a) $\frac{2}{7} : \frac{3}{5} = \frac{7}{2} \cdot \frac{3}{5} = \frac{7 \cdot 3}{2 \cdot 5} = \frac{21}{10}$

b) $\frac{4}{5} : \frac{1}{2} = \frac{4}{5} \cdot \frac{2}{1} = \frac{^2 4 \cdot 2^1}{5 \cdot 1} = \frac{2}{5}$

c) $\frac{3}{4} : 5 = \frac{3 \cdot 5}{4} = \frac{15}{4}$  ▶ **10**

**10** Sabine verpackt $\frac{2}{5}$ ihrer Comics und $\frac{3}{5}$ ihrer Bücher in Kisten. In jede Kiste passt entweder $\frac{1}{10}$ der Comics oder $\frac{1}{20}$ der Bücher. Wie viele Kisten braucht Sabine für die Comics? Wie viele Kisten braucht sie für die Bücher?

**11** Im Garten wird ein Brunnen gebohrt. Das Grundwasser liegt in 3 m Tiefe. Jedes Bohrstück ist $\frac{4}{5}$ m lang. Wie viele Bohrstücke müssen aneinander geschraubt werden, um das Grundwasser zu erreichen?

**12** Leon teilt ein Vierteljahr in $\frac{3}{4}$ Monate ein. Er markiert die Abschnitte im Kalender. Für jeden Abschnitt benutzt er eine andere Farbe. Wie viele Farben braucht Leon?

Die Lösungen zu **5** ergeben ein Land am Schwarzen Meer:
$\frac{22}{21}$ (A); $\frac{9}{14}$ (B); $\frac{11}{20}$ (E); $\frac{32}{27}$ (G); $\frac{4}{23}$ (I); $\frac{35}{11}$ (L); $\frac{39}{2}$ (N); $\frac{2}{15}$ (R); $\frac{15}{4}$ (U)

**1** Bilde den Kehrwert.

a) $\frac{2}{3}$    b) $\frac{4}{5}$    c) $\frac{7}{8}$    d) $\frac{1}{2}$

e) $\frac{5}{9}$    f) $\frac{7}{3}$    g) $\frac{9}{8}$    h) 12

**2** Bilde den Kehrwert und berechne.
Kürze vor dem Multiplizieren, wenn möglich.

a) $20 : \frac{10}{11}$    b) $5 : \frac{7}{3}$    c) $9 : \frac{3}{8}$

d) $12 : \frac{8}{9}$    e) $15 : \frac{4}{3}$    f) $18 : \frac{12}{7}$

g) $14 : \frac{7}{8}$    h) $7 : \frac{8}{9}$    i) $4 : 0{,}6$

**3** Bilde den Kehrwert und berechne. Kürze vor
dem Multiplizieren. Rechne auch die Probe.

a) $\frac{2}{5} : \frac{3}{10}$    b) $\frac{4}{7} : \frac{6}{5}$    c) $\frac{7}{8} : \frac{9}{10}$

d) $\frac{6}{11} : \frac{5}{33}$    e) $\frac{18}{7} : 2{,}4$    f) $\frac{9}{26} : \frac{4}{39}$

g) $\frac{16}{9} : \frac{20}{7}$    h) $\frac{6}{25} : \frac{11}{15}$    i) $\frac{24}{11} : \frac{16}{9}$

**4** 👥 Miro hat in sein Heft gekleckert.

a) Findet heraus, welche Zahlen unter den
Klecksen standen.

Ⓐ $\frac{1}{2} : \frac{❋}{4} = 1$      Ⓑ $\frac{❋}{1} : \frac{4}{2} = 1$

Ⓒ $\frac{❋}{4} : \frac{6}{8} = 1$      Ⓓ $\frac{4}{❋} : \frac{8}{6} = 1$

b) Vergleicht Ⓐ mit Ⓑ und Ⓒ mit Ⓓ.

c) Was fällt euch auf? Erklärt euch gegenseitig
eure Beobachtung. Benutzt Fachbegriffe.

**5** Übertrage in dein Heft. Finde zuerst die Zahlen
der grünen Felder. Findest du auch die Zahlen
der roten Felder?

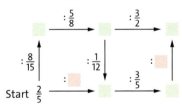

**6** 👥 Richtig oder falsch? Erklärt.

a) Johanna sagt: „Einen Bruch durch 5 teilen
bedeutet, ich rechne die Zahl im Nenner
mal 5."

b) Anton sagt: „$4 : \frac{1}{4}$ ist sicher 1."

c) Maria sagt: „Immer wenn ich eine natürliche
Zahl durch einen unechten Bruch teile, ist
das Ergebnis größer als die natürliche Zahl."

d) Virginia sagt: „12,5 geteilt durch
ein Viertel ist eine natürliche Zahl."

**7** Kürze vor dem Multiplizieren, wenn möglich.
Rechne auch die Probe.

a) $\frac{7}{8} : 2$    b) $\frac{4}{5} : 7$    c) $\frac{3}{4} : 6$

d) $\frac{6}{1} : 4$    e) $\frac{7}{20} : 21$    f) $\frac{4}{9} : 11$

g) $\frac{11}{10} : 44$    h) $\frac{12}{7} : 8$    i) $0{,}9 : 27$

**8** Wandle zuerst die gemischte Zahl um in einen
unechten Bruch. Berechne dann.

**Beispiel** $1\frac{2}{9} : \frac{4}{5} = \frac{11}{9} : \frac{4}{5}$

$\qquad\qquad = \frac{11}{9} \cdot \frac{5}{4} = \frac{55}{36}$

a) $1\frac{4}{5} : \frac{12}{25}$    b) $2\frac{5}{7} : \frac{19}{20}$    c) $8\frac{1}{3} : \frac{10}{11}$

d) $\frac{39}{40} : 5\frac{1}{5}$    e) $\frac{27}{28} : 2\frac{1}{4}$    f) $2\frac{1}{3} : 3\frac{1}{9}$

g) $3\frac{3}{5} : \frac{9}{10}$    h) $3{,}75 : 5\frac{5}{8}$    i) $\frac{27}{28} : 2\frac{4}{7}$

**9** Finde die Fehler und berichtige sie im Heft.

a) $\frac{15}{16} : 5\frac{5}{8} = \frac{15}{16} \cdot 5\frac{8}{5} = \frac{15^3}{16} \cdot \frac{33}{5_1} = \frac{99}{16}$

b) $9 : 6\frac{3}{4} = \frac{1}{9} \cdot \frac{27}{4} = \frac{1 \cdot 27^3}{{}_1 9 \cdot 4} = \frac{3}{4}$

**10** Übertrage die Aufgaben in dein Heft.
Finde die fehlenden Zahlen.

a) $\blacksquare : \frac{10}{13} = \frac{13}{2}$    b) $\frac{7}{11} : \blacksquare = \frac{7}{44}$

c) $\frac{25}{\blacksquare} : \frac{20}{21} = \frac{35}{4}$    d) $4\frac{\blacksquare}{3} : \frac{7}{6} = 4$

**11** Landwirtin Elsa hat
auf $\frac{3}{4}$ ihres Feldes
Mais angebaut.
Das sind 6 ha. Wie
groß ist das gesamte
Feld? Begründe deinen Rechenweg.
Prüfe dein Ergebnis mit einer Probe.

**12** Timo hat 1400 Punkte in einem Quiz erreicht.
Das sind vier Fünftel der Gesamtpunktzahl.
Wie viele Punkte gab es insgesamt?
Begründe deinen Rechenweg.
Prüfe dein Ergebnis mit einer Probe.

**13** Herr Schulz stellt drei Portionen Fruchtsaft her.
Eine Portion ergibt $4\frac{1}{2}$ Liter. Den gesamten Saft
will Herr Schulz in Flaschen zu $\frac{7}{10} \ell$ einfüllen.

a) Wie viel Saft stellt Herr Schulz insgesamt
her? Prüfe dein Ergebnis mit einer Probe.

b) Wie viele Flaschen benötigt Herr Schulz?

c) Wie viel Saft kommt in die letzte Flasche?

# Tabellenkalkulation: Brüche multiplizieren und dividieren

Hier lernst du, wie du mithilfe der Tabellenkalkulation Brüche multiplizieren oder dividieren kannst. Dazu verwendest du **Formeln**, die sich aus den Rechenregeln für die Bruchrechnung ergeben.

Die ersten Schritte zur Tabellenkalkulation kannst du auf Seite 34 nachlesen.

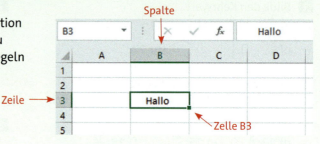

So kannst du die zwei Brüche $\frac{2}{7}$ und $\frac{5}{6}$ **multiplizieren**:

① **Beschriften und Bekanntes eintragen**
- Trage in die Zelle A1 den Titel ein.
- Trage die Fachbegriffe in die Zellen **A2**, **C2** und **E2** ein. Dann weißt du, was wo steht. B2 und D2 bleiben frei.

|   | A | B | C | D | E |
|---|---|---|---|---|---|
| 1 | Titel: Brüche multiplizieren | | | | |
| 2 | 1. Faktor | | 2. Faktor | | Ergebnis |
| 3 | 2 | * | 5 | "=" | |
| 4 | 7 | | 6 | | |

- Trage darunter in die Zelle **A3** den Zähler **2** und in **A4** den Nenner **7** ein, in **C3** den Zähler **5** und in **C4** den Nenner **6**.
- Trage in **B3** ein Sternchen * (drücke dafür gleichzeitig die Tasten Shift und +) und in **D3** ein Gleichheitszeichen mit Anführungszeichen „=" ein.

② **Berechnen**

Trage nun die Formeln in Spalte E ein:
- Für den **Zähler** multiplizierst du **2** aus **A3** mit **5** aus **C3**. Du trägst in **E3** die Formel **=A3*C3** ein.
- Für den **Nenner** multiplizierst du **7** aus **A4** mit **6** aus **C4**. Du trägst in **E4** die Formel **=A4*C4** ein.
  * bedeutet: multiplizieren.

|   | A | B | C | D | E |
|---|---|---|---|---|---|
| 1 | Titel: Brüche multiplizieren | | | | |
| 2 | 1. Faktor | | 2. Faktor | | Ergebnis |
| 3 | 2 | * | 5 | "=" | 10 |
| 4 | 7 | | 6 | | 42 |

③ **Formatieren**

Zuletzt machst du alles noch etwas schöner.
- Stelle die Einträge in die Mitte der Zellen: Klicke auf das Symbol ≡ .
- Füge „Bruchstriche" durch Rahmenlinien ein.
- Verbinde die Zellen **B3** und **B4** sowie die Zellen **D3** und **D4**: Klicke auf das Symbol ⇆ .

|   | A | B | C | D | E |
|---|---|---|---|---|---|
| 1 | Titel: Brüche multiplizieren | | | | |
| 2 | 1. Faktor | | 2. Faktor | | Ergebnis |
| 3 | 2 | * | 5 | "=" | 10 |
| 4 | 7 | | 6 | | 42 |

**1** Teste dein Tabellenblatt mit Multiplikationsaufgaben.

a) $\frac{1}{2} \cdot \frac{3}{4}$    b) $\frac{4}{5} \cdot \frac{8}{12}$    c) $\frac{7}{11} \cdot \frac{4}{9}$    d) $\frac{3}{7} \cdot \frac{21}{9}$    e) $\frac{100}{3} \cdot \frac{23}{700}$

**2** 👥 Erstellt ein Tabellenblatt, das einen Bruch mit einer natürlichen Zahl oder eine natürliche Zahl mit einem Bruch multipliziert.
Tipp: Jede natürliche Zahl kannst du als Bruch mit der 1 im Nenner schreiben.

**3** 👥 Erstellt ein Tabellenblatt für die Multiplikation von drei Brüchen. Überlegt zuerst, wie viele Spalten ihr braucht. Schreibt den dritten Bruch unter die Zelle „3. Faktor". Testet dann euer Tabellenblatt mit einfachen Multiplikationsaufgaben, zum Beispiel mit $\frac{1}{2} \cdot \frac{1}{2} \cdot \frac{1}{2}$.

So kannst du zwei Brüche $\frac{5}{6}$ und $\frac{3}{4}$ **dividieren**:
Öffne ein neues Tabellenblatt. Die Schritte sind wie beim Multiplizieren, nur die Formeln sind anders.

① **Beschriften und Bekanntes eintragen**
Gehe genauso vor, wie bei „Brüche multiplizieren".
- Wähle einen passenden Titel und trage die richtigen Begriffe für die Division ein.
- Ersetze das Sternchen durch einen Doppelpunkt.

|  | A | B | C | D | E |
|---|---|---|---|---|---|
| 1 | Titel: Brüche dividieren | | | | |
| 2 | Dividend | | Divisor | | Ergebnis |
| 3 | 5 | | : | 3 | "=" |
| 4 | 6 | | | 4 | |

② **Berechnen**
Trage nun die Formeln in Spalte E ein:
- Für den Zähler multiplizierst du **5** aus **A3** mit **4** aus **C4**. Du trägst in **E3** die Formel **=A3*C4** ein.
- Für den Nenner multiplizierst du **6** aus **A4** mit **3** aus **C3**. Du trägst in **E4** die Formel **=A4*C3** ein.

E3 =A3*C4

|  | A | B | C | D | E |
|---|---|---|---|---|---|
| 1 | Titel: Brüche dividieren | | | | |
| 2 | Dividend | | Divisor | | Ergebnis |
| 3 | 5 | | : | 3 | "=" 20 |
| 4 | 6 | | | 4 | 18 |

$f_x$  =A4*C3

| D | E |
|---|---|
| | Ergebnis |
| "=" | 20 |
| | 18 |

③ **Formatieren** Gehe genauso vor, wie bei „Brüche multiplizieren".

**4** Teste dein Tabellenblatt mit Divisionsaufgaben von zwei Brüchen.
a) $\frac{1}{2} : \frac{3}{4}$   b) $\frac{6}{7} : \frac{5}{11}$   c) $\frac{3}{12} : \frac{7}{8}$   d) $\frac{21}{9} : \frac{4}{42}$   e) $\frac{12}{3} : \frac{3}{7}$

**5** 👥 Erstellt ein Tabellenblatt, das einen Bruch durch eine natürliche Zahl dividiert.

Wenn du bei einem Bruch den Zähler und den Nenner durch den größten gemeinsamen Teiler dividierst, erhältst du den vollständig gekürzten Bruch. Öffne dein Tabellenblatt zum Dividieren von zwei Brüchen. Der Computer berechnet den größten gemeinsamen Teiler mit dem Befehl **=GGT(Zähler; Nenner)**.

So kannst du das Ergebnis $\frac{20}{18}$ **kürzen**:
① **Beschriften und Bekanntes eintragen**
Erweitere dein Tabellenblatt zum Dividieren. Schreibe in **G2** „gekürztes Ergebnis".

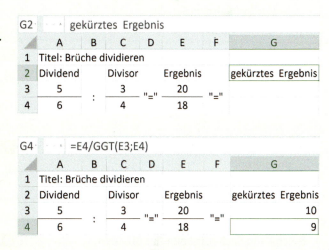

G2    gekürztes Ergebnis

|  | A | B | C | D | E | F | G |
|---|---|---|---|---|---|---|---|
| 1 | Titel: Brüche dividieren | | | | | | |
| 2 | Dividend | | Divisor | | Ergebnis | | gekürztes Ergebnis |
| 3 | 5 | | : | 3 | "=" 20 | "=" | |
| 4 | 6 | | | 4 | 18 | | |

② **Den Zähler und Nenner des Bruchs durch den GGT teilen**
In **Spalte E** steht das Ergebnis.
- In Zelle **E3** steht der Zähler **20**. Dividiere den Zähler **20** in **E3** durch GGT(20; 18). Gib in **G3** den Befehl **=E3/GGT(E3;E4)** ein.
- In Zelle **E4** steht der Nenner **18**. Dividiere den Nenner **18** in **E4** durch GGT(20; 18). Gib in **G4** den Befehl **=E4/GGT(E3;E4)** ein.

G4    =E4/GGT(E3;E4)

|  | A | B | C | D | E | F | G |
|---|---|---|---|---|---|---|---|
| 1 | Titel: Brüche dividieren | | | | | | |
| 2 | Dividend | | Divisor | | Ergebnis | | gekürztes Ergebnis |
| 3 | 5 | | : | 3 | "=" 20 | "=" | 10 |
| 4 | 6 | | | 4 | 18 | | 9 |

**6** 👥 Erweitert euer Tabellenblatt zum Multiplizieren von zwei Brüchen um zwei Spalten F und G zum Kürzen des Ergebnisses.

**7** Teste die gekürzten Ergebnisse im Tabellenblatt „Brüche multiplizieren".
a) $\frac{2}{4} \cdot \frac{8}{6}$   b) $\frac{8}{4} \cdot \frac{20}{14}$   c) $\frac{20}{35} \cdot \frac{100}{50}$   d) $\frac{7}{14} \cdot \frac{63}{21}$   e) $\frac{4}{16} \cdot \frac{2}{32}$

**8** 👥 Erstellt ein Tabellenblatt, das Ergebnisse beim Dividieren mit einer Probe überprüft.

| Kompetenz | ▼ |
|---|---|
| 1 Ich kann eine natürliche Zahl mit einem Bruch multiplizieren.<br><br>→ Lies auf **Seite 110** nach. | **1** Multipliziere.<br>a) $2 \cdot \frac{3}{7}$      b) $5 \cdot \frac{4}{9}$<br>c) $\frac{4}{5} \cdot 3$      d) $\frac{7}{9} \cdot 5$ |
| 2 Ich kann zwei Brüche miteinander multiplizieren.<br><br>→ Lies auf **Seite 114** nach. | **2** Multipliziere.<br>a) $\frac{3}{4} \cdot \frac{1}{2}$      b) $\frac{5}{6} \cdot \frac{5}{3}$<br>c) $\frac{8}{5} \cdot \frac{10}{8}$      d) $\frac{7}{29} \cdot \frac{9}{27}$ |
| 3 Ich kann Bruchteile von Größen berechnen.<br><br>→ Lies auf **Seite 110 und 114** nach. | **3** Schreibe als Rechenaufgabe und berechne. Multipliziere.<br>a) $\frac{3}{4}$ von 8 kg      b) $\frac{2}{9}$ von 18 km |
| 4 Ich kann den Kehrwert von Brüchen und von natürlichen Zahlen bilden.<br><br>→ Lies auf **Seite 118** nach. | **4** Bilde den Kehrwert.<br>a) $\frac{4}{3}$     b) 17     c) $\frac{5}{7}$ |
| 5 Ich kann eine natürliche Zahl durch einen Bruch dividieren.<br><br>→ Lies auf **Seite 118** nach. | **5** Berechne.<br>a) $5 : \frac{7}{2}$      b) $4 : \frac{2}{3}$ |
| 6 Ich kann einen Bruch durch eine natürliche Zahl dividieren.<br><br>→ Lies auf **Seite 118** nach. | **6** Berechne.<br>a) $\frac{5}{6} : 3$      b) $\frac{7}{9} : 6$ |
| 7 Ich kann einen Bruch durch einen Bruch dividieren.<br><br>→ Lies auf **Seite 118** nach. | **7** Berechne. Kürze in der Rechnung.<br>a) $\frac{3}{4} : \frac{5}{9}$   b) $\frac{7}{10} : \frac{9}{5}$   c) $\frac{8}{13} : \frac{1}{2}$   d) $\frac{18}{25} : \frac{9}{5}$ |
| 8 Ich kann Sachaufgaben mit Brüchen bearbeiten und lösen, indem ich Brüche multipliziere oder dividiere.<br><br>→ Lies auf **Seite 110, 114 und 118** nach. | **8** Löse die Sachaufgaben.<br>a) Auf einer Geburtstagsfeier gibt es 10 Gläser mit $\frac{1}{5}$ Liter Limonade. Wie viel Liter Limonade sind das insgesamt?<br>b) Tina hat $\frac{3}{4}$ Liter Milch. Sie und ihre Schwester möchten beide gleich viel trinken. Wie viel Liter Milch erhält jede? |

→ Lösungen auf Seite 264

⊠

**1** Multipliziere. Kürze, wenn möglich. Wandle das Ergebnis um in eine gemischte Zahl.

a) $4 \cdot \frac{7}{8}$        b) $9 \cdot \frac{5}{6}$

c) $\frac{8}{9} \cdot 3$        d) $\frac{13}{6} \cdot 4$

**2** Multipliziere. Kürze, wenn möglich.

a) $\frac{6}{7} \cdot \frac{21}{5}$        b) $\frac{28}{3} \cdot \frac{5}{14}$

c) $\frac{15}{23} \cdot \frac{4}{4}$        d) $\frac{12}{19} \cdot \frac{19}{12}$

**3** Schreibe als Aufgabe und berechne.

a) $\frac{7}{10}$ von 15 m

b) fünf Zwölftel von 8 Litern

**4** Bilde den Kehrwert.

a) $\frac{11}{12}$        b) 7        c) $\frac{1}{8}$

**5** Dividiere. Kürze in der Rechnung.

a) $8 : \frac{6}{9}$        b) $15 : \frac{20}{13}$

**6** Dividiere. Kürze in der Rechnung.

a) $\frac{7}{9} : 21$        b) $\frac{21}{25} : 6$

**7** Berechne. Kürze in der Rechnung.

a) $\frac{8}{9} : \frac{6}{5}$        b) $\frac{4}{9} : \frac{12}{7}$

c) $\frac{13}{24} : \frac{26}{3}$        d) $\frac{17}{24} : \frac{5}{8}$

**8** Löse die Sachaufgaben.

a) Roland hat 6 Liter Saft. Er möchte den ganzen Saft in $\frac{2}{5}$-Liter-Gläser füllen.
Wie viele Gläser braucht Roland?

b) Auf einer Veranstaltung gibt es 10 Kaffeekannen mit $2\frac{3}{4}$ Liter Kaffee.
Wie viel Liter Kaffee sind das insgesamt?

---

⊠

**1** Multipliziere. Kürze, wenn möglich. Wandle das Ergebnis um in eine gemischte Zahl.

a) $8 \cdot \frac{5}{6}$        b) $6 \cdot 1\frac{5}{12}$

c) $\frac{13}{4} \cdot \frac{36}{26}$        d) $\frac{2}{7} \cdot \frac{56}{4}$

**2** Multipliziere. Kürze, wenn möglich.

a) $\frac{16}{5} \cdot \frac{20}{9}$        b) $\frac{4}{7} \cdot \frac{23}{46}$

c) $2\frac{1}{8} \cdot \frac{4}{5}$        d) $\frac{3}{4} \cdot 4\frac{1}{5}$

**3** Schreibe als Aufgabe und berechne.

a) $\frac{5}{6}$ von 24 m

b) sieben Zwölftel von $\frac{3}{14}$ Litern

**4** Bilde den Kehrwert.

a) $\frac{1}{5}$        b) 19        c) 1

**5** Dividiere. Kürze in der Rechnung. Wandle das Ergebnis um in eine gemischte Zahl.

a) $22 : \frac{33}{35}$        b) $7 : 5\frac{1}{4}$

**6** Dividiere. Kürze in der Rechnung.

a) $\frac{14}{23} : 21$        b) $5\frac{3}{5} : 14$

**7** Berechne. Kürze in der Rechnung und wandle das Ergebnis um in eine gemischte Zahl.

a) $\frac{15}{28} : \frac{4}{21}$    b) $\frac{16}{27} : \frac{10}{18}$    c) $3\frac{3}{5} : \frac{21}{20}$    d) $\frac{9}{4} : 13\frac{1}{2}$

**8** Formuliere passende Fragen und löse die Sachaufgaben.

a) Mario backt für eine Feier $2\frac{1}{2}$ Torten.
Er plant für jeden Gast $\frac{1}{6}$ einer Torte ein.

b) In einem Quiz hat Lisa $\frac{3}{5}$ der Fragen zur Politik richtig beantwortet. Die Hälfte der 50 Fragen war zum Thema Politik.

→ Lösungen auf Seite 264

**1** Berechne. Kürze vor dem Rechnen.

a) $5 \cdot \frac{9}{10}$    b) $6 : \frac{4}{5}$    c) $\frac{7}{9} \cdot 3$

d) $\frac{5}{6} : 10$    e) $\frac{10}{11} \cdot \frac{2}{3}$    f) $\frac{6}{5} : \frac{7}{10}$

g) $\frac{4}{15} \cdot \frac{10}{13}$    h) $\frac{8}{27} \cdot 6\frac{3}{10}$    i) $2\frac{3}{5} \cdot 2\frac{5}{8}$

**2** Formuliere eine passende Textaufgabe. Berechne die Anteile.

a) $\frac{2}{3}$ von 9 kg    b) $\frac{7}{15}$ von 150 m

c) $\frac{4}{9}$ von 270 km    d) $\frac{5}{18}$ von 50 ℓ

e) $\frac{7}{8}$ von $\frac{4}{7}$ g    f) $\frac{9}{14}$ von $2\frac{1}{10}$ t

g) fünf Siebtel von 24 cm

h) drei Achtel von dreizehn ein Drittel kg

**3** Berechne. Kürze vor dem Rechnen. Rechne auch die Probe.

a) $\frac{5}{4} : \frac{3}{14}$    b) $\frac{12}{5} \cdot \frac{7}{4}$    c) $\frac{21}{20} : \frac{14}{15}$

d) $8 : \frac{6}{7}$    e) $12 : 1\frac{4}{11}$    f) $\frac{15}{4} \cdot 8$

g) $\frac{9}{14} : 3\frac{6}{7}$    h) $\frac{6}{23} : 12$    i) $\frac{4}{4} : 4$

**4** Formuliere eine passende Frage zum Text. Berechne und gib die Antwort an.

a) Fleisch besteht zu $\frac{2}{3}$ aus Wasser. Inas Vater kauft $\frac{3}{4}$ kg Fleisch.

b) Nina und Elias teilen sich gerecht einen halben Liter Limonade.

c) 630 Schülerinnen und Schüler besuchen eine Schule. $\frac{4}{7}$ von ihnen sind Mädchen.

d) Agelina verschenkt 98 Sammelsteine. Max erhält $\frac{3}{7}$ ihrer Sammelsteine. ▶ 5

**5** Vervollständige die Zahlendreiecke im Heft. Multipliziere.

a)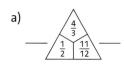

b)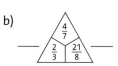

c)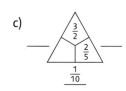

d)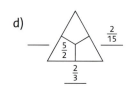

**6** Übertrage ins Heft. Finde die fehlenden Zahlen.

a) $\frac{3}{4} \cdot \frac{\blacksquare}{9} = \frac{5}{12}$    b) $\frac{4}{\blacksquare} : 20 = \frac{1}{35}$

c) $\blacksquare \cdot \frac{5}{18} = \frac{5}{2}$    d) $\frac{3}{\blacksquare} : \frac{9}{14} = \frac{1}{3}$

e) $\frac{12}{7} \cdot \blacksquare = 24$    f) $\frac{8}{15} : \frac{\blacksquare}{2} = \frac{28}{5}$

**7** Ergänze die fehlenden Zahlen im Heft.

a)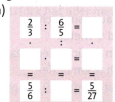

b)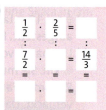

**8** Berechne. Wende die Vorrangsregel an.

**Beispiel** $\frac{2}{5} \cdot \left(\frac{2}{9} + \frac{8}{9}\right) = \frac{2}{5} \cdot \frac{10}{9}$

$= \frac{2 \cdot 10^2}{_1 5 \cdot 9} = \frac{4}{9}$

a) $\frac{1}{2} \cdot \left(\frac{1}{5} + \frac{3}{5}\right)$    b) $\frac{2}{5} \cdot \left(\frac{10}{9} - \frac{5}{9}\right)$

c) $\frac{3}{5} \cdot \left(\frac{5}{6} - \frac{2}{3}\right)$    d) $\frac{3}{4} \cdot \left(\frac{5}{9} + \frac{1}{3}\right)$

e) $\frac{7}{19} \cdot \left(\frac{4}{5} + \frac{3}{20}\right)$    f) $\frac{7}{9} \cdot \left(\frac{14}{15} - \frac{1}{3}\right)$

**9** Je zwei Aufgabenkarten haben das gleiche Ergebnis. Finde die Paare.    ▶ 10

| | | | |
|---|---|---|---|
| $\frac{3}{4} \cdot 3\frac{1}{2}$ | $\frac{11}{5} : 2$ | $2 : 1\frac{1}{2}$ | $\frac{8}{15} : \frac{2}{5}$ |
| $\frac{9}{10} \cdot \frac{35}{12}$ | $1\frac{1}{10}$ | $\frac{1}{4} + \frac{1}{3}$ | $\frac{2}{6} + \frac{1}{4}$ |

**10** Die Erdoberfläche ist zu $\frac{7}{10}$ mit Wasser bedeckt. Davon entfallen etwa …

a) die Hälfte auf den Pazifischen Ozean,

b) drei Zehntel auf den Atlantischen Ozean,

c) ein Fünftel auf den Indischen Ozean.

Welchen Anteil an der Erdoberfläche nimmt jeder dieser Ozeane ein?

**11** Frau Mai macht Saft aus Früchten ihres Gartens.

a) Sie möchte 12 Flaschen mit je $\frac{3}{4}$ ℓ Apfelsaft befüllen. Wie viel Saft benötigt sie dafür?

b) Aus ihren Birnen gewinnt sie 11 Liter Saft. Wie viele $\frac{3}{4}$ ℓ Flaschen benötigt sie für diesen Saft?

c) Wie viel Birnensaft ist in der letzten Flasche?

Tipp zu **11b**: Die Flaschen werden nie ganz gefüllt. Runde deshalb dein Ergebnis auf volle Flaschen.

**1** Berechne.

a) $\frac{7}{9} : \frac{18}{27}$  b) $7\frac{1}{2} \cdot \frac{7}{45}$  c) $\frac{27}{42} : 4\frac{1}{2}$

d) $\frac{32}{35} \cdot 14$  e) $6 : \frac{18}{17}$  f) $21 \cdot 1\frac{17}{28}$

g) $6\frac{1}{2} \cdot 2\frac{9}{13}$  h) $\frac{39}{40} \cdot \frac{3}{26}$  i) $2\frac{10}{21} : \frac{20}{21}$

**2** Berechne. Rechne auch die Probe.

a) $\frac{39}{44} : \frac{13}{55}$  b) $\frac{43}{18} \cdot 9$  c) $12 : \frac{30}{41}$

d) $\frac{21}{30} \cdot \frac{45}{28}$  e) $\frac{44}{45} : 1\frac{13}{15}$  f) $1\frac{4}{21} : \frac{5}{7}$

g) $3\frac{4}{7} : 55$  h) $8 \cdot 3\frac{1}{5}$  i) $1\frac{13}{27} \cdot 1\frac{21}{40}$

🔊 **3** Schreibe als Aufgabe und berechne die Anteile.

a) $\frac{9}{25}$ von 45 kg  b) $\frac{7}{26}$ von 39 ℓ

c) $\frac{7}{45}$ von $7\frac{1}{2}$ t  d) $\frac{3}{39}$ von $8\frac{2}{5}$ m

e) sechs Fünfundzwanzigstel von $18\frac{1}{3}$ km

**4** Paula macht 8 Atemzüge in einer Minute.
Mit einem Atemzug atmet sie $\frac{3}{4}$ Liter Luft ein.
Gib deine Ergebnisse als Dezimalzahlen an.
a) Der Anteil des Sauerstoffs in der Luft ist
ungefähr $\frac{1}{5}$. Berechne, wie viel Liter
Sauerstoff sie in drei Minuten einatmet.
b) Der Anteil des Stickstoffs in der Luft liegt
ungefähr bei $\frac{39}{50}$. Berechne, wie viel
Liter Stickstoff sie in fünf Minuten einatmet.

**5** Alle 25 Schülerinnen und Schüler der Klasse 7c
machen beim Bonbonregen mit. Die Klasse
bekommt $\frac{3}{5}$ kg Bonbons. Die Hälfte davon
geben sie den Lehrerinnen und Lehrern.
Den Rest teilen sie in ihrer Klasse auf. Wie viele
Bonbons erhält jedes Kind, wenn ein Bonbon
2 g wiegt und alle gleich viele bekommen?

**6** Ergänze die fehlenden Zahlen im Heft.

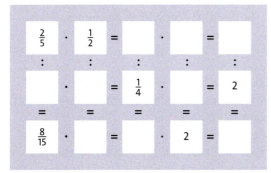

**7** Berechne. Beachte die Klammerregel.

a) $\frac{3}{5} \cdot \left(\frac{4}{7} + \frac{6}{7}\right)$  b) $\frac{7}{12} \cdot \left(\frac{11}{15} - \frac{3}{15}\right)$

c) $\left(\frac{2}{3} + \frac{4}{9}\right) \cdot \frac{15}{16}$  d) $\left(\frac{7}{8} - \frac{3}{4}\right) \cdot \frac{24}{25}$

**8** Rechne vorteilhaft.

**Beispiel** $\frac{5}{9} \cdot \frac{4}{7} + \frac{5}{9} \cdot \frac{2}{7} = \frac{5}{9} \cdot \left(\frac{4}{7} + \frac{2}{7}\right)$

$= \frac{5}{9} \cdot \frac{6}{7} = \frac{5 \cdot 6^2}{_3 9 \cdot 7} = \frac{10}{21}$

a) $\frac{3}{7} \cdot \frac{11}{25} + \frac{3}{7} \cdot \frac{3}{25}$  b) $\frac{4}{5} \cdot \frac{7}{9} - \frac{4}{5} \cdot \frac{2}{9}$

c) $\frac{8}{11} \cdot \frac{2}{3} + \frac{4}{11} \cdot \frac{2}{3}$  d) $\frac{15}{4} \cdot \frac{12}{5} - \frac{10}{3} \cdot \frac{12}{5}$

**9** Übertrage in dein Heft und berechne die
fehlenden Zahlen.

a) 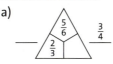  b)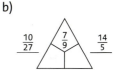

c) 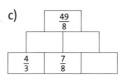  d)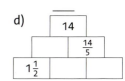

**10** Florian startet seine
Mountainbike-Tour um
8 Uhr morgens. Dann
macht er eine Pause um
10 Uhr. Damit hat er $\frac{3}{5}$
der Gesamtstrecke
seiner Tour geschafft.
Um wie viel Uhr
beendet Florian die
Tour, wenn er für die
Pause 40 Minuten einplant und immer im
gleichen Tempo fährt?

**11** Der Wassertank am Wohnwagen fasst 54 ℓ
Wasser. Elias soll ihn füllen. Dazu hat er einen
$7\frac{1}{2}$ ℓ Eimer, den er aber zum Tragen nur zu $\frac{9}{10}$
befüllen kann.
a) Wie viel ℓ Wasser kann
er in den Eimer füllen?
Gib dein Ergebnis mit
einer Dezimalzahl an.
b) Wie oft muss er laufen,
bis der Tank voll ist?

## Schulcafé

An der Schule von Felicitas gibt es ein Schulcafé.
Die Jugendlichen können entscheiden, welche Produkte sie verkaufen.
Sie backen selbst und stellen die Getränke zusammen.

Felicitas, Tim, Florian und Lilli arbeiten im Schulcafé.
Sie wundern sich, was es da alles zu rechnen gibt.

**Die Waffel**
(15 Stück)
250 g Butter
$\frac{1}{4}$ kg Zucker
$\frac{1}{4}$ kg Mehl
6 Eier
1 Vanillezucker

**Der Muffin**
(12 Stück)
150 g Butter
2 Eier
$\frac{1}{5}$ Zucker
300 g Mehl
$\frac{1}{4}$ Milch
1 Prise Salz

**Der Ki-Jo Saft**
$\frac{2}{3}$ Kirschsaft
$\frac{1}{3}$ Johannisbeersaft
5 Eiswürfel

| Im Angebot | Preis (in €) |
|---|---|
| 1 Muffin | 1,50 |
| 1 Waffel | 2,50 |
| 1 Stück Apfelkuchen | 3,00 |
| 1 Pfannkuchen | 2,00 |
| 1 Becher Ki-Jo-Saft | 2,00 |
| 1 Glas Limonade | 1,00 |

**A** Vor der Mittagspause haben Felicitas und Tim eine Freistunde. Sie wollen Waffeln backen.
Das Rezept reicht für 15 Waffeln. Sie schätzen, dass sie etwa 50 Waffeln verkaufen können.
Also müssen sie die Mengen im Rezept vergrößern. Rechne das Rezept für 60 Waffeln um.

**B** Felicitas und Tim brauchen für die Waffeln 24 Eier.
Sie haben aber nur 20 Eier. Felicitas sagt:
„Dann müssen wir eben alles mal $\frac{5}{6}$ rechnen."
a) Wie kommt Felicitas darauf?
b) Berechne die Zutaten vom Waffelrezept passend für 20 Eier. Gib deine Ergebnisse in Gramm an.
c) Kommen Felicitas und Tim mit der neuen Menge auf 50 Waffeln?

**C** Felicitas und Tim backen Muffins.
a) Wie viel wiegt der Teig für 12 Muffins?
Ein Ei wiegt ca. 60 g,
1 ℓ Milch = 1kg.
b) Welchen Anteil am Gewicht hat die Butter?

**D** Florian und Lili wollen 36 Muffins backen.
a) Berechne die Mengen der Zutaten.
b) Wie groß ist der Anteil der Butter, den Florian und Lili benötigen?
Tipp: Ein Ei wiegt ca. 60 g,
1 ℓ Milch wiegt etwa 1kg.

**E** Vor der Pause mischen Florian und Tim den Kirsch-Johannisbeersaft (Ki-Jo-Saft).
Sie wollen 5 ℓ Saft herstellen.
a) Welche Mengen Kirschsaft und Johannisbeersaft benötigen sie?
b) Der Ki-Jo-Saft wird in Bechern zu je $\frac{1}{4}$ ℓ verkauft. Wie viele Becher ergibt das?

**F** Andre möchte $\frac{3}{4}$ seines Geldes für Muffins und den Rest für ein Glas Limonade und einen Becher Ki-Jo-Saft ausgeben.
a) Wie viel Geld hat Andre mit?
b) Wie viele Muffins kann er kaufen?

**G** Die Jugendlichen verkaufen am Tag 75 Muffins, 50 Waffeln, 25 Stück Apfelkuchen und 45 Pfannkuchen. $\frac{1}{5}$ des Geldes ist als Spende für das Jugendzentrum gedacht. Der Rest ist für die Renovierung der Schule. Wie viel Geld erhält das Jugendzentrum? Wie viel Geld bleibt für die Renovierung der Schule?

## Spalte 1

**1** Multipliziere.

a) $3 \cdot \frac{1}{5}$  b) $\frac{5}{6} \cdot 4$

c) $\frac{4}{7} \cdot 3$  d) $\frac{2}{7} \cdot \frac{1}{5}$

e) $\frac{7}{12} \cdot \frac{8}{21}$  f) $\frac{9}{10} \cdot \frac{4}{27}$

**2** Berechne die Bruchteile.

a) $\frac{3}{5}$ von 10 m

b) $\frac{7}{16}$ von 200 kg

c) $\frac{7}{9}$ von $\frac{15}{14}$ ℓ

d) $\frac{5}{12}$ von $\frac{22}{10}$ cm

**3** Dividiere.

a) $\frac{1}{2} : \frac{3}{5}$  b) $\frac{5}{6} : \frac{10}{13}$

c) $7 : \frac{2}{3}$  d) $8 : \frac{6}{7}$

e) $\frac{5}{9} : 3$  f) $\frac{12}{5} : 8$

**4** Ergänze im Heft.

a) $\frac{3}{5} \cdot \blacksquare = \frac{12}{5}$

b) $\frac{\blacksquare}{7} : \frac{1}{2} = \frac{2}{7}$

c) $\blacksquare$ von 36 m = 18 m

**5** Eine Straße soll 12 km lang werden. $\frac{5}{6}$ der Straße sind fertiggestellt.
Wie viele km sind das?
a) Musst du multiplizieren oder dividieren? Begründe.
b) Berechne. Schreibe einen passenden Antwortsatz.

**6** Ein Hobbygärtner will sein 8 m langes Beet in $\frac{4}{5}$ m lange Stücke aufteilen. Wie viele Einzelstücke erhält er?
a) Musst du multiplizieren oder dividieren? Begründe.
b) Berechne.

## Spalte 2

**1** Multipliziere.

a) $4 \cdot \frac{2}{15}$  b) $\frac{7}{18} \cdot 4$

c) $5 \cdot \frac{9}{20} \cdot 2$  d) $\frac{5}{14} \cdot \frac{21}{8}$

e) $\frac{22}{39} \cdot \frac{13}{33}$  f) $\frac{5}{8} \cdot \frac{1}{10} \cdot \frac{2}{3}$

**2** Berechne die Bruchteile. Gib die Ergebnisse mit gemischten Zahlen an.

a) $\frac{5}{21}$ von 30 ℓ

b) $\frac{4}{9}$ von 30 t

c) $\frac{5}{6}$ von $\frac{16}{19}$ g

d) $\frac{7}{12}$ von $\frac{12}{5}$ h

**3** Dividiere.

a) $\frac{2}{7} : \frac{8}{9}$  b) $34 : \frac{6}{5}$

c) $\frac{21}{4} : 4$  d) $\frac{15}{16} : \frac{25}{10}$

e) $15 : \frac{6}{7}$  f) $\frac{27}{2} : 6$

**4** Ergänze im Heft.

a) $\frac{\blacksquare}{3} \cdot 5 = \frac{10}{3}$

b) $\frac{5}{\blacksquare}$ von $\frac{\blacksquare}{3}$ kg = $\frac{20}{27}$ kg

c) $\frac{1}{2} : \blacksquare = \frac{1}{6}$

**5** In der 7a fehlen 12 Kinder, das sind $\frac{2}{5}$ der Klasse. Wie viele Kinder sind in der 7a?
a) Musst du multiplizieren oder dividieren? Begründe.
b) Berechne. Schreibe einen passenden Antwortsatz.

**6** In der 6b sind 27 Kinder. $\frac{2}{3}$ davon sind Mädchen.
a) Wie viele Mädchen sind in der Klasse?
b) Wie groß ist der Anteil der Jungen? Wie viele Jungen sind es?

## Spalte 3

**1** Multipliziere.

a) $\frac{7}{8} \cdot 12$  b) $15 \cdot \frac{3}{20}$

c) $4 \cdot \frac{5}{24} \cdot 9$  d) $\frac{9}{28} \cdot \frac{7}{21}$

e) $\frac{2}{3} \cdot \frac{5}{8} \cdot \frac{7}{10}$  f) $\frac{9}{5} \cdot \frac{20}{13}$

**2** Berechne die fehlenden Werte.

a) $\frac{7}{9}$ von 180 km = $\blacksquare$ km

b) $\frac{5}{8}$ von $\blacksquare$ € = 35 €

c) $\frac{4}{\blacksquare}$ von 35 ℓ = 20 ℓ

d) $\frac{\blacksquare}{10}$ von 40" = 28"

**3** Dividiere.

a) $\frac{7}{13} : 3$  b) $\frac{12}{19} : \frac{8}{3}$

c) $18 : \frac{36}{5}$  d) $2\frac{1}{2} : 3\frac{1}{3}$

e) $\frac{17}{38} : \frac{34}{16}$  f) $3 : 5\frac{1}{4}$

**4** Ergänze im Heft.

a) $\frac{4}{5} \cdot \frac{\blacksquare}{8} = \frac{6}{5}$

b) $1\frac{1}{2}$ von $\frac{\blacksquare}{6}$ mℓ = $\frac{5}{4}$ mℓ

c) $\frac{8}{\blacksquare} : 6 = \frac{4}{27}$

**5** Eine Straßenbaumaschine schafft $1\frac{1}{5}$ km pro Tag.
a) Welche Strecke schafft sie in 4 Tagen? Wie viele Tage braucht sie für 10 km?
b) Welche Strecke fertigt sie am letzten Tag? Gib die Strecke auch in m an.

**6** Lottes Zimmer wird tapeziert. $\frac{3}{4}$ sind schon fertig. Dafür wurden 7 Rollen Tapete gebraucht.
a) Wie viele Rollen werden gebraucht?
b) Bleibt etwas übrig?

→ Lösungen auf Seite 264 und 265

### Brüche mit natürlichen Zahlen multiplizieren   → Seite 110

Schreibe die natürliche Zahl **auf** den Bruchstrich. Multipliziere die Zahl mit dem Zähler. Der Nenner bleibt gleich.
Oft kannst du vor dem Multiplizieren **kürzen**.

$$7 \cdot \frac{2}{3} = \frac{7 \cdot 2}{3} = \frac{14}{3}$$

$$\frac{5}{6} \cdot 8 = \frac{5 \cdot \overset{4}{8}}{\underset{3}{6}} = \frac{20}{3}$$

### Brüche multiplizieren   → Seite 114

Schreibe **beide** Brüche auf **einen** Bruchstrich. Kürze, wenn möglich.
Rechne Zähler mal Zähler und Nenner mal Nenner.

$$\frac{3}{5} \cdot \frac{7}{12} = \frac{\overset{1}{3} \cdot 7}{5 \cdot \underset{4}{12}} = \frac{7}{20}$$

$$\frac{3}{4} \cdot \frac{8}{9} = \frac{\overset{1}{3} \cdot \overset{2}{8}}{\underset{1}{4} \cdot \underset{3}{9}} = \frac{2}{3}$$

### Bruchteile berechnen   → Seiten 110 und 114

Schreibe die Anteile als Multiplikationsaufgabe.

Multipliziere und berechne die Bruchteile.

$\frac{3}{4}$ von 12 kg
$$\downarrow$$
$$\frac{3}{4} \cdot 12 \text{ kg} = \frac{3 \cdot \overset{3}{12}}{\underset{1}{4}} \text{ kg}$$
$$= 9 \text{ kg}$$

$\frac{5}{8}$ von $\frac{7}{10}$ ℓ
$$\downarrow$$
$$\frac{5}{8} \cdot \frac{7}{10} \ell = \frac{\overset{1}{5} \cdot 7}{8 \cdot \underset{2}{10}} \ell$$
$$= \frac{7}{16} \ell$$

### Den Kehrwert von Brüchen bilden   → Seite 118

**Kehrwert eines Bruchs**
Vertausche Zähler und Nenner.

|       | Wert | Kehrwert |
|-------|------|----------|
| Bruch | $\frac{3}{5}$ | $\frac{5}{3}$ |

### Natürliche Zahlen durch Brüche dividieren   → Seite 118

Ersetze **:** durch **·**, bilde den Kehrwert des Bruchs und multipliziere.

$$9 : \frac{6}{5} = 9 \cdot \frac{5}{6} = \frac{\overset{3}{9} \cdot 5}{\underset{2}{6}} = \frac{15}{2}$$

### Brüche dividieren   → Seite 118

Ersetze **:** durch **·**, bilde den Kehrwert des zweiten Bruchs und multipliziere.

$$\frac{4}{7} : \frac{6}{5} = \frac{4}{7} \cdot \frac{5}{6}$$
$$= \frac{\overset{2}{4} \cdot 5}{7 \cdot \underset{3}{6}} = \frac{10}{21}$$

### Den Kehrwert einer natürlichen Zahl bilden   → Seite 118

Schreibe die natürliche Zahl als Bruch mit dem Nenner 1.
Vertausche Zähler und Nenner.

|      | Wert | Kehrwert |
|------|------|----------|
| Zahl | $6 = \frac{6}{1}$ | $\frac{1}{6}$ |

### Brüche durch natürliche Zahlen dividieren   → Seite 118

Bilde den Kehrwert der natürlichen Zahl und multipliziere.

$$\frac{4}{7} : 6 = \frac{4}{7} \cdot \frac{1}{6} = \frac{\overset{2}{4} \cdot 1}{7 \cdot \underset{3}{6}} = \frac{2}{21}$$

# Körper

▶ Schuhe sind in Schuhkartons verpackt.
Die Schuhkartons kann man gut stapeln.
Welche Form haben Schuhkartons?
Welche Formen von Verpackungen kennst du noch?
Welche Verpackungen kann man noch gut stapeln?

STYLE: A5926-5-1
COLOUR: WHITE
SIZE: 43

In diesem Kapitel lernst du …

- Körper zu erkennen und zu benennen.

- die Eigenschaften von Quadern und Würfeln zu beschreiben.

- Schrägbilder von Quadern und Würfeln zu erkennen und zu zeichnen.

- Netze von Quadern und Würfeln zu erkennen und zu zeichnen.

- Volumeneinheiten umzurechnen.

- den Oberflächeninhalt und das Volumen von Quadern und Würfeln zu berechnen.

| Kompetenz | Aufgabe | Lies und übe: |
|---|---|---|
| 1 Ich kann eine Strecke mit einer gegebenen Länge zeichnen. | **1** Zeichne eine Strecke mit der gegebenen Länge. Benutze ein weißes Blatt Papier.<br>a) 6 cm  b) 2,5 cm  c) 4 cm 5 mm | → Seite 247 Nr. 75 |
| 2 Ich kann zueinander parallele Geraden zeichnen. | **2** Zeichne eine Gerade f auf ein weißes Blatt Papier. Zeichne eine zu f parallele Gerade g im Abstand von 3,5 cm.<br><br>g ‖ f (Kurzform) | → Seite 248 Nr. 77 |
| 3 Ich kann zueinander senkrechte Geraden zeichnen. | **3** Zeichne eine Gerade f auf ein weißes Blatt Papier. Zeichne dann zwei Geraden g und h. Die Geraden g und h sollen zu f senkrecht sein.<br><br>g ⊥ f (Kurzform) | → Seite 248 Nr. 78 |
| 4 Ich kann Rechtecke und Quadrate mithilfe ihrer Eigenschaften beschreiben. | **4** Fünf Eigenschaften von Rechtecken und Quadraten.<br><br>das Rechteck  das Quadrat<br><br>Es hat vier Eckpunkte.<br>Es hat vier rechte Winkel.<br>Gegenüberliegende Seiten sind zueinander parallel.<br>Gegenüberliegende Seiten sind gleich lang.<br>Es hat vier gleich lange Seiten.<br><br>a) Welche Eigenschaften hat ein Quadrat? Welche Eigenschaften hat ein Rechteck?<br>b) Beschreibe die Gemeinsamkeiten und die Unterschiede von Rechtecken und Quadraten. Schreibe in ganzen Sätzen. | → Seite 250 Nr. 82 |

| Kompetenz | Aufgabe | Lies und übe: |
|---|---|---|
| 5 Ich kann Rechtecke und Quadrate mit gegebenen Seitenlängen zeichnen. | **5** Zeichne in dein Heft ...<br>a) ein Rechteck mit den Seitenlängen a = 5 cm und b = 3 cm.<br>b) ein Quadrat mit der Seitenlänge a = 4 cm.<br>c) ein Rechteck mit den Seitenlängen a = 2,5 cm und b = 6 cm. | → Seite 250<br>Nr. 83, 84 |
| 6 Ich kann Längen in andere Einheiten umrechnen. | **6** Rechne im Heft in die angegebene Einheit um.<br>a) 12 cm = ☐ mm  b) 90 dm = ☐ m<br>c) 8 m = ☐ mm  d) 1500 mm = ☐ dm<br>e) 8,4 dm = ☐ cm  f) 95,8 dm = ☐ m | → Seite 236<br>Nr. 31, 32, 33 |
| 7 Ich kann Flächeninhalte in andere Einheiten umrechnen. | **7** Rechne im Heft in die angegebene Einheit um.<br>a) $3000 \, dm^2 = ☐ \, m^2$  b) $700 \, mm^2 = ☐ \, cm^2$<br>c) $2 \, m^2 \, 50 \, dm^2 = ☐ \, dm^2$  d) $150000 \, cm^2 = ☐ \, m^2$<br>e) $17,4 \, cm^2 = ☐ \, mm^2$  f) $80,9 \, dm^2 = ☐ \, m^2$ | → Seite 236<br>Nr. 34, 35, 36 |
| 8 Ich kann im Kopf und schriftlich multiplizieren. | **8** Multipliziere im Kopf oder schriftlich.<br>a) 5 · 14  b) 23 · 3  c) 12 · 8<br>d) 11 · 13  e) 34 · 17  f) 103 · 46 | → Seite 242<br>Nr. 56<br>→ Seite 243<br>Nr. 62, 63 |
| 9 Ich kann im Kopf und schriftlich dividieren. | **9** Dividiere im Kopf oder schriftlich.<br>a) 42 : 7  b) 180 : 60  c) 120 : 15<br>d) 513 : 19  e) 204 : 12  f) 98 : 14 | → Seite 242<br>Nr. 57<br>→ Seite 244<br>Nr. 64, 65 |
| 10 Ich kann den Flächeninhalt A von Rechtecken und Quadraten berechnen. | **10** Berechne den Flächeninhalt A.<br>a) 5 cm / 1 cm  b) 2 cm / 2 cm<br>c) 6 m / 6 m  d) 6 cm / 2 cm<br>e) 12 mm / 6 mm  f) 8 m / 3 m | → Seite 251<br>Nr. 85, 86 |

→ Lösungen auf Seite 266

## Körper erkennen und beschreiben

Stell dir vor, du hast Holzstäbe und Knetekugeln.
Baue daraus einen Körper und beschreibe ihn.

Gibt es Gegenstände in deiner Umwelt, die so
aussehen?

**W** Mathematische **Körper** werden durch Flächen begrenzt.

*Beispiele für Flächen
sind Vierecke,
Dreiecke und Kreise.
Sie werden durch
Linien begrenzt
und können an
Körpern vorkommen.*

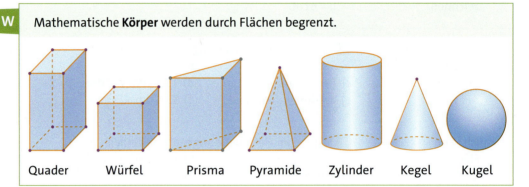

| Quader | Würfel | Prisma | Pyramide | Zylinder | Kegel | Kugel |

▶ **Aufgabe** Welche mathematischen Körper erkennst du im Bild?

*Wo sich zwei
Flächen berühren,
ist eine Kante.*

*Wo sich die Kanten
berühren, ist
eine Ecke.*

*Spitzkörper sind
Körper, die von der
Grundfläche aus
nach oben spitz
zulaufen. Sie haben
keine Deckfläche.*

**W** Mathematische Körper kannst du mit den Fachbegriffen **Ecke, Kante, Fläche, Spitze**
und **gekrümmt** beschreiben.

▶ **Aufgabe** Welche mathematischen Körper haben gekrümmte Kanten?
Welche haben keine gekrümmten Kanten?

**1** Welche Gegenstände haben die Form …
a) eines Würfels?
b) eines Quaders?

der Koffer

der Spielwürfel

die Bowling-Kugel

das Stück Zucker

das Aquarium

**2** 👥 Arbeitet zu zweit.
Findet Gegenstände, die die Form eines Quaders haben. Erstellt damit eine Liste.

**3** Entscheide dich für drei Körper aus deinem Klassenzimmer. Beschreibe sie mit mathematischen Fachbegriffen, ohne die Namen der Körper zu verwenden.
👥 Tauscht eure Beschreibungen. Finde die Körper, die deine Partnerin oder dein Partner beschrieben hat. Notiere ihre Namen.

**4** Welche Eigenschaften haben die Körper? Übertrage die Tabelle ins Heft.
Vervollständige die Tabelle. ▶ 4

| Name des Körpers | Anzahl Ecken | Anzahl Kanten | Anzahl Flächen |
|---|---|---|---|
| Würfel | | | |
| Quader | | | |
| Zylinder | | | |

**5** Stell dir vor, du hast einen Würfel aus Schaumstoff. Du kannst ihn mit einem Schnitt in zwei Körper zerschneiden. Was für mathematische Körper können dabei entstehen?

**6** 👥 Baut aus Knetekugeln und Holzstäben eine Pyramide. Schreibt auf, wie viele Ecken, Kanten und Flächen eure Pyramide hat.

**7** Körper können von verschiedenen Seiten betrachtet werden. Die Ansicht **von oben** heißt **Grundriss**.
**Beispiel**

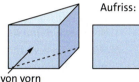

von oben          Grundriss:

Bei welchen mathematischen Körpern ist der Grundriss ein …
a) Quadrat,      b) Kreis,      c) Rechteck?

**8** Körper können von verschiedenen Seiten betrachtet werden. Die Ansicht **von vorne** heißt **Aufriss**.
**Beispiel**

Aufriss:

von vorn

Bei welchen mathematischen Körpern ist der Aufriss ein …
a) Rechteck,      b) Kreis,      c) Dreieck?   ▶ 8

**9** Verwende bei dieser Aufgabe leere Streichholzschachteln. Baue damit Körper, die zu den abgebildeten Ansichten passen.

a) von vorn:           von oben:

b) von vorn:           von oben:

**10** Die abgebildeten Figuren lassen sich zu Körpern zusammenfalten. Ordne jeweils zu, welcher Körper entsteht: Quader, Pyramide oder Zylinder. Begründe.

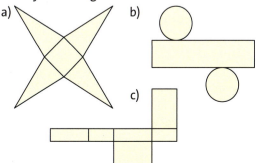

a)          b)

c)

**1** Betrachte die fünf Gegenstände.

die Butter
die Praline
die Kerze
das Smartphone
der Müsli-Riegel

a) Welcher Gegenstand hat die Form eines Würfels?
   Begründe deine Antwort.
b) Welche Gegenstände haben die Form eines Quaders?
   Begründe deine Antwort.

**2** ⚌ Arbeitet zu zweit. Findet Gegenstände, die die Form eines Quaders, eines Zylinders, einer Pyramide, eines Kegels oder einer Kugel haben. Erstellt damit eine Liste.

**3** Vervollständige die Tabelle im Heft.  ▶ **3**

| Name des Körpers | Anzahl Ecken, Spitzen | Anzahl Kanten | Anzahl Flächen |
|---|---|---|---|
| Quader | | | |
| Pyramide | 5 | | |
| Prisma | 6 | | |
| Kegel | | 1 | |
| Kugel | | | 1 |

**4** ⚌ Arbeitet zu zweit. Wählt einen der Körper aus:
Quader, Pyramide, Zylinder, Kegel, Kugel.
Erstellt zu diesem Körper ein Plakat.
Das Plakat soll enthalten:
– Name des Körpers
– ein Bild
– Beispiele für Gegenstände aus dem Alltag mit dieser Form
– Eigenschaften: Anzahl Ecken, Kanten, Flächen, gerade oder gekrümmte Kanten

**5** Welche Körper besitzen folgende Eigenschaften?
a) Mindestens eine Fläche ist quadratisch.
b) Mindestens eine Fläche ist rechteckig.
c) Mindestens eine Fläche ist dreieckig.
d) Mindestens eine Fläche ist kreisförmig.

**6** Auf welche Körper trifft die Aussage zu?
a) Der Körper hat eine Spitze.
b) Der Körper ist rund.
c) Der Körper hat 2 Kreisflächen.
d) Der Körper besteht aus 2 Flächen.
e) Der Körper besteht aus 5 Flächen.

**7** Körper können von verschiedenen Seiten betrachtet werden. Die Ansicht von oben heißt **Grundriss**. Die Ansicht von vorne heißt **Aufriss**.

**Beispiel**

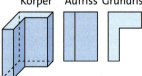

Körper   Aufriss   Grundriss

Zeichne nebeneinander den Grundriss und den Aufriss ...
a) eines Quaders,   b) eines Zylinders,
c) eines Kegels,
d) einer Pyramide mit vier Flächen.  ▶ **6**

**8** Stell dir vor: Ein Zylinder aus Schaumstoff wird in zwei gleich große Körper zerschnitten. Skizziere den Grundriss und den Aufriss eines Teilkörpers, der dabei entstehen kann.

**9** Die abgebildeten Figuren lassen sich zu Körpern zusammenfalten. Gib an, welche mathematischen Körper dabei entstehen. Begründe.

a) 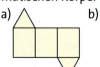   b)    c)

d)    e)    f)

**1** Schaue dir die sechs Gegenstände an.

der Lautsprecher

der Wecker

das 3D-Puzzle

das Buch

die Kerze

die Schachtel

a) Welcher Gegenstand hat die Form eines Würfels?
Begründe deine Antwort.

b) Welche Gegenstände haben die Form eines Quaders?
Begründe deine Antwort.

c) Drei Körper sind keine Quader. Warum?
Weißt du, wie diese Körper heißen?

**2** Welche mathematischen Körper haben ...
a) mindestens 6 Kanten?
b) mindestens 8 Kanten?
c) mindestens 2 gegenüberliegende gleich große Flächen?
d) mindestens 4 rechte Winkel?
e) mindestens 2 Vierecke als Flächen?

**3** Entscheide, ob die folgenden Aussagen wahr sind. Begründe.
a) Ein Quader hat sechs gleich große Flächen.
b) Ein Kegel besteht aus drei Flächen.
c) Kegel und Pyramiden sind Spitzkörper.
d) Es gibt keinen Körper ohne Ecken.
e) Ein Zylinder hat eine Kreisfläche und zwei Rechteckflächen.
f) Alle Flächen sind beim Würfel rechteckig.

**4** Pyramiden können Dreiecke, Vierecke, Fünfecke ... als Grund-fläche haben.
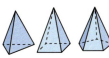
Skizziere freihand eine Pyramide ...
a) mit einem Dreieck als Grundfläche.
b) mit einem Fünfeck als Grundfläche.

**5** Körper können von verschiedenen Seiten betrachtet werden. Die Ansicht von oben heißt **Grundriss**. Die Ansicht von vorne heißt **Aufriss**.
**Beispiel:**   Körper   Aufriss   Grundriss

Zeichne nebeneinander den Grundriss und den Aufriss ...
a) eines Kegels,        b) einer Kugel,
c) eines Prismas mit fünf Flächen,
d) einer Pyramide mit fünf Flächen,
e) eines Quaders, auf dem ein Würfel steht.

**6** Eine Kugel mit dem Durchmesser 6 cm wurde halbiert. Zeichne den Grundriss und den Aufriss der halbierten Kugel.

6 cm

**7** Einige der abgebildeten Figuren lassen sich zu Körpern zusammenfalten. Gib an, bei welchen Figuren das nicht möglich ist. Begründe.

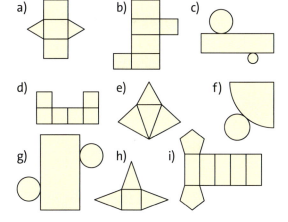

a)        b)        c)

d)        e)        f)

g)        h)        i)

**8** Eine Konservendose soll ein Etikett bekommen. Finde heraus, welche Form das Etikett haben muss. Begründe.

**9** Zeichnen einen großen Viertelkreis auf ein weißes Blatt Papier und schneide ihn aus. Zeige, dass du daraus einen Kegel ohne Boden formen kannst.

# Schrägbilder von Quadern und Würfeln

Schau dir die Gegenstände an. Sie haben die Form von mathematischen Körpern.
Welche Unterschiede gibt es zwischen dem Quader und den anderen Körpern?

der Quader

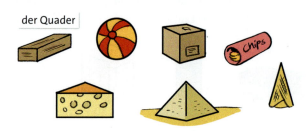

**W** **Quader** und **Würfel** sind Körper mit 6 Flächen, 12 Kanten und 8 Ecken.

Ein **Quader** wird durch Rechtecke begrenzt. Immer zwei gegenüberliegende Rechtecke sind gleich groß. Benachbarte Kanten stehen immer senkrecht aufeinander. Dies gilt auch für benachbarte Flächen.

Ein **Würfel** wird durch Quadrate begrenzt. Alle Quadrate sind gleich groß. Benachbarte Kanten stehen immer senkrecht aufeinander. Dies gilt auch für benachbarte Flächen. Der Würfel ist ein besonderer Quader.

die Ecke
die Kante
die Fläche

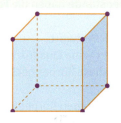

▶ **Aufgabe** Erkläre den Unterschied zwischen Quader und Würfel. ▶ 1 ▶ 1 ▶ 1

Die Längen der Kanten eines Quaders heißen Länge, Breite und Höhe. Wenn du Länge, Breite und Höhe kennst, dann kannst du den Quader zeichnen.

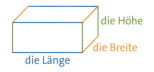

die Höhe
die Breite
die Länge

▶💻 Das Schrägbild eines Quaders zeichnen

**W** Mit einem **Schrägbild** kannst du einen Quader oder einen Würfel darstellen.

Ein Quader ist 4 cm lang, 3 cm hoch und 2 cm breit. So zeichnest du sein Schrägbild:

① Zeichne die Kanten der vorderen Fläche. Die Kanten sind die Länge und die Höhe.

② Zeichne die Hälfte der Breite schräg nach hinten in einem Winkel von 45° ein.

③ Verbinde die Eckpunkte. Strichle die Kanten, die du nicht siehst. Kontrolliere die Kantenlängen.

*Im Heft kannst du die Kante nach hinten genau diagonal durch die Kästchen zeichnen.*

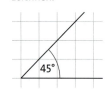

45°

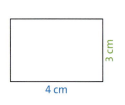

3 cm

4 cm

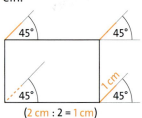

45° 45°

45° 1 cm 45°

(2 cm : 2 = 1 cm)

4 cm

3 cm

3 cm

4 cm

das Schrägbild

▶ **Aufgabe** Ein Quader ist 6 cm lang, 5 cm hoch und 4 cm breit. Zeichne ein Schrägbild. ▶ 5 ▶ 3 ▶ 2

**1** 👥 Baut aus Zahnstochern und Knete einen Würfel.

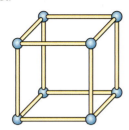

**2** Beschreibe: Welche Eigenschaften hat ein Würfel? Benutze:
acht, Ecke, Kante, Quadrat, sechs, zwölf

**3** Wähle zwischen den zwei blauen Ausdrücken.
Schreibe den richtigen Satz in dein Heft.
a) Ein Quadrat ist eine Fläche/ein Körper.
Es hat acht/vier Ecken und 4 Kanten/Seiten.
b) Ein Quader ist eine Fläche/ein Körper.
Er hat acht/vier Ecken und 12 Kanten/Seiten.
▶ **3**

**4** Übertrage die Zeichnung in dein Heft. Zeichne daraus das Schrägbild eines Würfels.

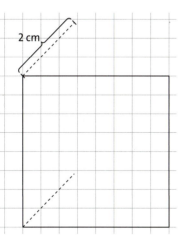

2 cm

**5** Zeichne ein Schrägbild eines Würfels.
a) Eine Kante ist 3 cm lang.
b) Eine Kante ist 50 mm lang.

**6** Kenan soll ein Schrägbild eines Würfels mit der Kantenlänge 44 mm zeichnen.
Vervollständige dazu die Sätze im Heft.
a) Die schräg nach hinten verlaufenden Kanten sind ⚪ lang.
b) Die ⚪ verlaufenden Kanten werden in einem Winkel von 45° gezeichnet. Sie verlaufen ⚪ durch die Kästchen.

**7** Zeichne ein Schrägbild eines Quaders.
Übertrage die Zeichnung ins Heft und ergänze.

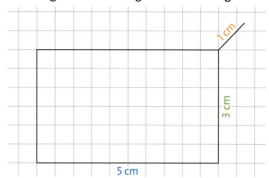

1 cm
3 cm
5 cm

**8** Ein Quader ist 4 cm lang, 3 cm hoch und 2 cm breit.
Tatjana sollte ein Schrägbild zeichnen, aber sie hat zwei Fehler gemacht.
Hilf ihr beim Verbessern.

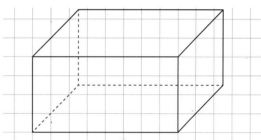

a) Miss nach und beschreibe die Fehler.
b) Zeichne ein richtiges Schrägbild. ▶ **9**

**9** Zeichne ein Schrägbild.
a) Ein Quader ist 5 cm lang, 2 cm hoch und 4 cm breit.
b) Ein Quader ist 2 cm lang, 4 cm hoch und 5 cm breit.
c) Vergleiche deine beiden Schrägbilder. Was fällt dir auf?
d) Zeichne erst für den Quader aus a) und dann für den Quader aus b) …
• den Aufriss (Ansicht von vorn),
• den Grundriss (Ansicht von oben).

**10** Ein Quader hat als Grundriss (Ansicht von oben) ein Rechteck mit a = 6 cm und b = 4 cm.
a) Zeichne ein Schrägbild eines Quaders, das zu diesem Grundriss passt. Gib die Höhe deines Quaders an.
b) Zeichne für deinen Quader den Aufriss (Ansicht von vorn).

▶ 💡 Tipp zu **3** , **4** , **5** , **8**

# Üben ☒

**1** 👥 Baut aus Zahnstochern und Knete verschiedene Quader.

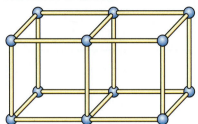

**2** 👥 Einer von euch beschreibt dem anderen einen Würfel. Dann wird gewechselt und der andere beschreibt einen Quader.
Diese Fachbegriffe können euch helfen:
Quadrat, Ecke, gleich lang, Kante, Rechteck, parallel, Fläche, senkrecht ▶ **2**

**3** Schrägbild eines Würfels
a) Übertrage die Zeichnung in dein Heft.
   Zeichne das Schrägbild fertig.

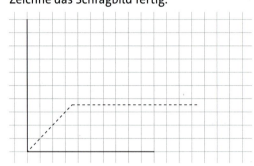

b) Zeichne das gleiche Schrägbild auf einem weißen Blatt Papier. ▶ **5**

**4** Die Kante eines Würfels ist 6 cm lang. Zeichne ein Schrägbild.

**5** Das Schrägbild soll einen Würfel mit der Kantenlänge 3 cm zeigen. Erkläre, welche Fehler dabei gemacht worden sind.

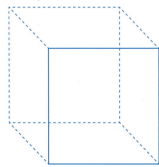

**6** Übertrage die Zeichnung ins Heft. Zeichne daraus ein Schrägbild eines Quaders.

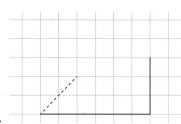

**7** Ein Quader ist 4,5 cm lang, 1,5 cm hoch und 1 cm breit. Das ist Toms Schrägbild:

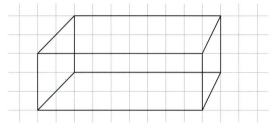

a) Beschreibe, welche Fehler er gemacht hat.
b) Zeichne ein richtiges Schrägbild. ▶ **7**

**8** Besorge dir eine quaderförmige Verpackung, die nicht zu groß ist. Zeichne ein Schrägbild.
Miss zuerst, wie lang die Kanten sind.

**9** Ein Quader hat Kanten, die 7 cm, 4 cm und 2 cm lang sind. Zeichne zwei verschiedene Schrägbilder. Wähle einmal 7 cm als Länge und einmal 4 cm als Länge.

**10** Das ist ein Schrägbild für den Buchstaben F.
a) Wähle einen Buchstaben. Zeichne ein Schrägbild. Die Kantenlängen kannst du selbst wählen.

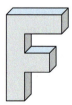

b) Skizziere zu deinem Schrägbild aus a) den Grundriss und den Aufriss.

**11** Ein Körper hat als Grundriss ein Quadrat mit der Kantenlänge 3 cm.
a) Notiere die Maße von drei Quadern, die zu diesem Grundriss passen.
b) Nesrin sagt: „Der Körper kann auch ein Würfel sein." Begründe, dass sie recht hat.
c) Prüfe, ob es auch ein anderer Körper als ein Quader oder ein Würfel sein kann.
   Tipp: Versuche, zur Begründung einen passenden Körper zu skizzieren.

# Üben ⊠

**1** Beschreibe die Gemeinsamkeiten von Würfel und Quader. Finde auch Unterschiede.

**2** Vervollständige das angefangene Schrägbild eines Würfels in deinem Heft.

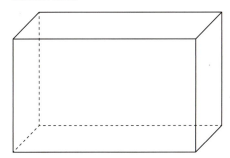

**3** Zeichne das Schrägbild eines Quaders auf ein weißes Blatt Papier. Miss zuerst, wie lang die Kanten sind.

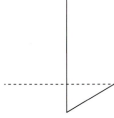

**4** Prüfe, ob die abgebildete Figur zum Schrägbild eines Würfels ergänzt werden kann. Begründe deine Entscheidung.

**5** Zeichne ein Schrägbild des Körpers.
a) ein Würfel mit 6,5 cm langen Kanten
b) ein Quader, der 5,5 cm lang, 2,5 cm breit und 4 cm hoch ist
c) zwei Würfel, die aufeinander stehen und deren Kanten 4 cm lang sind

**6** Diese Schrägbilder sind fehlerhaft.

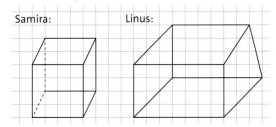

Samira:    Linus:

a) Beschreibe die Fehler in den Schrägbildern.
b) Zeichne die richtigen Schrägbilder ins Heft.

**7** Schokoladenpralinen werden in Verpackungen verkauft, die die Form eines Quaders haben.

Zeichne drei verschiedene Schrägbilder der Verpackung. Bei jedem Schrägbild soll die Verpackung auf einer anderen Fläche liegen.

**8** Denke dir einen einfachen zusammengesetzten Körper aus. Er soll mindestens aus einem Quader und einem Würfel bestehen.
**Beispiel**

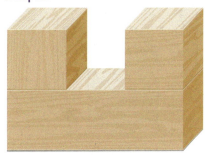

a) Zeichne ein Schrägbild deines Körpers.
b) Zeichne zu deinem Schrägbild den passenden Grundriss und den passenden Aufriss.

**9** Das Bild zeigt drei Ansichten eines Quaders.

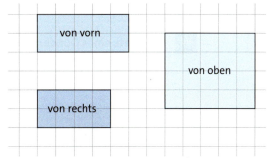

von vorn · von oben · von rechts

a) Ermittle die Maße des Quaders. Tipp: Nutze dabei aus, dass ein Kästchen 5 mm breit ist
b) Zeichne das Schrägbild des Quaders im Maßstab 2:1.

# Netze von Würfeln und Quadern

Nora hat eine Verpackung
aufgeschnitten und
auseinandergefaltet.
Sie hat aufgepasst, dass
alles zusammenhält.
Jetzt kann sie die
Verpackung flach hinlegen.

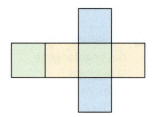

Ein **Netz eines Körpers** entsteht, wenn du den Körper auseinanderfaltest. Das Netz
besteht aus den Flächen des Körpers. Sie hängen zusammen und sind eben aus-
gebreitet. Das Netz kannst du wieder so zusammenfalten, dass der Körper entsteht.

Ein **Netz eines Würfels** besteht aus 6 gleich großen Quadraten.

*Zu einem Körper gibt
es mehrere Netze.
Beispiele für Netze
des gleichen Würfels:*

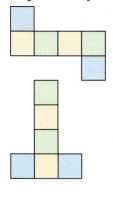

Der Würfel hat eine
Kantenlänge von 4 cm.

das Schrägbild

Nora schneidet den
Würfel auf und faltet
ihn auseinander.

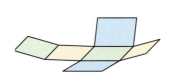

Das **Netz** besteht aus
6 Quadraten. Die Seiten-
länge ist immer 4 cm.

das Netz

► Aufgabe  Zeichne ein Netz eines Würfels auf ein Blatt Papier.
Schneide das Netz aus und falte den Würfel daraus.           ► 2 ► 3 ► 1

Nora hat einen Quader als Verpackung. Sie schneidet die Verpackung auseinander.

**W**  Das **Netz eines Quaders** besteht aus 6 Rechtecken. Jeweils zwei Rechtecke sind gleich
groß. Diese Rechtecke liegen sich beim Quader gegenüber.

Maße in cm

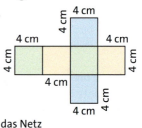

► Aufgabe  Zeichne ein Netz eines Quaders auf ein Blatt Papier.
Schneide das Netz aus und falte den Quader daraus.          ► 5 ► 4 ► 3

**1** 👥 Sammelt leere Verpackungen, die die Form von Würfeln oder Quadern haben.
① Schneidet eine Verpackung entlang einiger Kanten vorsichtig auf.
② Faltet die Verpackung auseinander.
③ Legt die Verpackung auf ein großes Blatt Papier. Zeichnet nun einmal rundherum.
④ Ergänzt die Linien an den geknickten Kanten. So erhaltet ihr ein Netz.

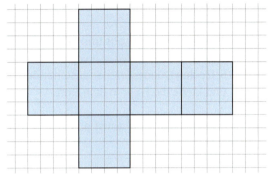

**2** Zeichne das Netz auf ein Blatt Karopapier.

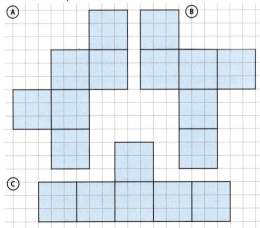

① Schneide das Netz aus. Falte daraus einen Würfel.
② Färbe die gegenüberliegenden Flächen mit der gleichen Farbe.
③ Falte den Würfel wieder auseinander und klebe das Netz in dein Heft. ▶ **4**

**3** Welche Figuren sind Netze von Würfeln?
Tipp: Du kannst die Figuren doppelt so groß abzeichnen, ausschneiden und falten.

Ⓐ Ⓑ Ⓒ

**4** 👥 Die Kanten eines Würfels sind 4 cm lang. Jeder von euch zeichnet ein Netz des Würfels. Vergleicht eure Netze untereinander. Habt ihr verschiedene Netze gezeichnet?

**5** Zeichne das Netz auf ein Blatt Karopapier.

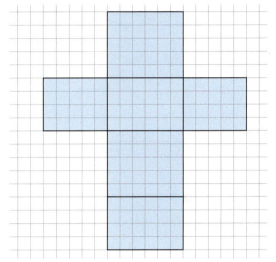

① Schneide das Netz aus. Falte daraus einen Quader.
② Färbe die gegenüberliegenden Flächen mit der gleichen Farbe.
③ Falte den Quader wieder auseinander und klebe das Netz in dein Heft. ▶ **7**

**6** Zeichne ein Netz des Quaders.

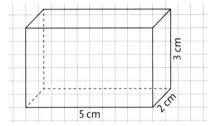

3 cm
5 cm
2 cm

**7** Aus welcher Figur kannst du einen Quader falten? Begründe.

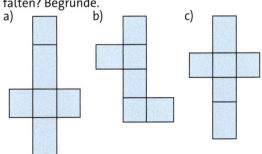

a) b) c)

# Üben ⊠

**1** 👥 Rollt einen Würfel ab. Umfahrt die einzelnen Flächen mit einem Buntstift.

**2** Mit der Vorlage kannst du einen Würfel bauen.

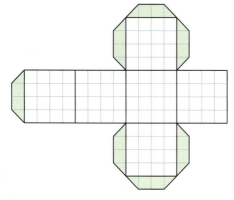

a) Beschreibe, welcher Teil der Figur das Netz des Würfels ist. Beschreibe, wozu die grünen Flächen da sind.

b) ① Übertrage die Figur auf ein Blatt.
② Schneide die Figur aus und falte sie zu einem Würfel.
③ Färbe gegenüberliegende Flächen mit der gleichen Farbe.
④ Klebe den Würfel zusammen.

c) Zeichne ein Schrägbild des Würfels. ▶ **3**

**3** Übertrage die Zeichnung in dein Heft. Lasse ausreichend Platz zwischen den Figuren.

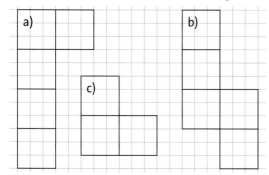

① Ergänze zum Netz eines Würfels.
② 👥 Vergleicht, ob ihr an derselben Stelle ergänzt habt. Findet weitere Möglichkeiten.

**4** Die Kanten eines Würfels sind 3,5 cm lang. Zeichne ein Netz. Färbe gegenüberliegende Flächen in der gleichen Farbe.

**5** Verwende eine leere Verpackung mit der Form eines Quaders.
a) Schneide die Verpackung an den Kanten auseinander und lege sie flach hin.
b) Beschreibe die Verpackung. Nutze die Fachbegriffe: Rechteck, gleich groß, gegenüberliegend.

**6** Die Kanten eines Quaders sind 4 cm, 6 cm und 3,5 cm lang.
① Zeichne ein Netz auf kariertes Papier.
② Färbe gleiche Flächen mit der gleichen Farbe.
③ Schneide das Netz aus und falte es zu einem Quader.
④ Falte den Quader wieder auseinander und klebe die Figur in dein Heft. ▶ **5**

**7** Aus welchen Netzen kannst du einen Quader bauen?

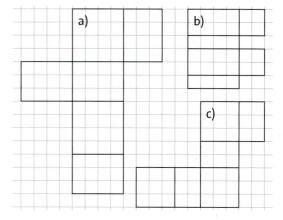

**8** 👥 Jeder zeichnet ein fehlerhaftes Netz eines Quaders auf ein Blatt Papier. Tauscht eure Netze aus. Findet und korrigiert die Fehler.

**9** Die Kanten eines Quaders sind 3 cm, 4 cm und 2 cm lang.
a) Zeichne möglichst viele verschiedene Netze auf kariertes Papier.
b) 👥 Vergleicht und prüft eure Netze. Auf wie viele verschiedene Netze kommt ihr zusammen?

**1** Würfelnetz oder nicht?

① Zeichne sechs Quadrate mit der Seitenlänge 4 cm auf kariertes Papier.

② Schneide die Quadrate aus und lege daraus drei verschiedene Netze.

③ Übertrage die Netze auf kariertes Papier und schneide sie aus.

④ Prüfe, aus welchen Netzen du Würfel falten kannst. Klebe diese Netze in dein Heft.

**2** Bei einem Spielwürfel ergeben die gegenüberliegenden Zahlen immer die Summe 7.

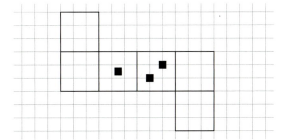

① Zeichne das Netz mit der doppelten Seitenlänge auf ein kariertes Blatt Papier.

② Beschrifte die restlichen Flächen wie bei einem Spielwürfel mit Bleistift.

③ Schneide das Netz aus und falte es zu einem Würfel. Prüfe, ob die Zahlen auf den richtigen Flächen stehen.

**3** Die Kanten eines Würfels sind 4,5 cm lang. Zeichne ein Netz. Färbe gegenüberliegende Flächen in der gleichen Farbe.

**4** Quadernetze finden

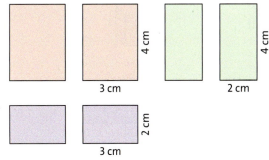

① Zeichne die Rechtecke auf ein Blatt Papier. Schneide sie aus.

② Lege aus den Rechtecken mindestens vier verschiedene Quadernetze.

③ Zeichne die Netze in dein Heft.

④ Zeichne ein Schrägbild des Quaders.

**5** Übertrage die Zeichnung in dein Heft. Lass ausreichend Platz zwischen den Netzen. Ergänze die Zeichnung zu einem Quadernetz.

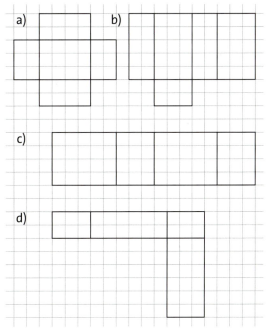

**6** Die Kanten eines Quaders sind 3,5 cm, 4,5 cm und 2,5 cm lang. Zeichne ein Netz auf ein weißes Blatt Papier. Färbe gegenüberliegende Flächen in der gleichen Farbe.

**7** 👥 Das ist das Netz eines Quaders:

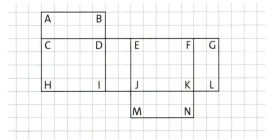

a) Überlegt für jede Ecke, welche Punkte beim Falten aufeinandertreffen.
Schreibt: B trifft auf E.
Zur Kontrolle: Einmal treffen drei Punkte aufeinander und viermal zwei Punkte. Drei Punkte bleiben übrig.

b) Bastelt den Quader mit doppelter Kantenlänge. Prüft, ob ihr die Punkte richtig zugeordnet habt.

## Oberflächeninhalt von Quadern und Würfeln

Ein Geschenk ist in einem Paket verpackt.
Tim findet das langweilig und will das
Paket mit buntem Papier bekleben.
Wie viel Papier braucht Tim?
Wie kann er das herausfinden?

**W** Der **Oberflächeninhalt** O eines Körpers ist der Flächeninhalt seines Netzes.

▶ 🖳 Den Ober-
flächeninhalt eines
Quaders berechnen

Die Oberfläche eines **Quaders** besteht
aus 6 Rechtecken. Der Oberflächeninhalt des Quaders ist der Flächeninhalt
aller 6 Rechtecke zusammen.
Jedes Rechteck kommt zweimal vor.

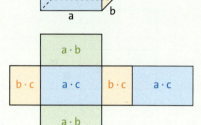

Den Oberflächeninhalt O eines Quaders
berechnest du so:
$O = 2 \cdot a \cdot b + 2 \cdot a \cdot c + 2 \cdot b \cdot c$    oder
$O = 2 \cdot (a \cdot b + a \cdot c + b \cdot c)$

*Flächeninhalt für ein ...
grünes Rechteck a · b
blaues Rechteck a · c
orange Rechteck b · c*

gegeben: Tims Paket ist a = 30 cm lang, b = 60 cm breit und c = 15 cm hoch.
gesucht: Oberflächeninhalt O

$O = 2 \cdot 30\,cm \cdot 60\,cm + 2 \cdot 30\,cm \cdot 15\,cm + 2 \cdot 60\,cm \cdot 15\,cm$
$O = 2 \cdot \quad 1800\,cm^2 \quad + 2 \cdot \quad 450\,cm^2 \quad + 2 \cdot \quad 900\,cm^2$
$O = 3600\,cm^2 \quad\quad + 900\,cm^2 \quad\quad + 1800\,cm^2$
$O = 6300\,cm^2$
Tim braucht 6300 cm² buntes Papier.

*Wie kannst du dir
die Formel für den
Oberflächeninhalt
des Quaders merken?*

$2 \cdot a \cdot b \quad\quad 2 \cdot b \cdot c$
$a = 8; \ b = 4; \ c = 2$
$2 \cdot a \cdot c$

▶ **Aufgabe** Ein Quader hat die Kantenlängen a = 8 cm, b = 4 cm und c = 2 cm.
Berechne den Oberflächeninhalt.

▶ **1** ▶ **1** ▶ **1**

**W** Die Oberfläche eines **Würfels** besteht
aus 6 Quadraten. Der Oberflächeninhalt
des Würfels ist der Flächeninhalt aller
6 Quadrate zusammen.

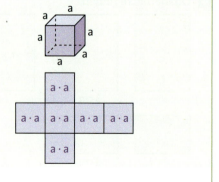

Den Oberflächeninhalt O eines Würfels
berechnest du so:
$O = 6 \cdot a \cdot a$    oder
$O = 6 \cdot a^2$

*Flächeninhalt für ein
lila Quadrat a · a*

gegeben: Würfel mit a = 10 cm
gesucht: Oberflächeninhalt O

$O = 6 \cdot 10\,cm \cdot 10\,cm$
$O = 6 \cdot 100\,cm^2 = 600\,cm^2$     Der Oberflächeninhalt ist 600 cm² groß.

▶ **Aufgabe** Ein Würfel hat die Kantenlänge a = 5 cm.
Berechne den Oberflächeninhalt.

▶ **6** ▶ **7** ▶ **7**

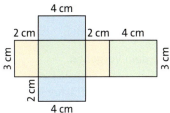
**1** Das ist ein Netz ein Quaders.
Berechne den Oberflächeninhalt des Quaders.

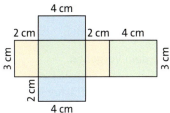

**2** Das ist ein Netz ein Quaders.

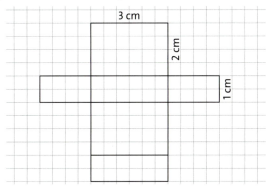

a) Berechne den Oberflächeninhalt des Quaders.

b) Überprüfe dein Ergebnis. Übertrage dazu das Netz in dein Heft und trage Zentimeterquadrate (4 Kästchen = 1 cm²) ein.

**3** Berechne den Oberflächeninhalt des Quaders.
▼ **Beispiel** zu a)

$a = 1\,m; b = 5\,m; c = 7\,m$

$O = 2 \cdot 1\,m \cdot 5\,m + 2 \cdot 1\,m \cdot 7\,m + 2 \cdot 5\,m \cdot 7\,m$

| | Länge a | Breite b | Höhe c |
|---|---|---|---|
| a) | 1 m | 5 m | 7 m |
| b) | 5 m | 4 m | 2 m |
| c) | 9 m | 2 m | 1 m |
| d) | 4 m | 6 m | 8 m |
| e) | 10 m | 4 m | 3 m |

▶ **4**

**4** Luisa möchte einen Schuhkarton mit schwarzer Folie bekleben. Wie viel Folie braucht Luisa?

**5** Ole sollte den Oberflächeninhalt eines Quaders berechnen. Welche Fehler hat er gemacht? Rechne richtig im Heft.

a) $a = 2\,cm; b = 4\,cm; c = 3\,cm;$
$O = 2\,cm + 4\,cm + 3\,cm = 9\,cm$

b) $a = 4\,m; b = 8\,m; c = 5\,m$
$O = 4\,m \cdot 8\,m + 4\,m \cdot 5\,m + 8\,m \cdot 5\,m$
$O = 32\,m + 20\,m + 40\,m = 92\,m$

c) $a = 5\,m; b = 7\,cm; c = 2\,m$
$O = 2 \cdot 5\,m \cdot 7\,m + 2 \cdot 5\,m \cdot 2\,m + 2 \cdot 7\,m \cdot 5\,m$
$O = 70\,m^2 + 20\,m^2 + 70\,m^2 = 160\,m^2$ ▶ **5**

**6** Berechne den Oberflächeninhalt des Würfels.

a)

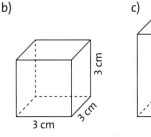

b)     c)

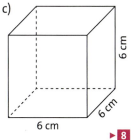

▶ **8**

**7** Berechne den Oberflächeninhalt des Würfels.
a) $a = 4\,cm$     b) $a = 5\,cm$     c) $a = 7\,cm$

**8** Aisha will einen Würfel basteln. Darin möchte sie eine Action-Figur einpacken. Die Kanten des Würfels müssen 6 cm lang sein.
a) Berechne den Oberflächeninhalt des Würfels.
b) Kann Aisha den Würfel aus einem A4-Blatt falten? Probiere es aus.

Wenn du die Ergebnisse von **3** in die richtige Reihenfolge bringst, dann ergibt sich ein Lösungswort.
58 m² (R); 76 m² (A); 94 m² (P); 164 m² (Y); 208 m² (T)

▶ Tipp zu **1**, **2**, **4**, **6**, **8**

**1** Berechne den Oberflächeninhalt des Quaders.

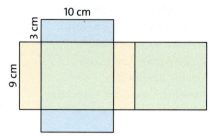

**2** Berechne den Oberflächeninhalt des Quaders.

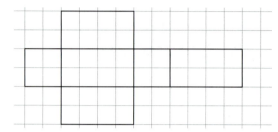

**3** Berechne den Oberflächeninhalt des Quaders.

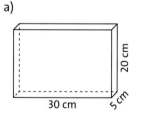

| | Länge a | Breite b | Höhe c |
|---|---|---|---|
| a) | 2 cm | 3 cm | 4 cm |
| b) | 7 m | 2,5 m | 5 m |
| c) | 8 dm | 11 dm | 3 dm |
| d) | 30 mm | 40 mm | 20 mm |

▸ **4**

**4** Welcher der beiden Quader hat den größeren Oberflächeninhalt? Begründe.

a)
b)

**5** Lena will die Kiste von allen 6 Seiten lackieren. Auf der Dose mit Lack steht: für ca. 1 m². Reicht eine Dose? Begründe.

**6** Ein Quader ist a = 8 cm lang und b = 5 cm breit. Sein Oberflächeninhalt beträgt 314 cm². Wie groß ist die Höhe c?

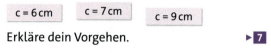

c = 6 cm      c = 7 cm      c = 9 cm

Erkläre dein Vorgehen.   ▸ **7**

**7** Berechne den Oberflächeninhalt des Würfels.

a)                                   b)

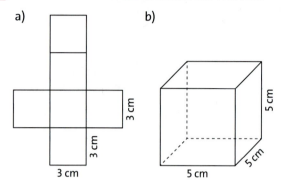

**8** Berechne den Oberflächeninhalt des Würfels.
a) a = 9 cm              b) a = 6,2 cm
c) a = 0,5 mm           d) a = 2,7 m   ▸ **9**

**9** Matti bastelt einen Würfel aus Pappe. Eine Kante soll 7 cm lang sein.
a) Wie viel cm² Pappe braucht Matti?
b) Kann er den Würfel aus einem A4-Blatt Pappe falten?

**10** Die Kanten der Würfel sind 12 cm lang.
① 2 einzelne Würfel (zusammen)   ② Turm aus 2 Würfeln

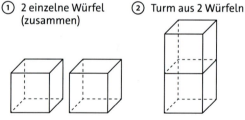

a) Berechne jeweils den Oberflächeninhalt.
b) Vergleiche die beiden Oberflächeninhalte. Begründe den Unterschied.

**11** Vergleiche den Oberflächeninhalt.
a) Würfel mit a = 5 cm und Quader mit a = 5 cm; b = 4 cm und c = 6 cm
b) Würfel mit a = 10 cm und Quader mit a = 10 cm; b = 15 cm und c = 6 cm

**1** Berechne den Oberflächeninhalt des Quaders.

a)

b)

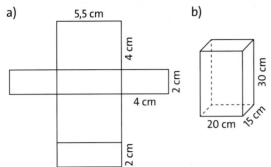

**2** Das Fischstäbchen
▼ ist 10 cm lang,
2 cm breit und
1,5 cm hoch.
Auf wie viel cm² 
wurde **Panade**
aufgetragen?

**3** Berechne den Oberflächeninhalt des Quaders.
Achte auf gleiche Einheiten.

| | Länge a | Breite b | Höhe c |
|---|---|---|---|
| a) | 3,5 cm | 6 cm | 4 cm |
| b) | 4,5 cm | 5,3 cm | 2,6 cm |
| c) | 2 dm | 15 cm | 7 dm |
| d) | 70 mm | 0,4 dm | 0,09 m |

**4** Ein Quader ist a = 3 cm lang, b = 3 cm breit und
c = 5 cm hoch.
a) Berechne den Oberflächeninhalt.
b) Stefano meint: „Ich kann den Oberflächeninhalt dieses Quaders auch mit
$O = 2 \cdot a^2 + 4 \cdot a \cdot c$ berechnen."
Begründe, ob Stefano recht hat.

**5** Ein Quader mit einem Oberflächeninhalt von
68 cm² ist a = 4 cm lang und b = 1 cm breit.
Finde die Höhe c, indem du verschiedene Werte
für c ausprobierst.

**6** 👥 Die Oberfläche eines Quaders beträgt 72 m².
Findet möglichst viele passende Seitenlängen.
Erklärt euer Vorgehen.

**7** Die Kanten eines Würfels sind 12 cm lang.
Berechne den Oberflächeninhalt.

**8** Berechne den Oberflächeninhalt des Würfels.
Rechne zuerst in eine größere Einheit um. Dann
kannst du einfacher rechnen.
**Beispiel:** a = 40 cm; 40 cm = 4 dm;
$O = 6 \cdot 4\,dm \cdot 4\,dm = 96\,dm^2$
$O = 9600\,cm^2$
a) a = 50 dm    b) a = 250 mm   c) a = 1600 cm

**9** Ein Würfel hat einen Oberflächeninhalt
von 294 cm². Wie lang sind die Kanten?
Gehe so vor: Der Würfel hat 6 Quadrate als
Flächen. Überlege, wie groß ein Quadrat ist
und welche Seitenlänge es hat.

**10** Dieses Kästchen
soll gestrichen
werden.
Es ist ein Quader,
der 40 cm lang,
40 cm breit und
20 cm hoch ist.

Der Griff oben ist ein Quader mit a = 5 cm,
b = 4 cm und c = 3 cm.
a) Berechne den Oberflächeninhalt.
b) Das Kästchen soll zweimal gestrichen
werden. 0,02 mℓ Farbe reichen für 1 cm².
Wie viel mℓ Farbe braucht man etwa?

**11** Berechne den Oberflächeninhalt des Körpers.
Beschreibe dein Vorgehen.

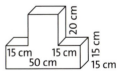

**12** Paul behauptet: „Wenn ich bei einem Würfel
alle drei Kantenlängen verdopple, dann
verdoppelt sich auch der Oberflächeninhalt."
a) Überprüfe diese Behauptung anhand von
drei verschiedenen Würfeln. Wähle zum
Beispiel einen Würfel mit a = 2 cm.
b) Verbessere Pauls Aussage. Begründe.

---

**Sprachhilfe zu 2**: Die **Panade** beim Fischstäbchen ist die Hülle um den Fisch. Sie besteht vor allem aus Semmel-
bröseln, also aus geriebenem trockenen Weißbrot.
► 💡 Tipp zu **10**, **11**

## Volumen und Volumeneinheiten

Ein kleiner roter Würfel hat eine Kantenlänge von
1 cm. Der große blaue Würfel hat eine Kantenlänge
von 10 cm, also 1 dm. Wie oft passt der kleine rote
Würfel in den großen blauen Würfel?

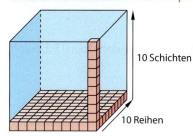

10 Schichten

10 Reihen

*Du kannst das Volumen eines Körpers messen, indem du den Körper mit Würfeln ausfüllst.*

**W**  Das **Volumen** gibt an, wie viel in einen Körper hineinpasst.
**Die Einheiten für das Volumen** sind:

| **Kubikmeter** | **Kubikdezimeter** | **Kubikzentimeter** | **Kubikmillimeter** |
|---|---|---|---|
| $m^3$ | $dm^3$ | $cm^3$ | $mm^3$ |
| Würfel mit | Würfel mit | Würfel mit | Würfel mit |
| 1 m Kantenlänge | 1 dm Kantenlänge | 1 cm Kantenlänge | 1 mm Kantenlänge |

der Müllcontainer        der Zettelblock        der Zuckerwürfel        der Kopf einer Stecknadel

▶ Aufgabe   Gib eine passende Einheit für das Volumen an: Würfel mit der
Kantenlänge 1 cm (Würfel mit der Kantenlänge 1 dm).          ▶ 1 ▶ 1 ▶ 1

*In einen Würfel mit 1 dm Kantenlänge passen 1000 Würfel mit 1 cm Kantenlänge: 10 in der Länge, 10 Reihen, 10 Schichten, also 10 · 10 · 10 = 1000.*

**W**  **Volumeneinheiten umrechnen**       $1\,m^3 = 1000\,dm^3$
Die Umrechnungszahl ist 1000.                         $1\,dm^3 = 1000\,cm^3$
                                                              $1\,cm^3 = 1000\,mm^3$

So rechnest du in die **nächstkleinere**      $mm^3$ ist die nächstkleinere Einheit von $cm^3$.
**Einheit** um: multipliziere mit 1000.       $3\,cm^3 = 3 \cdot 1000\,mm^3 = 3000\,mm^3$

So rechnest du in die **nächstgrößere**       $m^3$ ist die nächstgrößere Einheit von $dm^3$.
**Einheit** um: dividiere durch 1000.         $2000\,dm^3 = 2\,m^3$, denn $2000 : 1000 = 2$

▶ Volumeneinheiten umrechnen mit Umrechnungszahl

Umrechnen mit der **Einheitentabelle**:

| $m^3$ | | | $dm^3$ | | | $cm^3$ | | | $mm^3$ | | | **Beispiel** |
|---|---|---|---|---|---|---|---|---|---|---|---|---|
| H | Z | E | H | Z | E | H | Z | E | H | Z | E | |
| | | | | | 6 | 0 | 0 | 0 | 0 | 0 | 0 | $6\,dm^3 = 6000\,cm^3 = 6\,000\,000\,mm^3$ |
| | | 1 | 4 | 5 | 0 | 0 | 0 | 0 | | | | $1,450\,m^3 = 1450\,dm^3 = 1\,450\,000\,cm^3$ |
| | | | | | | 6 | 0 | 5 | 7 | | | $6\,cm^3\,57\,mm^3 = 6,057\,cm^3 = 6057\,mm^3$ |

▶ Volumeneinheiten umrechnen mit Einheitentabelle

▶ Aufgabe   Rechne um.   a) $9\,m^3 = \blacksquare\,dm^3$   b) $24\,000\,mm^3 = \blacksquare\,cm^3$          ▶ 3 ▶ 2 ▶ 2

**W**  **Volumeneinheiten für Flüssigkeiten** sind:       $3\,\ell = 3000\,m\ell$
**Liter ℓ**   und   **Milliliter mℓ**                     $5\,\ell\,250\,m\ell = 5,250\,\ell = 5250\,m\ell$
$1\,\ell = 1000\,m\ell$                                    $5\,dm^3 = 5\,\ell$
$1\,\ell = 1\,dm^3$                                        $250\,cm^3 = 250\,m\ell$
$1\,m\ell = 1\,cm^3$

▶ Aufgabe   Rechne um.   a) $4\,dm^3 = \blacksquare\,\ell$   b) $240\,cm^3 = \blacksquare\,m\ell$          ▶ 9 ▶ 8 ▶ 6

**1** Übertrage die Sätze in dein Heft.
Trage die Einheit ein.
a) Ein Würfel mit der Kantenlänge 1 m
   hat ein Volumen von 1 ▨.
b) Ein Würfel mit der Kantenlänge 1 ▨
   hat ein Volumen von 1 cm³.

**2** Welche Volumeneinheit passt am besten?
Nutze cm³, dm³ und m³.

a) das Schwimmbecken

b) der Getränke-
   karton

c) die Streichholz-
   schachtel

▶ **2**

**3** Rechne um ...
a) in die nächstkleinere Einheit.
   1 m³; 1 dm³; 1 cm³
b) in die nächstgrößere Einheit.
   1 mm³; 1 cm³; 1 dm³

**4** Ordne von klein nach groß.
a) 1 dm³; 1 mm³; 1 m³; 1 cm³
b) 4 cm³; 4 dm³; 40 cm³; 40 dm³; 400 cm³

**5** Rechne in die nächstkleinere Einheit um.
**Beispiel** 5 m³ = 5 · 1000 dm³ = 5000 dm³
a) Schreibe in dm³: 6 m³; 55 m³; 32 m³
b) Schreibe in cm³: 4 dm³; 43 dm³; 75 dm³
c) Schreibe in mm³: 2 cm³; 26 cm³; 54 cm³

**6** Rechne in die nächstgrößere Einheit um.
**Beispiel**  4000 mm³ = 4 cm³, denn
            4000 : 1000 = 4
a) Schreibe in cm³: 2000 mm³; 3000 mm³;
   71 000 mm³; 85 000 mm³
b) Schreibe in dm³: 5000 cm³; 9000 cm³;
   10 000 cm³; 77 000 cm³
c) Schreibe in m³: 8000 dm³; 6000 dm³;
   22 000 dm³; 94 000 dm³   ▶ **5**

**7** Übertrage die Einheitentabelle in dein Heft.
Ergänze unten vier leere Zeilen.

| m³ | | | dm³ | | | cm³ | | | mm³ | | |
|---|---|---|---|---|---|---|---|---|---|---|---|
| H | Z | E | H | Z | E | H | Z | E | H | Z | E |
|   | 1 | 4 |   |   |   |   |   |   |   |   |   |
|   |   |   |   |   |   |   |   | 9 |   |   |   |
|   |   |   | 7 | 5 | 0 | 0 |   |   |   |   |   |
|   |   |   |   |   |   | 4 | 8 | 7 | 5 |   |   |

a) Lies die vier Einträge laut vor.
b) Rechne die vier Einträge in alle kleineren
   Einheiten um.
   **Beispiel**
   14 m³ = 14 000 dm³ = ▨ cm³ = ▨ mm³
c) Trage in die leeren Zeilen im Heft ein:
   390 dm³; 780 cm³; 50 m³; 20 mm³
   Rechne jeweils in zwei andere Einheiten um.
   Schreibe auch mit Komma.
   **Beispiel** 390 dm³ = 0,390 m³

**8** Zeichne eine Einheitentabelle wie in
Aufgabe 7 in dein Heft. Trage ein und rechne um.
a) 8500 dm³ = ▨ m³ ▨ dm³
b) 79 500 cm³ = ▨ dm³ ▨ cm³
c) 1099 mm³ = ▨ cm³ ▨ mm³
d) 6 m³ 850 dm³ = ▨ dm³
e) 11 cm³ 50 mm³ = ▨ mm³   ▶ **8**

**9** Übertrage ins Heft und rechne um.
a) 25 ℓ = ▨ dm³       b) 240 mℓ = ▨ cm³
c) 4000 mℓ = ▨ ℓ      d) 5 m³ = ▨ ℓ
e) 1 m³ = ▨ mℓ        f) 459 ℓ = ▨ dm³

**10** Sara kauft 1 ℓ Saft.
In das Glas passen
200 cm³.
Wie viele Gläser
kann Sara füllen?

**11** Gib in einer passenderen Einheit an.
a) In den Eimer passen 10 000 mℓ Wasser.
b) In der Tube sind 250 cm³ Sonnencreme.
c) Die Gießkanne ist mit 5 dm³ Wasser gefüllt.

**Tipp zu 11**: Überlege zuerst, welche Einheit du aus dem Alltag kennst: ℓ oder mℓ? Wandle dann um.

**1** Welche Volumeneinheit passt am besten?
a) der Rollkoffer    b) der Container

c) das Stück
Käse

**2** Rechne in die nächstkleinere Einheit um.
**Beispiel** $11\,m^3 = 11 \cdot 1000\,dm^3 = 11\,000\,dm^3$
a) $12\,cm^3 = \blacksquare\,mm^3$    b) $49\,dm^3 = \blacksquare\,cm^3$
c) $780\,m^3 = \blacksquare\,dm^3$    d) $57\,cm^3 = \blacksquare\,mm^3$
e) $60\,dm^3 = \blacksquare\,cm^3$    f) $150\,m^3 = \blacksquare\,dm^3$

**3** Rechne in die nächstgrößere Einheit um.
**Beispiel** $7000\,mm^3 = 7\,cm^3$, denn
$7000 : 1000 = 7$
a) $3000\,mm^3 = \blacksquare\,cm^3$    b) $5000\,cm^3 = \blacksquare\,dm^3$
c) $4000\,dm^3 = \blacksquare\,m^3$    d) $70\,000\,cm^3 = \blacksquare\,dm^3$
e) $180\,000\,mm^3 = \blacksquare\,cm^3$
f) $250\,000\,dm^3 = \blacksquare\,m^3$

**4** Ergänze im Heft die Volumeneinheiten.
a) $8\,dm^3 = 8000\,\bullet = 8\,000\,000\,\bullet$
b) $95\,\bullet = 95\,000\,dm^3 = 95\,000\,000\,\bullet$
c) $12\,000\,000\,\bullet = 12\,000\,\bullet = 12\,m^3$    ▶ **3**

**5** Übertrage die Einheitentabelle in dein Heft.
Ergänze unten vier leere Zeilen.

| m³ | | | dm³ | | | cm³ | | | mm 3 | | |
|---|---|---|---|---|---|---|---|---|---|---|---|
| H | Z | E | H | Z | E | H | Z | E | H | Z | E |
| | | | | 2 | 5 | | | | | | |
| | | | | | | | 4 | 8 | | | |
| | 3 | 5 | | | | | | | | | |
| | | | 6 | 6 | 9 | 0 | 0 | 2 | 5 | 0 | |

a) Lies die vier Einträge laut vor.
b) Rechne die vier Einträge in alle kleineren
Einheiten um.
c) Trage ein und schreibe dann in zwei anderen
Einheiten: $65\,cm^3$; $74\,m^3\,950\,dm^3$;
$50\,dm^3\,752\,cm^3$; $1,9\,cm^3$
**Beispiel** $87\,cm^3 = 87\,000\,mm^3 = 0,087\,dm^3$

**6** Finde zuerst die nächstkleinere Einheit.
Schreibe dann die Größe ohne Komma.
**Beispiel** $6,3\,m^3$; nächstkleinere Einheit $dm^3$
$6,3\,m^3 = 6300\,dm^3$
a) $7,562\,dm^3$    b) $8,39\,cm^3$    c) $9,5\,m^3$
d) $5,04\,cm^3$    e) $1,308\,m^3$    f) $0,75\,dm^3$

**7** Finde zuerst die nächstgrößere Einheit.
Schreibe dann die Größe mit Komma.
**Beispiel** $2635\,dm^3$; nächstgrößere Einheit $m^3$
$2635\,dm^3 = 2,635\,m^3$
a) $1575\,mm^3$    b) $34\,798\,cm^3$
c) $7640\,dm^3$    d) $8300\,cm^3$
e) $964\,mm^3$    f) $62\,dm^3$    ▶ **6**

**8** Rechne in die angegebene Einheit um.
a) $69\,dm^3\,(\ell)$    b) $500\,m^3\,(\ell)$
c) $73\,dm^3\,(m\ell)$    d) $4\,\ell\,(cm^3)$
e) $464\,000\,cm^3\,(\ell)$    f) $19\,\ell\,(cm^3)$

**9** Jannis meint: „In der Packung
sind $200\,cm^3$ Saft."
Hat Jannis recht?
Gehe so vor:
① Rechne $2\,\ell$ in $dm^3$ um.
② Rechne in $cm^3$ um.

**10** Sortiere der Größe nach.

| | |
|---|---|
| $250\,dm^3$ | $20\,500\,000\,cm^3$ |
| $25\,000\,000\,000\,mm\,3$ | $25\,m^3$ |
| $2500\,\ell$ | $25\,000\,m\ell$ |

**11** Elisa hat Einheiten umgerechnet und Fehler
gemacht. Finde die Fehler und korrigiere
im Heft.
a) $400\,cm^3 = 400\,l$    b) $670\,dm^3 = 67\,000\,ml$
c) $3400\,ml = 34\,dm^3$    d) $0,5\,l = 5000\,cm^3$

**12** Betrachte den großen Würfel.
a) Bestimme das
Volumen in $cm^3$
und in $mm^3$.
b) Beschreibe, wie
ein Würfel mit einem
Volumen von
$64\,000\,mm^3$ aussieht.

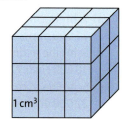

**1** Begründe, welches Volumen stimmt.
(Die Werte sind gerundet.)
a) der Spielwürfel:
3 cm³ oder 15 cm³?
b) der Schrank:
1 m³ oder 27 m³?

c) das Aquarium:
3 dm³ oder 100 dm³?

**2** Rechne um. Vervollständige im Heft.
**Beispiel** 4 000 000 cm³ = 4000 dm³ = 4 m³
a) ▢ cm³ = 9000 dm³ = ▢ m³
b) ▢ mm³ = 16 000 cm³ = ▢ dm³
c) ▢ cm³ = 7500 dm³ = ▢ m³
d) ▢ mm³ = 800 cm³ = ▢ dm³

**3** Übertrage die Einheitentabelle in dein Heft.
Ergänze unten vier leere Zeilen.

| m³ | | | dm³ | | | cm³ | | | mm 3 | | |
|---|---|---|---|---|---|---|---|---|---|---|---|
| H | Z | E | H | Z | E | H | Z | E | H | Z | E |
| | | | | 2 | 6 | 7 | 3 | 5 | | | |
| | | | | | | | 7 | 5 | | | |
| | 3 | 7 | 5 | 0 | 9 | 9 | 8 | | | | |
| | | 1 | 2 | 3 | 4 | 5 | | | | | |

a) Lies die vier Einträge laut vor.
b) Rechne die vier Einträge in alle kleineren Einheiten um.
c) Trage ein und rechne dann in zwei andere Einheiten um: 165 dm³; 74 m³ 25 dm³; 50 dm³ 7 mm³; 4,92 m³

**4** Ein großer Würfel hat ein Volumen von 64 dm³.
Er wird zersägt in kleine Würfel mit einem Volumen von jeweils 8 cm³.
Wie viele kleine Würfel erhält man?

**5** Schreibe ohne bzw. mit Komma.
a) 2,576 dm³
b) 6,025 m³
c) 102,005 cm³
d) 605 cm³ 823 mm³
e) 7 m³ 405 dm³
f) 6 dm³ 25 mm³
g) 0,87 m³
h) 1,3502 dm³

**6** Rechne in die angegebene Einheit um.
a) 40 cm³ (mℓ)
b) 4,5 dm³ (ℓ)
c) 65 m³ (ℓ)
d) 7 m³ (mℓ)
e) 200 mℓ (dm³)
f) 0,25 ℓ (m³)

**7** Samuel möchte das 1-m³-Becken vollständig mit Wasser füllen. Er hat leider nur einen Eimer, in den 10 ℓ passen.
Wie viele Eimer Wasser muss er in das Becken schütten?

**8** Sortiere nach der Größe.
Beginne mit dem kleinsten Volumen.
a) 31 m³; 3100 ℓ; 301 000 000 000 mm³;
31 000 000 cm³; 310 000 dm³
b) 4,5 ℓ; 405 dm³; 450 mℓ; 45 000 cm³;
0,045 m³

**9** Ein großer Tropfen Wasser ist 4 mm³ groß.
a) In eine Badewanne passen 200 ℓ Wasser.
Bestimme die Anzahl der Tropfen Wasser, die in die Badewanne passen.
b) Wie viele Tropfen passen ungefähr in eure Badewanne Zuhause? Schätze zuerst.

**10** Carim hat Einheiten umgerechnet und Fehler gemacht. Finde und korrigiere die Fehler im Heft.
a) *12 ml = 12 dm³*
b) *0,075 l = 7,5 cm³*
c) *9,99 m³ = 999 000 ml*
d) *0,95 dm³ = 95 ml*

**11** Betrachte die „Pyramide".

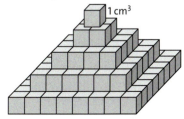

1 cm³

a) Bestimme das Volumen in mm³, in cm³ und in dm³.
b) Beschreibe, wie eine „Pyramide" mit einem Volumen von 221 000 mm³ aussehen kann.

## Volumen von Quadern und Würfeln

Yunus und Daria haben eine Schachtel in der Form eines Quaders und eine Schachtel in der Form eines Würfels. Von der Lehrerin haben sie viele kleine 1-cm³-Würfel erhalten.
Mit den 1-cm³-Würfeln füllen sie beide Schachteln aus. In welche Schachtel passen mehr hinein?

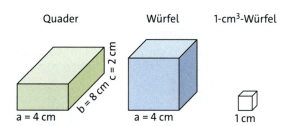

Quader — Würfel — 1-cm³-Würfel

**W** **Das Volumen V eines Quaders**

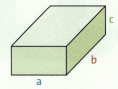

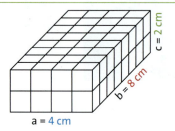

▶ ▭ Das Volumen eines Quaders berechnen

Das **Volumen V** eines Quaders berechnest du so: Multipliziere die drei Kantenlängen.

Volumen = Länge mal Breite mal Höhe
$V = a \cdot b \cdot c$

gegeben: Kantenlängen
$a = 4\,cm$; $b = 8\,cm$; $c = 2\,cm$
gesucht: Volumen V

$V = 4\,cm \cdot 8\,cm \cdot 2\,cm$
$V = 64\,cm^3$

Es passen 64 kleine 1-cm³-Würfel hinein. Die Schachtel hat ein Volumen von $64\,cm^3$.

▶ **Aufgabe** Berechne das Volumen einer quaderförmigen Schachtel mit a = 6 cm, b = 5 cm und c = 3 cm.     ▶1 ▶1 ▶1

*Auch ein Würfel ist ein Quader, nämlich ein Quader mit lauter gleich langen Kanten.*

**W** **Das Volumen V eines Würfels**

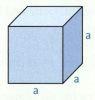

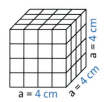

*Die **Mehrzahl** von Volumen ist **Volumina**.*

Das **Volumen V** eines Würfels berechnest du so: Multipliziere die drei Kantenlängen. Alle Kantenlängen sind a.

Volumen = Länge mal Breite mal Höhe
$V = a \cdot a \cdot a$
$V = a^3$

gegeben: Kantenlänge a = 4 cm
gesucht: Volumen V

$V = 4\,cm \cdot 4\,cm \cdot 4\,cm$
$V = 64\,cm^3$

Es passen 64 kleine 1-cm³-Würfel hinein. Die Schachtel hat ein Volumen von $64\,cm^3$. Beide Schachteln haben dasselbe Volumen.

▶ **Aufgabe** Berechne das Volumen einer würfelförmigen Schachtel mit a = 6 cm.     ▶5 ▶3 ▶2

**1** Ein kleiner Würfel ist 1 cm³ groß.
Bestimme das Volumen des Quaders.

a)
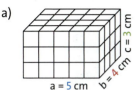
a = 5 cm   b = 4 cm   c = 3 cm

b)
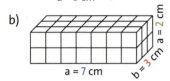
a = 7 cm   b = 3 cm   a = 2 cm

**2** Der grüne Würfel ist 1 m³ groß.
Bestimme das Volumen des großen Quaders.

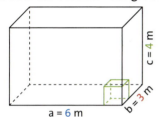
a = 6 m   b = 3 m   c = 4 m

**3** Berechne das Volumen V des Quaders.
a) a = 4 cm; b = 5 cm; c = 6 cm
b) a = 1 cm; b = 5 cm; c = 12 cm
c) a = 6 cm; b = 3 cm; c = 10 cm
d) a = 7 cm; b = 1 cm; c = 7 cm

**4** Berechne das Volumen der beiden Quader.
a) a = 4 cm; b = 6 cm; c = 2 cm
b) a = 2 cm; b = 4 cm; c = 6 cm
c) Vergleiche die Volumina.
   Was fällt dir auf?                    ▶ **3**

**5** Bestimme das Volumen des Würfels.

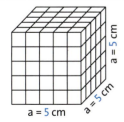
a = 5 cm   a = 5 cm   a = 5 cm

**6** Berechne das Volumen des Würfels.
a) a = 2 cm      b) a = 4 m      c) a = 10 dm
d) a = 8 mm      e) a = 3 cm      f) a = 100 m

**7** Finde das passende Volumen.
Drei Kärtchen bleiben übrig.
a) Quader mit a = 3 cm;
   b = 4 cm und c = 10 cm
b) Würfel mit a = 6 cm
c) Quader, der 8 cm breit,
   2 cm lang; 4 cm hoch ist
d) Würfel mit einer
   Kantenlänge von 10 m

V = 120 cm³
V = 1000 cm³
V = 36 cm³
V = 1200 cm³
V = 1000 m³
V = 216 cm³
V = 64 cm³
                                        ▶ **6**

**8** Ein Container ist 10 m lang, 6 m breit und 2 m
hoch. Bestimme das Volumen.

**9** Jede Kante des
Aquariums ist
4 dm lang.
Es sind 16 Fische
im Aquarium.
a) Wie viel dm³
   Wasser passen ins
   Aquarium?

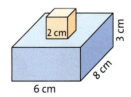

b) Schätze, ob ein Fisch so viel Platz hat wie
   in einem großen Glas (0,5 dm³) ist.
c) Berechne: Wie viel cm³ Platz hat jeder Fisch?
   Vergleiche mit deiner Schätzung aus b).   ▶ **8**

**10** Ein Quader hat ein Volumen von 150 cm³.
Dabei ist a = 5 cm und b = 10 cm.
Bestimme die Länge von c.
Tipp: Du suchst also eine Zahl, für die gilt:
5 cm · 10 cm · ▨ cm = 150 cm³

**11** Bestimme
das Volumen
des Körpers.

2 cm   3 cm   8 cm   6 cm

Gehe so vor:
① Bestimme das Volumen des Würfels.
② Bestimme das Volumen des Quaders.
③ Addiere deine Ergebnisse.

Die Ergebnisse von **3** und **6** findest du unter diesen Zahlen: 8; 27; 49; 60; 64; 120; 180; 512; 1000; 1 000 000

**1** Berechne das Volumen.

a)

$c = 15\,m$; $b = 3\,m$; $a = 4\,m$

b)
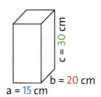
$c = 30\,cm$; $b = 20\,cm$; $a = 15\,cm$

**2** Berechne das Volumen V des Quaders.
 a) $a = 4\,cm$; $b = 5\,cm$; $c = 3\,cm$
 b) $a = 3\,m$; $b = 60\,m$; $c = 12\,m$
 c) $d = 2\,dm$; $e = 20\,dm$; $f = 10\,dm$
 d) $d = 70\,mm$; $e = 2\,mm$; $f = 3\,mm$ ▸**2**

**3** Berechne das Volumen V des Würfels.
 a) $a = 6\,cm$   b) $a = 9\,mm$   c) $a = 1000\,mm$

**4** Berechne das Volumen V des Quaders.
 Achte auf gleiche Einheiten.
 **Beispiel** gegeben: $a = 12\,cm$; $b = 5\,cm$;
       $c = 2\,dm$, also $c = 20\,cm$
       gesucht: V
       $V = 12\,cm \cdot 5\,cm \cdot 20\,cm = 1200\,cm^3$
 a) $a = 1\,dm$; $b = 5\,cm$; $c = 7\,cm$
 b) $a = 3\,m$; $b = 70\,dm$; $c = 5\,m$
 c) $d = 5\,cm$; $e = 9\,cm$; $f = 200\,mm$

**5** Berechne das Volumen des Quaders.
 Prüfe zuerst, ob der Quader ein Würfel ist.

|    | Kante a | Kante b | Kante c |
|----|---------|---------|---------|
| a) | 10 cm   | 1000 mm | 1 dm    |
| b) | 20 cm   | 2 dm    | 0,2 m   |
| c) | 400 mm  | 40 cm   | 4 dm    |
| d) | 0,8 m   | 80 dm   | 800 cm  |

**6** Ein Blumenkasten ist 55 cm lang, 12 cm breit
 und 15 cm hoch. Der Sack Blumenerde enthält
 20 Liter (also $20\,000\,cm^3$).

 Reicht ein Sack Blumenerde aus, um zwei
 Blumenkästen zu füllen?

**7** In Japan werden würfelförmige Melonen
 verkauft. Eine Kante ist etwa 20 cm lang.

 a) Berechne das Volumen.
 b) Verschickt werden die Melonen in Kartons
    mit $l = 80\,cm$ Länge, $b = 60\,cm$ Breite und
    $h = 40\,cm$ Höhe.
    Wie viele Melonen passen dort hinein? ▸**5**

**8** Ein Quader hat das Volumen $V = 120\,cm^3$ und
 die Kantenlängen $a = 2\,cm$ und $b = 6\,cm$.
 Simone soll die Kantenlänge c bestimmen.
 Sie rechnet so:
 *$120 : 2 = 60$;     $60 : 6 = 10$*
 *Die Kante c ist 10 cm lang.*
 a) Prüfe, ob Simones Lösung stimmt.
 b) Erkläre Simones Vorgehen.

**9** Ein Quader hat das Volumen $V = 240\,cm^3$.
 Seine Kanten sind $a = 10\,cm$ und $b = 4\,cm$ lang.
 Berechne die Länge der Kante c.

**10** Ein Würfel hat ein Volumen von $125\,m^3$.
 Wie lang ist eine Kante?
 Du suchst also die Kantenlänge a, für die gilt:
 $a \cdot a \cdot a = 125\,m^3$

**11** Bestimme das Volumen des Körpers.
 Fertige eine Skizze an und zerlege ihn dazu in
 Quader und Würfel. Berechne dann jeweils
 einzeln das Volumen und addiere die Ergebnisse.

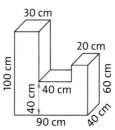
30 cm
20 cm
100 cm
40 cm
60 cm
90 cm
40 cm

Hinweis zu **2**: Die Kantenlängen können auch anders heißen als a, b und c.
Die Ergebnisse von **2**, **3** und **4** findest du hier: 60; 105; 216; 350; 400; 420; 729; 900; 2160; 1 000 000 000

**1** Berechne das Volumen.

a)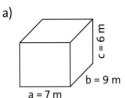

b)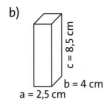

**2** Berechne das Volumen des Würfels.
a) a = 11 cm  b) a = 2,5 cm

**3** Ordne die Körper nach der Größe ihres Volumens.

Würfel mit a = 12 cm

Quader mit a = 12 cm; b = 30 cm; c = 5 cm

Würfel mit a = 13 cm

Quader mit d = 20 cm; e = 16 cm; f = 6 cm

**4** Prüfe zuerst, ob der Quader ein Würfel ist. Berechne dann das Volumen.
**Beispiel** gegeben: a = 40 cm; b = 4 dm;
c = 0,4 m , also a = 4 dm; c = 4 dm
Es ist ein Würfel mit a = 4 dm.
gesucht: V
$V = 4\,dm \cdot 4\,dm \cdot 4\,dm = 64\,dm^3$
a) a = 8 dm; b = 80 cm; c = 0,8 m
b) l = 30 cm; b = 3 dm; h = 3 m
c) a = 9000 mm; b = 9 m; c = 90 dm

**5** Berechne die fehlende Kantenlänge des Quaders.
**Beispiel**
gegeben: $V = 60\,cm^3$; a = 3 cm; b = 4 cm;
gesucht: c
Rechnung: $3\,cm \cdot 4\,cm \cdot \ c \ = 60\,cm^3$
$12\,cm^2 \ \cdot \ c \ = 60\,cm^3$
$12\,cm^2 \ \cdot 5\,cm = 60\,cm^3$
also c = 5 cm

| | a | b | c | V |
|---|---|---|---|---|
| a) | 8 cm | 2 cm | | 64 cm³ |
| b) | 40 dm | | 5 dm | 600 dm³ |
| c) | | 1,5 m | 4 m | 48 m³ |
| d) | 600 cm | | 50 dm | 210 m³ |

**6** Gib die Kantenlängen von drei Quadern an, die ein Volumen von 24 cm³ haben. Beschreibe dein Vorgehen.

**7** Die Kanten eines Würfels sind 3 cm lang.
a) Berechne das Volumen.
b) Verdopple die Kantenlänge und berechne dann das Volumen. Beschreibe, wie sich das Volumen verändert hat.
c) Ergänze den Satz in deinem Heft:
Wenn man die Kantenlänge eines Würfels verdreifacht, dann ⬤ sich das Volumen.

**8** Ein Waschmittel-Karton ist 25 cm lang, 12,5 cm breit und 34 cm hoch. Das Waschpulver im Karton steht nicht bis ganz oben zum Deckel.

a) Berechne das Volumen des Kartons.
b) Im Karton sind 10 Liter (also 10 000 cm³) Waschpulver. Bestimme, wie hoch das Waschpulver steht.

**9** Ein Trinkpäckchen hat die Form eines Quaders. Es ist 71 mm lang, 31 mm breit und 83 mm hoch.
Passen 330 mℓ in das Trinkpäckchen?

**10** Erik hat eine Figur mit einem 3-D-Drucker hergestellt. Die Figur besteht nur aus Quadern.
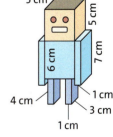
a) Aus welchen sechs Quadern besteht die Figur? Gib ihre Maße an. Bestimme das Volumen der Figur.
b) Erik will die Figur in einen Karton packen. Welches Volumen muss der Karton mindestens haben?
c) Wie viel cm³ des Kartons kann Erik noch mit Watte füllen, um die Figur zu schützen?

Die Ergebnisse von **3** und **4** findest du unter diesen Zahlen:
270; 512; 729; 1728; 1800; 1920; 2197

💡 Tipp zu **7**, **8**, **9**

| Kompetenz |  |
|---|---|

**1** Ich kann die Eigenschaften von Würfeln und Quadern beschreiben.

→ Lies auf **Seite 136** nach.

**1** Bilde drei richtige Sätze in deinem Heft.

Ein Quader hat …   6   Ecken   4   quadratische Flächen   12   Ein Würfel hat …   Kanten

---

**2** Ich kann Schrägbilder von Quadern und Würfeln zeichnen.

→ Lies auf **Seite 140** nach.

**2** Übertrage die Zeichnung ins Heft. Ergänze sie zum Schrägbild eines Quaders.

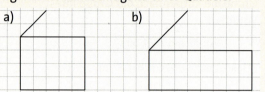

---

**3** Ich kann Netze von Quadern und Würfeln zeichnen.

→ Lies auf **Seite 144** nach.

**3** Übertrage die Zeichnung ins Heft. Ergänze sie zu einem Netz.
a) Würfel      b) Quader

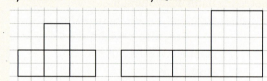

---

**4** Ich kann den Oberflächeninhalt von Quadern und Würfeln berechnen.

→ Lies auf **Seite 148** nach.

**4** Berechne den Oberflächeninhalt.

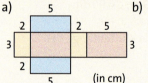 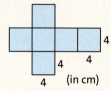

---

**5** Ich kann ein Volumen in andere Einheiten umrechnen.

→ Lies auf **Seite 152** nach.

**5** Ergänze im Heft. Rechne in die angegebene Einheit um.
a) $2\,\text{dm}^3 = \blacksquare\ \text{cm}^3$      b) $3000\,\text{mm}^3 = \blacksquare\ \text{cm}^3$
c) $15\,\text{m}^3 = \blacksquare\ \text{dm}^3$      d) $2\,\ell = \blacksquare\ \text{m}\ell$

---

**6** Ich kann das Volumen von Quadern und Würfeln berechnen.

→ Lies auf **Seite 156** nach.

**6** Berechne das Volumen.

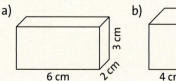

→ Lösungen auf Seite 266

☒

**1** Ergänze die Sätze im Heft.
Ein Quader und ein Würfel haben beide
● Flächen. Die Flächen eines Quaders sind ●
und die Flächen eines Würfels sind ●.
Außerdem haben Quader und Würfel immer ●
Ecken und ● Kanten.

**2** Zeichne das Schrägbild auf kariertes
Papier.
a) Würfel mit der Kantenlänge 4 cm
b) Quader mit den Kantenlängen
6 cm; 3 cm und 4 cm

**3** Zeichne ein Netz auf kariertes Papier.
a) Würfel mit der Kantenlänge 4 cm
b) Quader mit den Kantenlängen
4 cm; 2 cm und 3 cm

**4** Berechne den Oberflächeninhalt.
a) Quader mit a = 6 cm; b = 4 cm und c = 5 cm
b) Würfel mit a = 70 mm

**5** Ergänze im Heft. Rechne um.
a) 3000 dm³ = ■ m³     b) 12 cm³ = ■ mm³
c) 4500 cm³ = ■ dm³    d) 73 dm³ = ■ ℓ
e) 3 dm³ = ■ ℓ         f) 50 ℓ = ■ mℓ

**6** Berechne das Volumen.
a) Quader mit a = 5 cm; b = 3,2 cm und c = 4 cm
b) Würfel mit a = 5 cm

☒

**1** Beschreibe Gemeinsamkeiten und Unterschiede von Quadern und Würfeln.
Betrachte die Flächen und die Kantenlängen.

**2** Zeichne das Schrägbild auf ein weißes Blatt
Papier.
a) Würfel mit der Kantenlänge 6,4 cm
b) Quader mit den Kantenlängen
9 cm; 4,8 cm und 8,8 cm

**3** Zeichne ein Netz auf ein weißes Blatt Papier.
a) Würfel mit der Kantenlänge 3,5 cm
b) Quader mit den Kantenlängen
3,5 cm; 2,5 cm und 1,5 cm

**4** Berechne den Oberflächeninhalt.
a) Quader mit a = 5,5 cm; b = 20 mm und c = 4 cm
b) Würfel mit a = 2,5 cm

**5** Rechne in die angegebene Einheit um.
a) 200 dm³ (mm³)      b) 3500 mm³ (cm³)
c) 2,1 cm³ (mm³)      d) 15 400 cm³ (ℓ)
e) 350 mℓ (ℓ)         f) 6800 mℓ (dm³)

**6** Berechne die gesuchte Größe.
a) Quader: a = 1,4 cm; b = 6 cm; c = 3 cm; V = ?
b) Würfel: a = 400 cm; V = ?
c) Quader: V = 36 m³; a = 2 m; b = 6 m; c = ?

→ Lösungen auf Seite 266, 267 und 268

Die Aufgaben kannst du auch digital machen. ▸ 🖐

# Mit Trinkpäckchen experimentieren

Bringt viele verschiedene Trinkpäckchen mit in die Schule.

**1** 👥 Ihr benötigt mehrere gleiche Trinkpäckchen.
Stellt verschiedene Netze her.
Geht so vor:
① Trinkt die Trinkpäckchen erst aus. Schmeckt es?
② Schneidet ein Trinkpäckchen entlang der Kanten auf.
③ Breitet dann das Netz aus.
④ Nehmt ein neues Trinkpäckchen und schneidet die Kanten anders auf.
  Bei welchem Netz könnt ihr euch den Quader gut vorstellen?
  Bei welchem Netz könnt ihr euch den Quader kaum vorstellen?

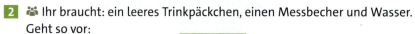

**2** 👥 Ihr braucht: ein leeres Trinkpäckchen, einen Messbecher und Wasser.
Geht so vor:

a) ① Messt die Kantenlängen.
② Berechnet das Volumen.

b) ① Schneidet den Deckel ab. Füllt Wasser bis zum Rand.
② Kippt das Wasser in den Messbecher. Lest die Menge ab.

c) Vergleicht das berechnete Volumen aus a) und das Volumen im Messbecher aus b).
Vergleicht dann mit der Volumenangabe auf der Packung. Gibt es Unterschiede?
Wie könnt ihr diese erklären?

**3** 👥 Die beiden Figuren Ⓐ und Ⓑ sind aus gleichen Trinkpäckchen zusammengesetzt.

Ⓐ     Ⓑ

Falls ihr nicht so viele Trinkpäckchen habt, könnt ihr mit diesen Zahlen rechnen.
10 cm  5 cm  8 cm

a) Baut die Figuren Ⓐ und Ⓑ mit euren Trinkpäckchen nach. Messt die Kantenlängen der Figuren.
b) Bestimmt das Volumen der Figuren. Vergleicht.
c) Kaja meint, beide Figuren haben denselben Oberflächeninhalt. Überprüft Kajas Meinung.
d) Ordnet die vier Trinkpäckchen anders an. Zeichnet ein Schrägbild.
  Berechnet dann Volumen und Oberflächeninhalt. Vergleicht eure Ergebnisse in der Klasse.

**4** 👥 Überlegt euch eine Fantasie-Figur aus Trinkpäckchen und anderen Verpackungen.
Zeichnet eine Skizze. Legt dann eine Tabelle an und füllt sie aus.

| Teil | Körper | Maße | Oberflächeninhalt | Volumen |
|------|--------|------|-------------------|---------|
| Bauch | 1 Quader | 40 cm × 12 cm × 8 cm | | |
| Beine | 5 Quader | 6 cm × 4 cm × 8 cm | | |
| Augen | 3 Würfel | 6 cm × 6 cm × 6 cm | | |
| Hals/Kopf | 2 Quader | 24 cm × 6 cm × 6 cm | | |

Das dreiäugige Giraffen-Monster
gebaut von: Tina, Hamit, Andras
besteht aus: 8 Quadern, 3 Würfeln
Volumen: fast 9000 cm³
Oberflächeninhalt: über 400 000 cm²

Denkt euch einen Namen aus.
Erstellt einen Steckbrief.
🖐 Stellt eure Figur in der Klasse vor.

**1** Finde die nächstkleinere Einheit.
Rechne in diese Einheit um.
**Beispiel** 4 dm³, nächstkleinere Einheit: cm³;
4 dm³ = 4 · 1000 cm³ = 4000 cm³
a) 7 dm³     b) 25 cm³     c) 212 m³
d) 5 ℓ       e) 1,375 dm³  f) 0,98 m³

**2** Finde die nächstgrößere Einheit.
Rechne in diese Einheit um.
**Beispiel** 4000 dm³, nächstgrößere Einheit: m³;
4000 dm³ = 4 m³, denn 4000 : 1000 = 4
a) 5000 cm³         b) 16000 dm³
c) 2000 mm³         d) 6000 mℓ
e) 3600 cm³         f) 956 mm³

**3** Ordne die Einheiten richtig zu:
mm²; m; cm³; dm; m³; m²
Schreibe in Sätzen. Die Einheiten für die
Kantenlänge sind …

> Kantenlänge          Oberflächeninhalt

> Volumen

**4** Die Kantenlänge des
Würfels ist a = 3 cm.
a) Zeichne ein Netz.
b) Berechne den
   Oberflächeninhalt.
c) Berechne das
   Volumen.

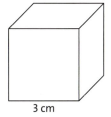

3 cm

**5** Hier siehst du ein Netz eines Quaders.

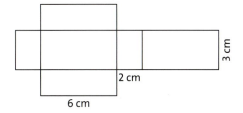

3 cm
2 cm
6 cm

a) Zeichne ein Schrägbild.
b) Berechne den Oberflächeninhalt.
c) Berechne das Volumen.          ▶ **5**

**6** Geht es um den Oberflächeninhalt oder
um das Volumen?
a) Jan füllt ein Glas mit Wasser.
b) Marta wickelt eine Schachtel in Papier ein.
c) Frau Yun streicht ein Brett.

**7** Ein Schwimmbecken ist 25 m lang, 10 m breit
und 2 m tief.
a) Berechne das Volumen in m³.
b) Das Schwimmbecken ist bis zum Rand mit
   Wasser gefüllt. Wie viel Liter Wasser sind
   das? (Hinweis: 1 m³ sind 1000 ℓ.)     ▶ **8**

**8** Annas Eltern wollen ein Haus bauen. Zuerst
gräbt ein Bagger eine Grube für den Keller.

Die Grube hat die Form eines Quaders. Die
Grube ist 12 m lang, 13 m breit und 3 m tief.
Berechne, wie viel m³ Erde der Bagger
ausgraben muss.

**9** 👥 Frau Jeschinow möchte an einer Seite
ihrer Terrasse eine Mauer bauen.
Dafür kauft sie Ziegelsteine.

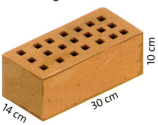

10 cm
30 cm
14 cm

Die Mauer sieht so aus:

Berechnet das Volumen der Mauer auf zwei
verschiedenen Wegen.
Einer wählt Weg ①, der andere wählt Weg ②.
Vergleicht dann eure Ergebnisse.
• Weg ①: Bestimme zuerst, aus wie vielen
  Ziegelsteinen die Mauer besteht. Berechne
  dann das Volumen eines Ziegelsteins.
  Multipliziere mit der Anzahl der Ziegelsteine.
• Weg ②: Bestimme die Länge, die Breite und
  die Höhe der Mauer. Berechne dann das
  Volumen der Mauer.

**1** Rechne in die nächstgrößere und die nächstkleinere Einheit um.

**Beispiel** $5000\,dm^3$

$5000\,dm^3 = 5\,m^3$ und

$5000\,dm^3 = 5\,000\,000\,cm^3$

a) $3000\,cm^3$      b) $6400\,dm^3$

c) $850\,dm^3$      d) $92\,cm^3$

**2** Ergänze die Tabelle in deinem Heft.

| Größe | Einheiten |
|---|---|
| Kantenlänge | mm; … |
| Oberflächeninhalt | mm²; … |
| Volumen | mm³; … |

**3** Ein Quader ist 7,5 cm lang; 2,5 cm hoch und 4 cm breit.
a) Zeichne ein Schrägbild.
b) Berechne das Volumen.
c) Zeichne ein Netz.
d) Berechne den Oberflächeninhalt.

**4** Die Kanten eines Würfels sind 4,6 cm lang.
a) Zeichne ein Netz.
b) Berechne den Oberflächeninhalt.
c) Zeichne ein Schrägbild.
d) Berechne das Volumen.     ▶ **5**

**5** Begründe, ob das Volumen oder der Oberflächeninhalt gesucht wird.
a) Ein Zaun wird gestrichen.
b) Ein Buch wird in Geschenkpapier gewickelt.
c) Der Sandkasten wird neu mit Sand gefüllt.

**6** Bestimme die fehlenden Werte.

| Größe | a) | b) | c) | d) |
|---|---|---|---|---|
| a | 6 cm | 4 dm | 16 m | |
| b | 9 cm | 4 dm | 2 m | 5 cm |
| c | 11 cm | 7 dm | | 5 cm |
| O | | | | 150 cm² |
| V | | | 160 m³ | |

**7** Eine quaderförmige Baugrube ist 10 m lang, 8 m breit und 4 m tief.
Sie läuft voll mit Wasser.
Berechne die Menge des Wassers in m³, in dm³ und in ℓ, die in die Baugrube passt.

**8** Schätze erst die Kantenlängen. Berechne dann den Oberflächeninhalt und das Volumen. Beschreibe, was die Größen bedeuten.
a) Fischstäbchen

b) Blechkuchen

▶ **8**

**9** Yassin hat ein Aquarium.

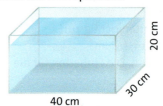

a) Berechne das Volumen des Aquariums in m³, in dm³ und in ℓ.
b) Das Aquarium ist bis 5 cm unter dem Rand mit Wasser gefüllt. Bestimme, wie viel Liter Wasser im Aquarium sind.
c) Yassin meint: „Man braucht 5200 cm² Glas, um das Aquarium zu bauen."
Begründe, ob Yassins Aussage stimmt.

**10** Der Laderaum eines Lasters hat die Form eines Quaders.
Er ist 12 m lang, 2,50 m breit und 3 m hoch.

a) Skizziere den Laderaum. Schreibe die Maße an die passenden Kanten.
b) Berechne das Volumen des Laderaums.
c) Der Laderaum besteht oben, an den Seiten und hinten aus Metall. Wie viel m² sind das?
d) In dem Laster werden Kühlschränke transportiert. Ein verpackter Kühlschrank ist 1,20 m hoch, 60 cm lang und 50 cm breit. Schätze, wie viele Kühlschränke in den Laster passen. Berechne dann.

**1** Rechne in zwei andere Einheiten um.
a) $4{,}035\,dm^3$   b) $40\,\ell$   c) $10{,}09\,cm^3$
a) $14{,}5\,cm^3$   e) $0{,}625\,m^3$   f) $3\,dm^3\,4\,cm^3$

**2** Begründe, ob das Volumen oder der Oberflächeninhalt gesucht wird.
a) Ein Brett wird lackiert.
b) Cornflakes werden in den Karton gefüllt.
c) Eine Vase wird in Papier eingewickelt.
d) 👥 Überlegt euch Beispiele, in denen entweder das Volumen oder der Oberflächeninhalt von Quadern gesucht ist.

**3** Zeichne auf ein weißes Blatt Papier
a) ein Schrägbild eines Quaders, der 7 cm lang, 4 cm breit und 3 cm hoch ist.
b) ein Netz eines Quaders mit a = 3,5 cm; b = 4,5 cm und c = 6 cm.
c) ein Schrägbild eines Würfels mit der Kantenlänge a = 5 cm.
d) ein Netz eines Würfels mit a = 2,5 cm.

**4** Berechne ...
a) das Volumen eines Quaders mit a = 2 cm; b = 5,5 cm und c = 4 cm.
b) den Oberflächeninhalt eines Würfels mit a = 8,3 dm.
c) das Volumen eines Würfels mit a = 21 m.
d) den Oberflächeninhalt eines Quaders mit a = 21 mm; b = 15 mm und c = 18 mm.

**5** Svenja überlegt:
„Wenn das Volumen eines Würfels in $m^3$ angegeben wird, dann wird die Kantenlänge in m angegeben. Der Oberflächeninhalt wird dann in $m^2$ angegeben.
Wie ist es aber, wenn das Volumen des Würfels in $\ell$ angegeben wird?"
Beantworte Svenjas Frage.

**6** Bestimme die fehlenden Werte.

| Größe | a) | b) | c) |
|---|---|---|---|
| a | 6,6 cm | | 6 m |
| b | 5,2 cm | 2 cm | 3 m |
| c | 2,9 cm | 1,5 dm | |
| O | | | 126 m² |
| V | | 90 cm³ | |

**7** Das Schwimmbecken mit dem Sprungturm ist 20 m lang, 12 m breit und 5 m tief.
Das Wasser reicht bis 25 cm unter den Rand.

a) Berechne das Volumen des Wassers in $m^3$.
b) Das Becken wird komplett neu gefüllt.
   Die Pumpe füllt $500\,\ell$ in der Minute.
   Berechne die Zeit, bis das Becken wieder gefüllt ist.
c) Als das Becken leer war, wurden die Wände und der Boden gereinigt. Berechne die Größe der Fläche, die gereinigt wurde.

**8** Dieser Block aus Stahl hat ein durchgängiges Loch.

a) Berechne das Volumen des Blocks.
b) $1\,m^3$ Stahl wiegt 8000 kg.
   Berechne das Gewicht des Stahlblocks.
c) Berechne den Oberflächeninhalt.
   Beachte, dass du auch die Flächen im Loch hinzufügen musst.

**9** Hier sind Verpackungen von Kosmetikartikeln:

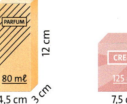 

a) Schätze, welche der beiden Verpackungen das größere Volumen hat.
b) Bestimme das Volumen jeder Verpackung.
c) Vergleiche jeweils das Volumen mit der Angabe auf der Verpackung.
d) Wenn die Verpackung mehr als ein Drittel Luft enthält, dann nennt man das „Mogelpackung". Bestimme, welche der beiden Verpackungen eine Mogelpackung ist.

# Im Schuhgeschäft

Im Schuhgeschäft werden Schuhe in Schuhkartons nach der Art und nach der Schuhgröße sortiert.

**A** Die Schuhkartons werden mit einem Lkw transportiert.
Es passen 30 Kartons hintereinander, 20 Kartons nebeneinander und 20 Kartons übereinander. Berechne die Anzahl der Kartons und der Schuhe im Lkw.

**B** Ein Schuhkarton für Kinderschuhe ist 20 cm breit und 25 cm lang. Die Höhe des Schuhkartons beträgt 10 cm. Berechne das Volumen.

**C** Zeichne einen Karton für ein Pflegemittel als Schrägbild. Der Karton soll 4 cm breit, 5 cm lang und 2 cm hoch sein.

**D** Auseinandergeklappt sieht ein Schuhkarton (ohne Deckel) so aus.

Boden

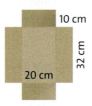

10 cm

32 cm

20 cm

Gib an, wie hoch, wie breit und wie lang der Schuhkarton ist. Berechne den Oberflächeninhalt des Kartons (ohne Deckel).

**E** Ein Schuhregal ist 80 cm hoch, 5 m lang und 50 cm breit. Bestimme, wie viele Kartons mit den Maßen 30 cm (Länge), 20 cm (Breite) und 10 cm (Höhe) nebeneinander hineinpassen. Überlege, wie du die Kartons am besten anordnen kannst.

**F** Eine Palette mit Schuhkartons wird für den Transport vorbereitet. Die Kartons werden seitlich mit Folie umwickelt. Ein einzelner Schuhkarton ist 13 cm breit, 20 cm lang, 10 cm hoch. Schätze, ob mehr als 1 m² Folie benötigt wird. Berechne dann genau.

**1** Zeichne zuerst ein Netz. Berechne dann den Oberflächeninhalt.
a) Quader mit a = 4 cm; b = 2 cm und c = 3 cm
b) Würfel mit a = 2 cm

**2** Zeichne zuerst ein Schrägbild in dein Heft. Berechne dann das Volumen.
a)
b) Würfel mit der Kantenlänge a = 2 cm

**3** Ergänze im Heft. Rechne um.
a) 3 dm³ = ▨ cm³
b) 2000 mm³ = ▨ cm³
c) 32 000 cm³ = ▨ dm³

**4** Geht es um das Volumen oder um den Oberflächeninhalt?
a) Helena füllt ihr Aquarium mit frischem Wasser.
b) Jan packt ein Geschenk in Geschenkpapier ein.

**5** Ein Schwimmbecken ist 10 m lang, 8 m breit und 3 m tief. Berechne das Volumen.

**6** Ordne zu.

Würfel mit a = 4 cm

Quader mit a = 5 cm, b = 6 cm und c = 7 cm

Würfel mit a = 6 cm

V = 216 cm³    O = 96 cm²

V = 210 cm³

---

**1** Zeichne zuerst ein Netz. Berechne dann den Oberflächeninhalt.
a) Quader mit a = 3 cm; b = 5 cm und c = 2 cm
b) Würfel mit a = 2,5 cm

**2** Zeichne zuerst ein Schrägbild. Berechne dann das Volumen.
a) Quader mit den Kantenlängen a = 4 cm; b = 4,5 cm und c = 2 cm
b) Würfel mit der Kantenlänge a = 5 cm

**3** Rechne in die nächstkleinere Einheit und in die nächstgrößere Einheit um.
a) 4000 cm³    b) 500 dm³

**4** Geht es um das Volumen oder um den Oberflächeninhalt?
a) Wie viel Papier brauchst du, um einen 1-dm³-Würfel zu falten?
b) Wie viele Pullover passen in meinen Koffer?

**5** Ein Schwimmbecken ist 25 m lang und 15 m breit. Es wird 2 m hoch mit Wasser gefüllt. Berechne, wie viel Liter Wasser im Schwimmbecken sind.

**6** Bestimme die fehlende Größe.
a) Ein Würfel hat einen Oberflächeninhalt von 150 m³. Wie lang ist eine Kante?
b) Ein Quader hat ein Volumen von 150 m³. Außerdem ist a = 3 m und b = 5 m. Wie lang ist c?

---

**1** Zeichne zuerst ein Netz. Berechne dann den Oberflächeninhalt.
a) Quader mit a = 25 mm; b = 4 cm und c = 3,5 cm
b) Würfel mit a = 3,2 cm

**2** Zeichne zuerst ein Schrägbild. Berechne dann das Volumen.
a) Quader mit den Kantenlängen a = 3,5 cm; b = 40 mm und c = 2,5 cm
b) Würfel mit der Kantenlänge a = 3,2 cm

**3** Rechne in die nächstkleinere Einheit und in die nächstgrößere Einheit um.
a) 30,4 dm³    b) 507,2 cm³

**4** Geht es um das Volumen, um den Oberflächeninhalt oder um keines von beidem?
a) Wie viele Koffer passen in den Kofferraum eines Autos?
b) Till hat 1,10 m lange Beine.
c) Ein Bezug für ein Kissen wird angefertigt.

**5** Ein Schwimmbecken ist 25 m lang, 15 m breit und 3 m hoch. Der Boden und die Seiten werden gestrichen. Bestimme, wie viel m² das sind.

**6** Bestimme die fehlende Größe.
a) Ein Würfel hat ein Volumen von 216 m³. Wie groß ist die Kantenlänge?
b) Ein Quader hat ein Volumen von 210 m³. Außerdem ist a = 6 m und b = 7 m. Wie lang ist die kürzeste Seite c?

→ Lösungen auf Seite 268, 269 und 270

## Schrägbilder von Quadern und Würfeln  → Seite 140

Das Schrägbild eines Quaders zeichnen:

① Zeichne die vordere Fläche als Rechteck.
   Die Seiten sind die Länge und die Höhe.
② Halbiere die Breite. Zeichne die halbe Breite
   in einem 45°-Winkel schräg nach hinten ein.
③ Verbinde die Eckpunkte.
④ Strichle die Kanten, die du nicht siehst.

zu ① und ②      zu ③ und ④

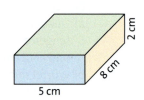

(2 cm : 2 = 1 cm)

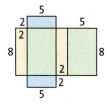

## Netze von Würfeln und Quadern  → Seite 144

Ein **Netz eines Quaders** besteht aus sechs
Rechtecken. Jeweils zwei gegenüberliegende
Rechtecke sind gleich groß.
Ein **Netz eines Würfels** besteht aus sechs
gleich großen Quadraten.

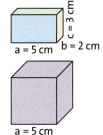

## Oberflächeninhalt von Quadern und Würfeln  → Seite 148

Der Oberflächeninhalt O eines Körpers ist der
Flächeninhalt seines Netzes.

Der **Oberflächeninhalt eines Quaders** ist
$O = 2 \cdot a \cdot b + 2 \cdot a \cdot c + 2 \cdot b \cdot c$ oder
$O = 2 \cdot (a \cdot b + a \cdot c + b \cdot c)$

Der **Oberflächeninhalt eines Würfels** ist
$O = 6 \cdot a \cdot a$  oder  $O = 6 \cdot a^2$

$O = 2 \cdot 5\,cm \cdot 2\,cm$
$\phantom{O =}+ 2 \cdot 5\,cm \cdot 3\,cm$
$\phantom{O =}+ 2 \cdot 2\,cm \cdot 3\,cm$
$O = 62\,cm^2$

$O = 6 \cdot 5\,cm \cdot 5\,cm$
$O = 150\,cm^2$

## Volumen und Volumeneinheiten  → Seite 152

So rechnest du in die nächstkleinere Einheit um:
Multipliziere mit 1000.
So rechnest du in die nächstgrößere Einheit um:
Dividiere durch 1000.

Die Volumeneinheiten für Flüssigkeiten sind
Liter ℓ und Milliliter mℓ.

$1\,m^3 = 1000\,dm^3$
$\phantom{1\,m^3}1\,dm^3 = 1000\,cm^3$
$\phantom{1\,m^3 = 1000}1\,cm^3 = 1000\,mm^3$

$95\,dm^3 = 95\,000\,cm^3$
$4565\,mm^3 = 4{,}565\,cm^3$

$1\,\ell = 1000\,m\ell$   $1\,dm^3 = 1\,\ell$   $1\,cm^3 = 1\,m\ell$

## Volumen von Quadern und Würfeln  → Seite 156

Das Volumen V eines Quaders mit den
Kantenlängen a, b und c berechnest du so:
Volumen = Länge mal Breite mal Höhe
$V = a \cdot b \cdot c$

Das Volumen V eines Würfels mit der
Kantenlänge a berechnest du so:
$V = a \cdot a \cdot a$

Quader mit a = 5 cm; b = 2 cm; c = 3 cm
$V = 5\,cm \cdot 2\,cm \cdot 3\,cm$
$V = 30\,cm^3$

Würfel mit a = 5 cm
$V = 5\,cm \cdot 5\,cm \cdot 5\,cm$
$V = 125\,cm^3$

# Zuordnungen

▶ Stella macht in den Ferien einen Tauchkurs.
Am letzten Tag taucht sie bis ganz zum Boden.
Nach 4 Sekunden ist Stella 6 Meter tief getaucht.
Der Zeit „4 Sekunden" kann man die Tiefe „6 Meter" zuordnen.

Bist du schon mal im Schwimmbad bis zum Boden getaucht? Wie tief war das?
Schätze, wie viele Sekunden du bis zum Boden getaucht bist.
Welche Zeit und welche Tiefe kannst du einander zuordnen?

In diesem Kapitel lernst du …

• was eine Zuordnung ist,

• eine Zuordnung mit einem Text, mit einem Diagramm und mit einer Tabelle darzustellen,

• proportionale Zuordnungen kennen,

• mit dem Dreisatz zu rechnen.

| Kompetenz | Aufgabe | Lies und übe: |
|---|---|---|
| 1 Ich kann passende Einheiten verwenden. | **1** Ergänze die passende Einheit in deinem Heft.<br>a) Mara kann 3,5 ⬤ weit springen.<br>b) Theo fährt mit seinem Rad 15 ⬤ in einer Stunde.<br>c) Ein Liter Wasser wiegt 1 ⬤.<br>d) Anton braucht morgens 13 ⬤ für den Schulweg.<br>e) Das neue Deutsch-Buch kostet 19,95 ⬤. | → Seite 235<br>Nr. 29, 30 |
| 2 Ich kann eine Länge in andere Einheiten umrechnen. | **2** Rechne um und ergänze die Lücke im Heft.<br>a) 1 km = ⬛ m        b) 30 cm = 3 ⬤<br>c) 15 m = ⬛ cm        d) 400 mm = ⬛ dm<br>e) 3 dm = 0,3 ⬤        f) 500 m = ⬛ km | → Seite 236<br>Nr. 31, 32, 33 |
| 3 Ich kann Werte aus einem Balkendiagramm ablesen. | **3** Nele sucht nach einem neuen Handyvertrag. Lies die monatlichen Preise ab und ordne sie der Größe nach.<br><br>monatliche Preise Handyvertrag<br>callme<br>spar-talk<br>Phone-ya<br>tele-viel<br>0 €     5 €     10 €     15 €     Preise | → Seite 231<br>Nr. 16 |
| 4 Ich kann ein Säulendiagramm zeichnen. | **4** So groß sind Ronja, ihre Eltern und ihr Bruder Leo:<br>Ronja 1,40 m                Vater 1,85 m<br>Mutter 1,70 m                Leo 0,90 m<br>Zeichne ein Säulendiagramm.<br>Überlege zuerst, wie du die Hochachse sinnvoll einteilst. | → Seite 232<br>Nr. 17, 18 |
| 5 Ich kann Punkte in ein Koordinatensystem eintragen. | **5** Zeichne ein Koordinatensystem (beide Achsen bis 6).<br>Trage ein: A (2\|1); B (4\|6); C (6\|3); D (4\|4).<br>Verbinde A mit B, B mit C, C mit D und D mit A. | → Seite 251<br>Nr. 87, 88 |
| 6 Ich kann Werte aus einer Tabelle ablesen. | **6** Nutze die Tabelle und beantworte die Fragen unten.<br><br>Siehe Tabelle unten. | → Seite 230<br>Nr. 13 |

| Bahnhof | Ankunft | Abfahrt |
|---|---|---|
| Erststadt | – | 11:15 Uhr |
| Danndorf | 12:04 Uhr | 12:14 Uhr |
| Weiterburg | 13:05 Uhr | 13:07 Uhr |
| Endbahnhof | 13:55 Uhr | – |

a) Wann fährt der Zug in Erststadt ab?
b) Wann kommt der Zug in Weiterburg an?
c) Wie lange steht der Zug in Danndorf?

| Kompetenz | Aufgabe | Lies und übe: |
|---|---|---|
| 7 Ich kann natürliche Zahlen verdoppeln. | **7** Verdopple die Zahlen.<br>8; 13; 17; 25; 30; 41; 52; 66; 79; 94 | → Seite 241<br>Nr. 53 |
| 8 Ich kann natürliche Zahlen halbieren. | **8** Halbiere die Zahlen.<br>6; 16; 22; 34; 48; 52; 60; 78; 90 | → Seite 241<br>Nr. 55 |
| 9 Ich kann im Kopf natürliche Zahlen multiplizieren. | **9** Multipliziere im Kopf.<br>a) $3 \cdot 7$    b) $5 \cdot 6$    c) $9 \cdot 6$    d) $8 \cdot 7$<br>e) $7 \cdot 9$    f) $11 \cdot 6$    g) $12 \cdot 3$    h) $5 \cdot 13$ | → Seite 242<br>Nr. 56 |
| 10 Ich kann im Kopf natürliche Zahlen dividieren. | **10** Dividiere im Kopf.<br>a) $18 : 3$    b) $20 : 4$    c) $40 : 5$    d) $42 : 7$<br>e) $70 : 7$    f) $48 : 8$    g) $72 : 9$    h) $49 : 7$ | → Seite 242<br>Nr. 57 |
| 11 Ich kann schriftlich multiplizieren. | **11** Multipliziere schriftlich im Heft.<br>a)    b)    c)<br>\| 3 \| 7 \| · \| 4 \|  \| 4 \| 8 \| · \| 6 \|  \| 5 \| 9 \| · \| 1 \| 2 \|<br>d) $125 \cdot 7$    e) $108 \cdot 13$    f) $261 \cdot 24$ | → Seite 243<br>Nr. 62, 63 |
| 12 Ich kann schriftlich dividieren. | **12** Dividiere schriftlich im Heft.<br>a)           b)<br>\| 1 \| 4 \| 4 \| : \| 4 \| = \|  \| 1 \| 1 \| 5 \| : \| 5 \| = \|<br>\| - \| 1 \| 2 \|<br>c) $372 : 3$    d) $1290 : 6$    e) $530 : 5$    f) $2408 : 8$ | → Seite 244<br>Nr. 64, 65 |
| 13 Ich kann im Kopf Dezimalbrüche mit natürlichen Zahlen multiplizieren. | **13** Multipliziere im Kopf.<br>a) $2 \cdot 3$; $0,2 \cdot 3$; $0,02 \cdot 3$    b) $14 \cdot 2$; $1,4 \cdot 2$; $0,14 \cdot 2$<br>c) $8 \cdot 4$; $8 \cdot 0,4$; $0,8 \cdot 4$    d) $16 \cdot 5$; $1,6 \cdot 5$; $0,016 \cdot 5$ | → Seite 60;<br>Seite 62<br>Nr. 6 |
| 14 Ich kann im Kopf Dezimalzahlen durch natürliche Zahlen dividieren. | **14** Dividiere im Kopf.<br>a) $6 : 3$; $0,6 : 3$; $0,06 : 3$    b) $28 : 2$; $2,8 : 2$; $0,28 : 2$<br>c) $30 : 6$; $3 : 6$; $0,3 : 6$    d) $7,2 : 6$; $0,72 : 6$; $0,0072 : 6$ | → Seite 64;<br>Seite 66<br>Nr. 7 |

→ Lösungen auf Seite 271 und 272

## Zuordnungen

Luisa arbeitet bei der Schülerzeitung. In jeder Jahreszeit gab es eine neue Zeitung. Sie schreibt auf, wie viele Zeitungen im letzten Schuljahr verkauft wurden.

Herbst: 234 Stück
Winter: 281 Stück
Frühling: 201 Stück
Sommer: 189 Stück

*Jeder Jahreszeit* wird die *Anzahl der verkauften Zeitungen* zugeordnet.
Kurz geschrieben mit **Pfeil**:
*Jahreszeit → Anzahl der verkauften Zeitungen*

*Der Pfeil → bedeutet: „wird zugeordnet …"*

---

**W** | **Zuordnungen mit Tabellen und Texten darstellen**

Bei einer **Zuordnung** wird einer ersten Größe (Ausgangsgröße) eine zweite Größe (zugeordnete Größe) zugeordnet.
Du kannst eine Zuordnung
- mit einer **Tabelle** oder
- mit einem **Text** darstellen.

*Die Wörter gehören zusammen:*
*zu|ordnen*
*Ordne etwas zu.*
*Etwas wird zugeordnet.*
*die Zu|ordnung*

**Tabelle**

| Jahreszeit | Herbst | Winter | Frühling | Sommer |
|---|---|---|---|---|
| Anzahl der verkauften Zeitungen | 234 | 281 | 201 | 189 |

**Text**
Dem Herbst werden 234 Zeitungen zugeordnet.
Dem Winter werden 281 Zeitungen zugeordnet.

▶ Aufgabe  Vervollständige die Sätze in deinem Heft.
 a) Dem Frühling werden ■ Zeitungen zugeordnet.
 b) Dem ● werden 189 Zeitungen zugeordnet.

▶ 1 ▶ 1 ▶ 1

---

**W** | **Zuordnungen mit Diagrammen darstellen**

Eine Zuordnung kannst du mit einem **Diagramm** darstellen, zum Beispiel mit einem **Säulendiagramm**. Die erste Größe steht auf der Rechtsachse. Die zweite Größe steht auf der Hochachse.

Du kannst eine Zuordnung mit einem **Pfeildiagramm** darstellen. Dort geht ein Pfeil immer von der ersten Größe zur zweiten Größe.

▶ 🖵 Zuordnungen beschreiben

**Säulendiagramm**

**Pfeildiagramm**

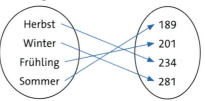

Jahreszeit    Anzahl der verkauften Zeitungen

▶ Aufgabe  Im nächsten Jahr werden so viele Zeitungen verkauft:
 Herbst: 253 Zeitungen      Winter: 308 Zeitungen
 Frühling: 270 Zeitungen    Sommer: 159 Zeitungen
 Zeichne ein Pfeildiagramm.

▶ 5 ▶ 5 ▶ 3

**1** Welche Größen werden einander zugeordnet? Ergänze die Sätze in deinem Heft.

a)

| Kind | Lena | Cem | Emil |
|---|---|---|---|
| **Lieblingsfach** | Kunst | Sport | Mathe |

Jedem ⬤ wird sein Lieblingsfach zugeordnet.
Kurz mit Pfeil: *Kind* → ⬤

b)

| Gebäude | Haus | Hochhaus | Turm |
|---|---|---|---|
| **Höhe** | 7 m | 120 m | 365 m |

Jedem ⬤ wird seine Höhe zugeordnet.
Kurz mit Pfeil: ⬤ → *Höhe*

**2** Was ist falsch? Berichtige die Tabelle im Heft.

| Obst | Apfel | Banane | rot | Zitrone |
|---|---|---|---|---|
| **Farbe** | grün | gelb | Kirsche | sauer |

**3** Finde zu jedem Satz die passende Tabelle.
I   Jedem Kind wird das Taschengeld zugeordnet.
II  Jedem Ding wird sein Preis zugeordnet.
III Jeder Sportart wird ein Gerät zugeordnet.

Ⓐ
| ? | Tennisball | Taucherbrille | Fußball |
|---|---|---|---|
| ? | 1,50 € | 9,90 € | 15 € |

Ⓑ
| ? | Eishockey | Turnen | Darts |
|---|---|---|---|
| ? | Puck | Barren | Pfeil |

Ⓒ
| ? | Lars | Mert | Ida |
|---|---|---|---|
| ? | 12 € | 10 € | 15 € |

🔊 **4** Stelle die Zuordnungen mit Texten und Tabellen im Heft dar.
a) Stelle den Text mit einer Tabelle dar.
Eine Spinne hat 8 Beine.
Ein Pferd hat 4 Beine.
Eine Ameise hat 6 Beine.
Ein Huhn hat 2 Beine.

| Tier | Spinne | | | |
|---|---|---|---|---|
| | | | 6 | |

b) Schreibe einen Text zur Tabelle. Beginne so:
Moritz hat einen Hund als Haustier.
Sofie … ▶ **5**

| Kind | Moritz | Sofie | Zehra | Jan |
|---|---|---|---|---|
| **Haustier** | Hund | Kaninchen | Fische | Katze |

**5** Asra bestellt ihr Essen für diese Woche.
▼ Übertrage das Pfeildiagramm in dein Heft.

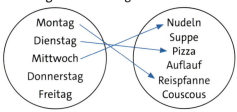

Montag, Dienstag, Mittwoch, Donnerstag, Freitag → Nudeln, Suppe, Pizza, Auflauf, Reispfanne, Couscous

a) Schreibe auf, was Asra für Montag, für Dienstag und für Mittwoch bestellt.
b) Für Donnerstag bestellt Asra Suppe und für Freitag Couscous. Zeichne die Pfeile ein.
c) Stelle die Zuordnung als Tabelle dar. ▶ **6**

| Wochentag | Mo. | Di. | Mi. | Do. | Fr. |
|---|---|---|---|---|---|
| ? | | Pizza | | | |

**6** Welches Diagramm, welche Tabelle und ▶🔊 welcher Text gehören zur selben Zuordnung?

**Diagramm 1**

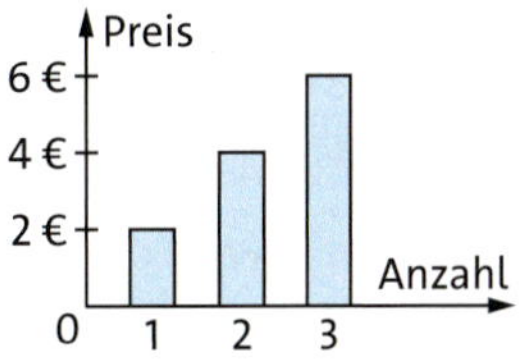

Preis: 6 €, 4 €, 2 € / Anzahl: 0 1 2 3

**Diagramm 2**

2 Stück → 8 €
5 Stück → 20 €
10 Stück → 40 €

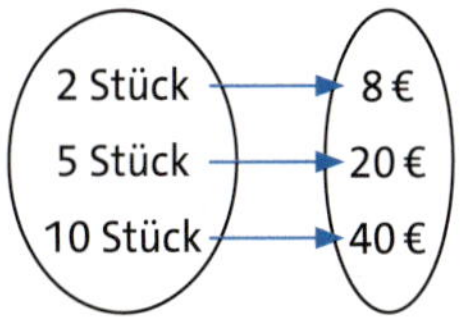

**Tabelle 1**

| Anzahl | 2 | 5 | 10 |
|---|---|---|---|
| **Preis** | 8 € | 20 € | 40 € |

**Tabelle 2**

| Anzahl | 1 | 2 | 3 |
|---|---|---|---|
| **Preis** | 2 € | 4 € | 6 € |

**Text 1:**
Ein Heft kostet 4 €.

**Text 2:**
Ein Eis kostet 2 €.

**7** Jeder Zahl wird das Doppelte zugeordnet. ▶🔊

Stelle die Zuordnung mit einer Tabelle im Heft dar.

| Zahl | 3 | 4 | 7 | 9 | 15 | 25 |
|---|---|---|---|---|---|---|
| **das Doppelte** | 6 | | | | | |

Sprachhilfe zu **5a**: Schreibe: Für Montag bestellt Asra … Für Dienstag bestellt sie … Für Mittwoch bestellt sie …

**1** Schreibe einen Text zu der Tabelle.
**Beispiel**

| Kind | Amelia | Jakub | Irina | Felix |
|------|--------|-------|-------|-------|
| Lieblings-essen | Spaghetti | Pizza | Salat | Burger |

Jedem Kind wird sein Lieblingsessen zugeordnet.
Kurz mit Pfeil: *Kind → Lieblingsessen*
Amelia isst am liebsten Spaghetti. Jakub isst …

a)

| Klasse | 6 a | 6 b | 6 c | 6 d |
|--------|-----|-----|-----|-----|
| Raum | 106 | 021 | 318 | 209 |

b)

| Produkt | Butter | Milch | Joghurt | Käse |
|---------|--------|-------|---------|------|
| Preis | 2,00 € | 1,20 € | 2,10 € | 1,80 € |

c)

| Wochentag | Mo. | Di. | Mi. | Do. | Fr. |
|-----------|-----|-----|-----|-----|-----|
| Schulstunden | 6 | 7 | 5 | 8 | 6 |

**2** Was ist hier falsch? Berichtige die Tabelle
im Heft und fülle die Lücken.

| ⬤ | Januar | Februar | 31 | April | Mai |
|---|--------|---------|----|-------|-----|
| Tage | 31 | 28 (29) | März | ⬤ | 24 °C |

Ergänze dann im Heft: Jedem ⬤ wird die Anzahl
der ⬤ zugeordnet. Kurz mit Pfeil: ⬤ → ⬤

**3** Übertrage die Tabellen in dein Heft.
Setze statt der Fragezeichen diese Begriffe ein:
Anzahl der Arbeiten, Sportart, Klassenarbeiten,
Temperatur, Anzahl der Spieler, Wochentag,
Note.
Notiere für jede Zuordnung einen Satz:
Jedem (oder jeder) ⬤ wird ⬤ zugeordnet.

a)

| ? | Mo. | Di. | Mi. | Do. | Fr. |
|---|-----|-----|-----|-----|-----|
| ? | 18 °C | 16 °C | 17 °C | 20 °C | 21 °C |

b)

| ? | Handball | Volleyball | Fußball |
|---|----------|------------|---------|
| ? | 7 | 6 | 11 |

c)

| ? | 1 | 2 | 3 | 4 | 5 | 6 |
|---|---|---|---|---|---|---|
| ? | 2 | 5 | 13 | 4 | 2 | 0 |

**4** 👥 Denke dir eine Zuordnung aus und stelle sie
mit einer Tabelle dar.
Lasse dir die Zuordnung deiner Partnerin oder
deines Partners mit einem Text beschreiben.
Erstelle eine passende Tabelle dazu. Überprüft
die Tabelle gemeinsam. Wechselt euch dann ab.

▶ **3**

**5** Übertrage das
Pfeildiagramm
in dein Heft.
Ergänze die
Pfeile.
Ergänze im
Heft:

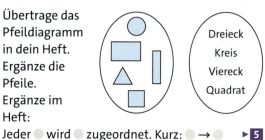

Jeder ⬤ wird ⬤ zugeordnet. Kurz: ⬤ → ⬤   ▶ **5**

**6** Betrachte das Balkendiagramm.

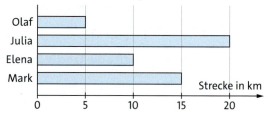

a) Welche Größen werden einander zugeordnet?
b) Erstelle eine passende Tabelle. Fülle sie aus.
c) Stelle die Zuordnung mit einem Text dar.

**7** Welche Größen werden einander zugeordnet?   ▶ 🔊
a) Zeichne ein passendes Säulendiagramm.
   Wähle auf der Hochachse 1 cm für 2 °C.

| Uhrzeit | 9:00 | 12:00 | 15:00 | 18:00 |
|---------|------|-------|-------|-------|
| Temperatur | 15 °C | 21 °C | 23 °C | 22 °C |

b) Stelle die Zuordnung mit einem Text dar.

**8** „Wenn du 4 Stifte kaufst,
dann gibt es einen
Stift gratis dazu!"
a) Ergänze die Tabelle
in deinem Heft.

| Stifte | 1 | 2 | 3 | 4 | 5 | 6 |
|--------|---|---|---|---|---|---|
| Preis | 0,40 € | | 1,20 € | | | |

b) Zeichne ein Pfeildiagramm. Was fällt auf?

**9** Erstelle jeweils eine Tabelle mit 6 Spalten.   ▶ 🔊
a) Ordne jeder Zahl die Hälfte der Zahl zu.
b) Ordne jeder Zahl ihren Nachfolger zu.
c) Finde die zwei nächsten Figuren. Ordne dann
   jeder Figur die Anzahl der Kästchen zu.

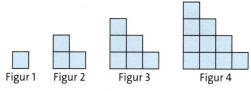

Figur 1   Figur 2   Figur 3   Figur 4

**1** Gib an, welche Größen einander zugeordnet werden. Nutze auch die Schreibweise mit Pfeil. Stelle die Zuordnung mit einem Text dar.

a)
| Klasse | 6a | 6b | 6c | 6d |
|---|---|---|---|---|
| Anzahl der Kinder | 27 | 25 | 26 | 25 |

b)
| Kind | Berat | Anna | Zofia | Niklas | Julia |
|---|---|---|---|---|---|
| Note | 2– | 4+ | 3 | 2– | 3+ |

c)
| Verein | Schalke 04 | Union Berlin | FC Bayern | Mainz 05 |
|---|---|---|---|---|
| Tabellen-platz | 6 | 11 | 2 | 15 |

**2** Stelle die Zuordnung mit einer Tabelle dar.
a) Frau Leitner unterrichtet Mathe. Herr Malak unterrichtet Sport. Herr Hoffner unterrichtet Musik. Frau Kalisch unterrichtet Englisch.
b) Ein T-Shirt kostet 12 €. Eine Hose kostet 25 €. Ein Pullover kostet 18 € und eine Jacke 40 €.
c) Das Autokennzeichen von Hannover ist H. Das Kennzeichen von Wiesbaden ist WI. Das Kennzeichen von Kassel ist KS. MZ ist das Kennzeichen von Mainz.
d) 👥 Denke dir einen Text zu einer Zuordnung aus. Deine Partnerin oder dein Partner erstellt dazu die passende Tabelle. Wechselt euch ab.

**3** Stelle das Pfeildiagramm als Tabelle dar. Welche Größen werden einander zugeordnet?

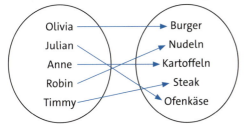

**4** Kinder mit einer Lebensmittel-Allergie müssen darauf achten, welche Zutaten sie essen. Lies den Text und zeichne ein Pfeildiagramm.

*Pizzateig enthält Weizenmehl. In Butterkuchen sind Eier, Weizenmehl und Milch enthalten. Nuss-Nugat-Creme enthält Haselnüsse und Milch. Erdnüsse können in Cornflakes und Schokoriegeln vorkommen.*

**5** Erstelle zuerst eine Tabelle und dann ein Säulendiagramm für die Zuordnung:
*Schüler → Taschengeld pro Monat.*

Sonja: 4 € pro Woche
Bert: 25 € pro Monat
Alf: 20 € pro Monat
Maria: 3 € pro Woche + 10 € pro Monat (Oma)

**6** Eine 400-mℓ-Flasche Spülmittel hat ein Loch. Pro Minute fließen 50 mℓ aus.
a) Fülle die Tabelle in deinem Heft aus.

| Zeit in min | 0 | 1 | 2 | ... | 8 |
|---|---|---|---|---|---|
| Inhalt in mℓ | 400 | 350 | | | 0 |

b) Übertrage das Koordinatensystem in dein Heft. Trage die Werte ein und verbinde sie.

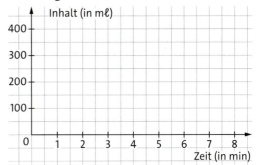

**7** Welcher Satz, welche Tabelle und welches Diagramm gehören zusammen? Ein Diagramm fehlt. Zeichne es in dein Heft.

a) Jeder Zahl wird ihr Dreifaches zugeordnet.

I
| Zahl x | 1 | 2 | 3 | 4 |
|---|---|---|---|---|
| Wert y | 3 | 5 | 7 | 9 |

b) Jeder Zahl wird das Doppelte plus 1 zugeordnet.

II
| Zahl x | 1 | 2 | 3 | 4 |
|---|---|---|---|---|
| Wert y | 3,5 | 3 | 2,5 | 2 |

c) Jeder Zahl wird 4 minus die Hälfte der Zahl zugeordnet.

III
| Zahl x | 1 | 2 | 3 | 4 |
|---|---|---|---|---|
| Wert y | 3 | 6 | 9 | 12 |

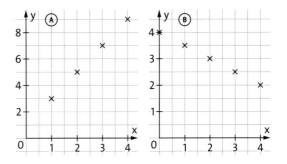

## Proportionale Zuordnungen

Lena und Samira zahlen für den
Eintritt in einen Erlebnis-
Bauernhof zusammen 12 €.
Wie viel zahlen 4 Kinder?
Wie viel zahlen 6 Kinder?
Jeder Anzahl von Kindern wird
der Eintrittspreis zugeordnet.
Die Zuordnung ist **proportional**.
*Anzahl der Kinder → Eintrittspreis zusammen*

▶ ▣ Proportionale
Zuordnungen

**W** | **Wann ist eine Zuordnung proportional?**

Eine Zuordnung ist **proportional**,
wenn immer …

- zum **Doppelten** der Ausgangsgröße
  das **Doppelte** der zugeordneten Größe
  gehört,
- zum **Dreifachen** der Ausgangsgröße
  das **Dreifache** der zugeordneten Größe
  gehört,
- zum Vierfachen der Ausgangsgröße …
- zur **Hälfte** der Ausgangsgröße die **Hälfte**
  der zugeordneten Größe gehört,
- zum Drittel der Ausgangsgröße …

Ausgangs-
größe

zugeordnete
Größe

| | :2 ⤵ ·2 ⤵ ·3 | | | |
|---|---|---|---|---|
| **Anzahl der Kinder** | 1 | 2 | 4 | 6 |
| **Eintrittspreis zusammen (in €)** | 6 | 12 | 24 | 36 |
| | :2 ⤴ ·2 ·3 | | | |

das **Doppelte**: ·2 ⟨ 2 Kinder zahlen 12 €
                        4 Kinder zahlen 24 € ⟩ ·2

das **Dreifache**: ·3 ⟨ 2 Kinder zahlen 12 €
                        6 Kinder zahlen 36 € ⟩ ·3

die **Hälfte**: :2 ⟨ 2 Kinder zahlen 12 €
                     1 Kind zahlt 6 € ⟩ :2

▶ **Aufgabe** Zeige, dass die Zuordnung proportional ist. Übertrage dazu
die Tabelle in dein Heft. Setze Rechenpfeile an die Tabelle.

| **Anzahl der Erwachsenen** | 1 | 2 | 4 | 6 |
|---|---|---|---|---|
| **Eintrittspreis zusammen (in €)** | 9 | 18 | 36 | 54 |

▶ 1 ▶ 1 ▶ 1

**W** | **Proportionale Zuordnungen grafisch darstellen**

Wenn du die Wertepaare als Punkte in
ein Koordinatensystem einträgst und
verbindest, dann entsteht **der Graph**.
Bei proportionalen Zuordnungen
liegen die Punkte auf einer Geraden,
die durch den Ursprung (0|0) geht.

das **Wertepaar** (2 | 12)

| **Anzahl der Kinder** | 1 | 2 | 3 | 4 |
|---|---|---|---|---|
| **Eintrittspreis zusammen (in €)** | 6 | 12 | 18 | 24 |

*Wenn du die
zugeordnete Größe
durch die
Ausgangsgröße
dividierst, dann ist
das Ergebnis
immer gleich:*

 6 : 1 = 6
12 : 2 = 6
18 : 3 = 6
24 : 4 = 6
*Das Ergebnis heißt
**Proportionalitäts-
faktor**.*

Eintrittspreis gesamt (in €)

der Graph

Anzahl der Kinder

▶ **Aufgabe** Betrachte die Tabelle für Erwachsene in der Aufgabe oben.
Stelle die Zuordnung in einem Koordinatensystem grafisch dar.

▶ 4 ▶ 4 ▶ 4

**1** Zeige, dass die Zuordnung proportional ist. Übertrage dazu die Tabelle in dein Heft. Beschrifte die Rechenpfeile. Ergänze den Satz.

a)
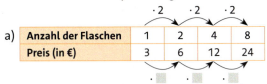

| Anzahl der Flaschen | 1 | 2 | 4 | 8 |
|---|---|---|---|---|
| Preis (in €) | 3 | 6 | 12 | 24 |

Zum Doppelten der Ausgangsgröße gehört immer das ⬤ der zugeordneten Größe.

b)
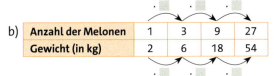

| Anzahl der Melonen | 1 | 3 | 9 | 27 |
|---|---|---|---|---|
| Gewicht (in kg) | 2 | 6 | 18 | 54 |

Zum ⬤ der Ausgangsgröße gehört immer das ⬤ der zugeordneten Größe.

c)
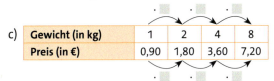

| Gewicht (in kg) | 1 | 2 | 4 | 8 |
|---|---|---|---|---|
| Preis (in €) | 0,90 | 1,80 | 3,60 | 7,20 |

Zum ⬤ der Ausgangsgröße gehört immer …

**2** 👥 Die Zuordnung soll proportional sein. Welche Bedingung muss dann erfüllt sein?
**Beispiel** Die Zuordnung
*Anzahl der Eiskugeln → Preis*
ist proportional, wenn jede Eiskugel gleich viel kostet.
a) *Anzahl der Hefte → Preis*
b) *Anzahl der Kinder → Anzahl der Kekse*
c) *Anzahl der Stunden → Mietpreis für ein Auto* ▸ **3**

**3** Zeige, dass die Zuordnung proportional ist. Ermittle dann den Proportionalitätsfaktor.
**Beispiel**

| Anzahl der Bücher | 1 | 2 | 3 |
|---|---|---|---|
| Preis (in €) | 9 | 18 | 27 |

9 : 1 = 9   18 : 2 = 9   27 : 3 = 9

Der Proportionalitätsfaktor ist 9.

a)

| Anzahl der Dosen | 1 | 2 | 3 |
|---|---|---|---|
| Preis (in €) | 2 | 4 | 6 |

b)

| Anzahl der CDs | 1 | 2 | 3 | 4 |
|---|---|---|---|---|
| Preis (in €) | 8 | 16 | 24 | 32 |

**4** Entscheide: Gehören die Punkte zu einer proportionalen Zuordnung? Prüfe dazu mit dem Geodreieck, ob die Punkte auf einer Geraden liegen, die durch den Ursprung geht. ▸🔊

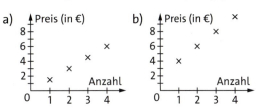

**5** Die Zuordnung ist proportional. Fülle die Tabelle in deinem Heft aus.

a)
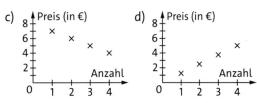

| Anzahl der Shorts | 1 | 2 | 3 | 4 |
|---|---|---|---|---|
| Preis (in €) | 10 | 20 | | |

b)

| Anzahl der T-Shirts | 1 | 2 | 3 | 4 |
|---|---|---|---|---|
| Preis (in €) | 7 | | | |

c)

| Anzahl der Karten | 1 | 2 | 3 | 4 |
|---|---|---|---|---|
| Preis (in €) | 2,50 | | | |

▸ **6**

**6** Bestimme den Proportionalitätsfaktor.

a)

| Anzahl der Dosen | 1 | 2 | 3 | 4 |
|---|---|---|---|---|
| Preis (in €) | 2 | 4 | 6 | 8 |

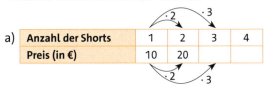

**7** Zeichne den Graphen für die Zuordnung aus Aufgabe 6 a). Wähle auf der x-Achse 1 cm für 1 Dose und auf der y-Achse 1 cm für 1 €. ▸🔊

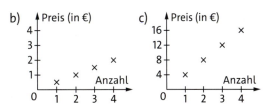

**1** Prüfe, ob die Zuordnung proportional ist. Übertrage dazu die Tabelle in dein Heft und trage Rechenpfeile ein.

a)
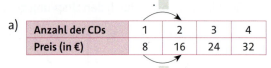

| Anzahl der CDs | 1 | 2 | 3 | 4 |
|---|---|---|---|---|
| Preis (in €) | 8 | 16 | 24 | 32 |

b)

| Zeit (in h) | 1 | 2 | 3 | 4 |
|---|---|---|---|---|
| Preis (in €) | 8 | 9 | 10 | 11 |

c)

| Anzahl der Pakete | 1 | 2 | 3 | 4 | 5 |
|---|---|---|---|---|---|
| Gewicht (in kg) | 2 | 4 | 6 | 8 | 10 |

d)

| Strecke (in km) | 0 | 1 | 2 | 3 | 4 |
|---|---|---|---|---|---|
| Preis (in €) | 1 | 2 | 3 | 4 | 5 |

**2** 👥 Ist die Zuordnung proportional? Welche Bedingung muss dann erfüllt sein?
a) *Anzahl der CDs → Preis*
b) *Alter eines Menschen → Gewicht*
c) *Anzahl der Bücher → Höhe des Stapels*
d) *Anzahl der Äpfel → Preis* ▶ **3**

**3** Prüfe, ob die Zuordnung proportional ist. Wenn ja, dann ermittle den Proportionalitätsfaktor.

a)

| Gewicht (in kg) | 1 | 2 | 3 | 4 |
|---|---|---|---|---|
| Preis (in €) | 11 | 22 | 33 | 44 |

b)

| Anzahl der Kisten | 1 | 2 | 3 | 4 |
|---|---|---|---|---|
| Gewicht (in kg) | 7 | 16 | 27 | 40 |

c)

| Strecke (in km) | 1 | 2 | 3 | 4 | 5 |
|---|---|---|---|---|---|
| Zeit (in min) | 1,5 | 3 | 4,5 | 6 | 7,5 |

**4** Begründe: Warum handelt es sich **nicht** um die Darstellung einer proportionalen Zuordnung?

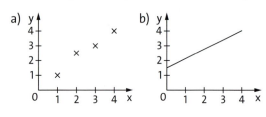

**5** Die Zuordnung ist proportional. Fülle die Tabelle in deinem Heft aus.

a)

| Anzahl der T-Shirts | 1 | 2 | 3 | 4 | 5 |
|---|---|---|---|---|---|
| Preis (in €) | 13 | 26 | | | |

b)

| Anzahl der Dosen | 1 | 2 | 3 | 4 |
|---|---|---|---|---|
| Gewicht (in kg) | $\frac{1}{2}$ | | | |

c)

| Anzahl der Bretter | 1 | 2 | 3 | 4 |
|---|---|---|---|---|
| Höhe (in mm) | | 30 | 45 | |

**6** Bestimme den Proportionalitätsfaktor. Ergänze: Der Proportionalitätsfaktor gibt an, wie …

a)

| Anzahl gleicher Bücher | 5 | 10 | 15 | 20 |
|---|---|---|---|---|
| Höhe (in cm) | 10 | 20 | 30 | 40 |

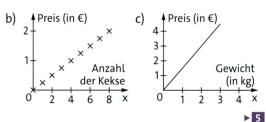

▶ **5**

**7** Zeichne den Graphen für die Zuordnung aus Aufgabe 6 a). Wähle auf der x-Achse 1 cm für 2 Bücher, auf der y-Achse 1 cm für 10 cm Höhe.

**8** Eine 1-Cent-Münze wiegt 2,3 g. Wie viel wiegen 2, 3, … Münzen?
a) Fülle die Tabelle im Heft aus.

| Anzahl der Münzen | 1 | 2 | 3 | … | 10 |
|---|---|---|---|---|---|
| Gewicht (in g) | 2,3 | | | … | |

b) Stelle die Zuordnung in einem Koordinatensystem dar. ▶ **7**

**9** Zeichne ein Quadrat mit der Seitenlänge 3 cm und ein Quadrat mit der Seitenlänge 6 cm.
a) Ist die Zuordnung *Seitenlänge → Umfang* proportional? Begründe.
b) Ist die Zuordnung *Seitenlänge → Flächeninhalt* proportional? Begründe.

Sprachhilfe zu **2** : Die Zuordnung ist proportional, wenn jede (oder jedes oder jeder) … gleich viel …

**1** Prüfe, ob die Zuordnung proportional ist.

a)
| Anzahl der Personen | 1 | 2 | 3 | 4 |
|---|---|---|---|---|
| Preis (in €) | 7 | 8 | 9 | 10 |

b)
| Anzahl der Pakete | 1 | 2 | 3 | 4 |
|---|---|---|---|---|
| Gewicht (in kg) | $\frac{1}{2}$ | 1 | $1\frac{1}{2}$ | 2 |

c)
| x | 0 | $\frac{1}{2}$ | 1 | $1\frac{1}{2}$ | 2 |
|---|---|---|---|---|---|
| y | 0 | 4 | 8 | 12 | 16 |

d)
| x | 5 | 10 | 15 | 30 | 60 |
|---|---|---|---|---|---|
| y | 6 | 12 | 18 | 36 | 72 |

**2** Unter welchen Bedingungen ist die Zuordnung proportional?
a) *Anzahl der Äpfel → Gewicht*
b) *Anzahl der Bücher → Höhe des Stapels*
c) *Entfernung zum Ziel → Fahrzeit zum Ziel*
d) *Anzahl der Mathe-Aufgaben → Zeit, um die Aufgaben zu lösen*

🔊 **3** Berechne die fehlenden Werte für eine proportionale Zuordnung. Fülle die Tabelle im Heft aus. Nenne den Proportionalitätsfaktor.

a)
| Anzahl der Bücher | 1 | 2 | 3 | 4 | 5 |
|---|---|---|---|---|---|
| Preis (in €) | 9 | | | | |

b)
| Gewicht (in kg) | 1 | 2 | 3 | 4 |
|---|---|---|---|---|
| Preis (in €) | 1,90 | | | |

c)
| x | 1 | 2 | 3 | 4 |
|---|---|---|---|---|
| y | | 5 | | |

d)
| x | 1 | 2 | 3 | 4 |
|---|---|---|---|---|
| y | | | 22,5 | |

🔊 **4** Für die Zuordnung mit dieser Wertetabelle gilt der Proportionalitätsfaktor 1,1.
a) Fülle die Wertetabelle in deinem Heft aus.

| x | 0 | 1 | 2 | 3 | 4 | 5 |
|---|---|---|---|---|---|---|
| y | | | | | | |

b) Wofür könnten hier x und y stehen? Finde eine passende Sachsituation.
c) Zeichne deinen Graphen. Entscheide, ob du die Punkte verbinden darfst. Begründe.

**5** Jan und Paul planen, ihr Baumhaus zu streichen. Die Eltern wollen Farbe kaufen. Betrachte die Zuordnungen
*Menge an Farbe → Gesamtpreis* und
*Menge an Farbe → gestrichene Fläche.*

Wandfarbe
12, 5 Liter
reicht für 75m²
nur 31, 25 €

a) Unter welcher Bedingung sind die Zuordnungen proportional?
b) Berechne den Proportionalitätsfaktor für alle Zuordnungen. Was bedeutet er jeweils?

**6** Ist die Aussage richtig oder falsch? Begründe oder gib ein Gegenbeispiel an.
a) Wenn das Wertepaar (1|2) zu einer proportionalen Zuordnung gehört, so gehört auch das Wertepaar (2|3) zu dieser.
b) Wenn der Graph einer proportionalen Zuordnung durch den Punkt (2|3) verläuft, so ist der Proportionalitätsfaktor 1,5.
c) Wenn alle Punkte einer Zuordnung auf einer Geraden liegen, dann ist die Zuordnung proportional.
d) Wenn der Graph einer Zuordnung durch den Punkt (0|1) verläuft, dann kann die Zuordnung nicht proportional sein.

**7** Lina untersucht die Wertetabelle einer proportionalen Zuordnung. Dabei fällt ihr etwas auf.

| x | 1 | 2 | 3 | 4 | 5 | 6 | 7 |
|---|---|---|---|---|---|---|---|
| y | 15 | 30 | 45 | 60 | 75 | 90 | 105 |

a) Beschreibe Linas Beobachtung mit eigenen Worten.
b) Fülle die Tabellen der zwei proportionalen Zuordnungen aus. Nutze Linas Beobachtung.

I
| x | 1 | 2 | 3 | 5 | 8 |
|---|---|---|---|---|---|
| y | 27 | 54 | | | |

II
| x | 1 | 5 | 6 | 11 | 16 |
|---|---|---|---|---|---|
| y | 81 | | | | |

**8** Zeichne den Graphen für die Zuordnung, die Lina in Aufgabe 7 untersucht.

Hinweis zu **1c** und **1d**: Bei Zuordnungen ohne Sachzusammenhang wird die Ausgangsgröße häufig mit x bezeichnet. Die zugeordnete Größe wird oft y genannt.

## Dreisatz bei proportionalen Zuordnungen

Max

Luca

Finn

Max kauft 2 Kugeln Eis
und zahlt dafür 2,40 €.
Sein Freund Luca kauft 4 Kugeln Eis.
Finn möchte 3 Kugeln Eis kaufen.
Wie viel bezahlt Luca?
Wie viel bezahlt Finn?

2,40 €

### Überlege zuerst:

Welche Größen sind einander zugeordnet? Ist die Zuordnung proportional?
Jeder Anzahl von Kugeln wird ein Preis zugeordnet.
Die Zuordnung ist proportional, denn für doppelt so viele Kugeln zahlst du doppelt so viel,
für dreimal so viele Kugeln zahlst du dreimal so viel und so weiter ...

*Bei einer proportionalen Zuordnung gilt: „je mehr, desto mehr" oder "je weniger, desto weniger".*

▸ 🖵 **Mit dem Zweisatz bei proportionalen Zuordnungen rechnen**

**W** **Werte mit dem Zweisatz berechnen**

① Zeichne und beschrifte eine Tabelle. Trage die drei Werte ein, die du kennst.

② Mit welcher Rechnung kommst du vom oberen Wert zum unteren Wert: mal oder geteilt? Rechne auf der anderen Seite genauso.

Für 2 Kugeln Eis zahlt Max 2,40 €.
Wie viel zahlt Luca für 4 Kugeln?

| Anzahl der Kugeln | Preis (in €) |
|---|---|
| 2 | 2,40 |
| 4 | 4,80 |

· 2     · 2

Für 4 Kugeln Eis zahlt Luca 4,80 €.

▸ **Aufgabe** Berechne mit dem Zweisatz den Preis für 6 Kugeln Eis.    ▸ 1 ▸ 1 ▸ 1

Oft kannst du den gesuchten Wert nicht mit dem Zweisatz berechnen.
Dann hilft dir ein Zwischenschritt.
Du brauchst insgesamt drei Schritte. Deshalb heißt das Verfahren **Dreisatz**.

*Hier gilt wieder:*
***Der Preis für 1 Kugel Eis ist der Proportionalitätsfaktor.***
*Im Beispiel ist 1,20 € der Preis für 1 Kugel Eis.*

**W** **Werte mit dem Dreisatz berechnen**

① Zeichne und beschrifte eine Tabelle. Trage die drei Werte ein, die du kennst. Trage in der mittleren Zeile eine 1 ein.

② Mit welcher Rechnung kommst du vom oberen Wert zur 1: mal oder geteilt? Rechne auf der anderen Seite genauso.

③ Mit welcher Rechnung kommst du von der 1 zum unteren Wert: mal oder geteilt? Rechne auf der anderen Seite genauso.

Für 2 Kugeln Eis zahlt Max 2,40 €.
Wie viel zahlt Finn für 3 Kugeln Eis?
3 ist kein Vielfaches von 2,
also brauchst du den Dreisatz.

| Anzahl der Kugeln | Preis (in €) |
|---|---|
| 2 | 2,40 |
| 1 | 1,20 |
| 3 | 3,60 |

: 2     : 2
· 3     · 3

Für 3 Kugeln Eis zahlt Finn 3,60 €.

▸ 🖵 **Mit dem Dreisatz bei proportionalen Zuordnungen rechnen**

▸ **Aufgabe** Berechne mit dem Dreisatz den Preis für 5 Kugeln Eis.    ▸ 4 ▸ 4 ▸ 3

**1** Die Zuordnung ist proportional. Berechne den fehlenden Wert mit dem Zweisatz. Fülle die Tabelle im Heft aus.

a)

| Anzahl der Pakete | Gewicht (in kg) |
|---|---|
| 2 | 5 |
| 4 | |

· 2 ↓ ... · ▢

b)

| Anzahl der Pakete | Gewicht (in kg) |
|---|---|
| 2 | 7 |
| 6 | |

· ▢ ↓ ... · ▢

c)

| Anzahl der CDs | Höhe (in cm) |
|---|---|
| 2 | 3 |
| 10 | |

d)

| Gewicht (in kg) | Preis (in €) |
|---|---|
| 3 | 2 |
| 12 | |

🔊 **2** Berechne den fehlenden Wert mit dem Zweisatz. Zeichne eine Tabelle. Trage zuerst ein, welche Größen einander zugeordnet sind. Trage dann die drei Werte ein, die du kennst.

**Beispiel** 2 T-Shirts kosten 18 €.
　　　　　4 T-Shirts kosten ▢ €.

| Anzahl der T-Shirts | Preis (in €) |
|---|---|
| 2 | 18 |
| 4 | 36 |

· 2 ↓ ... · 2

4 T-Shirts kosten 36 €.

a) 3 Paar Socken kosten 9 €.
　　6 Paar Socken kosten ▢ €.
b) 10 Tüten Brausepulver kosten 2 €.
　　40 Tüten Brausepulver kosten ▢ €.
c) 2 Zeitschriften kosten 10 €.
　　12 Zeitschriften kosten ▢ €.　　▸ **3**

**3** Berechne den Preis für 1 Teil. Zeichne dazu eine Tabelle. Trage die Werte ein, die du kennst.
**Beispiel** 3 Flaschen Saft kosten 4,50 €.

| Anzahl der Flaschen | Preis (in €) |
|---|---|
| 3 | 4,50 |
| 1 | 1,50 |

: 3 ↓ ... : 3

Eine Flasche Saft kostet 1,50 €.

a) Für 3 kg Äpfel bezahlt Elifs Vater 15 €.
b) 5 Hefte kosten 20 €.
c) 4 Flaschen Apfelsaft kosten 4,80 €.
d) Amelie bezahlt 2,20 € für zwei Kugeln Eis.

**4** ▼ Die Zuordnung ist proportional. Berechne im Heft die fehlenden Werte mit dem Dreisatz.

a)

| Anzahl der Stifte | Preis (in €) |
|---|---|
| 2 | 6 |
| 1 | |
| 5 | |

: 2 ↓ ... : 2
· 5 ↓ ... · 5

b)

| Gewicht (in kg) | Preis (in €) |
|---|---|
| 4 | 20 |
| 1 | |
| 9 | |

: 4 ↓ ... : ▢
· 9 ↓ ... · ▢

c)

| Anzahl der Tickets | Gesamtpreis (in €) |
|---|---|
| 6 | 54 |
| 1 | |
| 4 | |

: ▢ ↓ ... : ▢
· ▢ ↓ ... · ▢

d)

| Zeit (in h) | Strecke (in km) |
|---|---|
| 3 | 36 |
| 1 | |
| 5 | |

e) Schreibe zu Teilaufgabe a) einen Text.　▸ **5**

**5** Berechne den fehlenden Wert mit dem Dreisatz. Zeichne selbst eine Tabelle.
a) Peter wandert in 2 Stunden 12 km.
　　Er wandert in 3 Stunden ▢ km.
b) 4 Klebestifte enthalten 80 g Klebstoff.
　　3 Klebestifte enthalten ▢ g Klebstoff.
c) Ein Stapel mit 4 Büchern ist 6 cm hoch.
　　Ein Stapel mit 10 Büchern ist ▢ cm hoch.

**6** Chai möchte für eine Strandparty den „Coconut Drink" mixen. Für 4 Cocktails braucht sie:
400 mℓ Kokosmilch, 400 mℓ Ananassaft, 200 mℓ Orangensaft und 100 g Schlagsahne.
a) Berechne die Mengen für 1 Cocktail.
b) Berechne die Mengen für 10 Cocktails.

**1** Die Zuordnung ist proportional. Berechne den fehlenden Wert mit dem Zweisatz im Heft.

a)
| Anzahl der Kisten | Gewicht (in kg) |
|---|---|
| 2 | 8 |
| 6 | |

b)
| Gewicht (in kg) | Preis (in €) |
|---|---|
| 2 | 9 |
| 8 | |

c)
| Anzahl der Karten | Preis (in €) |
|---|---|
| 3 | 14 |
| 15 | |

d)
| Anzahl der Briefe | Höhe (in cm) |
|---|---|
| 4 | 0,7 |
| 40 | |

e)
| Anzahl der Comics | Preis (in €) |
|---|---|
| 2 | 9,60 |
| 8 | |

**2** Berechne mit dem Zweisatz im Kopf.
a) 2 Münzen wiegen 8 g.
   Wie viel wiegen 12 Münzen?
b) 3 Tafeln Schokolade kosten 2,40 €.
   Wie viel kosten 9 Tafeln Schokolade?
c) 2 Dosen Cola kosten 2,40 €.
   Wie viel kosten 20 Dosen Cola?
d) 4 Kaugummis kosten 0,60 €.
   Wie viel kosten 20 Kaugummis?

**3** Der schnellste Aufzug der Welt befindet sich im Shanghai-Tower. Wenn der Aufzug nicht anhält, dann braucht er für 80 m etwa 4 s. Die höchste Etage liegt in einer Höhe von 560 m. Wie lange dauert die Fahrt vom Erdgeschoss bis in die höchste Etage? ▶ 3

**4** Die Zuordnung ist proportional. Berechne den fehlenden Wert mit dem Dreisatz im Heft.

a)
| Gewicht (in kg) | Preis (in €) |
|---|---|
| 3 | 27 |
| 1 | |
| 8 | |

: 3 ⌄  · 8 ⌄    : ☐  · ☐

b)
| Arbeitszeit (in h) | Lohn (in €) |
|---|---|
| 8 | 96 |
| 1 | |
| 20 | |

: ☐  · ☐    : ☐  · ☐

c) Schreibe zu Teilaufgabe a) einen Text:
   3 kg kosten 27 €. 1 kg kostet ⬤. 8 kg kosten ⬤.

**5** Berechne den gesuchten Wert mit dem Dreisatz. Zeichne dafür eine Tabelle und beschrifte sie.
a) 5 gleiche Ordner brauchen in einem Regal 35 cm Platz. Wie viel cm Platz brauchen 6 gleiche Ordner?
b) Ein Zug legt in 4 Stunden 320 km zurück. Wie viel km legt er in 7 Stunden zurück?
c) Der Eintritt ins Freibad kostet für 4 Kinder 14 €. Wie viel kostet der Eintritt für 5 Kinder?
d) 10 Dosen Schoko-Drink kosten 14,90 €. Wie viel kosten 6 Dosen Schoko-Drink?
e) 300 g Süßigkeiten kosten 3,99 €. Wie viel kostet ein Kilogramm Süßigkeiten? ▶ 5

**6** Mit 5 m Anlauf springt Marie 3,50 m weit. Wie weit springt sie mit einem Anlauf von 13 m? Begründe.

**7** In 45 min fährt Francesco mit seinem Fahrrad 13,5 km.
a) Unter welcher Bedingung ist die Zuordnung *Fahrzeit (in min) → Strecke (in km)* proportional?
b) Wie weit fährt Francesco in 60 min? Fülle die Tabelle im Heft aus.

| Fahrzeit (in min) | Strecke (in km) |
|---|---|
| 45 | 13,5 |
| 15 | |
| 60 | |

c) Warum ist es günstig, die Fahrzeit für 15 min zu berechnen und nicht für 1 min?
d) In 40 min fährt Helena mit ihrem Fahrrad 12 km. Wie weit fährt sie in einer Stunde? ▶ 7

**8** Devin lädt ein Update aus dem Internet herunter. Nach 1 min 15 s sind die 150 MB heruntergeladen.
a) Wie lange dauert der Download für eine Datei mit 600 MB?
b) Eine Filmdatei hat eine Größe von 2 GB (Gigabyte; 1 GB = 1000 MB). Wie lange dauert der Download für diese Datei?

**1** Berechne den fehlenden Wert der proportionalen Zuordnung im Heft. Nutze den Zweisatz.

a)
| Anzahl der Bücher | Preis (in €) |
|---|---|
| 3 | 48 |
| 6 | |

b)
| Gewicht (in kg) | Preis (in €) |
|---|---|
| 2 | 3,90 |
| 8 | |

c)
| Anzahl der Personen | Gewicht (in t) |
|---|---|
| 10 | $\frac{3}{4}$ |
| 40 | |

d)
| Gewicht (in kg) | Preis (in €) |
|---|---|
| $\frac{1}{4}$ | 1,99 |
| 1 | |

e)
| Anzahl der Blöcke | Höhe (in cm) |
|---|---|
| 6 | 14 |
| 72 | |

f)
| Anzahl der Dosen | Preis (in €) |
|---|---|
| 3 | 0,87 |
| 1 | |

**2** Berechne den fehlenden Wert mit dem Zweisatz. Zeichne eine Tabelle.

a) Wenn bei einem Gewitter zwischen Blitz und Donner 9 s liegen, dann ist das Gewitter etwa 3,1 km entfernt. Liegen 18 s zwischen Blitz und Donner, dann ist das Gewitter ...

b) 2 gleiche Münzen wiegen 15 g. Wie viel wiegen 24 gleiche Münzen?

c) Eine Tankfüllung mit 10 Litern Diesel kostet 18,89 €. Wie viel kostet eine Tankfüllung mit 40 Litern Diesel?

**3** Die Zuordnung ist proportional. Berechne die fehlenden Werte mit dem Dreisatz im Heft.

a)
| Gewicht (in kg) | Preis (in €) |
|---|---|
| 3 | 39 |
| 1 | |
| 7 | |

: 3 · 7   : ■ · ■

b)
| Anzahl der Hefte | Preis (in €) |
|---|---|
| 4 | 3,96 |
| 1 | |
| 3 | |

c)
| Zeit (in h) | Lohn (in €) |
|---|---|
| 8 | 108 |
| 1 | |
| 40 | |

**4** Berechne den fehlenden Wert mit dem Dreisatz. Zeichne dafür eine Tabelle.

a) 4 gleiche Bücher brauchen im Regal 18 cm Platz. Wie viel Platz brauchen 7 solcher Bücher?

b) Ein Flugzeug legt in 6 Stunden 4500 km zurück. Wie viel legt es in 5 Stunden zurück?

c) 200 g Nüsse kosten 1,98 €. Wie viel kosten 1,5 kg Nüsse?

d) 15 Motorräder wiegen 2,55 t. Wie viel wiegen vier Motorräder?

**5** Eine Mensa kauft 200 Brötchen für 64 €. Wie viel kosten 150 Brötchen?

a) Übertrage die beiden Tabellen in dein Heft und ergänze jeweils die Rechenpfeile.

| Anzahl der Brötchen | Preis (in €) |
|---|---|
| 200 | 64 |
| 1 | 0,32 |
| 150 | 48 |

: ■ · ■

| Anzahl der Brötchen | Preis (in €) |
|---|---|
| 200 | 64 |
| 50 | 16 |
| 150 | 48 |

: ■ · ■

b) Welcher Rechenweg ist einfacher? Warum?

c) Die Mitarbeiter der Mensa brauchen 50 Minuten, um 200 Brötchen zu belegen. Wie lange brauchen sie für 150 belegte Brötchen?

**6** Familie Alt zahlt 112 500 € für ein Grundstück, das 12,5 m breit und 40 m lang ist. Familie Lang kauft im gleichen Baugebiet ein Grundstück, das 17,5 m breit und 30 m lang ist. Wie viel muss Familie Lang bezahlen?

**7** Emma ist 24 Monate alt und 90 cm groß. Wie groß wird sie an ihrem 5. Geburtstag sein? Begründe.

**8** Eine 10-tägige Reise kostet für 5 Personen 8000 €. Betrachte die Zuordnungen *Anzahl der Personen → Reisepreis* und *Reisedauer (in Tagen) → Reisepreis*.

a) Unter welchen Bedingungen sind die Zuordnungen proportional?

b) Berechne den Preis, den 8 Personen für eine 10-tägige Reise zahlen.

c) Berechne den Preis, den 8 Personen für eine 14-tägige Reise zahlen.

d) Berechne den Preis, den 6 Personen für eine 7-tägige Reise zahlen.

# Antiproportionale Zuordnungen

**1** 👥 Der Rasen im Fußballstadion wird für ein Spiel vorbereitet. Ein Gärtner braucht dafür 6 Stunden.

a) Wie lange brauchen 2 Gärtner?
   Wie lange brauchen 3 Gärtner?
   Wie lange brauchen 4 Gärtner?

b) Erklärt, wie ihr die Lösung gefunden habt.

Zuordnungen wie in Aufgabe 1 sind nicht proportional. Je mehr Gärtner arbeiten, desto weniger Zeit brauchen sie.

---

**Antiproportionale Zuordnungen**

Eine Zuordnung ist **antiproportional**, wenn immer ...

- zum **Doppelten** der Ausgangsgröße die **Hälfte** der zugeordneten Größe gehört,
- zum **Dreifachen** der Ausgangsgröße ein **Drittel** der zugeordneten Größe gehört,
- ...,
- zur **Hälfte** der Ausgangsgröße das **Doppelte** der zugeordneten Größe gehört,
- ...

Wenn du die Wertepaare in ein Koordinatensystem einträgst und verbindest, dann liegen alle Punkte auf einer **gekrümmten fallenden Kurve**. Diese Kurve heißt **Hyperbel**.

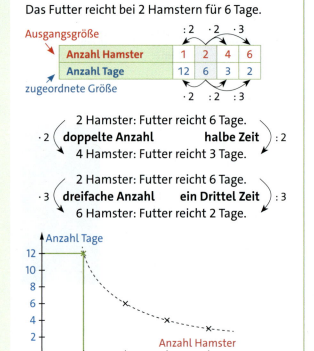

Das Futter reicht bei 2 Hamstern für 6 Tage.

| Anzahl Hamster | 1 | 2 | 4 | 6 |
|---|---|---|---|---|
| Anzahl Tage | 12 | 6 | 3 | 2 |

2 Hamster: Futter reicht 6 Tage.
·2 ( doppelte Anzahl    halbe Zeit ) :2
4 Hamster: Futter reicht 3 Tage.

2 Hamster: Futter reicht 6 Tage.
·3 ( dreifache Anzahl   ein Drittel Zeit ) :3
6 Hamster: Futter reicht 2 Tage.

---

**2** Gib die Ausgangsgröße und die zugeordnete Größe der Zuordnung an. Zeige, dass die Zuordnung antiproportional ist. Übertrage dazu die Tabelle in dein Heft. Beschrifte die Rechenpfeile.

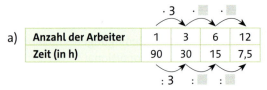

a)

| Anzahl der Arbeiter | 1 | 3 | 6 | 12 |
|---|---|---|---|---|
| Zeit (in h) | 90 | 30 | 15 | 7,5 |

b)

| Anzahl Gäste | 1 | 2 | 10 | 20 |
|---|---|---|---|---|
| Kosten pro Gast (in €) | 400 | 200 | 40 | 20 |

**3** Die Zuordnung ist antiproportional. Ergänze die Tabellen im Heft.

a)

| Anzahl Lkw | 1 | 2 | 4 | 12 |
|---|---|---|---|---|
| Anzahl Fahrten | 48 | | | |

b)

| Anzahl Äpfel | 1 | 2 | 6 | 9 |
|---|---|---|---|---|
| Äpfel pro Kind | | 9 | | |

**4** Lies aus dem Bild die Wertepaare der Zuordnung ab.
Trage sie im Heft in eine Tabelle ein.
Ist die Zuordnung proportional oder antiproportional oder nicht proportional? Begründe.

a)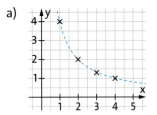

b)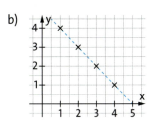

**5** Die Tabelle stellt eine antiproportionale Zuordnung dar. Trage die Wertepaare in ein Koordinatensystem ein. Verbinde die Punkte durch eine gestrichelte Linie (Hyperbel).

| Anzahl Teilnehmer | 2 | 3 | 4 | 5 |
|---|---|---|---|---|
| Kosten pro Person (in €) | 60 | 40 | 30 | 24 |

**6** Ist die Zuordnung antiproportional? Begründe.
a) Eine Pizza wird an Kinder verteilt. Alle bekommen ein gleich großes Stück.
Zuordnung: *Anzahl Kinder → Größe des Pizzastücks (in cm²)*
b) Mit gleichen Pumpen wird ein Wasserbecken geleert.
Zuordnung: *Anzahl Pumpen → Zeit zum Leeren des Beckens (in min)*
c) Der Boden des Bads wird mit Fliesen ausgelegt.
Zuordnung: *Anzahl Fliesen → Größe der Fläche, die ausgelegt werden kann (in m²)*
d) Für einen Urlaub können insgesamt 2520 € ausgegeben werden.
Zuordnung: *Anzahl Urlaubstage → Geld pro Tag (in €)*

**Dreisatz bei antiproportionalen Zuordnungen**

Werte bei antiproportionalen Zuordnungen kannst du mit dem Dreisatz berechnen. Dieser Dreisatz unterscheidet sich aber von dem Dreisatz bei proportionalen Zuordnungen.

① Zeichne und beschrifte eine Tabelle.
Trage die drei Werte ein, die du kennst.
Trage in der mittleren Zeile links eine **1** ein.
② Mit welcher Rechnung kommst du vom oberen Wert zur **1**: mal oder geteilt?
Rechne auf der anderen Seite <u>umgekehrt</u>.
③ Mit welcher Rechnung kommst du von der **1** zum unteren Wert: mal oder geteilt?
Rechne auf der anderen Seite <u>umgekehrt</u>.

Für 6 Hamster reicht das Futter 10 Tage.
Wie viele Tage reicht das Futter für 5 Hamster?

| Anzahl der Hamster | Zeit (in Tagen) |
|---|---|
| 6 | 10 |
| 1 | 60 |
| 5 | 12 |

: 6 ⤵   · 6 ⤵
· 5 ⤵   : 5 ⤵

Für 5 Hamster reicht das Futter 12 Tage.

**7** Berechne mit einem Dreisatz.
a) Für 3 Hunde reicht das Futter 8 Tage. Wie lange reicht es bei 4 Hunden?
b) Mit 2 Baggern wird ein Graben in 6 Tagen ausgehoben. Wie lange brauchen 3 Bagger?
c) Tee wird in 80 Tüten zu je 25 g abgefüllt. Wenn die gleiche Menge Tee in Tüten zu je 40 Gramm gefüllt wird, wie viele Tüten sind es dann?
d) Jonas braucht mit Fahrrad 12 min bis zur Schule. Er fährt $10\frac{km}{h}$. Wie lange braucht Jonas, wenn er $15\frac{km}{h}$ fährt?
e) Bei einer Geschwindigkeit von $200\frac{km}{h}$ dauert eine Zugfahrt 80 min. Wie lange dauert die Zugfahrt, wenn die Geschwindigkeit auf $160\frac{km}{h}$ sinkt?

| Kompetenz | ▼ |
|---|---|

**1** Ich kann eine Zuordnung mit einer Tabelle darstellen und angeben, welche Größen einander zugeordnet werden.

→ Lies auf **Seite 172** nach.

**1** Tim hat 15 €. Anna hat 30 €. Furkan hat 20 €. Melina hat 5 €.
a) Fülle die Tabelle in deinem Heft aus.

| Kind | Tim | Anna | Furkan | Melina |
|---|---|---|---|---|
| Geld in € | | | | |

b) Ergänze: Jedem ⬤ wird sein ⬤ zugeordnet.

---

**2** Ich kann Werte aus einem Pfeildiagramm ablesen und eine Zuordnung mit einem Text darstellen.

→ Lies auf **Seite 172** nach.

**2** Beim Weitsprung: Schreibe einen Text.

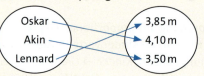

Beginne so: Jedem Schüler wird ⬤ zugeordnet.
Oskar springt …

---

**3** Ich kann entscheiden und begründen, ob eine Zuordnung proportional ist.

→ Lies auf **Seite 176** nach.

**3** Begründe: Die Zuordnung ist proportional, weil …
a) *Anzahl der Eiskugeln → Preis (in €)*
b)

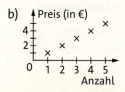

c)

| Anzahl der Dosen | 0 | 1 | 2 | 3 |
|---|---|---|---|---|
| Preis (in €) | 0 | 4 | 8 | 12 |

---

**4** Ich kann fehlende Werte für eine proportionale Zuordnung berechnen.

→ Lies auf **Seite 176** nach.

**4** Berechne die fehlenden Werte für eine proportionale Zuordnung.

| Anzahl der T-Shirts | 1 | 2 | 3 | 4 | 5 |
|---|---|---|---|---|---|
| Preis (in €) | 8 | | | | 40 |

---

**5** Ich kann Sachaufgaben mit dem Dreisatz für proportionale Zuordnungen lösen.

→ Lies auf **Seite 180** nach.

**5** Sahin verkauft seine alten Comic-Hefte. 2 Hefte kosten 6 €. Wie viel kosten 3 Hefte?

| Anzahl der Hefte | Preis (in €) |
|---|---|
| 2 | 6 |
| 1 | |
| | |

→ Lösungen auf Seite 272

**1** Mit 7 Jahren sind Mädchen im Durchschnitt 121 cm groß, mit 8 Jahren sind sie 127 cm groß. Mit 9 Jahren sind sie 132 cm groß und mit 10 Jahren 138 cm.
Beschreibe die Zuordnung mit einem Pfeil: ● → ●
Zeichne eine Tabelle und trage alle Werte ein.

**1** Viktor möchte ins Schwimmbad. Zu Fuß braucht er 45 min, mit dem Fahrrad nur 15 min. Wenn sein Vater ihn mit dem Auto fährt, dauert es 10 min. Mit dem Bus dauert es 20 min. Welche Größen werden einander zugeordnet? Zeichne eine Tabelle und trage die Werte ein.

**2** Welche Größen werden einander zugeordnet? Stelle die Zuordnung mit einem Text dar.

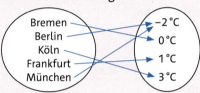

**2** Stelle die Zuordnung mit einem Text dar.

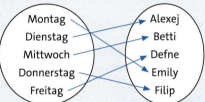

**3** Entscheide und begründe, ob die Zuordnung proportional ist.
a) *gelaufene Strecke (in km) → Zeit (in h)*
b)

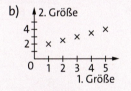

c)

| 1. Größe | 1 | 2 | 3 | 4 |
|---|---|---|---|---|
| 2. Größe | 1,5 | 3 | 4,5 | 6 |

**3** Entscheide und begründe, ob die Zuordnung proportional ist.
a) *Dateigröße (in MB) → Downloadzeit (in min)*
b)

| x | 0 | 1 | 2 | 3 | 4 |
|---|---|---|---|---|---|
| y | 3 | 5 | 7 | 9 | 11 |

c)

| x | 1 | 2 | 4 | 5 | 8 |
|---|---|---|---|---|---|
| y | 7,5 | 15 | 30 | 37,5 | 60 |

**4** Berechne die fehlenden Werte für eine proportionale Zuordnung.
Ermittle den Proportionalitätsfaktor.

| Anzahl der Kisten | 1 | 2 | 3 | 4 | 5 |
|---|---|---|---|---|---|
| Höhe des Stapels (in cm) | | 24 | | | |

**4** Berechne die fehlenden Werte für eine proportionale Zuordnung. Ermittle den Proportionalitätsfaktor und erkläre, was er angibt.

| Anzahl der Schritte | 1 | 2 | 3 | 4 | 5 |
|---|---|---|---|---|---|
| gelaufene Strecke (in m) | | | 2,4 | | |

**5** In der Mensa kosten 2 belegte Brötchen 2,60 €.
Berechne, wie viel 5 belegte Brötchen kosten. Zeichne dazu eine Tabelle und beschrifte sie. Trage das bekannte Wertepaar (2|2,60) ein.

**5** Herr Blum will Urlaub in Australien machen. Er tauscht 250 € um und erhält 400 Australische Dollar (AUD). Herr Schoofs tauscht 300 € um. Wie viele Australische Dollar (AUD) erhält er?

→ Lösungen auf Seite 272 und 273

Die Aufgaben kannst du auch digital machen.

# Wertetabellen erstellen mit einer Tabellenkalkulation

Hier lernst du, wie du mit einer Tabellenkalkulation
Wertetabellen erstellen kannst. Das spart Zeit,
denn du musst nicht mehr selbst rechnen.

Bei einem Schulfest werden Getränke für 1,30 € verkauft.
Jeder Anzahl von Getränken wird der Preis zugeordnet.

| Anzahl der Getränke | Preis in Euro |
|---|---|
| 1 | 1,30 |
| 2 | 2,60 |
| 3 | 3,90 |
| 4 | |
| 5 | |

**So kannst du eine Wertetabelle für den Preis von mehreren Getränken erstellen:**

① Schreibe in die Zelle **A1**, was in der ersten Zeile
stehen soll: die Anzahl der Getränke.
Schreibe in die Zelle **A2**, was in der zweiten Zeile
stehen soll: der Preis in €.
Ist der Text zu breit, dann halte die Linie zwischen
Spalte A und Spalte B mit der linken Maustaste gedrückt und ziehe nach rechts.

| | A |
|---|---|
| 1 | Anzahl der Getränke |
| 2 | Preis in € |

② Schreibe in die erste Zeile die Anzahl der Getränke, für die der Preis berechnet werden soll.

| | A | B | C | D | E | F | G | H | I |
|---|---|---|---|---|---|---|---|---|---|
| 1 | Anzahl der Getränke | 1 | 2 | 3 | 4 | 5 | 6 | 7 | 8 |
| 2 | Preis in € | | | | | | | | |

③ Arbeite mit einer Formel.
Gib in die Zelle **B2** ein: =B1*1,30
Das heißt: der Wert in der Zelle **B1** wird mit 1,30
multipliziert.
Wenn du ENTER drückst, wird der Preis berechnet.

| | A | B |
|---|---|---|
| 1 | Anzahl der Getränke | 1 |
| 2 | Preis in € | =B1*1,30 |

④ Klicke in die Zelle **B2** und schiebe den Mauszeiger auf die untere rechte Ecke der Zelle.
Der Mauszeiger zeigt nun ein "+". Klicke die linke Maustaste, halte sie gedrückt und ziehe die Maus
bis zur Zelle **I2** (unter der 8). Dadurch kopierst du die Formel so, dass sich auch die Zelle in der Formel
ändert. Aus =B1*1,30 wird =B2*1,30 und =B3*1,30 und so weiter.

| | A | B | C | D | E | F | G | H | I |
|---|---|---|---|---|---|---|---|---|---|
| 1 | Anzahl der Getränke | 1 | 2 | 3 | 4 | 5 | 6 | 7 | 8 |
| 2 | Preis in € | 1,30 € | | | | | | | |

**1** Erstelle die Wertetabelle für die Getränke mit einer Tabellenkalkulation.

**2** Verändere die Wertetabelle so, dass ein Getränk 1,90 € kostet.

**3** Bei einem Grillfest kostet 1 Würstchen 1,60 €. Erstelle eine Wertetabelle für 1 bis 5 Würstchen.

**1** Welche Größen sind einander zugeordnet?
Stelle die Zuordnung als Text dar.

a)

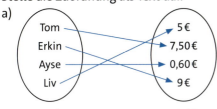

Kind                Geld

b)

| Tag | Mo. | Di. | Mi. | Do. | Fr. |
|---|---|---|---|---|---|
| Temperatur in °C | 1 | 2 | 1,5 | 3 | 0,5 |

c)

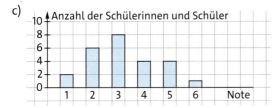

**2** Notiere zuerst, welche Größen einander
zugeordnet werden.
Schreibe dann drei passende Sätze.
Stelle die Zuordnung mit einer Tabelle dar.
**Beispiel** *Kind → Hobby*
Sabrina wird Basketball zugeordnet. Marie …

| Kind | Sabrina | Marie | Helena |
|---|---|---|---|
| Hobby | Basketball | Lesen | Turnen |

a) *Kind → Lieblingsfach*
b) *Zeit in h → Weg in km*
c) *Uhrzeit → Temperatur in °C*

**3** Entscheide, ob die Zuordnung proportional ist.
**Beispiel**

| 1. Größe | 1 | 2 | 3 |
|---|---|---|---|
| 2. Größe | 5 | 10 | 15 |

5 : 1 = 5 und 10 : 2 = 5 und 15 : 3 = 5
Dividierst du die zugeordnete Größe durch die
Ausgangsgröße, dann ist das Ergebnis immer
gleich. Die Zuordnung ist proportional. ▶ **3**

a)

| 1. Größe | 1 | 2 | 3 |
|---|---|---|---|
| 2. Größe | 10 | 20 | 30 |

b)

| 1. Größe | 1 | 2 | 3 |
|---|---|---|---|
| 2. Größe | 18 | 9 | 6 |

c)

| 1. Größe | 1 | 2 | 3 |
|---|---|---|---|
| 2. Größe | 30 | 20 | 10 |

d)

| 1. Größe | 1 | 2 | 3 |
|---|---|---|---|
| 2. Größe | 30 | 15 | 10 |

**4** Ordne jeder Tabelle eine Zeichnung zu.
Begründe dann, welche der beiden
Zuordnungen proportional ist.

a)

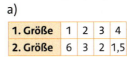

| 1. Größe | 1 | 2 | 3 | 4 |
|---|---|---|---|---|
| 2. Größe | 6 | 3 | 2 | 1,5 |

b)

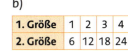

| 1. Größe | 1 | 2 | 3 | 4 |
|---|---|---|---|---|
| 2. Größe | 6 | 12 | 18 | 24 |

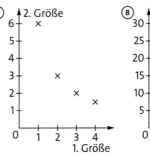

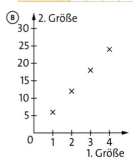

**5** Ergänze die Tabelle so, dass die Zuordnung
proportional ist.

a)

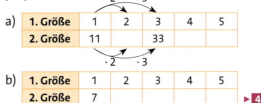

| 1. Größe | 1 | 2 | 3 | 4 | 5 |
|---|---|---|---|---|---|
| 2. Größe | 11 | | 33 | | |

b)

| 1. Größe | 1 | 2 | 3 | 4 | 5 |
|---|---|---|---|---|---|
| 2. Größe | 7 | | | | |

▶ **4**

**6** Der Zugang zu einem Streaming-Dienst für
Musik kostet monatlich 10 €.
a) Entscheide, ob die Zuordnung *Anzahl der
Monate → Kosten fürs Streaming*
proportional ist.
b) Berechne die Kosten für 2, 3, …, 6 Monate.
Fülle dazu die Tabelle in deinem Heft aus.

| Anzahl der Monate | 1 | 2 | 3 | 4 | 5 | 6 |
|---|---|---|---|---|---|---|
| Kosten (in €) | 10 | | | | | |

c) Zeichne ein Koordinatensystem in dein Heft:
x-Achse (Anzahl der Monate) von 0 bis 8;
y-Achse (Kosten in €) von 0 bis 60 € (unter-
teilt in den Schritten 0 €; 10 €; 20 €; 30 €;
40 €; 50 €; 60 €).
Trage dann die Punkte der Zuordnung ein.

**7** Berechne mit dem Dreisatz.
a) 2 Packungen Salzstangen kosten 1,60 €.
Wie teuer sind 3 Packungen?
b) 5 Flaschen Saft kosten 6 €.
Wie teuer sind 3 Flaschen Saft? ▶ **7**

Sprachhilfe zu **1**: Beginne so: Jedem (oder jeder) ● wird ● zugeordnet.
Tom wird ● zugeordnet. Das heißt: Tom hat …
▶ ☼ Tipp zu **3**, **4**, **5**

189

**1** Adam ist krank. Am Morgen hat er 38,5 °C Fieber, am Mittag sind es nur noch 38 °C. Am Nachmittag hat Adam wieder 38,5 °C Fieber. Am Abend sind es sogar 39 °C.

a) Welche Größen werden einander zugeordnet? Stelle die Zuordnung mit einer Tabelle dar.

| Tageszeit | Morgen | Mittag | Nach-mittag | Abend |
|---|---|---|---|---|
| Temperatur | | | | |

b) Zeichne das angefangene Diagramm ab. Trage alle Werte ein. Verbinde die Punkte.

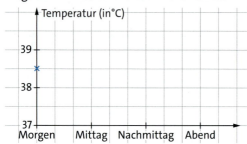

c) Zeichne ein Pfeildiagramm.

d) 👥 Vergleicht die beiden Diagramme.

**2** Erstelle aus den Begriffen, Sätzen, Tabellen und Graphen ein Poster zum Thema „Zuordnungen".

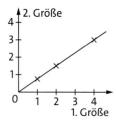

Dem Doppelten der ersten Größe wird ... zugeordnet.

Dem Doppelten der ersten Größe wird ... zugeordnet.

| 1. Größe | 1 | 2 | 4 |
|---|---|---|---|
| 2. Größe | 4 | 2 | 1 |

proportional

| 1. Größe | 1 | 2 | 4 |
|---|---|---|---|
| 2. Größe | 0,75 | 1,5 | 3 |

nicht proportional

**3** Entscheide: Gehören die Punkte zu einer proportionalen Zuordnung? Begründe deine Entscheidung.

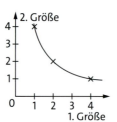

**4** Ergänze die Tabelle so, dass die Zuordnung ...

a) proportional ist.

| 1. Größe | 1 | 2 | 3 | 4 | 5 |
|---|---|---|---|---|---|
| 2. Größe | 4,5 | | | 18 | |

b) proportional ist.

| 1. Größe | 1 | 2 | 3 | 4 | 5 |
|---|---|---|---|---|---|
| 2. Größe | 600 | | | | |

c) nicht proportional ist.

| 1. Größe | 1 | 2 | 4 | 6 | 10 |
|---|---|---|---|---|---|
| 2. Größe | | | 4,5 | | |

▶ **4**

**5** Entscheide, ob die Zuordnung proportional ist. Berechne dann.

a) 10 Briefumschläge kosten 6 €. Eine Firma braucht 200 Briefumschläge. Wie teuer ist das?

b) 2 Flaschen Saft kosten 1,98 €. Wie teuer sind 3 Flaschen Saft?

c) Für 8 Pferde reicht ein Heuvorrat 5 Tage. Wie lange reicht der Heuvorrat, wenn 10 Pferde davon fressen?

d) Um sich Fußball-Spiele 3 Monate im Fernsehen live ansehen zu können, muss Herr Maurer 60 € bezahlen. Wie viel bezahlt er für 10 Monate? ▶ **8**

**6** Für eine Tomatensuppe für 4 Personen braucht man 1 kg Tomaten, 2 Zwiebeln, 3 Zehen Knoblauch, 750 mℓ Gemüsebrühe und 3 Teelöffel Tomatenmark. Rechne das Rezept für 10 Personen um.

**7** Celines Bestzeit beim 100-m-Sprint liegt bei 16 Sekunden. Wie lange braucht sie für 800 m? Begründe deine Antwort.

**8** Bei einer Geschwindigkeit von 28 $\frac{km}{h}$ braucht die Fähre von Frankreich nach England 75 Minuten. Wegen eines Unwetters kann die Fähre nur 21 $\frac{km}{h}$ fahren.

a) Wie lange braucht sie jetzt für die Strecke?

b) Wie lang ist die Strecke?

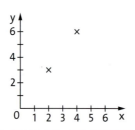

**1** 👥 Arbeitet zu viert oder zu fünft zusammen. Wählt eine Zuordnung aus.

> Schüler → Berufswunsch
>
> Spieler → Trikotnummer
>
> Schüler → Lieblingsfarbe
>
> Buch → Seitenzahl

Denkt euch fünf bis sechs Werte aus, die einander zugeordnet werden.
Stellt die Zuordnung mit einem Text, einer Tabelle und einem Pfeildiagramm dar. Geht arbeitsteilig vor.
Wenn möglich, dann zeichnet auch ein Säulendiagramm. Wann ist das nicht möglich?

**2** 👥 Jeder erstellt ein Poster zum Thema „Proportional Zuordnungen". Vergleicht eure Poster.

**3** Ergänze die Tabelle einer proportionalen Zuordnung. Stelle dann die Zuordnung in einem Koordinatensystem dar.

a)

| x | 1 | 2 | 3 | 4 | 5 |
|---|---|---|---|---|---|
| y |   |   | 4,2 |   |   |

b)

| x | 1 | 2 | 3 | 4 | 5 |
|---|---|---|---|---|---|
| y |   | $1\frac{1}{2}$ |   |   |   |

**4** Die Tabellen gehören zu proportionalen Zuordnungen.
In jeder Tabelle ist genau ein y-Wert falsch. Finde und berichtige den falschen Wert.

a)

| x | 1 | 2 | 3 | 4 | 5 |
|---|---|---|---|---|---|
| y | 0,6 | 1,2 | 1,8 | 2,4 | 2,8 |

b)

| x | 1 | 2 | 3 | 4 | 5 |
|---|---|---|---|---|---|
| y | 30 | 600 | 90 | 120 | 150 |

**5** Für den Verbrauch von 80 m³ Wasser muss Familie Sepan 176 € bezahlen.
a) Familie Marks hat 100 m³ Wasser verbraucht. Wie viel muss die Familie zahlen?
b) Familie Neuhaus zahlt für ihren Wasserverbrauch 143 €. Wie viel hat die Familie verbraucht?

**6** Welche Zuordnung kannst du hier entdecken? Bestimme den Proportionalitätsfaktor und beschreibe, was er angibt.

a)
> 5 Kugeln Eis für 3,50 €

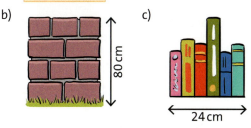

b) 80 cm

c) 24 cm

**7** Entscheide, ob die Zuordnung proportional ist. Stelle dann eine passende Frage und beantworte sie.
a) Einer von Jakobs Schritten ist 60 cm lang. Er macht 7 Schritte, um die Länge eines Autos zu messen.
Sam braucht nur 6 Schritte.
b) Frau Kruse hat 30 Liter Benzin getankt und muss 50,70 € bezahlen.
Herr Hansen muss 42,25 € bezahlen.

**8** An einem Tag im Mai ist es um 7 Uhr 8 °C warm. Um 10 Uhr zeigt das Thermometer 14 °C an. Bestimme die Temperatur um 18 Uhr. Begründe.

**9** Die Sonne ist 150 Mio. km von der Erde entfernt. Ein Lichtstrahl benötigt für diese Strecke 8 min 20 s.
a) Der Merkur ist 58 Mio. km von der Sonne entfernt. Wie lange braucht ein Lichtstrahl für diese Strecke?
b) Bis zum Neptun braucht ein Lichtstrahl 4 h 10 min. Bestimme die Entfernung zwischen Sonne und Neptun.

**10** Zeichne jeweils ein Koordinatensystem mit Werten bis 5 auf der x-Achse und Werten bis 10 auf der y-Achse.
Trage das gegebene Wertepaar ein.
Ergänze dann mehrere Wertepaare so, dass eine antiproportionale Zuordnung entsteht. Trage die Werte auch in eine Tabelle ein.
a) Wertepaar (1 | 6)
b) Wertepaar (2 | 5)

▶ 💡 Tipp zu **6** , **7**

## Das Bronze-Abzeichen

In den Sommerferien geht Stella jeden Nachmittag ins Schwimmbad. Zusammen mit ihrer Freundin Nadia trainiert sie für das Bronze-Abzeichen. Stella muss 200 m in höchstens 15 Minuten schwimmen und 2 m tief tauchen.

Nadia schätzt und notiert, wie tief Stella getaucht ist.

| Tag | Mo. | Di. | Mi. | Do. | Fr. |
|---|---|---|---|---|---|
| Tiefe | 1,50 m | 1,80 m | 1,80 m | 2,00 m | 2,50 m |

Das Diagramm zeigt, wie Stella am Donnerstag geschwommen ist.

Mein Test-Schwimmen am Freitag:
Ich bin zügig losgeschwommen und habe 100 m in 6 Minuten geschafft.
Aber dann habe ich mich verschluckt und brauchte 4 Minuten für die nächsten 50 m.
Ich habe 1 Minute am Rand Pause gemacht.
Danach bin ich noch die letzten 3 Minuten bis zum Ziel geschwommen. 200 m geschafft!

**A** Welche beiden Größen werden einander zugeordnet?
a) in der Tabelle (Tauchen)
b) im Diagramm (Schwimmen)

**B** Schwimmen am **Donnerstag**: Stelle die Zuordnung *Zeit (in min)* → *Weg (in m)* als Tabelle dar. Lies möglichst genau ab.

| Zeit in min | 0 | 2 | 4 | 6 | ... | 16 |
|---|---|---|---|---|---|---|
| Weg in m | 0 | | | | | |

**C** Beantworte die Fragen zum **Donnerstag** mithilfe des Diagramms.
a) Schafft Stella es, die 200 m in 15 Minuten zu schwimmen?
b) Wie weit ist Stella nach 2 Minuten geschwommen?
c) Was passiert nach 2 Minuten?

**F** Schwimmen am **Donnerstag**: Stelle die Zuordnung *Zeit (in min)* → *Weg (in m)* als Tabelle dar. Lies möglichst genau ab.

**D** Zeichne ein Diagramm zu Stellas Test-Schwimmen am **Freitag**.

**G** Schätze, wie viel Zeit etwa Stella für 100 m Schwimmen braucht. Nutze dafür die Werte vom Donnerstag und vom Freitag.

**E** Schreibe einen kurzen Bericht zu Stellas Tauchen. Hat Stella sich in der Woche verbessert? Wenn ja, um wie viel Zentimeter?

**H** Luis sagt: „Wer in 15 min 200 m schwimmt, der kann in drei Stunden 2400 m schwimmen." Hat Luis recht? Begründe deine Aussage.

## Spalte 1

**1** Beim 50-m-Lauf

| Schüler | Tim | Jan | Max | Ben |
|---------|-----|-----|-----|-----|
| Zeit in s | 9,1 | 8,9 | 9,8 | 9,5 |

Ergänze die Lücken im Heft:
Jedem ⬤ wird ⬤ zugeordnet.
Tim lief die 50 m in ⬤ s.
Ben brauchte ⬤ s.
⬤ brauchte 8,9 s.

**2** Beim Weitwurf:
Mara wirft 15 m weit.
Oliwia wirft 21 m weit.
Karoline wirft 18 m weit.
Zeichne ein Pfeildiagramm.

**3** Entscheide, ob die
Zuordnung proportional ist.
Begründe.

a)
| 1. Größe | 1 | 2 | 3 | 4 |
|----------|---|---|---|---|
| 2. Größe | 3 | 6 | 9 | 12 |

b)
| 1. Größe | 1 | 2 | 3 | 4 |
|----------|----|----|----|----|
| 2. Größe | 24 | 24 | 24 | 24 |

**4** Ergänze die Tabelle im
Heft so, dass die Zuordnung
proportional ist.

a)
| 1. Größe | 1 | 2 | 3 | 4 |
|----------|---|---|---|---|
| 2. Größe | 4 |   |   |   |

b)
| 1. Größe | 1 | 2 | 3 | 4 |
|----------|----|---|---|---|
| 2. Größe | 60 |   |   |   |

**5** Die Zuordnung ist
proportional.
2 kg Kirschen kosten 12 €. Wie
viel kosten 3 kg Kirschen?

| Gewicht (in kg) | Preis (in €) |
|-----------------|--------------|
| 2 | 12 |
| 1 |  |
| 3 |  |

## Spalte 2

**1** Beim Hufschmied

| Anzahl Pferde | 5 |  | 10 |
|---------------|---|----|----|
| Anzahl Hufeisen |  | 32 |  |

a) Übertrage die Tabelle in dein
   Heft und fülle die Lücken.
b) Ergänze drei weitere Zahlen-
   paare. Wie gehst du vor?
c) Notiere drei passende Sätze.

**2** Lilli reitet seit 3 Jahren,
Julian seit 1,5 Jahren, Niklas seit
2 Jahren, Anne seit 6 Monaten.
Zeichne ein Pfeildiagramm und
ein Säulendiagramm.

**3** Entscheide und begründe, ob
die Zuordnung proportional ist.
a) *Wassermenge → Gewicht*
b)
| 1. Größe | 1 | 2 | 3 | 4 |
|----------|---|----|----|----|
| 2. Größe | 7 | 16 | 24 | 32 |

**4** Ergänze die Tabelle im
Heft so, dass die Zuordnung
proportional ist.

a)
| 1. Größe | 1 | 2 | 3 | 4 |
|----------|---|-----|---|---|
| 2. Größe |   | 4,2 |   |   |

b)
| 1. Größe | 1 | 2 | 3 | 4 |
|----------|---|---|----|---|
| 2. Größe |   |   | 60 |   |

**5** 100 mℓ KiBa bestehen aus
40 mℓ Kirschsaft und aus 60 mℓ
Bananensaft.
Wie viel
Kirschsaft
und wie viel
Bananensaft
braucht man
für 250 mℓ?

## Spalte 3

**1** Betrachte die Tabelle.

| Mo. | Di. | Mi. | Do. | Fr. |
|-----|-----|-----|-----|-----|
| 13 °C | 12 °C | 9 °C | 12 °C | 8 °C |

a) Welche Größen werden
   einander zugeordnet?
b) Formuliere drei Fragen, die
   du mithilfe der Tabelle
   beantworten kannst.

**2** Ein Quadrat mit a = 1 cm hat
einen Flächeninhalt von 1 cm².
Ein Quadrat mit a = 2 cm hat …
Ergänze zwei weitere Sätze.
Zeichne ein Säulendiagramm.

**3** Begründe, ob die Zuordnung
proportional ist.
a) *Seitenlänge eines Quadrats*
   *→ Umfang*
b) *Höhe eines Baums*
   *→ Anzahl der Blätter*
c) *Anzahl gleich großer Kreistei-*
   *le → Winkelgröße eines Teils*

**4** Ergänze die Tabelle im
Heft so, dass die Zuordnung …
a) proportional ist.

| x | 1 | 2 | 3 | 4 | 5 |
|---|---|---|---|---|---|
| y |   |   |   |   | 2 |

b) nicht proportional ist.

| x | 1 | 2 | 3 | 4 | 5 |
|---|---|---|---|---|---|
| y |   |   | 3 |   |   |

**5** Pro Minute fließen 100 ℓ
Wasser durch einen Schlauch.
Der Wassertank ist nach
24 Minuten leer. Wie lange
reicht das Wasser im Tank,
wenn pro Minute 90 ℓ Wasser
durch den Schlauch fließen?

→ Lösungen auf Seite 273 und 274

## Zuordnungen → Seite 172

Bei einer **Zuordnung** wird einer
ersten Größe (Ausgangsgröße) eine
zweite Größe (zugeordnete Größe) zugeordnet.

Eine Zuordnung kannst du darstellen
- mit einer **Tabelle**,
- mit einem **Text** oder
- mit einem **Diagramm**.

Jeder Uhrzeit wird eine Temperatur zugeordnet.
Kurz mit Pfeil: Uhrzeit → Temperatur in °C

**Tabelle**

| Uhrzeit | 7:00 | 8:00 | 9:00 | 10:00 |
|---|---|---|---|---|
| Temperatur in °C | 12 | 12 | 13 | 15 |

**Text**
Um 7:00 Uhr war es 12 °C warm.
Um 8:00 Uhr war es 12 °C warm.

**Säulendiagramm**

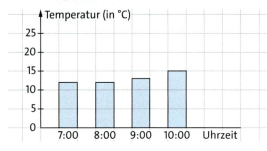

**Pfeildiagramm**

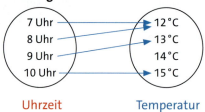

Uhrzeit              Temperatur

## Proportionale Zuordnungen → Seite 176

Eine Zuordnung ist **proportional**, wenn gilt:
- Zum **Doppelten** der Ausgangsgröße gehört
  immer das **Doppelte** der zugeordneten Größe.
- Zum **Dreifachen** der Ausgangsgröße gehört
  immer das **Dreifache** der zugeordneten Größe
- ...

Wenn du in der Tabelle die zugeordnete Größe durch
die Ausgangsgröße dividierst, so erhältst du immer
das gleiche Ergebnis (den **Proportionalitätsfaktor**).
Im Koordinatensystem liegen alle Punkte auf
einer Geraden, die durch den Ursprung (0|0) geht.

| Anzahl der Modellautos | 1 | 2 | 3 | 4 |
|---|---|---|---|---|
| Preis (in €) | 4 | 8 | 12 | 16 |

4 : 1 = 4   8 : 2 = 4   12 : 3 = 4   16 : 4 = 4
Proportionalitätsfaktor 4

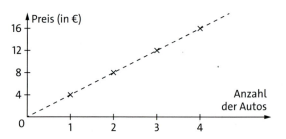

## Dreisatz bei proportionalen Zuordnungen → Seite 180

Überlege zuerst: Welche Größen sind einander
zugeordnet? Ist die Zuordnung proportional?
① Trage die bekannten Werte in eine Tabelle ein.
② Berechne den Wert für die Anzahl 1.
③ Mit welcher Rechnung kommst du von der 1
zum unteren Wert? Rechne auf der anderen
Seite genauso.

2 Spiele kosten 18 €. Wie teuer sind 3 Spiele?

| Anzahl der Spiele | Preis (in €) |
|---|---|
| 2 | 18 |
| 1 | 9 |
| 3 | 27 |

: 2   · 3

: 2   · 3

3 Spiele kosten 27 €.

# Daten und negative Zahlen

▶ Die Polizei verbessert mit Kontrollen die Sicherheit von Schülerinnen und Schülern. Vor einer Schule kontrolliert die Polizei, wie schnell die Autos fahren. Insgesamt kontrolliert die Polizei 200 Autos.
Von den 200 Autos sind 40 Autos zu schnell gefahren.
Die Autos dürfen $30 \frac{km}{h}$ fahren. Im Durchschnitt fuhren die Autos aber $35 \frac{km}{h}$.
Was bedeutet das?
Sind alle Autos genau $35 \frac{km}{h}$ gefahren?

In diesem Kapitel lernst du …

- den Durchschnitt zu bestimmen,

- die absolute und die relative Häufigkeit zu berechnen,

- Streifen- und Kreisdiagramme zu zeichnen und Anteile abzulesen.

- negative Zahlen zu benutzen.

| Kompetenz | Aufgabe | Lies und übe: |
|---|---|---|
| 1 Ich kann das Minimum und das Maximum bestimmen und die Spannweite berechnen. | **1** Yusuf hat eine Umfrage durchgeführt zum Thema: Wie viele Stunden (h) in der Woche benutzt du dein Smartphone?<br><br>| Name | Yusuf | Ben | Lisa | Mia | Devin |<br>\|---\|---\|---\|---\|---\|---\|<br>\| Antwort \| 7 h \| 21 h \| 5 h \| 14 h \| 18 h \|<br><br>a) Bestimme das Minimum und das Maximum.<br>b) Berechne die Spannweite. | → Seite 231 Nr. 14, 15 |
| 2 Ich kann ein Säulendiagramm zeichnen. | **2** Zeichne ein Säulendiagramm. Die Frage war: Was machst du in der Schulpause?<br><br>| Beschäftigung | Anzahl der Schülerinnen und Schüler |<br>\|---\|---\|<br>\| klettern \| 15 \|<br>\| Fangen spielen \| 18 \|<br>\| Ball spielen \| 12 \|<br>\| mich mit anderen unterhalten \| 21 \| | → Seite 232 Nr. 17, 18 |
| 3 Ich kann mehrere Zahlen im Kopf addieren. | **3** Addiere die Zahlen im Kopf.<br>a) $4 + 13 + 2 + 11$<br>b) $32 + 7 + 12 + 28$<br>c) $56 + 41 + 104 + 530$ | → Seite 238 Nr. 42, 43 |
| 4 Ich kann im Kopf und schriftlich dividieren. | **4** Dividiere im Kopf oder schriftlich.<br>a) $48 : 6$  b) $32 : 8$  c) $81 : 9$  d) $56 : 7$<br>e) $210 : 7$  f) $3600 : 4$  g) $1800 : 20$  h) $640 : 80$<br>i) $144 : 6$  j) $272 : 8$  k) $168 : 12$  l) $615 : 15$ | → Seite 242 Nr. 57<br>→ Seite 244 Nr. 64, 65 |
| 5 Ich kann Anteile als Bruch und als Dezimalzahl angeben. | **5** Gib den Anteil als Bruch und als Dezimalzahl an.<br>**Beispiel** 5 von 20   $\frac{5}{20} = \frac{25}{100} = 0,25$<br>a) 3 von 20  b) 7 von 10<br>c) 120 von 200  d) 25 von 250 | → Seite 235 Nr. 27, 28<br>→ Seite 52; Seite 54 Nr. 1, 2 |
| 6 Ich kann Brüche mit Nenner 100 als Prozentzahlen schreiben und umgekehrt. | **6** Brüche und Prozentzahlen: Ergänze die fehlende Zahl in deinem Heft.<br>**Beispiel** $\frac{6}{100} = 6\%$<br>a) $\frac{8}{100} = \blacksquare \%$  b) $\frac{\blacksquare}{100} = 5\%$<br>c) $\frac{27}{100} = \blacksquare \%$  d) $\frac{\blacksquare}{100} = 99\%$ | → Seite 52; Seite 53 Nr. 10 |

| Kompetenz | Aufgabe | Lies und übe: |
|---|---|---|
| 7 Ich kann Teile von Kreisen als Bruch angeben. | **7** Gib den blauen Teil des Kreises als Bruch an.<br>a)                 b)<br><br>c)                 d)<br><br>e) Ermittle zu den Kreisteilen aus a) bis d) die Winkelgrößen. | → Seite 232<br>Nr. 19 |
| 8 Ich kann die Größe von Winkeln messen. | **8** Miss die Größe des Winkels.<br>a) $\alpha$          c) $\gamma$<br>b) $\beta$<br>            $\delta$   d) | → Seite 86;<br>Seite 88 Nr. 2 |
| 9 Ich kann Winkel zeichnen. | **9** Zeichne den Winkel in dein Heft.<br>a) $\alpha = 50°$          b) $\beta = 170°$<br>c) $\gamma = 100°$        d) $\delta = 152°$ | → Seite 90;<br>Seite 93 Nr. 4 |
| 10 Ich kann Zahlen miteinander vergleichen. | **10** Vergleiche. Setze in deinem Heft < (kleiner), > (größer) oder = (gleich) ein.<br>a) 8 ● 9            b) 0,9 ● 0,8<br>c) $\frac{1}{2}$ ● 0,5        d) 13,5 ● 13,05<br>e) 50,2 ● 52       f) 1,25 ● $1\frac{1}{4}$ | → Seite 48;<br>Seite 49<br>Nr. 2 |
| 11 Ich kann Dezimalzahlen und Brüche der Größe nach ordnen. | **11** Ordne die Zahlen der Größe nach. Beginne mit der kleinsten Zahl.<br>a) 99; 19; 0,9; 0,99; 0,19; 1,9; 9; 91<br>b) 2; $2\frac{1}{2}$; $1\frac{1}{2}$; $\frac{1}{2}$; $\frac{1}{4}$; $2\frac{1}{4}$; $\frac{3}{4}$ | → Seite 48;<br>Seite 50<br>Nr. 2 |
| 12 Ich kann einen Zahlenstrahl zeichnen und Zahlen eintragen. | **12** Zeichne einen Zahlenstrahl in dein Heft. Der Abstand zwischen 0 und 1 soll 1 cm lang sein. Überlege, wie lang der Zahlenstrahl sein muss. Trage ein: 2; 7; 3,5; 4,5; 11; 0,5; $5\frac{1}{2}$; $9\frac{1}{2}$ | → Seite 227<br>Nr. 2 |

→ Lösungen auf Seite 275

# Mittelwert (arithmetisches Mittel)

Dunja verbringt gerne viel Zeit am Smartphone.
Dunjas Eltern lassen sich anzeigen, wie viele Stunden
Dunja am Smartphone war.

| Montag | Dienstag | Mittwoch | Donnerstag | Freitag |
|--------|----------|----------|------------|---------|
| 2 h | 1 h | 8 h | 1 h | 3 h |

Die Eltern finden, dass das **im Mittelwert** zu viel ist.

▶ 🖸 **Den Mittelwert berechnen**

**W**

Den **Mittelwert** nennt man auch
das arithmetische Mittel oder den
Durchschnitt.

So rechnest du:
① Bestimme die Anzahl der Werte.
② Addiere alle Werte.
③ Dividiere das Ergebnis durch
die Anzahl der Werte.

Wie viele Stunden war Dunja
**im Mittelwert** täglich am Smartphone?

Es sind 5 Werte: 2 h, 1 h, 8 h, 1 h und 3 h.
2 h + 1 h + 8 h + 1 h + 3 h = 15 h
15 h : 5 = 3 h
Dunja war im Mittelwert täglich 3 h
am Smartphone.

▶ **Aufgabe**  So viele Stunden war Dunjas
Freundin Lara am Smartphone.
Bestimme das arithmetische
Mittel. Vergleiche mit Dunja.

| Mo. | Di. | Mi. | Do. | Fr. | Sa. |
|-----|-----|-----|-----|-----|-----|
| 1 h | 2 h | 4 h | 2 h | 4 h | 5 h |

▶ 1 ▶ 1 ▶ 1

**W**

Mit Mittelwerten können Daten
verglichen werden.

Laras Werte: 1 h; 2 h; 4 h; 2 h; 4 h; 5 h
Mittelwert: 18 h : 6 = 3 h
Selinas Werte: 2 h; 2 h; 1 h; 1 h; 2 h; 4 h
Mittelwert: 12 h : 6 = 2 h
3 h > 2 h  Laras Mittelwert ist größer als
Selinas Mittelwert.

*Bei Daten kennst du
schon die Kennwerte
Minimum, Maximum
und Spannweite.
Auch der Mittelwert
ist ein Kennwert.
Damit können Daten
ausgewertet und
verglichen werden.*

▶ **Aufgabe**  Vergleiche die Mittelwerte von Dunja, Lara und Selina.  ▶ 4 ▶ 6 ▶ 6

Dunja ärgert sich über die Rechnung ihrer Eltern. Am Mittwoch war Dunja nur deshalb 8 h
am Smartphone, weil sie krank war. Der Mittelwert wird durch diesen Tag viel größer.

**W**

Ein **Ausreißer** ist ein Wert, der deutlich von den übrigen Werten abweicht.
Achte auf Ausreißer beim Auswerten von Daten.

Bei Dunjas Zeiten am Smartphone ist der Wert 8 h ein Ausreißer.
Mittelwert ohne Ausreißer:        2 h + 1 h + 1 h + 3 h = 7 h
                                  7 h : 4 = 1 h 45 min
1 h 45 min ist viel weniger als 3 h (Mittelwert mit Ausreißer).

▶ **Aufgabe**  Finde den Ausreißer bei 155; 152; 160; 295; 149; 158.  ▶ 7 ▶ 8 ▶ 7

**1** Berechne den Mittelwert.
a) 2; 1; 1; 4; 3; 1
b) 10 min; 5 min; 15 min; 10 min
c) 4 m; 2 m; 2 m; 3 m; 4 m
d) 5 kg; 2 kg; 4 kg; 6 kg; 3 kg

**2** Der Preis für Kopfhörer ändert
sich im Internet
jeden Tag.
Berechne
den Mittelwert
der drei Preise.

Montag: 13 €
Dienstag: 11 €
Mittwoch: 15 €

**3** Dies sind Mehmets Mathe-Noten: 3; 3; 4; 2
Er möchte den Mittelwert berechnen.
a) Beschreibe, wie Mehmet rechnen muss.
Bringe dazu den Text in die richtige
Reihenfolge und schreibe ihn auf.

① Dividiere das
Ergebnis durch die
Anzahl der Werte.

② Addiere die Werte.

③ Bestimme die
Anzahl der Werte.

b) Wie rechnest du?
Ordne jeder blauen Karte
eine grüne Karte zu.

4

3 + 3 + 4 + 2 = ...

12 : 4 = 3

c) Bestimme den Mittelwert der Mathe-Noten
von Mehmet. ▶ **4**

**4** Kira hat die Mädchen in den Klassen 6 a und 6 b
befragt: Wie viel Taschengeld bekommt ihr
in einer Woche?
Die Antworten waren:
6 a: 2 €; 5 €; 2 €; 3 €; 10 €;
5 €; 1 €; 4 €; 2 €; 1 €
6 b: 3 €; 1 €; 4 €; 2 €; 2 €,
6 €; 5 €; 1 €; 2 €; 4 €; 4 €; 2 €
a) Kira hat den Mittelwert der Klasse 6 a so
berechnet:
*(2 € + 5 € + 3 € + 10 € + 1 € + 4 €) : 10 = 2,50 €*
Beschreibe, was Kira falsch gemacht hat.
Rechne richtig in deinem Heft.
b) Berechne den Mittelwert der 6 b.
Vergleiche mit der 6 a und ergänze im Heft:
Das Taschengeld in der Klasse ⬤ ist im
Mittelwert um ⬤ € höher.

**5** Zeiten für den Schulweg vergleichen
a) 👥 Erstellt in eurer Klasse eine Liste mit den
Zeiten für den Schulweg.
b) 👥 Berechnet den Mittelwert der Zeiten für
den Schulweg. Achtet auf die Einheiten.
c) 👥 In Lunas Klasse ist der Mittelwert 20 min,
in Jans Klasse ist der Mittelwert 45 min.
Vergleicht mit eurer Klasse. Findet mögliche
Gründe für die Unterschiede.

**6** Tim findet einen Zettel mit folgenden Daten:
*20 min; 10 min; 10 min; 30 min; 15 min;*
*0 min; 30 min; 10 min; 15 min; 10 min;*
a) Berechne den Mittelwert.
b) Beschreibe eine Situation, die zu diesen
Daten passt.
c) Finde den kleinsten Wert, den größten Wert
und den häufigsten Wert.
d) Berechne die Spannweite. ▶ **7**

**7** Eine Fußballspielerin hat in den letzten fünf ▶ 🔊
Saisons so viele Tore geschossen.
In der dritten Saison war die Spielerin lange
verletzt und hat deshalb weniger Tore
geschossen.

 31  30  6  20  33

a) Berechne den Mittelwert der Tore.
b) Beschreibe, wie sich die 6 Tore in der dritten
Saison auf den Mittelwert auswirken.
c) Gib an, ob es bei den Daten einen Ausreißer
gibt. Wenn ja, schreibe den Ausreißer ins Heft
und begründe.

**8** Die Wetter-App zeigt die Temperaturen
für die nächsten Tage.

| Mo | Di | Mi | Do | Fr | Sa |
|---|---|---|---|---|---|
| ☀️ | ⛅ | ⛅ | ☁️ | ⛅ | ☁️ |
| 22°C | 10°C | 10°C | 5°C | 8°C | 5°C |

a) Berechne den Mittelwert der Temperaturen.
b) Berechne den Mittelwert der Temperaturen
von Dienstag bis Samstag. Vergleiche mit
dem Mittelwert von Montag bis Samstag,
den du in a) berechnet hast.
c) Gib an, ob es bei den Daten einen Ausreißer
gibt. Wenn ja, schreibe den Ausreißer ins Heft
und begründe.

**1** Berechne das arithmetische Mittel
(kurz: den Mittelwert).
a) 7; 12; 6; 11
b) 10 €; 15 €; 12 €; 25 €; 18 €; 16 €
c) 15,4 s; 13,9 s; 16,3 s; 14,8 s; 14,6 s

**2** Die Schülerinnen und Schüler der AG Schulgarten haben Kürbisse geerntet und gewogen.
Berechne den Mittelwert der Gewichte.

17,5 kg    8,3 kg    21,9 kg    14,3 kg

**3** Nele und Emma haben im Internet gelesen:
*Mädchen kriegen weniger Taschengeld als Jungen.*
Stimmt das? Sie haben in ihrer Klasse gefragt:
Wie viel Taschengeld bekommt ihr im Monat?

| Jungen | Mädchen |
|---|---|
| 10 €; 14 €; 12 €; 20 €; 5 €; 10 €; 12 €; 13 €; 15 €; 8 €; 10 €; 15 € | 15 €; 8 €; 8 €; 10 €; 14 €; 5 €; 12 €; 15 €; 10 €; 8 €; 10 €; 5 € |

a) Berechne den Mittelwert der Jungen und
den Durchschnitt der Mädchen.
Stimmt hier die Aussage aus dem Internet?
b) 👥 Führt eine Umfrage in eurer Klasse durch
und vergleicht die Mittelwerte.

**4** Dies ist das Ergebnis einer Klassenarbeit:

| 1 | 2 | 3 | 4 | 5 | 6 |
|---|---|---|---|---|---|
| 2 | 4 | 5 | 6 | 2 | 1 |

Emilie berechnet den Mittelwert der Noten so:
*(2 · 1 + 4 · 2 + 5 · 3 + 6 · 4 + 2 · 5 + 1 · 6) : 20*
Erkläre ihre Rechnung.
Berechne dann den Mittelwert der Noten. ▶ **3**

**5** Lukas möchte im Mittelwert pro Tag 12 km Rad
fahren. Ergänze die Strecke, die er am Freitag
zurücklegen muss. Erkläre dein Vorgehen.

| | Mo. | Di. | Mi. | Do. | Fr. |
|---|---|---|---|---|---|
| a) | 12 km | 12 km | 12 km | 12 km | |
| b) | 12 km | 12 km | 12 km | 10 km | |
| c) | 12 km | 10 km | 10 km | 12 km | |

▶ **6**

**6** Artur und Paul haben 5 Tage hintereinander
notiert, wie lange sie sich bewegt haben.
Artur: *40 min; 20 min; 25 min; 60 min; 15 min*
Paul: *35 min; 50 min; 10 min; 40 min; 45 min*
a) Berechne zuerst für Artur und für Paul den
Mittelwert.
b) Gesund ist es, sich 30 Minuten am Tag
zu bewegen. Haben Artur und Paul das
geschafft?
c) Vergleiche die Mittelwerte von Paul und
Artur.

Yasemin und Sara haben ihre Ergebnisse beim
Weitsprung aufgeschrieben:
Yasemin: *3,15 m; 3,22 m; 2,68 m; 3,27 m*
Sara: *3,09 m; 3,18 m; 3,23 m; 3,07 m; 3,18 m*
Vergleicht die Ergebnisse. Wer ist besser? ▶ **7**

**7** So lange brauchte Leon für die Hausaufgaben:
Woche 1

| Mo. | Di. | Mi. | Do. | Fr. |
|---|---|---|---|---|
| 120 min | 10 min | 15 min | 20 min | 5 min |

Woche 2

| Mo. | Di. | Mi. | Do. | Fr. |
|---|---|---|---|---|
| 12 min | 20 min | 18 min | 15 min | 10 min |

a) Berechne die Mittelwerte für beide Wochen.
Vergleiche die Mittelwerte.
b) Gib an, welcher Wert in Woche 1 ein Ausreißer
ist. Berechne den Mittelwert für Woche 1
ohne Ausreißer. Vergleiche noch einmal mit
Woche 2.

**8** Ergänze einen passenden Wert.
14; 18; 13; 15; ▢
a) Die Datenreihe soll einen Ausreißer haben.
Der Mittelwert soll größer als 30 sein.
b) Die Datenreihe soll keinen Ausreißer haben.
Der Mittelwert soll zwischen 13 und 18 liegen.

**9** Luisa hat aufgeschrieben, wie lange die Fahrt
mit dem Bus zum Schulort dauert (in min):
*8; 8; 9; 9; 10; 10; 10;*
*10; 10; 10; 12; 14; 88*
Ermittle Kennwerte und werte damit die Daten
aus. Gib auch an, welches der häufigste Wert
ist. Gibt es Ausreißer unter den Daten?

**1** Berechne zuerst den Mittelwert. Gib dann an, woher die Werte stammen können.
a) 45 kg; 53 kg; 67 kg; 49 kg; 51 kg
b) 70 min; 35 min, 60 min; 130 min; 55 min; 40 min
c) 14; 17; 22; 15; 17
d) 3,4 ℓ; 9,8 ℓ; 5,7 ℓ; 4,5 ℓ; 12,1 ℓ

**2** Das Diagramm zeigt die Sonnenscheindauer in einer Stadt in den Niederlanden.

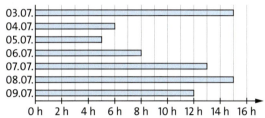

Berechne die durchschnittliche Sonnenschein-dauer. Runde sinnvoll.
Beschreibe, was dieser Wert bedeutet.

**3** Selmas Katze hat vier Junge bekommen.
Im Alter von 4 Wochen sind die kleinen Katzen im Durchschnitt 500 g schwer.
Wie schwer können die einzelnen Katzen sein? Finde drei Möglichkeiten.

**4** Der Mittelwert von vier Werten beträgt 18 €.
Bestimme den fehlenden Wert.
Erkläre dein Vorgehen.
a) 20 €; 18 €; 20 €;        b) 30 €; 28 €; 14 €;

**5** Bei einem Spiel gibt es diese Gewinne:
10-mal 3 €
5-mal 10 €
1-mal 56 €
Omid berechnet den Mittelwert der Gewinne:
*3 € + 10 € + 56 € = 69 €*
*69 € : 3 = 23 €*
Begründe, dass Omids Lösung falsch ist.
Berechne den richtigen Mittelwert.

**6** Paul will in jeder Klassenarbeit mindestens so gut sein wie der Mittelwert.
Welche Noten kann Paul dafür haben?

a)

| 1 | 2 | 3 | 4 | 5 | 6 |
|---|---|---|---|---|---|
| 4 | 8 | 9 | 7 | 2 | 0 |

Beginne so zu rechnen: 4 · 1 + 8 · 2 + …

b)

| 1 | 2 | 3 | 4 | 5 | 6 |
|---|---|---|---|---|---|
| 1 | 6 | 12 | 6 | 4 | 1 |

**7** Mara und Jule notieren, wie viele Minuten sie pro Tag Videos im Internet schauen.

|  | Mo. | Di. | Mi. | Do. | Fr. | Sa. |
|---|---|---|---|---|---|---|
| **Mara** | 60 | 80 | 30 | 60 | 90 | 180 |
| **Jule** | 120 | 150 | 10 | 90 | 110 | 120 |

a) Berechne die Durchschnittszeit von Mara und die Durchschnittszeit von Jule.
b) Streiche bei Mara und bei Jule jeweils den größten und den kleinsten Wert.
Bestimme erneut die beiden Durchschnitts-zeiten. Vergleiche mit den Ergebnissen aus a) und b). Was fällt dir auf?
c) Stelle die Daten von Mara und Jule in Säulendiagrammen dar. Markiere darin die Durchschnittszeiten durch Linien.
d) 🔎 Recherchiere, wie viele Minuten am Tag Jugendliche Videos schauen. Vergleiche dann mit deinen eigenen Zeiten.

**8** In der Tabelle findest du die Weitwurf-Ergebnisse von Noah und Josch. Die Ergebnisse sind in Meter (m) angegeben.

| **Noah** | 33,5 | 29,0 | 14,5 | 35,0 | 33,0 |
|---|---|---|---|---|---|
| **Josch** | 28,0 | 34,5 | 25,0 | 31,5 | 26,0 |

Noah behauptet: „Bei einem Wurf war ich abgelenkt, der zählt nicht. Ich bin sonst besser im Weitwurf." Prüfe Noahs Aussage.

**9** Tim hat aufgeschrieben, wie lange die einzelnen Folgen von Serien dauern (in min):
*30; 25; 8; 42; 50; 48; 32; 45; 45; 5; 55; 60; 10;*
*30; 45; 25; 40; 45; 20; 30; 45*
Ermittle Kennwerte und werte damit die Daten aus. Gib auch an, welches der häufigste Wert ist. Gibt es Ausreißer unter den Daten?

# Absolute und relative Häufigkeiten

Bei einem Spiel geht es darum, den Weg aus einem Labyrinth zu finden. Klappt es, dann gibt es einen grünen Punkt. Klappt es nicht, dann gibt es einen grauen Punkt.
Lisa hat das Spiel 20-mal gespielt. Marie hat das Spiel 25-mal gespielt. Lisa und Marie möchten ihre Ergebnisse vergleichen. Wer war besser?

Lisa

Marie

Gesamtzahl: 20 Punkte,
davon 5 grüne

Gesamtzahl: 25 Punkte,
davon 6 grüne

▶ 📺 Absolute und relative Häufigkeiten bestimmen

> **W** **Absolute Häufigkeit und relative Häufigkeit**
>
> Die **absolute Häufigkeit** ist die Anzahl, wie häufig etwas vorkommt.
>
> Die **relative Häufigkeit** ist der Anteil an der Gesamtzahl.
> Die relative Häufigkeit kannst du als Bruch oder in Prozent angeben. So rechnest du:
> Dividiere die absolute Häufigkeit durch die Gesamtzahl.
>
> $$\text{relative Häufigkeit} = \frac{\text{absolute Häufigkeit}}{\text{Gesamtzahl}}$$
>
> Wenn du das Ergebnis in Prozent angeben willst, dann erweitere den Nenner auf 100.
>
> Wenn du vergleichen willst, wo etwas häufiger vorkommt, aber die Gesamtzahl unterschiedlich ist, dann vergleichst du die relativen Häufigkeiten.
>
> Lisa:   5 grüne Punkte       Marie:   6 grüne Punkte
>         insgesamt 20 Spiele             insgesamt 25 Spiele
> absolute Häufigkeit: 5       absolute Häufigkeit: 6
> relative Häufigkeit:          relative Häufigkeit:
> $\frac{5}{20} = \frac{5 \cdot 5}{20 \cdot 5} = \frac{25}{100} = 25\,\%$     $\frac{6}{25} = \frac{6 \cdot 4}{25 \cdot 4} = \frac{24}{100} = 24\,\%$
>
> Lisa hat weniger grüne Punkte als Marie. Die absolute Häufigkeit bei Lisa ist also kleiner: 5 < 6. Aber bei Lisa ist auch die Gesamtzahl der Spiele kleiner als bei Marie.
>
> Die relative Häufigkeit ist bei Lisa größer als bei Marie: 25 % > 24 %.
> Lisa war also etwas besser als Marie, weil bei Lisa der Anteil grüner Punkte größer ist als bei Marie.

*Die relative Häufigkeit kannst du auch als Dezimalzahl angeben. Bei Lisa ist die relative Häufigkeit für grüne Punkte $\frac{5}{20} = \frac{1}{4} = 0,25$.*

▶ **Aufgabe**   Ben kippt eine Packung Schokolinsen aus und ordnet sie.

a) Bestimme die absolute Häufigkeit für jede Farbe.
b) Berechne die Anzahl aller Schokolinsen.
c) Berechne die relative Häufigkeit für jede Farbe.
   Gib das Ergebnis immer in Prozent an.

▶ 1 ▶ 1 ▶ 1

**1** Emma sollte im Mathe-Unterricht 100-mal würfeln. Die Strichliste zeigt, wie oft Emma eine Zahl gewürfelt hat.

| 1 | 2 | 3 | 4 | 5 | 6 |
|---|---|---|---|---|---|
| 卌 IIII | 卌 卌 卌 卌 II | 卌 卌 卌 III | 卌 卌 卌 卌 | 卌 卌 卌 II | 卌 卌 IIII |

a) Lies die absolute Häufigkeit für die 1 ab, dann für die 2, dann für die 3 …

b) Überprüfe, ob Emma wirklich 100-mal gewürfelt hat. Beschreibe, wie du vorgehst.

c) Gib die relative Häufigkeit für jede Zahl als Bruch und in Prozent an.
**Beispiel** für die 1: $\frac{9}{100} = 9\%$

d) 👥 Würfelt zusammen 100-mal. Gebt die relativen Häufigkeiten für die Ergebnisse 1 bis 6 an.

**2** Immer zwei Karten haben das gleiche Ergebnis.

| 4 von 20 | 10 von 40 | 6 von 12 | 4 von 80 |
|---|---|---|---|

| 5 von 20 | 2 von 40 | 12 von 24 | 2 von 10 |
|---|---|---|---|

a) Gib die relativen Häufigkeiten als Bruch an.

b) Finde gleiche Ergebnisse. Kürze die Brüche.

**3** Gib die relativen Häufigkeiten als Bruch an. Vergleiche dann. Erweitere dazu einen Bruch.

a) Juri: 3 von 10 Aufgaben falsch gelöst
Leon: 5 von 20 Aufgaben falsch gelöst

b) Ana: 9 Tore bei 15 Schüssen auf das Tor
Tim: 4 Tore bei 5 Schüssen auf das Tor

c) 1. Lostopf: 22 Nieten bei 25 Losen
2. Lostopf: 85 Nieten bei 100 Losen

**4** Wie viele Schüler sprechen außer Deutsch noch eine zweite Sprache fließend?

| | Kästner-Schule | Goethe-Schule | Schiller-Schule |
|---|---|---|---|
| Schüler mit 2. Sprache | 36 | 22 | 40 |
| Schüler gesamt | 300 | 200 | 400 |

Berechne für jede Schule die relative Häufigkeit in Prozent. Vergleiche die Anteile der Schulen.
**Beispiel** Goethe-Schule
$\frac{22}{200} = \frac{22:2}{200:2} = \frac{\square}{100} = \square\%$ ▸ **4**

**5** Finn und Klara haben in ihren beiden Klassen nach dem Lieblingsfach gefragt.
Antworten in Finns Klasse:

| Deutsch | Mathe | Englisch | Sport |
|---|---|---|---|
| 4 | 5 | 3 | 8 |

Antworten in Klaras Klasse:

| Deutsch | Mathe | Englisch | Sport |
|---|---|---|---|
| 4 | 7 | 8 | 6 |

a) Wie viele Schüler gehen in jede Klasse?

b) Finns Klasse: Ergänze die relativen Häufigkeiten für die vier Fächer im Heft.

Deutsch $\quad \frac{4}{20} = \frac{\square}{100} = \square\%$

Mathe $\quad \frac{5}{20} = \frac{\square}{100} = \square\%$

Englisch $\quad \frac{\square}{20} = \frac{\square}{100} = \square\%$

Sport $\quad \frac{\square}{20} = \frac{\square}{100} = \square\%$

c) Klaras Klasse: Gib die relativen Häufigkeiten für die vier Fächer zuerst als Bruch an. Erweitere die Brüche dann auf den Nenner 100. Gib die relativen Häufigkeiten in Prozent an.

d) Finn behauptet: „In beiden Klassen mag der gleiche Anteil das Fach Deutsch am liebsten." Berichtige Finns Aussage.

**6** Im Sportunterricht werfen die Schülerinnen auf den Basketballkorb.

*Luisa: 7 Treffer bei 10 Würfen*

*Jana: 15 Treffer bei 25 Würfen*

*Tania: 12 Treffer bei 20 Würfen*

Berechne für die drei Schülerinnen die relative Häufigkeit der Treffer in Prozent. Wer trifft am sichersten? ▸ **7**

**7** Beim Fußballtraining sollen die Spieler 10 Hütchen umschießen. Sie dürfen 10-mal schießen. Toms relative Häufigkeit für einen Treffer lag bei 60 %. Wie oft hat er getroffen?

**1** Neles Hausaufgabe war, 50-mal zu würfeln. Ihre Ergebnisse stehen in der Strichliste:

| 1 | 2 | 3 | 4 | 5 | 6 |
|---|---|---|---|---|---|
| ̶ℍℍ ⅼⅼⅼⅼ | ̶ℍℍ ⅼⅼ | ̶ℍℍ ̶ℍℍ | ̶ℍℍ ⅼⅼⅼ | ̶ℍℍ ⅼⅼⅼⅼ | ̶ℍℍ ⅼⅼ |

a) Nenne die absoluten Häufigkeiten für die einzelnen Ergebnisse, also für 1, für 2 …

b) Prüfe, ob Nele wirklich 50-mal gewürfelt hat. Beschreibe, wie du vorgegangen bist.

c) Gib die relative Häufigkeit für jedes Ergebnis als Bruch an. Erweitere dann auf einen Bruch mit dem Nenner 100 und schreibe in Prozent.

d) 👥 Würfelt zusammen 50-mal. Bestimmt die relative Häufigkeit für jedes Ergebnis als Bruch und in Prozent.

**2** Gib die relativen Häufigkeiten als Bruch an. Vergleiche dann. Kürze dazu beide Brüche.

a) Party A: 4 von 20 Gästen sind Mädchen. Party B: 18 von 36 Gästen sind Mädchen.

b) Der erste Strauß besteht aus 32 Blumen, 8 davon sind Rosen. Der zweite Strauß besteht aus 27 Blumen, 9 davon sind Rosen.

**3** Gib die relative Häufigkeit zuerst als Bruch an. Erweitere dann auf einen Bruch mit dem Nenner 100 und schreibe in Prozent.

a) 12 von 25 Lehrerinnen und Lehrern kommen mit dem Auto zur Schule.

b) Auf einer Party sind 30 von 60 Ballons grün.

c) Von den 5 gekauften Losen waren 4 Nieten.

▶ **3**

▶ 🔊 **4** An der Rhein-Schule und an der Weser-Schule kontrolliert die Polizei die Fahrräder.

|  | Rhein-Schule | Weser-Schule |
|---|---|---|
| **kontrollierte Fahrräder** | 200 | 300 |
| **schlechte Beleuchtung** | 100 | 150 |
| **schlechte Bremsen** | 80 | 90 |
| **Klingel fehlt** | 60 | 60 |

a) Gib für jede Schule die drei relativen Häufigkeiten (Beleuchtung, Bremsen, Klingel) als Bruch und in Prozent an.

b) Vergleiche zwischen den Schulen.

**5** Bei einer Umfrage wurden Jugendliche in zwei Altersgruppen gefragt: Was für Zeitschriften liest du am liebsten?

| Thema | 10- bis 12-Jährige | 13- bis 14-Jährige |
|---|---|---|
| **Comic** | 5 | 5 |
| **Natur** | 10 | 3 |
| **Sport** | 3 | 9 |
| **anderes** | 2 | 8 |

a) Wie viele Jugendliche wurden in jeder Gruppe befragt?

b) Gib für jede Gruppe die relativen Häufigkeiten der Themen als Bruch und in Prozent an.

c) „Comics sind bei beiden Gruppen gleich beliebt." Stimmt die Aussage? Begründe.

**6** Cenk, Max und Oskar trainieren Weitsprung. Ihre Sportlehrerin notiert alle Sprünge über 3,50 m.

|  | Anzahl der Sprünge über 3,50 m | Anzahl aller Sprünge |
|---|---|---|
| **Cenk** | 4 | 5 |
| **Max** | 15 | 20 |
| **Oskar** | 9 | 10 |

Begründe, wer am zuverlässigsten weiter als 3,50 m springt.

▶ **6**

**7** In einer Schule gibt es 200 Schülerinnen und Schüler. Die Schülerzeitung berichtet:

> Jeder Zweite kommt mit dem Fahrrad.

> Jeder Fünfte ist in einem Sportverein.

> Jeder Zehnte hat einen Schülerjob.

Berechne jeweils die absolute Häufigkeit, also die Anzahl der Schüler, für die die Aussage zutrifft.
Berechne dann die relative Häufigkeit.

**Beispiel** Jeder Vierte kommt mit dem Bus.
absolute Häufigkeit: 200 : 4 = 50
50 Schüler kommen mit dem Bus.
relative Häufigkeit: $\frac{50}{200} = \frac{25}{100} = 25\,\%$

---

Tipp zu **7**: „Jeder Vierte kommt mit dem Bus" bedeutet „Eine vor vier Personen kommt mit dem Bus", also $\frac{1}{4}$ der Personen."

**1** Julian hat 200-mal gewürfelt und seine Ergebnisse als Strichliste aufgeschrieben.

| 1 | 2 | 3 | 4 | 5 | 6 |
|---|---|---|---|---|---|
| 卌 卌 卌 卌 卌 卌 \|\|\|\| | 卌 卌 卌 卌 卌 卌 \|\| | 卌 卌 卌 卌 卌 卌 卌 \|\|\| | 卌 卌 卌 卌 卌 卌 卌 \| | 卌 卌 卌 卌 卌 卌 卌 卌 | 卌 卌 卌 卌 卌 卌 |

a) Gib die absolute Häufigkeit für jedes Ergebnis an.

b) Gib die relative Häufigkeit für jedes Ergebnis zuerst als Bruch an. Berechne dann die relativen Häufigkeiten in Prozent.

c) 👥 Würfelt zusammen 25-mal. Bestimmt für jedes Ergebnis die relative Häufigkeit als Bruch und in Prozent. Vergleicht mit den Häufigkeiten aus Teilaufgabe b).

**2** Bei einem Spiel treten immer zwei Teams gegeneinander an.
Dies sind die Ergebnisse von Alexejs Team:

| **Januar** | **Februar** | **März** |
|---|---|---|
| 80 Spiele | 50 Spiele | 120 Spiele |
| 60 Siege | 40 Siege | 72 Siege |

Gib die relativen Häufigkeiten der Siege in jedem Monat als Bruch an.
Vergleiche dann. Kürze dazu die Brüche.

**3** Die Klassen von Amelie und von Milan haben abgestimmt, wohin sie am Wandertag am liebsten gehen würden.

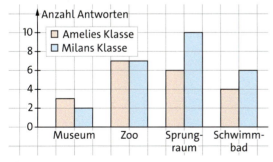

a) Lies für jede Klasse die absoluten Häufigkeiten der vier Ziele ab.

b) Wie viele Schüler sind in jeder Klasse?

c) Gib die relative Häufigkeit für jedes Ziel als Bruch und in Prozent an..

d) Amelie behauptet: „In beiden Klassen ist der Zoo gleich beliebt." Stimmt das? Begründe.

**4** Hanna, Jola und Alina trainieren 50-m-Brustschwimmen für einen Wettkampf. Die Trainerin hat in den letzten Wochen notiert, wie oft sie schneller als 45 Sekunden waren.

| | **Hanna** | **Jola** | **Alina** |
|---|---|---|---|
| **schneller als 45 s** | 9 | 9 | 9 |
| **Anzahl Versuche** | 15 | 12 | 10 |

Hanna meint, dass alle drei gleich gut waren.

a) Erkläre Hanna, was sie nicht beachtet hat.

b) Begründe, wer am zuverlässigsten schneller als 45 s schwimmt.

**5** 👥 In der Fußball-D-Jugend spielt der TSV Rot-Weiß gegen den SV Aktiv.
Die Spieler von Rot-Weiß schießen 10-mal aufs Tor und treffen 3-mal.
Aktiv schießt 5-mal aufs Tor und trifft 2-mal.
Diskutiert, welches die bessere Mannschaft ist. Beachtet Trefferquoten und Spielergebnis.

**6** Frau Schneider führt für ihre Klasse eine Aufgabenliste.

| | **Aufgaben erledigt** | **Aufgaben fehlen** |
|---|---|---|
| **Montag** | 20 | 5 |
| **Dienstag** | 22 | 3 |
| **Mittwoch** | 21 | 4 |

a) Gib für jeden Tag die relative Häufigkeit der fehlenden Aufgaben an.

b) Gib die relative Häufigkeit der fehlenden Aufgaben für die drei Tage zusammen an.

c) Frau Schneider verspricht zu Freitag nichts aufzugeben, wenn die relative Häufigkeit für fehlende Aufgaben von Montag bis Donnerstag weniger als 15 % beträgt. Wie viele Schülerinnen und Schüler können am Donnerstag ihre Aufgaben vergessen haben?

**7** Die Schlagzeile in einer Zeitung lautet: „Jeder Vierte in Deutschland bewegt sich zu wenig".

a) Berechne, wie viele Personen das in deiner Klasse wären. Runde, wenn nötig.

b) Cem meint: „Das wären in meiner Klasse 7 Personen." Wie groß ist seine Klasse?

c) Merle findet, dass sich 4 von 12 Personen in ihrer Familie zu wenig bewegen. Beurteile, ob das zur Schlagzeile passt.

# Streifendiagramme

Die Oberfläche der Erde besteht
aus Festland oder aus Wasser.

Die Oberfläche der Erde

Festland · Wasser

Wie groß ist der Anteil des Festlands?
Wie groß ist der Anteil des Wassers?

Anteile an einem Ganzen können mit **Streifendiagrammen** dargestellt werden.
Aus Streifendiagrammen kannst du ablesen, wie groß ein Anteil ist (als Bruch und in Prozent).

| | |
|---|---|
| ① Miss die Breite des Diagramms | Das Diagramm ist 10 Kästchen breit. |
| ② Miss die Breite des Streifens. Gib die Breite des Streifens als Anteil an der Breite des Diagramms an. | Der Streifen für Festland ist 3 Kästchen breit. Anteil als Bruch: $\frac{3}{10}$ |
| ③ Rechne den Bruch in Prozent um. | Anteil in Prozent: $\frac{3}{10} = \frac{3 \cdot 10}{10 \cdot 10} = \frac{30}{100} = 30\%$ Das Festland hat einen Anteil von 30 % an der Oberfläche der Erde. |

**1** Anteil des Wassers
   a) Ermittle den Anteil des Wassers an der Oberfläche der Erde mit den Schritten ① bis ③.
   b) Fatima ermittelt den Anteil des Wassers so:     *100 % − 30 % = 70 %*
      Prüfe das Ergebnis von Fatima mit deiner Rechnung aus Aufgabe a).
      Erkläre die Rechnung von Fatima.

**2** Ermittle die Anteile in Prozent.

a) Schulweg

Bus · Fahrrad · zu Fuß

b) Musikinstrumente

Gitarre · Geige · Schlagzeug

c) Lieblingsfarben

gelb · rot · grün · schwarz · blau

**3** Luca hat Daten aus einem
Streifendiagramm abgelesen und
in eine Tabelle eingetragen.

Übertrage die Tabelle in dein Heft.
Vervollständige sie.

| Sportart | Handball | Schwimmen | Radfahren |
|---|---|---|---|
| Anzahl | | 3 | 10 |
| Anteil als Bruch | $\frac{7}{20}$ | $\frac{3}{20}$ | |
| Anteil in Prozent | $\frac{7}{20} = \frac{7 \cdot 5}{20 \cdot 5}$ $= \frac{35}{100} = 35\%$ | | |

**4** Ordne den Streifen in den Diagrammen die passenden Prozentangaben zu.

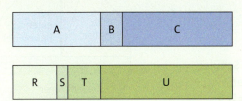

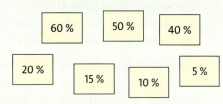

Hinweis zur Kontrolle: Addiere für jedes Diagramm die Prozentangaben. Das Ergebnis muss immer 100 % sein.

## Streifendiagramme zeichnen

Die 20 Mitglieder eines Vereins wurden befragt: „Was möchtet ihr am Sonntag machen?"

| Aktivität | Spiele | Musik | Wandern |
|-----------|--------|-------|---------|
| Anzahl | 12 | 6 | 2 |

① Gib den Anteil zuerst als Bruch an. Rechne dann den Bruch in Prozent um.

12 antworteten „Spiele".
$$\frac{12}{20} = \frac{12 \cdot 5}{20 \cdot 5} = \frac{60}{100} = 60\,\%$$

② Zeichne ein 10 cm breites Rechteck.

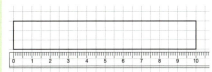

③ 10 cm sind 100 mm. Damit kannst du die Breite der Streifen im Diagramm ermitteln.

100 % entsprechen 100 mm.
60 % entsprechen 60 mm.
Das ist die Breite des Streifens: 60 mm = 6 cm.

④ Zeichne den Streifen mit der passenden Breite.

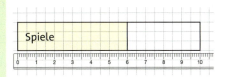

**5** Vervollständige das Streifendiagramm aus dem Beispiel oben im Heft.
Wende die Schritte ① bis ④ auch für Musik und für Wandern an.
Hinweis: Addiere zur Kontrolle die drei Prozentangaben. Das Ergebnis muss 100 % sein.

**6** Zeichne ein Streifendiagramm zu den Daten aus der Tabelle.

| Haustier | Katze | Hund | Vogel | Fische |
|----------|-------|------|-------|--------|
| Anzahl Familien | 50 | 100 | 30 | 20 |

**7** Die 120 Schülerinnen und Schüler der 6. Klassen wurden befragt: „Was kannst du am Computer am besten?" Kim hat bereits einige Ergebnisse der Umfrage:
30 Antworten: Recherchieren        10 Antworten: Präsentieren        5 Antworten: Bilder bearbeiten
Kim sagt: „Es ist nicht sinnvoll, zu diesen Daten ein Streifendiagramm zu zeichnen."
Prüfe die Aussage von Kim. Begründe deine Meinung.

**8** Julian möchte die Längen der fünf größten Flüsse der Erde als Diagramm darstellen.
a) Schlage eine passende Diagrammart vor. Begründe deine Wahl.
b) Recherchiere die Längen der Flüsse. Stelle sie als Diagramm dar.

# Kreisdiagramme auswerten und zeichnen

Eine Lehrerin fragte ihre Klasse:
„Wo verbringt ihr am liebsten eure Ferien?"
Das **Kreis**diagramm zeigt die Antworten.

Wie groß ist der Anteil der Schülerinnen und Schüler,
die „auf einem Bauernhof" geantwortet haben?
Der Anteil ist dasselbe wie die relative Häufigkeit.
Der ganze Kreis hat einen Winkel von 360°.

**W** **Kreisdiagramme auswerten**

① Miss den Winkel.
② Gib die Winkelgröße als Anteil von 360° an. Schreibe als gekürzten Bruch.
③ Rechne den Bruch in Prozent um.

Der Winkel bei „Bauernhof" ist 90° groß.

Anteil als Bruch: $\frac{90°}{360°}$ und $\frac{90}{360} = \frac{90:90}{360:90} = \frac{1}{4}$

Anteil in Prozent: $\frac{1}{4} = \frac{25}{100} = 25\,\%$

25 % sind am liebsten auf einem Bauernhof.

▶ **Aufgabe**  Bestimme die anderen Anteile. Miss zuerst die Winkel. Nutze die Tabelle.

| | Bauernhof | Meer | zu Hause | Berge |
|---|---|---|---|---|
| **Winkelgröße** | 90° | | | |
| **Anteil als Bruch** | $\frac{90}{360} = \frac{1}{4}$ | $\frac{\square}{360} = \frac{\square}{2}$ | $\frac{\square}{360} = \frac{\square}{5}$ | $\frac{\square}{360} = \frac{\square}{20}$ |
| **Anteil in Prozent** | 25 % | | | |

▶ 1 ▶ 1 ▶ 1

In einer anderen Klasse wurden 20 Schülerinnen und Schüler gefragt. Ihre Antworten:
6 „auf einem Bauernhof"; 8 „am Meer"; 4 „zu Hause" und 2 „in den Bergen".

▶ 🖵 Kreis-
diagramme
zeichnen

der Kreisteil

**W** **Kreisdiagramme zeichnen**

① Gib jeden Anteil zuerst als Bruch an. Rechne dann den Bruch in Prozent um.
② Multipliziere die Prozentzahl mit 3,6°. Das ergibt die Winkelgröße, denn 1 % von 360° ist 3,6°.
③ Zeichne einen Kreis. Zeichne einen Radius ein.
④ Erster Kreisteil: Lege dein Geodreieck auf den Radius. Zeichne den Winkel ein.
Zweiter Kreisteil: Lege dein Geodreieck auf den zweiten Schenkel. Zeichne den Winkel ein …

6 antworteten „Bauernhof".

Anteil: $\frac{6}{20} = \frac{6 \cdot 5}{20 \cdot 5} = \frac{30}{100} = 30\,\%$

Winkelgröße: $30 \cdot 3,6° = 108°$

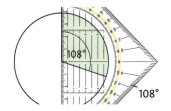

| | Bauernhof | Meer | zu Hause | Berge |
|---|---|---|---|---|
| **Anzahl** | 6 | 8 | 4 | 2 |
| **Anteil als Bruch und in Prozent** | $\frac{6}{20} = \frac{6 \cdot 5}{20 \cdot 5}$ $= \frac{30}{100} = 30\,\%$ | $\frac{8}{20} = \frac{8 \cdot 5}{20 \cdot 5}$ $= \frac{40}{100} = 40\,\%$ | $\frac{4}{20} = \frac{4 \cdot 5}{20 \cdot 5}$ $= \frac{20}{100} = 20\,\%$ | $\frac{2}{20} = \frac{2 \cdot 5}{20 \cdot 5}$ $= \frac{10}{100} = \square\,\%$ |
| **Winkelgröße** | 108° | $40 \cdot 3,6° = 144°$ | | |

▶ **Aufgabe**  Vervollständige die Tabelle im Heft. Zeichne dazu Kreisdiagramm. Wähle als Radius 5 cm.

▶ 5 ▶ 5 ▶ 5

**1** Herr König fragte seine Klasse:
Was tust du, wenn du bei deinen Mathe-Aufgaben etwas nicht verstehst?

| 70 % | Ich frage Eltern oder Mitschüler. |
| 25 % | Ich suche im Internet. |
| 5 % | Ich mache die Aufgaben nicht. |

Finde für jede Antwort den passenden Kreisteil.
Du musst keinen Winkel messen.

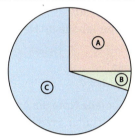

**2** In der Mensa haben 100 Schülerinnen und Schüler abgestimmt, welches Essen sie häufiger essen wollen.

| | Pizza | Nudeln | Salat | Burger |
|---|---|---|---|---|
| **Stimmen** | 20 | 20 | 10 | 50 |

Finde das passende Kreisdiagramm.
Du musst keine Winkel messen.
Beschreibe dann, wie du vorgegangen bist.

a)          b)

c)

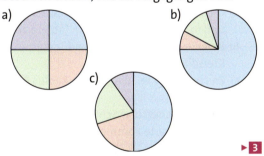

► **3**

**3** Auf den Karten stehen Winkelgrößen, Brüche und Anteile in Prozent. Immer drei Karten gehören zusammen. Finde diese Karten.

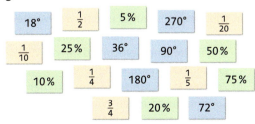

| 18° | $\frac{1}{2}$ | 5 % | 270° | $\frac{1}{20}$ |
| $\frac{1}{10}$ | 25 % | 36° | 90° | 50 % |
| 10 % | $\frac{1}{4}$ | 180° | $\frac{1}{5}$ | 75 % |
| | $\frac{3}{4}$ | 20 % | 72° | |

**4** Das Kreisdiagramm zeigt, welchen Anteil ihres Taschengelds Kinder und Jugendliche wofür ausgeben.

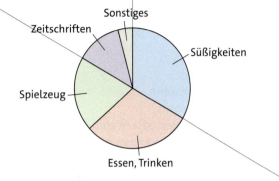

Sonstiges
Zeitschriften
Süßigkeiten
Spielzeug
Essen, Trinken

Miss für jeden Kreisteil zuerst den Winkel.
Gib dann den Anteil als Bruch an. Kürze.
**Beispiel** Spielzeug    gemessen: 72°
                          als Bruch: $\frac{72}{360} = \frac{1}{5}$

► **5**

**5** Ein Zwölfjähriger hilft zu Hause mit.
So teilen sich seine Arbeiten auf:

| Aufräumen | 50 % |
| Staubsaugen | 20 % |
| Geschirrspüler ausräumen | 25 % |
| Kochen | 5 % |

a) Berechne die Winkelgrößen für ein Kreisdiagramm.
   **Beispiel** Aufräumen 50 %
                $50 \cdot 3{,}6° = 180°$

b) Zeichne das Kreisdiagramm (Radius 6 cm).

**6** In einer Klasse haben 20 Schülerinnen und Schüler Vorträge gehalten. Die Lehrerin gab jeweils eine dieser Rückmeldungen:
„Bitte fasse dich kürzer."        6-mal
„Bitte sprich freier."            10-mal
„Bereite dich besser vor."        4-mal

a) Ergänze die Tabelle im Heft.

| | kürzer fassen | freier sprechen | besser vorbereiten |
|---|---|---|---|
| **Anzahl** | 6 | 10 | 4 |
| **Anteil** | $\frac{6}{20} = \frac{30}{100} = 30\%$ | | |
| **Winkelgröße** | $30 \cdot 3{,}6° = 108°$ | | |

b) Zeichne zur Tabelle ein Kreisdiagramm.

Die Lösungen von **4** findest du unter diesen Brüchen: $\frac{1}{24}$; $\frac{1}{20}$; $\frac{1}{15}$; $\frac{1}{10}$; $\frac{1}{8}$; $\frac{1}{5}$; $\frac{1}{4}$; $\frac{3}{10}$; $\frac{1}{3}$

# Üben ☒

**1** An einer Hauptstraße zählt die Polizei Pkw, Lkw, Busse und Zweiräder (also Motorräder, Motorroller, Fahrräder). Insgesamt sind es 100 Fahrzeuge. Das Kreisdiagramm zeigt das Ergebnis.

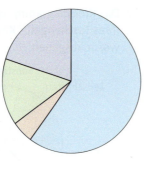

a) Welche Zahlen passen zum Diagramm? Begründe deine Antwort.
  • 30 Pkw, 40 Lkw, 25 Zweiräder, 5 Busse
  • 50 Pkw, 20 Lkw, 25 Zweiräder, 5 Busse
  • 60 Pkw, 20 Lkw, 15 Zweiräder, 5 Busse
b) Welche Farbe steht für welches Fahrzeug?

**2** Winkelgrößen in Kreisdiagrammen und Anteile: Ergänze die Tabelle im Heft.

|   | Winkelgröße | Anteil als Bruch | Anteil in Prozent |
|---|---|---|---|
|   | 36° | $\frac{36}{360} = \frac{1}{10}$ | $\frac{1}{10} = \frac{10}{100} = 10\%$ |
| a) |   | $\frac{1}{5}$ | 20% |
| b) |   |   | 25% |
| c) |   | $\frac{1}{2}$ |   |
| d) |   | $\frac{3}{4}$ |   |

**3** Das Kreisdiagramm zeigt, wo die Menschen in Deutschland leben.

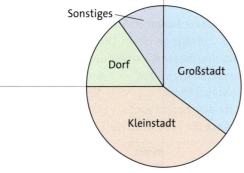

a) Miss die vier Winkel.
b) Gib die Anteile als Bruch und in Prozent an.
  **Beispiel** $\frac{126}{360} = \frac{126:18}{360:18} = \frac{7}{20}$
  $= \frac{35}{100} = 35\%$
c) Übertrage das Kreisdiagramm ins Heft. Trage auch die Prozentzahlen ein. ▶ **4**

**4** Das Kreisdiagramm zeigt die Noten einer Mathearbeit. 20 Schülerinnen und Schüler haben mitgeschrieben.

a) Miss die Winkel. Gib für jede Note den Anteil als gekürzten Bruch an. Verwende eine Tabelle im Heft:

|   | Note 1 | Note 2 |
|---|---|---|
| Winkelgröße |   |   |
| Anteil als Bruch |   |   |

b) Bestimme für jede Note die Anzahl der Schülerinnen und Schüler. Erweitere passend.
  **Beispiel** Anteil $\frac{1}{10}$; $\frac{1}{10} = \frac{2}{20}$
  Anzahl: 2 ▶ **5**

**5** Die Schülervertreter möchten erreichen, dass die Schule einen Getränkeautomaten aufstellt. Dazu fragen sie 500 Schülerinnen und Schüler nach ihrem Lieblingsgetränk.

> Mineralwasser 120    Saft 250
> Energy-Drink 50    Limonade 80

a) Gib für jedes Getränk den Anteil als Bruch und in Prozent an. Lege eine Tabelle an.
b) Berechne die Winkelgrößen für ein Kreisdiagramm.
c) Zeichne das Kreisdiagramm (Radius 6 cm).

**6** 200 Schülerinnen und Schüler wurden gefragt, wie sie zur Schule kommen.

|   | Sommer | Winter |
|---|---|---|
| Bus | 60 | 100 |
| Fahrrad | 80 | 40 |
| zu Fuß | 20 | 10 |
| sonstige | (Wert fehlt) | (Wert fehlt) |

a) Gib für den Sommer und für den Winter die Anteile der Antworten an. Schreibe als Bruch und in Prozent. Berechne dann die Winkelgrößen für ein Kreisdiagramm.
b) Zeichne je ein Kreisdiagramm für den Sommer und für den Winter. Vergleiche die Diagramme. Finde Ursachen für die Unterschiede.

**1** Die Tabelle zeigt für drei Schokoladensorten, aus welchen Zutaten sie bestehen.

|  | dunkle Schokolade | weiße Schokolade | Vollmilch-Schokolade |
|---|---|---|---|
| Kakaomasse | 48 % | 0 % | 12 % |
| Kakaobutter | 4 % | 24 % | 18 % |
| Zucker | 46 % | 46 % | 46 % |
| Milchpulver | 0 % | 28 % | 22 % |
| sonstiges | 2 % | 2 % | 2 % |

a) Ordne jeder Schokoladensorte ein Kreisdiagramm zu. Begründe deine Auswahl.

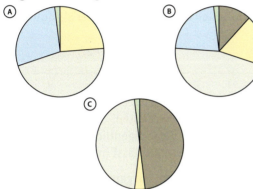

b) Ordne jeder Farbe die Zutaten zu.

**2** Fatima erklärt, wie sie die Winkelgrößen für einfache Anteile bestimmt:
„Ein ganzer Kreis sind 360°, der Anteil $\frac{1}{2}$ oder 50 % bedeutet die Hälfte. Also auch die Hälfte vom Kreis, das sind 180°."
Bestimme mit Fatimas Erklärung die Winkelgrößen zu: $\frac{1}{4}$; $\frac{1}{5}$; $\frac{1}{10}$; $\frac{1}{20}$; $\frac{1}{100}$.

**3** Das Kreisdiagramm zeigt, wie häufig die Buchstaben in der deutschen Sprache vorkommen.
a) Miss die Winkel und bestimme die Anteile als Bruch und in Prozent.
b) Auf dieser Seite stehen etwa 1000 Buchstaben. Wie viele „e" sind wohl ungefähr dabei?

**4** Die Klasse 6 b hat 200 Schülerinnen und Schüler gefragt, welche Haustiere sie haben. Das Kreisdiagramm zeigt das Ergebnis.

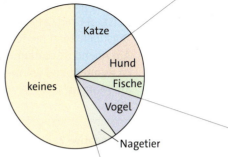

a) Gib die einzelnen Anteile als Bruch, als Dezimalzahl und in Prozent an.
b) Berechne die Anzahl der Antworten für jedes Haustier. Erweitere dazu passend.
**Beispiel** Anteil $\frac{1}{10}$; $\frac{1}{10} = \frac{20}{200}$
Anzahl: 20

**5** Ein Sportverein zählt seine Mitglieder. Die Übersicht zeigt die Verteilung der Mitglieder auf die verschiedenen Sportarten.

Fußball 450 Mitglieder — Handball 300 Mitglieder — Turnen 150 Mitglieder — Sonstige 100 Mitglieder

Zeichne dazu ein Kreisdiagramm. Gib zuerst die Anteile als Bruch und in Prozent an. Berechne dann die Winkelgrößen.

**6** ▼ Chiara fragt ihre Mitschülerinnen und Mitschüler, wie viel Taschengeld sie im Monat bekommen.
20 €; 15 €; 12 €; 30 €; 25 €;
20 €; 22 €; 5 €; 10 €; 15 €;
25 €; 24 €; 8 €; 40 €; 20 €;
27 €; 16 €; 10 €; 25 €; 5 €;
12 €; 35 €; 18 €; 20 €; 25 €
a) Fasse die Werte ihrer Größe nach sinnvoll in vier Gruppen zusammen.
b) Zeichne ein Kreisdiagramm für deine vier Gruppen.
c) 👥 Vergleicht eure Gruppen und eure Kreisdiagramme. Diskutiert die Ergebnisse.

Hinweis zu **6a**: Gruppen könnten sein: weniger als 5 €; 5 € bis 14 €; 15 bis 24 €; 25 bis 34 €; mehr als 34 €

# Negative Zahlen darstellen und vergleichen

Am Morgen geht Mats zur Schule.
Die Straßen sind vereist.
Die Temperatur liegt unter 0 °C.
Es ist –3 Grad Celsius (–3 °C) kalt.
Tagsüber steigt die Temperatur auf 4 °C.
Am Abend ist es dann –5 °C kalt.
Ist es am Abend wärmer oder kälter als
am Morgen?

▶ 🖥 Ganze Zahlen
darstellen

▶ 🔊

*Positiv und negativ
haben bei Zahlen eine
andere Bedeutung als
im Alltag.*

*positiv = über null;
größer als null
negativ = unter null;
kleiner als null*

**W** **Negative Zahlen auf der Zahlengeraden**
Wenn du den Zahlenstrahl nach links verlängerst, dann entsteht die **Zahlengerade.**
Auf der Zahlengeraden kannst du auch Zahlen eintragen, die kleiner als null sind.

Die Zahlen links von der Null heißen
**negative Zahlen.**
Sie haben das **Vorzeichen –.**

Die Zahlen rechts von der Null heißen
**positive Zahlen.**
Sie haben eigentlich das **Vorzeichen +.**
Aber meist lässt man das + weg.

Die Zahlen …; –2; –1; 0; 1; 2; … heißen **ganze Zahlen.** Die ganzen Zahlen zusammen
mit den positiven und negativen Dezimalzahlen heißen **rationale Zahlen.**

–5 und –3 sind negative Zahlen. 4 ist eine positive Zahl.
0 ist weder positiv noch negativ.

▶ **Aufgabe** Lies die markierten Zahlen ab. Welche Zahlen sind negativ?

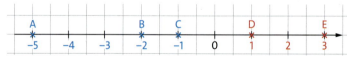

▶ 1 ▶ 1 ▶ 1

**W** **Ganze Zahlen vergleichen und ordnen**
Auf der Zahlengerade gilt: Nach rechts werden die Zahlen größer.
Nach links werden die Zahlen kleiner.

*Beachte:
5 ist größer als 3,
aber –5 und –3 sind
negativ.
Dort ist es umgekehrt:
–3 ist größer als –5.*

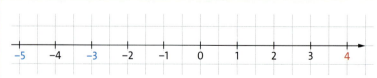

–3 steht rechts von –5, also ist –3 > –5.
Das heißt: Am Abend (–5 °C) ist es kälter als am Morgen (–3 °C).
Es gilt: –5 < –3 < 0 < 4

▶ **Aufgabe** Ordne die fünf Zahlen von klein nach groß: 6; –4; 0; 5; –2

▶ 7 ▶ 6 ▶ 6

# Üben ✉

**1** Lies die Temperatur ab.

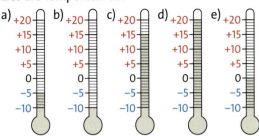

**2** Sind die Temperaturen positiv oder negativ?
a) Es sind 8 °C unter null.
b) Heute taut es bei +5° C.
c) Bei mehr als 20° kann ich ein T-Shirt anziehen.
d) Es hat tagelang gefroren. Nun sind minus 6 °C.

**3** Welche Zahlen sind negativ, welche Zahlen sind positiv? Übertrage die Tabelle in dein Heft. Trage die Zahlen ein.

| negativ | positiv |
|---------|---------|
|         |         |

30   400   −8   5   0

17   235   −33   −133   7

−25   80   −105   ▸ **3**

**4** Notiere die markierten Zahlen im Heft.

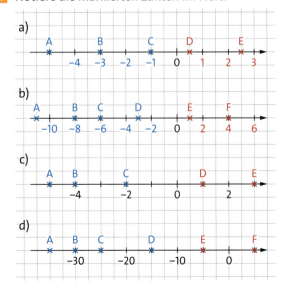

**5** Zeichne eine **Zahlengerade** von −7 bis 7. ▸ 🔊
Wähle 1 cm für 1 Einheit.
Schreibe alle negativen Zahlen mit Blau und alle positiven Zahlen mit Rot.
Trage dann 3; 6; 2,5 und −1,5 ein.

**6** Als Hilfe für diese Aufgabe könnt ihr mit Kreppband eine Zahlengerade auf den Boden kleben. Oder du zeichnest eine Zahlengerade in deinem Heft. Lege dazu dein Heft quer.
a) Starte bei 5. Springe in 2er-Schritten nach links. Springe sechsmal und notiere alle Zahlen, auf denen du landest.

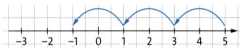

b) Starte bei −20. Springe in 2er-Schritten nach rechts. Springe achtmal. Notiere alle Zahlen.

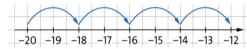

c) Starte bei 11. Springe in 3er-Schritten nach links. Springe achtmal. Notiere alle Zahlen.
▸ **6**

**7** Was ist kälter?
a) 8 °C oder −8 °C          b) −13 °C oder −14 °C
c) −1 °C oder 25 °C         d) −9 °C oder −12 °C
e) 2 °C oder −5 °C          f) −3 °C oder −2 °C

**8** Vergleiche die beiden Zahlen. ▸ 🔊
Setze in deinem Heft <, > oder = ein.
a) 0 ⬤ 4          b) −3 ⬤ −5          c) 8 ⬤ −2
d) −5 ⬤ −50       e) −4 ⬤ 0           f) −7 ⬤ 7
g) 10 ⬤ −1        h) −90 ⬤ 90         ▸ **7**

**9** Ordne die Zahlen von klein nach groß.

−5   5   −8   −15

**10** Frau May hat 520 € mehr von ihrem Konto ▸ 🔊
abgehoben, als auf dem Konto war.
Sie hat also 520 € Schulden bei der Bank. Man sagt auch: Frau May hat −520 € auf dem Konto.
Frau Shi hat −620 € auf ihrem Konto.
Wer hat mehr Schulden?

---

Sprachhilfe zu **5** : Ein Zahlen**strahl** beginnt mit 0. Er hat den Anfangspunkt 0 und keinen Endpunkt.
Eine Zahlen**gerade** hat keinen Anfangspunkt und keinen Endpunkt.

▸ 💡 Tipp zu **2**, **3**, **4**, **8**, **9**

**1** Lies die Temperaturen ab.

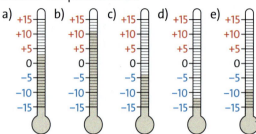

▶🔊 **2** Ergänze die Vorzeichen + oder – im Heft.
a) Bei ◯28° C liegen wir gern am Strand.
b) Es ist so kalt, dass wir bei ◯5 °C auf dem See Schlittschuh laufen können.
c) Hitzerekord: ◯33 °C und mehr im Sommer!
d) Im Urlaub sind wir auf einen Berg gestiegen, der war ◯1500 m hoch.
e) Der tiefste Punkt des Toten Meeres liegt 794 m unter dem Meeresspiegel, also bei ◯794 m.

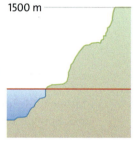

f) Der tiefste Ort in den Niederlanden heißt Nieuwkerk (sprich „Njukerk"). Er liegt unter dem Meeresspiegel bei ◯3,74 m.  ▶**2**

**3** Notiere die markierten Zahlen im Heft.

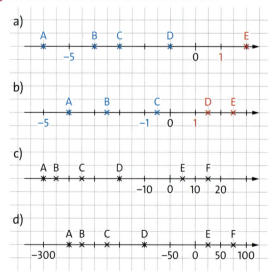

**4** Zeichne eine Zahlengerade von –8 bis 5. Wähle 1 cm für 1 Einheit. Trage ein:
–7; 0,5; –1,5; –3,5; 4; –$\frac{1}{2}$

**5** Springe immer achtmal. Notiere alle Zahlen, auf die du triffst.
a) Starte bei 22. Springe in 4er-Schritten nach links.

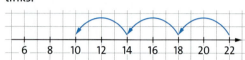

b) Starte bei –90. Springe in 10er-Schritten nach rechts.
c) Starte bei –300. Springe in 50er-Schritten nach rechts.  ▶**6**

**6** Vergleiche immer zwei Zahlen. Übertrage die Tabelle in dein Heft. Trage <, > oder = ein.

|  | –4 | 4 | 3 | –3 |
|---|---|---|---|---|
| **3** | > |  |  |  |
| **0** |  |  |  |  |
| **–2,5** |  |  | < |  |
| **–1,5** |  |  |  |  |

**7** In einem Labor wird untersucht, wie tief Regenwürmer innerhalb einer Stunde graben:
Wurm A: –29 cm
Wurm B: –27,5 cm
Wurm C: –22 cm
Wurm D: –31 cm
Wurm E: –31,5 cm
Wurm F: –26 cm
Ordne die Tiefen der Größe nach.  ▶**8**

**8** Ordne die Zahlen der Größe nach.
a) 7,5; –2; –6,5; –8; –1,5; 0,5; 7; –5,2
b) –25; 27; –26; –20; 21; –20,5; 26,5; –22,8

**9** Bei einer Bank können Erwachsene mehr Geld abheben, als auf ihrem Konto ist.
Dann ist der Kontostand negativ.
Sie haben also Schulden bei der Bank.
Ordne die Kontostände der Größe nach.

Herr Minke
–155 €

Frau Saba
280 €

Frau Mita
–125 €

Frau Labetzki
250 €

Herr Öztürk
–125 €

🔊 **1** Schreibe die Größe mit Vorzeichen in dein Heft.

a) Eisen schmilzt bei ⚪1528 °C.

b) Die niedrigste Temperatur, die überhaupt möglich ist, liegt bei ⚪273,15 °C. Das nennt man den absoluten Nullpunkt.

c) Der Marianengraben liegt im Pazifischen Ozean. Dort ist die tiefste Stelle der Weltmeere. Sie liegt 11 km unter dem Meeresspiegel, also bei ⚪11 km.

d) Der Mount Everest ist der höchste Berg der Welt. Es ist ⚪8848 m hoch.

**2** Notiere die markierten Zahlen in deinem Heft.

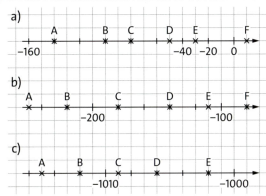

**3** Zeichne eine Zahlengerade. Trage die Zahlen ein. Überlege dir erst eine sinnvolle Einteilung.

a) −5; −3; 2,5; 0,5; −8; 1,5; −6,5

b) 0,2; −0,4; 0,6; 1,2; −2,4; −0,8; −$\frac{1}{2}$

c) −500; −350; −425; −375; −450; −325

**4** Schreibe alle ganzen Zahlen auf, die zwischen den beiden Zahlen liegen.

**Beispiel** Zwischen −3 und 4 liegen
−2; −1; 0; 1; 2; 3.

a) −5 und 2          b) −10 und −4

c) −50 und −41       d) −103 und −98

**5** Ergänze im Heft fünf weitere Zahlen.

a) −5; −3; −1; …     b) −150; −130; −110; …

c) −1,8; −2,0; −2,2; …   d) $\frac{5}{2}$; $\frac{3}{2}$; $\frac{1}{2}$; …

**6** Vergleiche. Setze im Heft <, > oder = ein.

a) 9 ⚪ −12           b) −97 ⚪ −79

c) −1,7 ⚪ −1,9       d) −9,04 ⚪ −9,4

e) −$\frac{1}{4}$ ⚪ −$\frac{3}{4}$     f) −$\frac{1}{2}$ ⚪ −$\frac{1}{4}$

g) −4,5 ⚪ −$\frac{9}{2}$     h) −0,5 ⚪ −$\frac{6}{10}$

**7** Unglaublich, was auf dem Grund des Sees liegt!

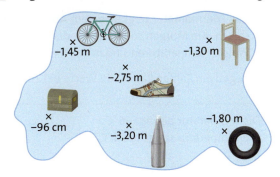

a) Schreibe auf, wie tief die einzelnen Dinge liegen.

b) Ordne die Tiefen der Größe nach.

**8** Ordne von klein nach groß.

a) −17; 15; −16; −10; 11; −10,8; 16,5; −12,5

b) −7; 27; 0,27; −2; 2,7; −7,2; −72; −27

c) 0,08; −0,88; −8,08; −0,8; −8,8; 0,88; −0,08

**9** Wenn man ein regelmäßiges Einkommen hat, kann man bei einer Bank mehr Geld abheben, als auf dem Konto ist. Man hat dann Schulden bei der Bank. Der Kontostand wird mit einem Minus vor der Summe angegeben.
Ordne die Kontostände der Größe nach.

Herr Lutz              −244,00 €

Frau Sandke            270,50 €

Frau Jablonski         −225,90 €

Herr Yussuf            −225,70 €

Frau Walter            250,30 €

**10** Viele berühmte Mathematiker haben vor der Geburt von Jesus Christus gelebt. Hinter den Jahreszahlen steht dann „v. Chr." (vor Christus).

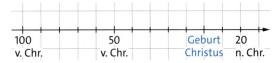

Archimedes lebte von 287 v. Chr. bis 212 v. Chr.

Pythagoras lebte von 570 v. Chr. bis 480 v. Chr.

Thales von Milet von 625 v. Chr. bis 547 v. Chr.

a) Zeichne für jeden Mathematiker eine Zahlengerade mit einer passenden Einteilung. Trage die Lebensspannen ein. Runde vorher sinnvoll.

b) Ordne die sechs Jahreszahlen der Größe nach.

## Mit negativen Zahlen rechnen

**1** Das Thermometer zeigt an einem Abend im Winter 3 °C. In der Nacht soll die Temperatur um 7 °C sinken. Am Morgen sollen sie wieder um 5 °C steigen.
Welche Temperaturen sind in der Nacht und am Morgen zu erwarten?

Mit negativen Zahlen kannst du Werte bei Zunahmen und Abnahmen berechnen.

| | |
|---|---|
| Die Temperatur beträgt –6 °C.<br>Die Temperatur **steigt** um 4 °C.<br><br>$-6 + 4 = -2$<br>Die Temperatur steigt auf –2 °C. | Die Temperatur beträgt 1 °C.<br>Die Temperatur **sinkt** um 5 °C.<br>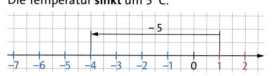<br>$1 - 5 = -4$<br>Die Temperatur sinkt auf –4 °C. |

**2** Notiere die passende Aufgabe zum Bild.

a)   b) 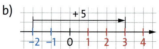  c)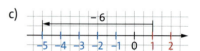

**3** Wie viel Grad sind es nach der Änderung?
a) Die Temperatur beträgt –8 °C. Sie steigt um 3 °C.
b) Die Temperatur beträgt 5 °C. Sie sinkt um 12 °C.
c) Die Temperatur beträgt –1,5 °C. Sie sinkt um 3,5 °C.
d) Die Temperatur beträgt –12 °C. Sie steigt um 2,5 °C.

**4** Berechne.
a) $-20 + 5$   b) $-20 - 15$   c) $10 - 40$   d) $1,5 - 8$   e) $-7 + 30$   f) $-2 - 0,75$

Die mehrfache Addition von gleichen Summanden kannst du einfacher als Multiplikation schreiben.

| | |
|---|---|
| Der Kontostand beträgt 0 €. Die Bank erlaubt eine Überziehung. Es werden dreimal 20 € bezahlt.<br>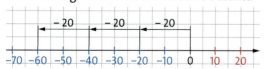<br>$-20 € \cdot 3 = -60 €$<br>Der Kontostand beträgt –60 € (Schulden). | Frau Lange hat 60 € Schulden (–60 €).<br>Sie zahlt das Geld in vier gleich großen Raten zurück:<br>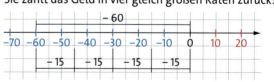<br>$-60 € : 4 = -15 €$<br>Frau Lange zahlt vier Raten von –15 €. |

**5** Multipliziere.
a) $-10 \cdot 2$   b) $-15 \cdot 6$   c) $-8 \cdot 4$   d) $-0,5 \cdot 10$   e) $-\frac{3}{4} \cdot 8$   f) $-100 \cdot \frac{1}{2}$

**6** Dividiere.
a) $-30 : 5$   b) $-12 : 4$   c) $-120 : 4$   d) $-90 : 10$   e) $-1,6 : 8$   f) $-\frac{6}{8} : 2$

# Negative Koordinaten

Das Diagramm zeigt den Verlauf eines Wegs durch eine Höhle.

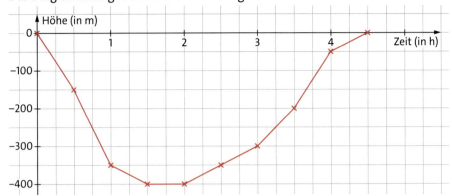

Der Eingang der Höhle hat die Höhe 0 m. Die Höhe –400 m bedeutet:
Der Ort liegt 400 m tiefer als der Eingang der Höhle.

Die Koordinaten (2|–400) bedeuten: Nach 2 Stunden ist man 400 m tiefer als der Eingang der Höhle.
Weil die y-Koordinate –400 ein negatives Vorzeichen hat, liegt der Punkt unterhalb der x-Achse.

**1** Betrachte das Diagramm oben.
a) Übertrage die Tabelle in dein Heft. Ergänze die fehlenden Werte mithilfe des Diagramms.

| Zeit in h | 0 | 0,5 | 1 | 1,5 | 2 | 2,5 | 3 | 3,5 | 4 | 4,5 |
|---|---|---|---|---|---|---|---|---|---|---|
| Höhe in m | 0 | –150 | | | –400 | | | | | |

b) Lies im Diagramm ab: In welcher Tiefe ist man nach 3 Stunden?
   Nach welcher Zeit ist eine Tiefe von –150 m erreicht?
c) 👥 Stellt euch gegenseitig Fragen zum Diagramm wie in Aufgabe b). Kontrolliert die Antworten gemeinsam.
d) 👥 Beschreibt den Verlauf des Wegs durch die Höhle. Füllt dazu die Lücken im Heft.
   In der Höhle geht es ⬤ m bergab. Anschließend geht es wieder ⬤ m bergauf.
   Der tiefste Punkt der Höhle wird nach ⬤ h erreicht.

**2** Zeichne ein Koordinatensystem wie oben. Zeichne die y-Achse von –150 m bis 50 m.
Trage dann die Wertepaare aus der Tabelle
als Punkte in das Koordinatensystem ein.
Verbinde sie durch Linien.

| Zeit in h | 0 | 0,5 | 1 | 1,5 | 2 | 2,5 |
|---|---|---|---|---|---|---|
| Höhe in m | 0 | –120 | 20 | 20 | –120 | 0 |

**3** Zeichne ein Koordinatensystem (x-Achse: von 0 bis +8; y-Achse von –5 bis +5).
Trage die Punkte ein. Wenn du sie passend verbindest, dann erhältst du ein Rechteck oder ein Quadrat.
a) A(2|5); B(2|–1); C(8|–1); D(8|5)          b) A(1|0); B(1|–4); C(7|–4); D(7|0)

**4** Gib an, ob der Punkt unter, über oder auf der x-Achse des Koordinatensystems liegt.
a) A(5|8)        b) B(5|–3)        c) C(4|0)        d) D(3|–10)        e) E(7,5|0)        f) F(4,5|1)

**5** 👥 Arbeitet zu zweit.
① Zeichne ein Koordinatensystem (x-Achse: von 0 bis +8; y-Achse von –5 bis +5).
② Markiere darin ein Dreieck. Die Eckpunkte sollen ganze Zahlen als Koordinaten haben.
③ Nennt euch gegenseitig die Koordinaten.
④ Zeichne mit den Koordinaten das Dreieck deiner Partnerin oder deines Partners.
⑤ Vergleicht gemeinsam eure Figuren.

| Kompetenz |  |
|---|---|
| 1 Ich kann den Mittelwert berechnen.<br><br>→ Lies auf **Seite 198** nach. | **1** Dies sind Karims Noten in den letzten vier Mathearbeiten: 3, 2, 4, 3.<br>Berechne den Mittelwert. |
| 2 Ich kann absolute Häufigkeiten bestimmen und relative Häufigkeiten berechnen.<br><br>→ Lies auf **Seite 202** nach. | **2** Luisa pflückt zwei Blumen-sträuße. <br>a) Bestimme für jeden Strauß die absolute Häufigkeit der Farbe Rot.<br>b) Berechne die beiden relativen Häufigkeiten für die Farbe Rot als Bruch und in Prozent. |
| 3 Ich kann Kreisdiagramme auswerten.<br><br>→ Lies auf **Seite 208** nach. | **3** Die Frage war: Magst du am liebsten Blau oder Rot oder Grün? 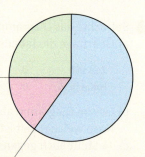<br>a) Miss die Winkel.<br>b) Gib den Anteil von Grün als Bruch und in Prozent an. |
| 4 Ich kann Kreisdiagramme zeichnen.<br><br>→ Lies auf **Seite 208** nach. | **4** 100 Kinder wurden gefragt: Wann stehst du auf? |

|  | vor 6 Uhr | 6 Uhr bis 7 Uhr | nach 7 Uhr |
|---|---|---|---|
| **Anzahl** | 20 | 50 | 30 |
| **Anteil** |  |  |  |
| **Winkelgröße** |  |  |  |

a) Ergänze die Tabelle im Heft.
b) Zeichne das Kreisdiagramm (Radius 6 cm).

| 5 Ich kann erklären, was positive und negative Zahlen in einem Zusammenhang bedeuten.<br><br>→ Lies auf **Seite 212** nach. | **5** Finde die passende Angabe.<br>a) Es ist angenehm warm: −25 °C oder +25 °C?<br>b) Schulden bei der Bank: −50 € oder +50 €?<br>c) Wasser ist zu Eis gefroren: −7 °C oder +7 °C? |
|---|---|
| 6 Ich kann (rationale) Zahlen vergleichen.<br><br>→ Lies auf **Seite 212** nach. | **6** Setze im Heft < (kleiner) oder > (größer) ein.<br>a) −7 ● −8     b) −22 ● −20<br>c) −0,5 ● −1     d) −105 ● −150 |

→ Lösungen auf Seite 275

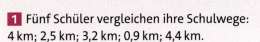

**1** Fünf Schüler vergleichen ihre Schulwege:
4 km; 2,5 km; 3,2 km; 0,9 km; 4,4 km.
a) Berechne die durchschnittliche Länge.
b) Ein weiterer Schüler mit einem 3 km langen
Schulweg kommt hinzu. Wie verändert sich das
arithmetische Mittel?

**2** Aise und Joel zählen die parkenden Autos in
ihrer Straße und wie viele Autos rot sind.
Aise zählt 20 Autos, davon waren 4 Autos rot.
Joel notiert 3 rote Autos bei 10 Autos insgesamt.
a) Gib bei beiden Kindern die absolute
Häufigkeit für die roten Autos an.
b) Berechne bei beiden Kindern die relative
Häufigkeit für die roten Autos. Vergleiche.

**3** Die Frage war:
Was ist deine
Lieblingssüßigkeit?
Miss die Winkel.
Gib die Anteile
als Bruch und
in Prozent an.

**4** 50 Kinder wurden nach ihrem Lieblingstier
gefragt. Die Antworten waren:
• 20-mal Hund,
• 15-mal Katze und
• 10-mal Hamster.
• 5-mal wurde ein anderes Tier genannt.
Gib die Anteile als Bruch und in Prozent an.
Berechne dann die Winkelgrößen.
Zeichne das Kreisdiagramm.

**5** Setze im Heft ein: 20 °C; −21 m; −4 °C
Bei unserer Höhlenwanderung gingen wir
runter bis auf ⬤. Dort war es ⬤ kalt. Draußen
war es ⬤ warm.

**6** Ordne die Zahlen von klein nach groß.
−3; −$\frac{1}{2}$; −2,7; 0,5; 0; −3,1

**1** Tarek hat von Montag bis Donnerstag die
Verspätung seines Zugs notiert (in min): 4; 12; 9; 1.
a) Berechne die durchschnittliche Verspätung.
b) Für die gesamte Schulwoche beträgt die
durchschnittliche Verspätung 7 Minuten.
Wie viel Verspätung hat der Zug am Freitag?

**2** Juna wirft 15-mal eine Münze und erhält
6-mal „Zahl". Anne wirft ebenfalls eine Münze,
bei ihren Würfen beträgt die relative Häufigkeit
für „Zahl" $\frac{3}{5}$.
a) Vergleiche die relativen Häufigkeiten
miteinander.
b) Gib mehrere Möglichkeiten an, wie oft Anne
geworfen haben könnte.

**3** Nach der Schule
gehen die
Schülerinnen und
Schüler in AGs.
Gib die Anteile
als Bruch und
in Prozent an.

**4** In einer Klasse sind 25 Schülerinnen und
Schüler. Sie stimmen über den Wandertag ab.
• $\frac{1}{5}$ der Klasse will ins Schwimmbad gehen,
• 10 Schülerinnen und Schüler wollen klettern,
• 8 % der Klasse will in den Zoo und
• 32 % wollen ins Kino.
Zeichne das Kreisdiagramm. Runde die
Winkelgrößen vor dem Zeichnen auf ganze
Grad.

**5** Formuliere sinnvolle Sätze, in denen diese
Größen vorkommen:
−15 °C; 100 °C; −67 m; 250 €; −125 €

**6** Ordne die Zahlen der Größe nach.
3; −$\frac{2}{3}$; 0,6; −4,6; $\frac{2}{5}$; −2; −4,15
Nenne zwei weitere Zahlen zwischen −5 und 3.

→ Lösungen auf Seite 275 und 276

# Kreisdiagramme mit dem Computer darstellen

Hier lernst du, wie du mit einer **Tabellenkalkulation** einfach ein Kreisdiagramm zeichnen kannst.

Öffne deine Tabellenkalkulation.
Du siehst ein Tabellenblatt mit
**Spalten** (A, B, C, ...) und **Zeilen** (1,2, 3, ...).
Die **Zelle** mit dem „Hallo" steht in
**Spalte** B und **Zeile** 3. Diese Zelle heißt **B3**.

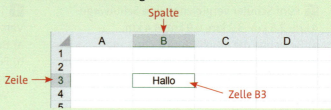

So zeichnest du ein Kreisdiagramm für die Klassensprecherwahl der 6b.

① **Die Tabelle anlegen und markieren**
  • Trage die Namen in die Spalte A und die Stimmen in die Spalte B ein.
  • Klicke auf das Feld oben links mit „Name" und halte die Maustaste gedrückt.
    Ziehe dann den Mauszeiger bis auf das Feld unten rechts mit der „10".

| | A | B |
|---|---|---|
| 1 | Name | Stimmen |
| 2 | Tom | 5 |
| 3 | Enja | 7 |
| 4 | Sophie | 3 |
| 5 | Murat | 10 |

② **Das Kreisdiagramm auswählen**
  • Am oberen Bildschirmrand befindet sich die Menüleiste. Klicke auf „Einfügen".

  • Nun öffnet sich ein neues Menüband.
    Dort klickst du auf den Kreis.
  • Jetzt siehst du eine Auswahl an Kreisdiagrammen.
    Klicke auf das erste Kreisdiagramm.

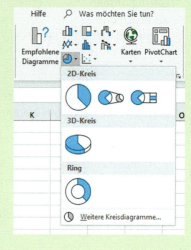

③ **Das fertige Kreisdiagramm**
   Das Programm
   erstellt dieses
   Kreisdiagramm.

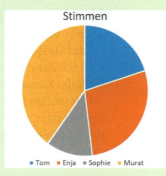

**1** Erstelle ein Kreisdiagramm für die Klassensprecherwahl.
  a) In der 6a: Kijano 8 Stimmen; Mira 9 Stimmen; Fabian 3 Stimmen; Nele 5 Stimmen
  b) In der 6b: Hannah 11 Stimmen; Mahmoud 7 Stimmen; Ben 2 Stimmen; Lara 6 Stimmen

**2** Zeichne ein Kreisdiagramm zu einer Umfrage, in der Schüler ihr Mensa-Essen bewerteten.
   sehr gut: 115 Stimmen; meistens gut: 292 Stimmen; manchmal gut: 134 Stimmen;
   nie gut: 43 Stimmen.

**3** 👥 Führt selbst eine Befragung durch und präsentiert eure Ergebnisse in einem Kreisdiagramm.

**1** Bestimme den Mittelwert.
a) 9; 5; 7
b) 15; 4; 8
c) 5; 8; 7; 4
d) 16; 10; 8; 6

**2** Lena zählt, wie oft sie sich heute
in jeder Stunde gemeldet hat:

|  | D | Eng | Eng | Ma | Ma | Mu |
|---|---|---|---|---|---|---|
| Anzahl | 2 | 12 | 3 | 5 | 9 | 5 |

a) Berechne den Mittelwert.
b) Gibt es Ausreißer? Begründe.
c) Lena will ihren Eltern zeigen, dass sie
   sich ganz oft meldet. Sollte Lena den
   Mittelwert nutzen oder das Maximum?

**3** Gib die relative Häufigkeit als Bruch und
in Prozent an.
a) 80 von 200 Schülern besuchen eine **AG**.
b) 15 Katzen von den 50 Katzen im Tierheim
   haben ein schwarzes Fell.
c) Von 10 Schüssen trifft Simon 7-mal ins Tor.
d) Unter den 100 Losen sind 24 Gewinne.

**4** In die Trampolin-AG gehen 4 Mädchen und
6 Jungen.
In die Koch-AG gehen 12 Mädchen und
8 Jungen.
a) Bestimme für beide AGs die relativen
   Häufigkeiten der Mädchen und der Jungen.
   Gib die relativen Häufigkeiten als Bruch
   und in Prozent an.
b) Vergleiche deine Ergebnisse für die beiden
   AGs miteinander. ▶ **4**

**5** Für den Mathe-Unterricht untersuchen Sara
und Alessia 360 vorbeifahrende Fahrzeuge.
Ihr Ergebnis:

| Pkw 180 | Lkw 90 |
|---|---|
| Motorrad 60 | Bus 30 |

a) Gib für jedes Fahrzeug die relative Häufigkeit
   (den Anteil) als Bruch an. Kürze den Bruch.
b) Zeichne ein Streifendiagramm. ▶ **5**

**6** Finde eine Frage und einen Text,
der zum Diagramm passt.
Beginne so:
Das Kreisdiagramm
zeigt die Antworten
auf die Frage:
Wie findest du …?
55 % antworteten …

**7** 100 Schülerinnen und
Schüler antworteten
auf die Frage
„Was machst
du heute
Nachmittag?".
a) Miss die
   Winkel.
b) Berechne die
   Anteile als Bruch
   und in Prozent.
c) Bestimme die Anzahl der Antworten. ▶ **7**

**8** Übertrage die Zahlengerade in dein Heft.
Notiere zuerst die markierten Zahlen.
Trage dann ein: −1, −2,5 und +2,5.

**9** Die Wetter-
karte zeigt,
wie kalt es
in der
Nacht wird.

a) In welcher Stadt wird es am kältesten?
   In welcher Stadt wird es am wärmsten?
b) Sortiere die Temperaturen der Größe nach.
c) Trage die Werte auf einer Zahlengerade ein.
   Wähle 1 cm für 1 °C.

Sprachhilfe zu **2c**: Beginne so: Lena sollte den ▭ nutzen, denn der ▭ ist …
Sprachhilfe zu **4**: AG ist die Abkürzung für **Arbeits|gemein|schaft**.

▶☀ Tipp zu **1**, **2**, **3**, **4**, **5**

**1** Julian und Finn lernen beide Schlagzeug.
So lange haben sie in der letzten Woche geübt:
Julian: 10 min; 0 min; 25 min; 0 min; 5 min;
  35 min; 30 min
Finn: 25 min; 0 min; 0 min; 0 min; 25 min;
  20 min; 35 min
a) Wer hat den größeren Mittelwert?
b) Ermittle jeweils Spannweite, Minimum und
   Maximum. Wer hat mehr geübt, wenn du
   das Maximum betrachtest?

**2** Welche relative Häufigkeit ist höher?
a) 35 Nieten bei 50 Losen **oder**
   16 Nieten bei 20 Losen
b) 36 Sechsen bei 200 Würfen **oder**
   27 Sechsen bei 150 Würfen

**3** Das sind Leas Zeugnisnoten:

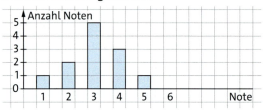

a) Gib für jede Note die absolute Häufigkeit an.
b) Bestimme für jede Note die relative
   Häufigkeit als Bruch.
c) Berechne Leas Notendurchschnitt. ▶ **4**

**4** In der Cafeteria können die Schülerinnen und
Schüler belegte Brötchen kaufen.
So viele Brötchen wurden heute verkauft:

| Käse | Salami | Schoko | Butter |
|------|--------|--------|--------|
| 24-mal | 16-mal | 32-mal | 8-mal |

a) Bestimme für jede Sorte den Anteil als Bruch
   und in Prozent.
b) Zeichne ein Streifendiagramm. ▶ **5**

**5** Erfinde und beschreibe
eine Situation, die zum
Kreisdiagramm passt.
Die Winkelgrößen
betragen 126°, 90°, 90°
und 54°.

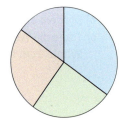

**6** ✍ Die Jungen aus Tobis Klasse antworteten
auf die Frage: „Wie lange spielst du täglich am
Computer?"
30 min; 70 min; 60 min; 45 min; 120 min;
45 min; 140 min; 60 min; 30 min; 90 min
a) Ein Online-Portal schreibt: „12-Jährige sollen
   nicht länger als eine Stunde am Tag am
   Computer spielen." Prüfe, ob diese Vorgabe
   im Durchschnitt eingehalten wird.
b) Wie viele Jungen spielen länger als empfoh-
   len? Ergänze die Tabelle in deinem Heft.

| Spielzeit | weniger als 1 h | 1 h bis 2 h | mehr als 2 h |
|-----------|------|------|------|
| Anzahl | | | |
| Anteil | | | |

c) Ergänze in einer neuen Tabellenzeile die
   Winkelgrößen für ein Kreisdiagramm.
   Zeichne das Diagramm. ▶ **7**

**7** Dies sind die durchschnittlichen Temperaturen
in Alert, einer Stadt im Norden von Kanada.
Dort dauert der Winter bis zu 8 Monate.

| Dez −30 °C | Juni 0 °C | April −25 °C | Okt −20 °C | Jan −31 °C | Juli 4 °C |
|---|---|---|---|---|---|
| Feb −34 °C | Aug 2 °C | Sept. −10 °C | Mai −12 °C | Nov −26 °C | März −32 °C |

Sortiere die Temperaturen der Größe nach.

**8** Mecit notiert jeden Morgen um 7:00 Uhr,
wie warm oder kalt es ist.

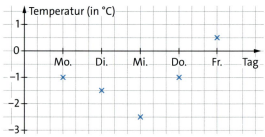

a) An welchem Morgen war es am kältesten?
   Wann war es am wärmsten?
b) Sortiere die Werte der Größe nach.
c) Auch Jana hat morgens die Temperatur
   notiert. Zeichne ein passendes Diagramm.

| Tag | Mo. | Di. | Mi. | Do. | Fr. |
|-----|-----|-----|-----|-----|-----|
| Temperatur in °C | −2 | −2,5 | −5 | −1,5 | 1 |

**1** Wissenswertes über Wale:

|  | Länge | Gewicht |
|---|---|---|
| Grönlandwal | 18 m | 100 t |
| Blauwal | 33 m | 200 t |
| Finnwal | 26 m | 70 t |
| Buckelwal | 15 m | 30 t |

| Höchstalter bei Walen | |
|---|---|
| Schwertwal | 103 Jahre |
| Grönlandwal | 211 Jahre |
| Blauwal | 110 Jahre |
| Finnwal | 116 Jahre |
| Buckelwal | 95 Jahre |

a) Bestimme für Länge, Gewicht und Höchstalter die Spannweite und das arithmetische Mittel.
b) Der Schwertwal ist etwa 14 m kürzer als der Mittelwert der Wale oben.
Wie lang ist das?
c) Fülle die Lücken im Heft: Der Blauwal ist der größte Wal. Seine Länge liegt ⬚ über dem Mittelwert und sein Gewicht ⬚ über dem Durchschnitt.
d) Formuliere drei Aussagen über die Wale.

**2** Finde Zahlenbeispiele, die zur Aussage passen.
a) Die Durchschnittstemperatur ist 13 °C.
b) Im Durchschnitt verliert ein Mensch täglich 100 Haare.

**3** Beim Wikingerschach musst du mit Holzstäben mehrere Holzklötze und zum Schluss den König abwerfen.
Felix warf bei 15 Würfen 3 Klötze ab, Lina bei 10 Würfen 4 Klötze, Elias bei 12 Würfen 3 Klötze und Mara bei 8 Würfen 2 Klötze. Vergleiche ihre Leistungen.

**4** Von 200 Erwachsenen gaben 100 an, noch nie geraucht zu haben. 50 waren ehemalige Raucher, 10 rauchten gelegentlich und 40 rauchten regelmäßig. Gib die Anteile als Bruch und in Prozent an. Zeichne ein Streifendiagramm.

**5** 1000 Schülerinnen und Schüler beteiligten sich an der Wahl des Schülersprechers.
Das Kreisdiagramm zeigt das Ergebnis.

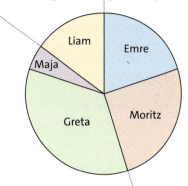

a) Bestimme jeweils die Anzahl der Stimmen.
b) Mit wie viel Stimmen Vorsprung hat Greta gewonnen?
c) Zeichne ein Säulendiagramm für die Schülersprecher-Wahl.
d) 👥 Diskutiert Vorteile und Nachteile der beiden Diagramme.

**6** Die AG Schulgarten misst im Frühjahr die Größe der neuen Keimlinge.

4 cm   1,5 cm   3 cm   3,5 cm   2 cm   5 cm   4,5 cm   2 cm   1 cm   3 cm   4 cm   2,5 cm

a) Wie hoch sind die Keimlinge im Durchschnitt?
b) Teile die Höhen in vier sinnvolle Gruppen ein. Bestimme für jede Gruppe die absolute und die relative Häufigkeit.
c) Zeichne ein Kreisdiagramm.

**7** Zeichne eine Zahlengerade und trage ein:
−4; 0,75; −1,5; und −3,25.
Überlege dir zuerst eine sinnvolle Einteilung.

**8** In einer Januarwoche hat Theo jeden Abend die Temperatur gemessen.

| Tag | Mo. | Di. | Mi. | Do. | Fr. |
|---|---|---|---|---|---|
| Temperatur in °C | 2,5 | −1 | −3 | −2,5 | 1,5 |

a) Sortiere die Temperaturen der Größe nach.
b) Zeichne ein Diagramm. Trage alle Werte ein. Verbinde die Punkte.

## Polizei-Kontrolle vor der Schule

Wenn die Schule morgens beginnt,
dann ist dort viel los.
Alle Fahrzeuge müssen verkehrs-
sicher sein. Alle Menschen müssen
sich an die Verkehrsregeln halten.
Deshalb führt die Polizei hin und
wieder Kontrollen durch.

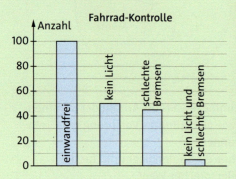

Fahrrad-Kontrolle (Balkendiagramm: einwandfrei 100, kein Licht 50, schlechte Bremsen 45, kein Licht und schlechte Bremsen 5)

| Geschwindigkeits-Kontrolle bei den Autos | | | |
|---|---|---|---|
| Geschwindigkeit | bis 30 $\frac{km}{h}$ | 31 bis 40 $\frac{km}{h}$ | 41 bis 50 $\frac{km}{h}$ | 51 bis 60 $\frac{km}{h}$ |
| Anzahl | 40 | 24 | 12 | 4 |

**A** 1000 Schülerinnen und Schüler besuchen die Schule.
Das Diagramm zeigt, wie sie zur Schule kommen.

| zu Fuß 220 | mit dem Fahrrad 320 | im Auto | mit Bus, Zug, Tram 380 |
|---|---|---|---|

Bestimme die absolute Häufigkeit der Schülerinnen
und Schüler, die im Auto gebracht werden.

**B** Geschwindigkeits-Kontrolle bei den
Autos: Betrachte die Tabelle.
Bestimme für die vier Geschwindig-
keiten die relative Häufigkeit als
Bruch und in Prozent.
Wie viel Prozent haben sich an die
vorgeschriebene Geschwindigkeit
von 30 $\frac{km}{h}$ gehalten?

**C** Ein Polizist hat weitere Verstöße notiert:

| Fahren ohne Gurt | 4-mal |
|---|---|
| Kind ohne Kindersitz | 3-mal |
| Halten im Halteverbot | 8-mal |
| Parken auf dem Gehweg | 3-mal |
| Beleuchtung kaputt | 2-mal |

Die Polizeichefin stellt fest: „Jeder 4. Verstoß war
Fahren ohne Gurt. 40 % der Verstöße betrafen das
Halteverbot und ein Zehntel der Verstöße war eine
kaputte Beleuchtung."
Überprüfe die Angaben. Korrigiere, wenn nötig.

**D** Stelle das Ergebnis der
Fahrrad-Kontrolle in einem
Streifendiagramm dar.
Lies dazu im Diagramm die
absoluten Häufigkeiten ab.
Bestimme dann die relativen
Häufigkeiten (die Anteile)
als Bruch und in Prozent.

**E** Aus den Ergebnissen der Geschwindigkeits-Kontrolle überschlägt eine Polizistin
die durchschnittliche Geschwindigkeit:

$(40 \cdot 30 \frac{km}{h} + 24 \cdot 35 \frac{km}{h} + 12 \cdot 45 \frac{km}{h} + 4 \cdot 55 \frac{km}{h}) : 80$

Erkläre die Rechnung. Berechne die durchschnittliche Geschwindigkeit.
Wie viel $\frac{km}{h}$ waren die Autos durchschnittlich zu schnell?

**1** Max kommt oft zu spät zur Schule. Sein Lehrer hat in der letzten Woche notiert: 3 min, 5 min, 0 min, 15 min, 2 min
a) Berechne, wie viele Minuten Max im Durchschnitt zu spät kommt.
b) Gibt es einen Ausreißer unter den Werten? Begründe.

**2** Beim Basketball: Jan trifft bei 12 von 20 Würfen. Cem trifft bei 25 von 50 Würfen.
a) Bestimme für Jan und für Cem die relative Häufigkeit als Bruch und in Prozent.
b) Vergleiche: Wer war besser?

**3** Entscheide, zu welcher Situation das Kreisdiagramm passt. Begründe deine Antwort.

a) 6 € von 24 € Taschengeld sind schon ausgegeben.
b) 12 von 36 Kindern besitzen ein Haustier.
c) 25 km von 200 km liegen hinter uns.

**4** Temperaturen im Januar: Rom −3 °C; Moskau −10 °C; Köln −2 °C; Berlin −5 °C; Madrid 3 °C; Paris 0 °C
a) Ordne der Größe nach.
b) Trage die Werte auf einer Zahlengerade ein. Wähle 1 cm für 1 °C.

**1** Vier Freunde tauchen um die Wette. So weit sind sie getaucht: 19 m; 16 m; 24 m und 17 m.
a) Berechne den Mittelwert.
b) Ein fünfter Freund kommt dazu und taucht 24 m. Berechne nun den Mittelwert. Erkläre den Unterschied zum Ergebnis in Teilaufgabe b).

**2** Leas Ergebnisse in Englisch:
1. Diktat: 200 Wörter, 12 Fehler
2. Diktat: 300 Wörter, 15 Fehler
3. Diktat: 250 Wörter, 10 Fehler
Vergleiche die relativen Häufigkeiten. Hat sich Lea verbessert?

**3** Entscheide, welches Kreisdiagramm zu diesen Werten passt:
Fußball 20; Tanzen 15; Karate 10; Leichtathletik 5.
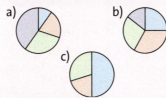
a)    b)
c)
Begründe, warum die anderen Diagramme nicht passen.

**4** Kontostände am 31.12.: Frau Bex −650 €; Herr Wu −560 €; Frau Hahn −605 €; Frau Vogt −506 €; Herr Graf −565 €
a) Ordne der Größe nach.
b) Zeichne eine Zahlengerade zwischen −700 und −500. Trage die Werte ein.

**1** Alia und Levin schreiben beide einen Blog im Internet. Die Tabelle zeigt die Anzahl der Klicks in den letzten vier Tagen.

| Alia | 60 | 62 | 85 | 45 |
| Levin | 71 | 44 | 66 | 47 |

a) Bestimme jeweils die durchschnittliche Anzahl von Klicks.
b) Levin sagt: „Unter den Werten gibt es keine Ausreißer." Überprüfe.

**2** Auf dem Jahrmarkt gibt es drei Stände mit Losen.
Ⓐ 95 Nieten, 5 Gewinne
Ⓑ 180 Nieten, 20 Gewinne
Ⓒ 235 Nieten, 15 Gewinne
Zu welchem Stand würdest du gehen? Begründe.

**3** 60 Jugendliche nannten ihr liebstes Fastfood-Gericht:
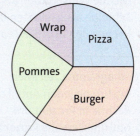
Bestimme die Anteile als Bruch und in Prozent. Erläutere dein Vorgehen.

**4** So tief sind die Teilnehmer eines Tauchkurses getaucht: Andrea −12 m; Ludwig −14,4 m; Elke −15,5 m; Norbert −17,2 m; Katrin −17,7 m; Stefan −14,9 m
a) Ordne der Größe nach.
b) Trage die Werte auf einer Zahlengeraden ein.

→ Lösungen auf Seite 276 und 277

## Mittelwert (arithmetisches Mittel) → Seite 198

Den **Mittelwert** nennt man auch Durchschnitt oder **arithmetisches Mittel**.

So berechnest du den Mittelwert:
① Bestimme die Anzahl der Werte.
② Addiere alle Werte.
③ Dividiere durch die Anzahl der Werte.

Wie groß ist jeweils der **Durchschnitt**?

Leon: 2; 3; 1 Tore
$2 + 3 + 1 = 6$
$6 : 3 = 2$

Alex: 1; 0; 2; 5 Tore
$1 + 0 + 2 + 5 = 8$
$8 : 4 = 2$

Der Durchschnitt von Leon und Alex ist jeweils 2 Tore.

## Absolute und relative Häufigkeiten → Seite 202

Die **absolute Häufigkeit** ist die Anzahl, wie oft etwas vorkommt.

Die **relative Häufigkeit** ist der Anteil an der Gesamtzahl.

So rechnest du: Dividiere die absolute Häufigkeit durch die Gesamtzahl.

relative Häufigkeit $= \dfrac{\text{absolute Häufigkeit}}{\text{Gesamtzahl}}$

In die Klasse 6a gehen 12 Jungen. Insgesamt sind dort 20 Kinder. In die Klasse 6b gehen 11 Jungen. Insgesamt sind dort 25 Kinder.

**absolute Häufigkeiten:**
Klasse 6a: 12 und Klasse 6b: 11

**relative Häufigkeiten:**
Klasse 6a: $\dfrac{12}{20} = \dfrac{12 \cdot 5}{20 \cdot 5} = \dfrac{60}{100} = 60\,\%$
Klasse 6b: $\dfrac{11}{25} = \dfrac{11 \cdot 4}{25 \cdot 4} = \dfrac{44}{100} = 44\,\%$

## Kreisdiagramme auswerten und zeichnen → Seite 208

**Kreis**diagramme auswerten
① Miss den Winkel.
② Gib die Winkelgröße als Anteil von 360° an. Schreibe als gekürzten Bruch.
③ Rechne den Bruch in Prozent um.

| Antwort | ja | nein |
|---|---|---|
| Winkelgröße | 72° | 288° |
| Anteil als Bruch | $\dfrac{72}{360} = \dfrac{1}{5}$ $= \dfrac{20}{100}$ | $\dfrac{288}{360} = \dfrac{4}{5}$ $= \dfrac{80}{100}$ |
| Prozent | 20 % | 80 % |

**Kreis**diagramme zeichnen
① Bestimme jeden Anteil als Bruch. Rechne in Prozent um.
② Multipliziere die Prozentzahl mit 3,6°. Das ist die Winkelgröße.
③ Zeichne einen Kreis. Zeichne einen Radius ein.
④ Trage die Winkelgrößen ein.

| Antwort | ja | nein |
|---|---|---|
| Anzahl | 8 | 12 |
| Anteil | $\dfrac{8}{20} = \dfrac{40}{100}$ $= 40\,\%$ | $\dfrac{12}{20} = \dfrac{60}{100}$ $= 60\,\%$ |
| Winkelgröße | $40 \cdot 3,6°$ $= 144°$ | $60 \cdot 3,6°$ $= 216°$ |

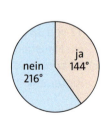

## Negative Zahlen darstellen und vergleichen → Seite 212

Negative Zahlen auf der Zahlengeraden:
Die Zahlen links von der Null heißen **negative Zahlen**. Sie haben das **Vorzeichen –**.

Die Zahlen … –3; –2; –1; 0; 1; 2; 3 … heißen **ganze Zahlen**. Die ganzen Zahlen zusammen mit den positiven und negativen Dezimalzahlen heißen **rationale Zahlen**.

Auf der Zahlengerade gilt:
Die Zahlen werden nach rechts größer.

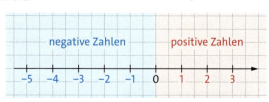

3 ist größer als 2.
–3 ist größer als –5.
–3 ist kleiner als –2.

# Grundwissen

▶ Hier findest du einfache, anschauliche Erklärungen zur Mathematik aus den vergangenen Schuljahren. Es gibt viele Beispiele und Aufgaben, mit denen du weiter üben kannst. Die Lösungen findest du hinten im Buch ab Seite 262. So kannst du selbst kontrollieren, ob du richtig gerechnet hast.

Die Erklärungen und Aufgaben gehören zu vier Bereichen:
**Zahlen und Daten:** natürliche Zahlen darstellen, lesen, vergleichen, ordnen und runden; Daten auswerten und darstellen; Bruchteile berechnen
**Größen:** Geld, Länge, Fläche, Gewicht, Zeit
**Rechnen:** Addition, Subtraktion, Multiplikation, Division, Vorrangregeln, Sachaufgaben
**Geometrie:** Linien, Figuren, Flächeninhalt, Koordinatensystem

→ Seite 7
Nr. 2
Seite 42
Nr. 5, 6

⌐ Am
hlen-
hl
esen

**Natürliche Zahlen auf dem Zahlenstrahl ablesen und eintragen**

Finde heraus, in welchen Schritten der Zahlenstrahl zählt (Einer-Schritte, Zweier-Schritte, Fünfer-Schritte, Zehner-Schritte, …).
Suche die beiden Zahlen, zwischen denen deine Zahl steht.
Starte bei der kleineren der beiden Zahlen.
Zähle ab, wo deine Zahl steht.

Welche Zahl ist hier markiert?

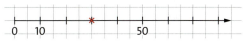

Es wird in Zehner-Schritten gezählt.
Das Kreuz steht zwischen 10 und 50,
2 Schritte hinter der 10 liegt die 30.

Trage die Zahlen 300 und 450 ein.

Es wird in 50er Schritten gezählt.
300 liegt zwei 50er-Schritte hinter der 200.
450 liegt drei 50er-Schritte hinter der 300.

**1** Welche Zahlen sind hier mit Kreuzen markiert?

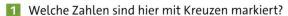

**2** Übertrage den Zahlenstrahl in dein Heft.
a) Trage ein: 40; 70; 85; 125

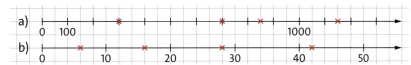

b) Trage ein: 600; 750; 950; 1100; 1175

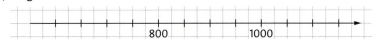

→ Seite 42
Nr. 1

Stellen-
werttafel

## Natürliche Zahlen in eine Stellenwerttafel eintragen

Die **Stellenwerttafel** ist eine Tabelle, in die du Zahlen eintragen kannst.

Ganz rechts in der Stellenwerttafel stehen die Einer (E).
Für die zweistelligen Zahlen brauchst du auch die Zehner-Stelle (Z).
Links davon kommen die Hunderter (H). Du brauchst die Hunderter-Stelle für dreistellige Zahlen, also für die Zahlen von 100 bis 999.
Links davon folgen Tausender, Zehntausender (ZT), Hunderttausender (HT) und so weiter.
Beginne beim Eintragen der Zahlen immer ganz rechts.

| Tausender | | | | | |
|---|---|---|---|---|---|
| H | Z | E | H | Z | E |
| | | | | | |
| | | | | | |
| | | | | | |
| | | | | | |

$8207 = 8\,T + 2\,H + 0\,Z + 7\,E$

| Tausender | | | | | |
|---|---|---|---|---|---|
| H | Z | E | H | Z | E |
| | | 8 | 2 | 0 | 7 |

**3** Zeichne eine Stellenwerttafel in dein Heft. Trage die Zahlen ein.
a) 7341    b) 642 801    c) 49 200
d) fünftausenddreihundertzwanzig    e) zehntausendzwölf

**4** Zeichne eine Stellenwerttafel. Trage die Zahlen ein.
Achtung: Manchmal fehlen Stellenwerte.
**Beispiel** 5T 4Z 1E = 5T 0H 4Z 1E
a) 4T 6H 8Z 3E    b) 5T 3H 7E    c) 5ZT 3H 9Z

→ Seite 42
Nr. 2

## Natürliche Zahlen aus einer Stellenwert-tafel ablesen und als Wort schreiben

Schreibe die Ziffern aus der Stellenwert-tafel der Reihe nach auf. Notiere sie in Dreierblöcken. Das ist übersichtlicher.

Bis 999 999 schreibst du Zahlen in einem einzigen Wort.

| Tausender | | | | | | |
|---|---|---|---|---|---|---|
| H | Z | E | H | Z | E | in Dreierblöcken: |
| 1 | 0 | 4 | 6 | 9 | 3 | 104 693 |

1 HT 4 T 6 H 9 Z 3 E

einhundertviertausendsechshundertdreiundneunzig

**5** Lies die Zahlen aus der Stellenwerttafel ab.
a) Notiere die Zahlen in Dreierblöcken.
b) Schreibe die Zahlen in Worten.

| Tausender | | | | | |
|---|---|---|---|---|---|
| H | Z | E | H | Z | E |
| | | 7 | 3 | 4 | 2 |
| | 2 | 1 | 3 | 0 | 1 |
| 7 | 2 | 2 | 5 | 0 | 0 |
| 3 | 0 | 0 | 0 | 3 | 3 |

**6** Schreibe die Zahlen mit Ziffern (in Dreierblöcken).
a) dreihundertsechsundzwanzig
b) viertausendfünfhundertachtunddreißig
c) elftausendneunhundert
d) zweihundertdreiundvierzigtausendachthundertneun

Seite 42
Nr. 3

Zahlen
rgleichen

## Natürliche Zahlen miteinander vergleichen

Zwei Zahlen können **gleich groß** sein oder
die erste Zahl ist **kleiner** als die zweite oder
die erste Zahl ist **größer** als die zweite.
Dafür gibt es mathematische Zeichen:

Merke dir:
In die große Öffnung passt mehr.
Dort steht die größere Zahl.

| = | < | > |
|---|---|---|
| gleich | kleiner | größer |

$13 > 8$
$16 = 16$
$20 < 50$

**7** Schreibe in dein Heft. Vergleiche. Setze < oder > ein.
a) 17 ⬡ 31     b) 143 ⬡ 134     c) 756 ⬡ 675     d) 1000 ⬡ 984
e) 123 ⬡ 1023     f) 2003 ⬡ 203     g) 1234 ⬡ 1324     h) 9099 ⬡ 9909

**8** Finde mindestens drei Zahlen, die du einsetzen kannst.
a) 100 > ⬡     b) 345 < ⬡     c) ⬡ < 10     d) ⬡ > 999

Seite 42
Nr. 4

## Natürliche Zahlen der Größe nach ordnen

Zahlen kannst du der **Größe nach sortieren**.
Das heißt, du ordnest die Zahlen von klein
nach groß.

Sortiere die Zahlen der Größe nach:
19; 79; 6; 45

Beginne mit der kleinsten Zahl.
Suche dann unter den restlichen Zahlen wieder
die kleinste Zahl. Und so weiter.

Die kleinste Zahl ist 6.     $6 < ...$
Von den restlichen
Zahlen ist 19 die
kleinste Zahl.     $6 < 19 < ...$
Jetzt bleiben noch
79 und 45 übrig.
45 ist kleiner als 79.     $6 < 19 < 45 < 79$

**9** Ordne die Zahlen von klein nach groß.
Schreibe so: $4 < 10 < 17 < 20$.
a) 15; 17; 8; 2     b) 245; 28; 1040; 9     c) 219; 945; 399; 500; 812
d) 333; 33; 330; 303; 300; 30     e) 1011; 1101; 1110; 1010; 1001     f) 543; 453; 354; 534; 345; 435

**10** Betrachte die Ziffern 4, 5, 6 und 0.
a) Bilde aus den Ziffern sechs vierstellige Zahlen. Jede Ziffer soll genau einmal vorkommen.
b) Ordne deine sechs Zahlen von klein nach groß.

→ Seite 196
Nr. 2

**Säulen-diagramme zeichnen**

## Ein Säulendiagramm zeichnen

① Lege fest: Was soll auf welche Achse?
Die Anzahl steht auf der Hochachse.

② Finde den größten Wert, der auf der Hochachse dargestellt werden muss.
Überlege dir eine gleichmäßige Einteilung.
Zeichne die Hochachse etwas höher als nötig und beschrifte sie. Beginne mit 0.

③ Plane die Breite. Beachte die Anzahl der Säulen, ihre Breite und den Platz dazwischen. Zeichne die untere Achse etwas breiter als nötig und beschrifte sie.

④ Zeichne die Säulen ein und beschrifte sie.
Die Säulen müssen alle gleich breit sein.

⑤ Gib deinem Diagramm eine Überschrift.

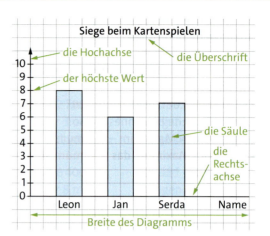

Leon hat beim Kartenspielen 8-mal gewonnen, Jan 6-mal und Serda 7-mal.

**17** Bei der Wahl zum Klassensprecher hat Chiara 12 Stimmen bekommen. Patryk hat 8 Stimmen und Mathias hat 6 Stimmen bekommen. Stelle das Ergebnis in einem Säulendiagramm dar.

**18** Die Klasse von Frau Arslan stimmt über den Wandertag ab. 5 Kinder wollen ins Schwimmbad, 8 Kinder wollen ins Kino, 2 Kinder wollen wandern, 9 Kinder wollen in die Kletterhalle und 2 Kinder haben sich enthalten. Stelle das Ergebnis in einem Säulendiagramm dar.

→ Seite 6
Nr. 5, 6
→ Seite 196
Nr. 5

**Bruch-teile ein-färben und ablesen**

## Brüche als Teil eines Ganzen angeben

Brüche sind Teile eines Ganzen.
Der Nenner gibt an, in wie viele gleich große Teile das Ganze aufgeteilt wurde.
Der Zähler gibt an, um wie viele Teile des Ganzen es geht.

der Zähler
der Bruchstrich
der Nenner

**Welcher Teil des Ganzen ist rot?**

Der ganze Kreis wurde in 3 gleich große Teile aufgeteilt.
2 Teile des Ganzen sind rot markiert.

$\frac{2}{3}$ des Ganzen sind rot.

**19** Welcher Teil des Ganzen ist grün? Schreibe als Bruch.

a)    b)    c)    d)    e)

f)    g)    h)    i)    j)

→ Seite 6
Nr. 7

### Einen Bruch in einem Rechteck darstellen

So kannst du einen Bruch in einem Rechteck oder in einem Quadrat darstellen.
1 Schaue dir den Nenner an. Das ist die Zahl unter dem Bruchstrich.
   In so viele Teile soll das Rechteck geteilt werden.
2 Überlege: Wie kannst du das Rechteck in so viele gleich große Teile aufteilen, wie der Nenner angibt?
3 Teile das Rechteck in gleich große Teile.
4 Schaue dir den Zähler an. Das ist die Zahl über dem Bruchstrich.
5 Markiere so viele Teile des Ganzen, wie es der Zähler angibt.

Markiere den Bruchteil $\frac{2}{5}$ rot.

1 Der Nenner ist 5.
   Teile das Rechteck also in 5 gleich große Teile.

2 Das Rechteck hat eine Länge von 10 Kästchen und eine Breite von 6 Kästchen. 10 lässt sich gut durch 5 teilen, 6 nicht.

3 Teile das Rechteck entlang der Länge in 5 gleich große Teile.
4 Der Zähler ist 2.
5 Markiere 2 der 5 Teile.

**20** Übertrage das Rechteck in dein Heft. Markiere den Bruchteil rot.

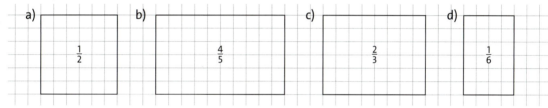

a) $\frac{1}{2}$  b) $\frac{4}{5}$  c) $\frac{2}{3}$  d) $\frac{1}{6}$

→ Seite 6
Nr. 8

→ Seite 7
Nr. 9

! Bruch-
e von
ßen
echnen

### Bruchteile von Größen berechnen

So berechnest du Bruchteile von Größen:
1 Teile die gegebene Größe durch den Nenner.
2 Multipliziere das Ergebnis mit dem Zähler.

Manchmal lässt sich die gegebene Größe nicht durch den Nenner des Bruchs teilen. Häufig hilft dann, die gegebene Größe in eine kleinere Einheit umzurechnen.

Wie viel sind $\frac{2}{5}$ von 15 Murmeln?

1 15 Murmeln : 5 = 3 Murmeln
2 3 Murmeln · 2 = 6 Murmeln

Wie viel sind $\frac{2}{5}$ von 3 kg?
3 lässt sich nicht durch 5 teilen.
Umrechnen: 3 kg = 3000 g
1 3000 g : 5 = 600 g
2 600 g · 2 = 1200 g

**21** Berechne den Bruchteil.

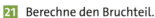

a) $\frac{2}{3}$ von 15 Murmeln  b) $\frac{3}{4}$ von 20 Schülern  c) $\frac{4}{7}$ von 70 Autos  d) $\frac{7}{10}$ von 80 Bussen

**22** Rechne zuerst in die nächste kleinere Einheit um. Berechne dann den Bruchteil.

a) $\frac{4}{5}$ von 3 kg  b) $\frac{2}{5}$ von 4 kg  c) $\frac{3}{4}$ von 2 cm  d) $\frac{3}{10}$ von 4 €

e) $\frac{19}{100}$ von 2 €  f) $\frac{3}{4}$ von 1 km  g) $\frac{5}{6}$ von 2 min  h) $\frac{3}{8}$ von 2 Tagen

→ Seite 7
Nr. 10

**Eine gemischte Zahl in einen Bruch umwandeln**

Eine gemischte Zahl besteht aus einer natürlichen Zahl und einem Bruch.

So wandelst du eine gemischte Zahl in einen Bruch um:
① Der Nenner des Bruchs bleibt gleich.
② Berechne den neuen Zähler:
Multipliziere die natürliche Zahl mit dem Nenner. Addiere dann noch den Zähler des Bruchs.

3 Ganze und 2 Fünftel
$3\frac{2}{5}$

$\frac{17}{5}$
17 Fünftel

Der Nenner ist 5.
Der neue Zähler ist $3 \cdot 5 + 2 = 17$

$$3\frac{2}{5} = \frac{3 \cdot 5 + 2}{5} = \frac{17}{5}$$

**23** Gib als gemischte Zahl und als Bruch an.

a)

b)

c)
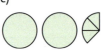

d)
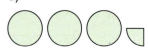

**24** Schreibe als Bruch.

a) $1\frac{1}{2}$　　　b) $3\frac{1}{2}$　　　c) $5\frac{1}{2}$　　　d) $1\frac{2}{3}$　　　e) $3\frac{2}{3}$

f) $1\frac{1}{4}$　　　g) $2\frac{3}{4}$　　　h) $3\frac{1}{4}$　　　i) $3\frac{4}{5}$　　　j) $5\frac{1}{8}$

→ Seite 7
Nr. 11

**Einen Bruch in eine gemischte Zahl umwandeln**

Wenn bei einem Bruch der Zähler und der Nenner gleich sind, dann hat der Bruch den Wert 1.

Wenn bei einem Bruch der Zähler größer ist als der Nenner, dann ist der Bruch größer als 1.

Du kannst den Bruch als gemischte Zahl schreiben.
① Teile den Zähler durch den Nenner.
② Du erhältst die natürliche Zahl.
③ Der Rest ist der neue Zähler des Bruchs.
④ Der Nenner bleibt gleich.

Bei $\frac{7}{7}$ sind Zähler 7 und Nenner 7 gleich, also $\frac{7}{7} = 1$.

Bei $\frac{5}{3}$ ist der Zähler 5 größer als der Nenner 3, also $\frac{5}{3} > 1$.

Schreibe $\frac{5}{3}$ als gemischte Zahl.
$5 : 3 = 1$ Rest 2
1 ist die natürliche Zahl.
2 ist der neue Zähler.

Also: $\frac{5}{3} = 1\frac{2}{3}$

**25** Übertrage die Tabelle in dein Heft. Trage die Brüche ein.
$\frac{3}{4}$; $\frac{4}{3}$; $\frac{3}{3}$; $\frac{7}{4}$; $\frac{4}{4}$; $\frac{4}{7}$; $\frac{7}{7}$; $\frac{3}{7}$; $\frac{7}{3}$

| kleiner als 1 | gleich 1 | größer als 1 |
|---|---|---|
|  |  |  |

**26** Wandle in eine gemischte Zahl um.

a) $\frac{4}{3}$　　b) $\frac{5}{4}$　　c) $\frac{7}{5}$　　d) $\frac{10}{7}$　　e) $\frac{8}{3}$　　f) $\frac{11}{4}$　　g) $\frac{16}{5}$　　h) $\frac{23}{4}$

Seite 197
Nr. 7

**Einen Anteil als Bruch angeben**

① Schreibe die Gesamtzahl in den Nenner. Das ist meistens die Zahl, die hinter dem Wort „von" steht.

② Schreibe die Anzahl der Teile in den Zähler.

Ebru soll auf dem Parkplatz die Farben der Autos untersuchen.
Sie hat die Farben von insgesamt 25 Autos aufgeschrieben.
3 Autos waren braun.
Ebru sagt: „3 von 25 Autos waren braun."
Dann ist der Anteil der braunen Autos $\frac{3}{25}$.

**27** Gib den Anteil als Bruch an. Kürze, wenn möglich.

a) 7 von 50 Personen tragen einen Hut.

b) 21 von 25 Schülern tragen eine Jeans.

c) 9 von 80 Lehrern unterrichten Sport.

d) Von 40 Autos waren 11 schwarz.

e) Von 90 Smartphones waren 5 kaputt.

f) Von 28 Tests waren 4 sehr gut.

**28** Gib den Anteil als Bruch und als Dezimalzahl an. Erweitere dazu den Nenner auf 100 oder kürze passend.

**Beispiel** 3 von 25    $\frac{3}{25} = \frac{3 \cdot 4}{25 \cdot 4} = \frac{12}{100} = 0{,}12$

a) 7 von 25    b) 9 von 20    c) 13 von 50    d) 80 von 200    e) 25 von 500    f) 33 von 330

Seite 170
Nr. 1

**Passende Einheiten verwenden**

Eine Größe besteht aus einer Maßzahl und einer Einheit.

Wenn in einer Aufgabe eine Einheit gesucht wird, dann kannst du so vorgehen:

① Überlege, um welche Größe es geht. Wird nach einer Länge, nach einem Gewicht, nach einer Zeitspanne oder nach einem Preis gesucht?

② Überlege dir, welche Einheiten nicht passen können, weil sie viel zu klein oder zu groß sind.

③ Wenn mehrere Einheiten möglich sind, dann wähle die Einheit, die für dich am besten passt.

3 €    50 ct    7 m    1,2 kg

Carolines Schulweg ist 750 ⬤ lang.

① Gesucht ist eine Länge.
Diese Einheiten sind möglich:
mm, cm, dm, m, km

② mm und cm scheiden aus, weil die Strecke zu kurz wäre. km scheidet aus, weil die Strecke viel zu lang wäre.

③ Es bleiben dm und m. Bei dm würde Caroline direkt neben der Schule wohnen. Besser passt, dass ihr Schulweg 750 m lang ist.

**29** Welche der drei Einheiten passt?

a) Tims Vater kauft einen Sack mit 10 ⬤ Kartoffeln.

b) Bojan baut einen Bilderrahmen für ein Foto. Er benötigt 80 ⬤ Holz.

c) Heute hat Kiras Mathelehrerin die Stunde schon wieder 5 ⬤ zu spät beendet.

**30** Ergänze die passende Einheit in deinem Heft.

a) Alexanders Schulweg ist 1,2 ⬤ lang.

b) Alexanders Vater wiegt 80 ⬤.

c) Der Füller von Alexander kostet 9,95 ⬤.

d) Alexander übt 60 ⬤ für die Mathearbeit.

→ Seite 135
Nr. 6

→ Seite 170
Nr. 2

Längen
umrechnen
– Umrech-
nungszahl

Längen
umrechnen
– Einheiten-
tabelle

## Einheiten für Längen umrechnen

Die Umrechnungszahl bei den Längen
mm, cm, dm und m ist 10.
Zwischen km und m ist die
Umrechnungszahl 1000.

1 km = 1000 m
　　　1 m = 10 dm
　　　　　1 dm = 10 cm
　　　　　　　1 cm = 10 mm

Eine Einheitentabelle hilft dir beim Umrechnen.

| km | | | m | | | dm | cm | mm | |
|---|---|---|---|---|---|---|---|---|---|
| H | Z | E | H | Z | E | E | E | E | |
| | | | | | | | 3 | 0 | 3 cm = 30 mm |
| | | | | | 5 | 0 | 0 | | 5 m = 500 cm |
| | | 7 | 0 | 0 | 0 | | | | 7 km = 7000 m |
| | | | | | | 2 | 4 | | 2 dm 4 cm<br>= 2,4 dm = 24 cm |
| | | | | | 0 | 0 | 5 | 6 | 56 m = 0,056 km |

**31** Rechne in die angegebene Einheit um.
　　**Beispiel** 7 m = 7 · 10 dm = 70 dm
　　a) 8 cm = ▢ mm 　　b) 4 m = ▢ dm 　　c) 15 dm = ▢ cm 　　d) 2 km = ▢ m
　　e) 25 km = ▢ m 　　f) 1,5 dm = ▢ cm 　　g) 3,6 km = ▢ m 　　h) 3 m 2 dm = ▢ dm

**32** Rechne in die angegebene Einheit um.
　　**Beispiel** 500 cm = 50 dm, denn 500 : 10 = 50
　　a) 90 mm = ▢ cm 　　b) 80 dm = ▢ m 　　c) 3000 m = ▢ km 　　d) 400 cm = ▢ dm
　　e) 500 m = ▢ km 　　f) 45 mm = ▢ cm 　　g) 7 mm = ▢ cm 　　h) 3 m 2 dm = ▢ m

**33** Rechne in die Einheit um, die in Klammern steht.
　　a) 3 m (cm) 　　b) 400 mm (dm) 　　c) 3,9 km (m) 　　d) 0,5 dm (mm) 　　e) 2,5 m (cm) 　　f) 1 km 4 m (m)

→ Seite 135
Nr. 7

Flächenein-
heiten um-
rechnen
– Umrech-
nungszahl

Flächenein-
heiten um-
rechnen
– Einheiten-
tabelle

## Einheiten für Flächeninhalte umrechnen

Die Umrechnungszahl bei Flächen
ist 100.

1 m² = 100 dm²
　　　1 dm² = 100 cm²
　　　　　1 cm² = 100 mm²

Eine Einheitentabelle hilft dir beim Umrechnen.

| m² | | dm² | | cm² | | mm² | | |
|---|---|---|---|---|---|---|---|---|
| Z | E | Z | E | Z | E | Z | E | |
| | | | | 5 | 0 | 0 | | 5 dm² = 500 cm² |
| | | | | 4 | 0 | 0 | 0 | 0 | 4 dm² = 40 000 mm² |
| | 0 | 3 | 5 | | | | | 35 dm² = 0,35 m² |
| | | | | | 1 | 4 | 5 | 1 cm² 45 mm²<br>= 1,45 cm² = 145 mm² |

**34** Rechne in die angegebene Einheit um.
　　**Beispiel** 3 m² = 3 · 100 dm² = 300 dm²
　　a) 2 m² = ▢ dm² 　　b) 3 cm² = ▢ mm² 　　c) 10 dm² = ▢ cm² 　　d) 15 m² = ▢ dm²
　　e) 0,1 cm² = ▢ mm² 　　f) 1,3 dm² = ▢ cm² 　　g) 4 dm² 30 cm² = ▢ cm² 　　h) 5 m² 4 dm² = ▢ dm²

**35** Rechne in die angegebene Einheit um.
　　**Beispiel** 500 cm² = 5 dm², denn 500 : 100 = 5
　　a) 600 cm² = ▢ dm² 　　b) 200 mm² = ▢ cm² 　　c) 8000 dm² = ▢ m² 　　d) 40 cm² = ▢ dm²
　　e) 160 mm² = ▢ cm² 　　f) 2340 dm² = ▢ m² 　　g) 1 dm² 40 cm² = ▢ dm² 　　h) 5 m² 3 dm² = ▢ m²

**36** Rechne in die Einheit um, die in Klammern steht.
　　a) 3 m² (cm²) 　　b) 80 000 mm² (dm²) 　　c) 0,6 m² (dm²) 　　d) 0,7 dm² (mm²) 　　e) 1 m² 4 dm² (cm²)

## Einheiten für Gewichte (Massen) umrechnen

Die Umrechnungszahl bei Gewichten ist 1000. Es gilt also:

1 t = 1000 kg
  1 kg = 1000 g
    1 g = 1000 mg

Eine Einheitentabelle hilft dir beim Umrechnen.

| t | | | kg | | | g | | | mg | | | |
|---|---|---|---|---|---|---|---|---|---|---|---|---|
| H | Z | E | H | Z | E | H | Z | E | H | Z | E | |
| | | 2 | 0 | 0 | 0 | | | | | | | 2 t = 2 000 kg |
| | | | | | 3 | 0 | 0 | 0 | 0 | 0 | 0 | 3 kg = 3 000 000 mg |
| | | 0 | 4 | 0 | 0 | | | | | | | 400 kg = 0,4 t |
| | | | | | | | | | 1 | 2 | 5 | 8 | 1 g 258 mg = 1,258 g = 1258 mg |

**37** Rechne in die nächstkleinere Einheit um.

**Beispiel** 7 g = 7 · 1000 mg = 7000 mg

a) 6 g = ▨ mg

b) 3 t = ▨ kg

c) 15 kg = ▨ g

d) 25 t = ▨ kg

e) 0,5 t = ▨ kg

f) 1,5 g = ▨ mg

g) 2 kg 100 g = ▨ g

h) 3 t 20 kg = ▨ kg

**38** Rechne in die nächstgrößere Einheit um.

**Beispiel** 5000 kg = 5 t, denn 5000 : 1000 = 5

a) 9000 kg = ▨ t

b) 2000 mg = ▨ g

c) 3000 g = ▨ kg

d) 500 kg = ▨ t

e) 700 mg = ▨ g

f) 2700 g = ▨ kg

g) 7 g 100 mg = ▨ g

h) 4 kg 60 g = ▨ kg

**39** Rechne in die Einheit um, die in Klammern steht.

a) 23 kg (g)     b) 40 000 mg (g)     c) 800 000 kg (t)     d) 0,7 t (g)     e) 2,5 kg (mg)     f) 1 t 4 kg (kg)

## Zeitspannen berechnen

So kannst du bestimmen, wie viel Zeit zwischen zwei Uhrzeiten vergangen ist:

① Ergänze die Minuten bis zur nächsten vollen Stunde.

② Ergänze dann die fehlenden Stunden.

③ Ergänze die fehlenden Minuten bis zur Uhrzeit.

④ Addiere alle Zeiten.

Till geht um 16:15 Uhr zu einem Freund. Um 19:10 Uhr ist er wieder zu Hause. Wie lang war Till unterwegs?

① Von 16:15 Uhr bis 17 Uhr sind es 45 Minuten.

② Von 17 Uhr bis 19 Uhr sind es 2 Stunden.

③ Von 19 Uhr bis 19:10 Uhr sind es 10 Minuten.

④ 45 Minuten + 2 Stunden + 10 Minuten
   = 2 Stunden + 45 Minuten + 10 Minuten
   = 2 Stunden 55 Minuten

Till war 2 Stunden und 55 Minuten unterwegs.

**40** Wie viel Zeit ist vergangen?

a) von 11 Uhr bis 16 Uhr

b) von 6:30 Uhr bis 12:30 Uhr

c) von 3:00 Uhr bis 18:30 Uhr

d) von 13:30 Uhr bis 23 Uhr

e) von 4:45 Uhr bis 7:30 Uhr

f) von 15:15 Uhr bis 21:45 Uhr

→ Seite 7
Nr. 13

## Fachbegriffe der Addition und Subtraktion

| Fachbegriffe bei der Addition | | | Fachbegriffe bei der Subtraktion | | |
|---|---|---|---|---|---|
| 17 | + 21 | = 38 | 27 | − 11 | = 16 |
| 1. Summand | 2. Summand | Wert der Summe | Minuend | Subtrahend | Wert der Differenz |

Summe

Differenz

**41** Schreibe die Aufgabe in dein Heft.
Ordne jeder Zahl den Fachbegriff zu.

a) 27 + 9 = 36     b) 40 − 10 = 30     c) 31 = 54 − 23     d) 70 = 50 + 20

→ Seite 7
Nr. 14

→ Seite 42
Nr. 8

→ Seite 196
Nr. 3

## Im Kopf addieren und subtrahieren

 Im Kopf addieren

Kleinere Zahlen kannst du einfach im Kopf addieren.
Zerlege dazu den zweiten Summanden in Einer und Zehner.
Addiere zum ersten Summanden zuerst die Einer des zweiten
Summanden und dann die Zehner.

$38 + 67 = ?$
$38 + 7 = 45$
$45 + 60 = 105$

Wenn du mehrere Summanden addieren möchtest,
dann versuche Rechenvorteile zu nutzen.
Vertausche dazu Summanden.

$38 + 77 + 62$
$= 38 + 62 + 77$
$= 100 + 77 = 177$

Du kannst auch kleinere Zahlen im Kopf subtrahieren.
Zerlege den Subtrahenden.
Subtrahiere vom Minuenden zuerst die Einer des Subtrahenden
und dann die Zehner.

$45 − 28 = ?$
$45 − 8 = 37$
$37 − 20 = 17$

**42** Addiere im Kopf.

a) 37 + 8     b) 43 + 26     c) 63 + 19     d) 47 + 24     e) 45 + 46     f) 36 + 72
g) 53 + 74     h) 58 + 43     i) 77 + 58     j) 105 + 47     k) 218 + 58     l) 174 + 39

**43** Addiere im Kopf. Nutze Rechenvorteile.

a) 32 + 49 + 68     b) 45 + 55 + 34     c) 78 + 27 + 73     d) 81 + 36 + 19
e) 31 + 22 + 18 + 29     f) 45 + 37 + 15 + 33     g) 46 + 67 + 54 + 13     h) 65 + 66 + 74 + 75

**44** Subtrahiere im Kopf.

a) 48 − 6     b) 37 − 9     c) 58 − 13     d) 66 − 36     e) 44 − 15     f) 67 − 19
g) 83 − 45     h) 65 − 26     i) 100 − 45     j) 147 − 33     k) 144 − 86     l) 348 − 73

→ Seite 43
Nr. 13

## Schriftlich addieren

Wenn du zwei oder mehr Summanden schriftlich addierst, gehe so vor:

① Schreibe Einer unter Einer, Zehner unter Zehner und so weiter.

② Beginne rechts bei den Einern. Addiere die Einer, dann die Zehner und so weiter.

③ Wenn die Summe der Ziffern 10 oder größer ist, dann schreibe den **Übertrag** in die nächste Spalte und addiere ihn dort hinzu.

**Aufgabe: 453 + 2374**

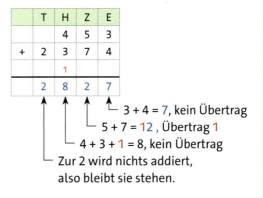

| | T | H | Z | E |
|---|---|---|---|---|
| | | 4 | 5 | 3 |
| + | 2 | 3 | 7 | 4 |
| | | | 1 | |
| | 2 | 8 | 2 | 7 |

3 + 4 = 7, kein Übertrag
5 + 7 = 12 , Übertrag 1
4 + 3 + 1 = 8, kein Übertrag
Zur 2 wird nichts addiert, also bleibt sie stehen.

**45** Schreibe die Aufgabe in dein Heft und addiere schriftlich.

| a) | H | Z | E |
|---|---|---|---|
| | 3 | 1 | 2 |
| + | | 4 | 5 |
| | | | |

| b) | H | Z | E |
|---|---|---|---|
| | | 7 | 4 |
| + | 1 | 2 | 5 |
| | | | |

| c) | H | Z | E |
|---|---|---|---|
| | 2 | 7 | 4 |
| + | | 6 | 3 |
| | | | |

| d) | T | H | Z | E |
|---|---|---|---|---|
| | 1 | 5 | 0 | 6 |
| + | | 3 | 7 | 8 |
| | | | | |

| e) | T | H | Z | E |
|---|---|---|---|---|
| | 2 | 4 | 7 | 9 |
| + | 1 | 7 | 0 | 4 |
| | | | | |

**46** Addiere schriftlich im Heft.

a) 36 + 142      b) 156 + 71      c) 425 + 347      d) 888 + 59      e) 384 + 61 + 2430

→ Seite 43
Nr. 13

## Schriftlich subtrahieren

Wenn du schriftlich subtrahierst, gehe so vor:

① Schreibe Einer unter Einer, Zehner unter Zehner und so weiter.

② Beginne rechts bei den Einern. Finde die fehlende Zahl, die du von unten nach oben ergänzen musst. Dann sind die Zehner dran …

③ Wenn ein **Übertrag** entsteht, dann notiere ihn in der nächsten Spalte.

**Aufgabe: 1538 − 473**

| | T | H | Z | E |
|---|---|---|---|---|
| | 1 | 5 | 3 | 8 |
| − | | 4 | 7 | 3 |
| | | | 1 | |
| | 1 | 0 | 6 | 5 |

3 + 5 = 8
7 + 6 = 13,  **Übertrag** 1
4 + 1 + 0 = 5
0 + 1 = 1

**47** Schreibe die Aufgabe in dein Heft und subtrahiere schriftlich.

| a) | H | Z | E |
|---|---|---|---|
| | 2 | 4 | 5 |
| − | | 2 | 3 |
| | | | |

| b) | H | Z | E |
|---|---|---|---|
| | 3 | 6 | 8 |
| − | | 4 | 2 |
| | | | |

| c) | H | Z | E |
|---|---|---|---|
| | 3 | 4 | 5 |
| − | | 8 | 2 |
| | | | |

| d) | T | H | Z | E |
|---|---|---|---|---|
| | 1 | 7 | 0 | 6 |
| − | | 3 | 7 | 2 |
| | | | | |

| e) | T | H | Z | E |
|---|---|---|---|---|
| | 3 | 2 | 4 | 2 |
| − | 1 | 8 | 2 | 6 |
| | | | | |

**48** Subtrahiere schriftlich.

a) 156 − 32      b) 245 − 25      c) 633 − 171      d) 1038 − 419      e) 1384 − 61 − 141

→ Seite 109
Nr. 9

**Zahlenmauern berechnen (addieren und subtrahieren)**

So füllst du eine **Zahlenmauer** aus:
Addiere die beiden unteren Zahlen.
Schreibe das Ergebnis in den oberen Stein.

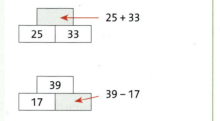

Du kennst den oberen Stein und einen unteren Stein?
Subtrahiere von der oberen Zahl die untere Zahl.
Schreibe das Ergebnis in den leeren unteren Stein.

**49** Übertrage die Zahlenmauer in dein Heft. Fülle sie aus.

a) 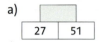   b) 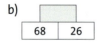   c)    d)

**50** Fülle die Zahlenmauer im Heft aus.

a) 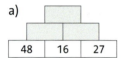   b) 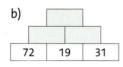   c) 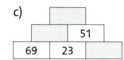   d)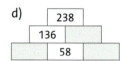

**Mit Rechendreiecken rechnen (addieren und subtrahieren)**

So berechnest du die Zahl auf dem Strich außen:
Addiere die benachbarten Zahlen im Dreieck.

Du kennst eine Zahl im Dreieck und die Zahl auf dem
Strich außen?
Subtrahiere von der Zahl auf dem Strich die Zahl im
Dreieck.

**51** Übertrage das Rechendreieck in dein Heft. Fülle es aus.

a)    b)    c)

Seite 108
Nr. 1

## Fachbegriffe der Multiplikation und Division

Fachbegriffe bei der Multiplikation

| 7 | · | 9 | = | 63 |
|---|---|---|---|---|
| 1. Faktor | | 2. Faktor | | Wert des Produkts |

Produkt

Fachbegriffe bei der Division

| 35 | : | 7 | = | 5 |
|---|---|---|---|---|
| Dividend | | Divisor | | Wert des Quotienten |

Quotient

**52** Übertrage die Rechnung in dein Heft. Ordne jeder Zahl den Fachbegriff zu.

a) $8 \cdot 9 = 72$　　　b) $70 : 10 = 7$　　　c) $66 = 11 \cdot 6$　　　d) $5 = 45 : 9$

→ Seite 6
Nr. 1, 4

→ Seite 43
Nr. 9

## Das kleine Einmaleins beherrschen

In der Tabelle stehen alle Malaufgaben mit den Zahlen 1 bis 10.
In den Zeilen findest du die Einmaleins-Reihen.
So findest du ein Ergebnis: Suche die beiden Zahlen, die du miteinander malnehmen willst, eine in der Spalte ganz links, eine in der obersten Zeile. Finde die Stelle, an der sich die Pfeile treffen.
Es ist egal, ob du $6 \cdot 8$ oder $8 \cdot 6$ rechnest, weil das Ergebnis gleich ist.
Das kleine Einmaleins solltest du auf jeden Fall auswendig können.

| mal | 1 | 2 | 3 | 4 | 5 | 6 | 7 | 8 | 9 | 10 |
|---|---|---|---|---|---|---|---|---|---|---|
| 1 | 1 | 2 | 3 | 4 | 5 | 6 | 7 | 8 | 9 | 10 |
| 2 | 2 | 4 | 6 | 8 | 10 | 12 | 14 | 16 | 18 | 20 |
| 3 | 3 | 6 | 9 | 12 | 15 | 18 | 21 | 24 | 27 | 30 |
| 4 | 4 | 8 | 12 | 16 | 20 | 24 | 28 | 32 | 36 | 40 |
| 5 | 5 | 10 | 15 | 20 | 25 | 30 | 35 | 40 | 45 | 50 |
| 6 | 6 | 12 | 18 | 24 | 30 | 36 | 42 | 48 | 54 | 60 |
| 7 | 7 | 14 | 21 | 28 | 35 | 42 | 49 | 56 | 63 | 70 |
| 8 | 8 | 16 | 24 | 32 | 40 | 48 | 56 | 64 | 72 | 80 |
| 9 | 9 | 18 | 27 | 36 | 45 | 54 | 63 | 72 | 81 | 90 |
| 10 | 10 | 20 | 30 | 40 | 50 | 60 | 70 | 80 | 90 | 100 |

**53** Berechne im Kopf.

a) $2 \cdot 7$　　　b) $9 \cdot 3$　　　c) $10 \cdot 5$　　　d) $6 \cdot 6$　　　e) $4 \cdot 8$　　　f) $7 \cdot 9$

g) $8 \cdot 6$　　　h) $9 \cdot 7$　　　i) $5 \cdot 1$　　　j) $7 \cdot 10$　　　k) $7 \cdot 8$　　　l) $9 \cdot 9$

**54** Setze die Einmaleins-Reihe fort.

a) 4; 8; 12; ▨; ▨; ▨; ▨; ▨; ▨; ▨　　　b) 7; 14; ▨; ▨; 35; ▨; ▨; ▨; ▨; ▨

c) ▨; ▨; 24; 32; 40; ▨; ▨; ▨; ▨; ▨　　　d) ▨; ▨; 6; ▨; 10 ▨; 14; ▨; ▨; ▨

e) ▨; ▨; ▨; 24; 30; 36; ▨; ▨; ▨; ▨　　　f) ▨; ▨; ▨; 20; ▨; 30; ▨; ▨; 45; ▨

**55** Finde möglichst viele Mal-Aufgaben mit dem angegebenen Ergebnis.

**Beispiel** $20 = 1 \cdot 20 = 2 \cdot 10 = 4 \cdot 5$

a) 8　　　b) 21　　　c) 28　　　d) 30　　　e) 36　　　f) 50

Seite 6
Nr. 1, 2

Seite 42
Nr. 9

Seite 135
Nr. 8, 9

Seite 171
Nr. 9, 10

## Im Kopf multiplizieren und dividieren

Wenn du eine Aufgabe im Kopf multiplizieren möchtest, dann kannst du die Aufgabe in Teilaufgaben zerlegen. Rechne die Teilaufgaben und addiere die Ergebnisse.

$26 \cdot 3 =$ _____
$20 \cdot 3 = 60$
$\underline{\ 6 \cdot 3 = 18}$
$\qquad\qquad 78$

Im Kopf:
$26 \cdot 3 = 20 \cdot 3 + 6 \cdot 3$
$= 60 + 18$
$= 78$

Wenn du im Kopf dividieren möchtest, dann zerlege den Dividenden in zwei Zahlen, die beide durch den Divisor teilbar sind. Rechne die Teilaufgaben und addiere die Ergebnisse.

$72 : 6 =$ _____
$60 : 6 = 10$
$\underline{12 : 6 =\ \ 2}$
$\qquad\qquad 12$

Im Kopf:
$72 : 6 = 60 : 6 + 12 : 6$
$= 10 + 2$
$= 12$

▶ Im Kopf multiplizieren

**56** Zerlege im Kopf in Teilaufgaben und multipliziere.
a) $15 \cdot 6$    b) $18 \cdot 3$    c) $37 \cdot 2$    d) $28 \cdot 5$    e) $29 \cdot 6$    f) $73 \cdot 8$

▶ Im Kopf dividieren

**57** Zerlege im Kopf in Teilaufgaben und dividiere.
a) $39 : 3$    b) $48 : 4$    c) $128 : 4$    d) $85 : 5$    e) $98 : 7$    f) $192 : 8$

## Punktmuster und Mal-Aufgaben einander zuordnen

So kannst du bestimmen, aus wie vielen Punkten ein Punktmuster besteht:
① Zähle zuerst die Punkte in einer Zeile und in einer Spalte.
② Multipliziere die Anzahl der Punkte in einer Zeile mit der Anzahl der Punkte in einer Spalte.

Wie viele Punkte sind das?

Das Punktmuster hat in jeder Zeile 10 Punkte.
Das Punktmuster hat in jeder Spalte 6 Punkte.
Das Punktmuster besteht aus
$10 \cdot 6 = 60$ Punkten.

**58** Bestimme die Anzahl der Punkte mit einer Mal-Aufgabe.

a)

b)

c)

d)

**59** Zeichne ein Punktmuster zu der Aufgabe. Berechne dann.
a) $4 \cdot 5$    b) $7 \cdot 3$    c) $3 \cdot 6$    d) $11 \cdot 2$

→ Seite 6
Nr. 3

**Division mit Rest**

Manchmal geht eine Geteilt-Aufgabe nicht auf. Dann bleibt ein **Rest** übrig.

Teile 7 Lollis auf 3 Freunde auf.

Jeder bekommt 2 Lollis. 1 Lolli bleibt übrig.

Man schreibt: 7 : 3 = 2 Rest 1

**60** Dividiere im Kopf. Es bleibt immer ein Rest.
a) 16 : 3      b) 30 : 4      c) 45 : 6      d) 49 : 8      e) 80 : 9      f) 106 : 10

**61** Finde mindestens drei Geteilt-Aufgaben, bei denen im Ergebnis der Rest 1 bleibt.

→ Seite 43
Nr. 14

Seite 135
Nr. 8

Seite 171
Nr. 11

**Schriftlich multiplizieren**

Wenn du schriftlich multiplizierst, gehe so vor:
Multipliziere jede Stelle des zweiten Faktors einzeln mit dem ersten Faktor.

① Multipliziere zuerst mit der höchsten Stelle.
② Multipliziere dann mit der nächsten Stelle.
   Schreibe das Ergebnis eine Stelle weiter nach rechts.
   Du trägst also das Ergebnis immer unter der Stelle ein, mit der du gerade multiplizierst.
③ Addiere alle Ergebnisse.

Aufgabe: 145 · 23

| 1 | 4 | 5 | · | 2 | 3 |
|---|---|---|---|---|---|
|   |   | 2 | 9₁ | 0 |   |
|   |   | 4₁ | 3₁ | 5 |   |
|   |   |   | 1 |   |   |
|   |   | 3 | 3 | 3 | 5 |

① Rechne 2 · 145.
② Rechne 3 · 145.
③ Addiere die beiden Ergebnisse.

**62** Schreibe die Aufgabe ins Heft. Multipliziere schriftlich.

a)

| 4 | 1 | 3 | · | 3 |
|---|---|---|---|---|
|   |   |   |   |   |

b)

| 2 | 3 | 1 | · | 4 |
|---|---|---|---|---|
|   |   |   |   |   |

c)

| 7 | 1 | 5 | · | 3 | 1 |
|---|---|---|---|---|---|
|   |   |   |   |   |   |
|   |   |   |   |   |   |
|   |   |   |   |   |   |

d)

| 4 | 0 | 7 | · | 5 | 2 |
|---|---|---|---|---|---|
|   |   |   |   |   |   |
|   |   |   |   |   |   |
|   |   |   |   |   |   |

e)

| 7 | 4 | 2 | · | 6 | 3 |
|---|---|---|---|---|---|
|   |   |   |   |   |   |
|   |   |   |   |   |   |
|   |   |   |   |   |   |

**63** Multipliziere schriftlich.
a) 243 · 4      b) 306 · 7      c) 481 · 60      d) 806 · 37      e) 930 · 104

→ Seite 43
Nr. 14

→ Seite 135
Nr. 9

→ Seite 171
Nr. 12

→ Seite 196
Nr. 4

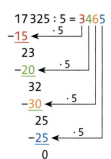

Schriftlich
dividieren

**Schriftlich dividieren**

**Aufgabe: 17 325 : 5**

Wenn du schriftlich dividierst, gehe so vor:

① Behandle die Ziffern der ersten Zahl
(also des Dividenden) schrittweise von
links nach rechts.

② Teile die erste Zahl. Notiere das
Ergebnis und schreibe das Vielfache
unter die erste Zahl.

③ Subtrahiere. Schreibe den Rest auf.

④ Hole von oben die nächste Ziffer.

⑤ Rechne, bis alles aufgeteilt ist.

$$17\,325 : 5 = 3465$$
$$-15 \quad \cdot 5$$
$$23$$
$$-20 \quad \cdot 5$$
$$32$$
$$-30 \quad \cdot 5$$
$$25$$
$$-25 \quad \cdot 5$$
$$0$$

1 kannst du nicht durch 5 teilen.
5 passt 3-mal in die 17. $3 \cdot 5 = 15$
$17 - 15 = 2$, hole 3 von oben.
5 passt 4-mal in die 23. $4 \cdot 5 = 20$
$23 - 20 = 3$, hole 2 von oben.
5 passt 6-mal in die 32. $6 \cdot 5 = 30$
$32 - 30 = 2$, hole 5 von oben.
5 passt 5-mal in die 25. $5 \cdot 5 = 25$
$25 - 25 = 0$, kein Rest

**64** Übertrage in dein Heft. Dividiere schriftlich.

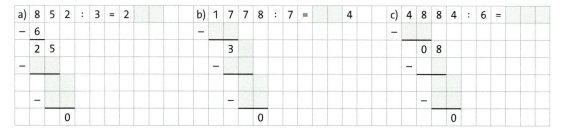

a) $8\;5\;2 : 3 = 2$
$- 6$
$2\;5$
$-$
$0$

b) $1\;7\;7\;8 : 7 = \qquad 4$
$-$
$3$
$-$
$-$
$0$

c) $4\;8\;8\;4 : 6 =$
$-$
$0\;8$
$-$
$-$
$0$

**65** Dividiere schriftlich. Es gibt keinen Rest.

a) $1710 : 5$    b) $11\,463 : 3$    c) $5096 : 8$    d) $18\,420 : 2$    e) $3224 : 4$

---

**Zahlenmauern berechnen (multiplizieren und dividieren)**

So füllst du eine **Zahlenmauer** aus:
Multipliziere die beiden Zahlen.
Schreibe das Ergebnis in den oberen Stein.

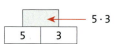

$5 \cdot 3$

Du kennst den oberen Stein und einen unteren Stein?
Dividiere die obere Zahl durch die untere Zahl.
Schreibe das Ergebnis in den leeren unteren Stein.

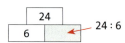

$24 : 6$

**66** Übertrage die Zahlenmauer in dein Heft. Fülle sie aus.

a)

7   10

b)

3   12

c)

56
7

d)

48
3

e)

90
15

**67** Fülle die Zahlenmauer im Heft aus.

a)
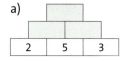
2   5   3

b)
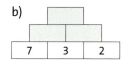
7   3   2

c)
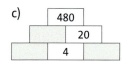
480
20
4

d)

20   14
2

→ Seite 43
Nr. 15

rrang-
geln

### Vorrangregeln anwenden

Die Vorrangregeln sind:
① Klammern zuerst
② Punktrechnung (·, :)
   vor Strichrechnung (+, −).
   Das heißt: Wenn keine Klammer
   vorkommt, dann musst du zuerst
   multiplizieren oder dividieren.
③ Wenn es nur noch + und − gibt, dann
   rechne von links nach rechts.
   Nutze Rechenvorteile, wenn möglich.

$$14 - 2 \cdot 5 + (10 - 7) \quad \text{zuerst die Klammer}$$
$$= 14 - 2 \cdot 5 + 3 \quad \text{dann Punktrechnung}$$
$$= 14 - 10 + 3 \quad \text{dann von links nach rechts}$$
$$= 4 + 3$$
$$= 7$$

**68** Rechne. Nenne die Vorrangregeln, die du genutzt hast.
a) $3 + 4 \cdot 5$      b) $4 \cdot (15 - 9)$      c) $18 - 12 : 3$      d) $24 : (13 - 5)$
e) $24 - 18 : 2 - (21 - 16)$      f) $35 - 3 \cdot 9 + 16$      g) $(35 - 17) + 6 : 2$      h) $35 : (25 - 18) \cdot 5$

**69** Beachte die Vorrangregeln. Vergleiche die beiden Rechnungen.
a) $5 \cdot 9 - 6$ und $5 \cdot (9 - 6)$      b) $60 : 10 - 4$ und $60 : (10 - 4)$      c) $24 - 4 \cdot 5$ und $(24 - 4) \cdot 5$

→ Seite 43
Nr. 16
Seite 109
Nr. 15

### Informationen aus einem Text entnehmen

Lies den Text aufmerksam.
Kläre, was du nicht verstanden hast.

Beachte die **Frage**.
**Markiere**, was für die Frage wichtig ist.

Was bedeuten die Aussagen mathematisch?
Notizen und eine Skizze können dir helfen.

Formuliere eine **Antwort**. Die Wörter aus der
Frage können dir helfen.

In einer Klassenarbeit gilt:
Mit **mehr als 43 Punkten** erreicht man die **Note 2**.
Mit **mehr als 52 Punkten** erreicht man die **Note 1**.

Welche Schüler bekommen eine 2?
Antonia: 56 P.     Eileen: 51 P.     Florian: 52 P.

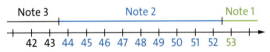

Die Note 2 gibt es bei mehr als 43 Punkten,
also bei 44, 45, 46, ..., 52 Punkten.
(Mit 53 Punkten gibt es eine 1.)

Antwort: Florian bekommt eine 2.

**70** Bei einem Online-Spiel sammelst du Punkte auf verschiedenen Leveln (Spielstufen). Für die
Punkte bekommst du Belohnungen. Für 1000 Punkte bekommst du einen Hund als Begleiter.
Für 2500 Punkte bekommst du eine Kutsche und für 5000 Punkte bekommst du einen Zauber.
Welche der drei Belohnungen kann die Spielerin bekommen?
a) Nina: 1500 Punkte      b) Tania: 800 Punkte      c) Sarah: 6000 Punkte

→ Seite 43
Nr. 16

→ Seite 109
Nr. 15

## Sachaufgaben lösen

Sachaufgaben kannst du leichter lösen, wenn du schrittweise vorgehst.

① Lies die Aufgabenstellung sorgfältig durch.
② Notiere, was gesucht ist. Die Frage steht oft am Ende.
③ Welche Angaben aus dem Text sind für die Lösung wichtig?
④ Was musst du berechnen?
⑤ Prüfe: Ist das Ergebnis sinnvoll?
⑥ Formuliere eine Antwort.

Jan möchte einen Computer für 490 € kaufen.
Auf seinem Sparbuch sind 350 €.
Zum Geburtstag hat Jan 60 € geschenkt bekommen.
Wie viel muss Jan noch sparen?

Gesucht:   wie viel Jan noch sparen muss
Wichtig:   wie viel Geld Jan hat und
             wie viel der Computer kostet
Rechnungen:
• Wie viel Geld hat Jan insgesamt?
  Dazu musst du die Beträge addieren.
  350 € + 60 € = 410 €
• Wie viel Geld fehlt noch?
  Jan braucht 490 € und hat nur 410 €.
  Du musst die Beträge subtrahieren.
  490 € − 410 € = 80 €
Probe:      350 € + 60 € + 80 € = 490 €
Antwort:   Jan muss noch 80 € sparen.

**71** Jakob möchte sich eine Playstation für 350 € kaufen. Er hat schon 180 € gespart. 100 € wollen ihm seine Eltern geben. Wie viel muss Jakob noch sparen?

**72** Sara, Marta und Ayleen kaufen für ihren Vater zum Geburtstag ein Geschenk. Sie kaufen eine Tasse für 13 € und eine Grillschürze für 20 €. Wie viel Geld muss jedes Kind für das Geschenk bezahlen?

**73** Familie Müller bucht einen Urlaub in Griechenland. Für die Eltern kostet der Urlaub 1280 € pro Person. Jedes der drei Kinder zahlt halb so viel wie ein Erwachsener.
Wie teuer ist der Urlaub von Familie Müller?

→ Seite 80
Nr. 1, 2

## Strecken, Halbgeraden und Geraden erkennen

Strecke, Halbgerade und Gerade sind **gerade Linien**.
Eine **Strecke** hat einen Anfangspunkt und einen Endpunkt.
Du kannst ihre Länge messen.

Du schreibst:
die Strecke $\overline{AB}$ oder a

Eine **Halbgerade** hat einen Anfangspunkt, aber keinen Endpunkt. Eine Halbgerade wird auch **Strahl** genannt.
Du kannst ihre Länge nicht messen.

der Strahl m

Eine **Gerade** hat keinen Anfangspunkt und keinen Endpunkt.
Du kannst ihre Länge nicht messen.

die Gerade g

**74** Schreibe die passenden Buchstaben auf:
Welche Linien sind
a) Strecken?
b) Halbgeraden?
c) Geraden?

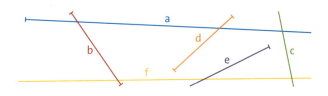

→ Seite 80
Nr. 3

Seite 134
Nr. 1

### Strecken mit einer gegebenen Länge zeichnen

So zeichnest du eine Strecke mit einer gegebenen Länge: Nutze ein Lineal oder ein Geodreieck.
① Markiere zuerst einen Anfangspunkt, hier A.
② Lege die Null auf den Anfangspunkt.
③ Zeichne eine Strecke bis zum Endpunkt bei 3,5 cm.
④ Markiere den Endpunkt mit einem weiteren Buchstaben, hier B.

Du kannst dich an den Kästchen orientieren.
Es gilt: 2 Kästchen = 1 cm

Zeichne eine Strecke $\overline{AB}$, die 3,5 cm lang ist.

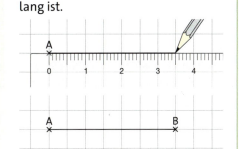

**75** Zeichne die Strecke.
 a) Strecke $\overline{AB}$ mit den Endpunkten A und B, Länge 6 cm
 b) Strecke $\overline{CD}$ mit den Endpunkten C und D, Länge 4,5 cm
 c) Strecke $\overline{EF}$ mit den Endpunkten E und F, Länge 5,3 cm
 d) Strecke $\overline{GH}$ mit den Endpunkten G und H, Länge 3 cm 7 mm

→ Seite 81
Nr. 5

rallele
d
eo-
eieck

### Untersuchen, ob Geraden parallel zueinander sind

Zwei Geraden g und h sind parallel zueinander, wenn sie überall den gleichen Abstand voneinander haben. Parallele Geraden schneiden sich nie. Nutze die parallelen Hilfslinien am Geodreieck.

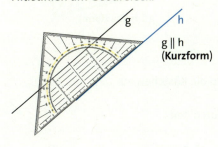

g ∥ h
(**Kurzform**)

### Untersuchen, ob Geraden senkrecht zueinander sind

Zwei Geraden g und h liegen senkrecht zueinander, wenn sie einen rechten Winkel bilden.
Nutze die Mittellinie des Geodreiecks.

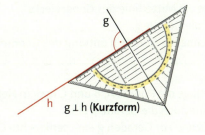

g ⊥ h (**Kurzform**)

**76** Prüfe mit deinem Geodreieck.
 a) Welche Geraden verlaufen parallel zueinander?
    Schreibe in Kurzform auf
    (Beispiel für die Kurzform: g ∥ h).
 b) Welche Geraden verlaufen senkrecht zueinander?
    Schreibe in Kurzform auf
    (Beispiel für die Kurzform: g ⊥ h).

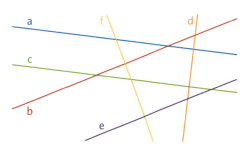

→ Seite 81
Nr. 6

→ Seite 134
Nr. 2

### Zueinander parallele Geraden zeichnen

Zwei Geraden g und h sind parallel zueinander, wenn sie überall den gleichen Abstand voneinander haben. Zueinander parallele Geraden schneiden sich nie.

Wenn du zu einer gegebenen Gerade g eine parallele Gerade h zeichnen möchtest, dann gehe so vor:
① Lege eine parallele Hilfslinie des Geodreiecks auf die Gerade g.
② Zeichne die Gerade h entlang des Geodreicks.

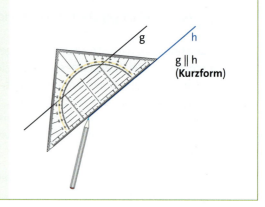

g ∥ h
(Kurzform)

**77** Übertrage die Punkte A, B und C in dein Heft. Zähle dazu die Kästchen ab. Zeichne auch die Gerade g ein.
a) Zeichne zur Geraden g eine parallele Gerade, die durch den Punkt C verläuft.
b) Zeichne zur Geraden g eine Gerade, die einen Abstand von 3 cm von der Geraden g hat.

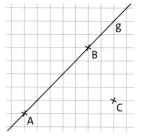

→ Seite 81
Nr. 6

→ Seite 134
Nr. 3

### Zueinander senkrechte Geraden zeichnen

Zwei Geraden g und h liegen senkrecht zueinander, wenn sie einen rechten Winkel bilden.

Wenn du zu einer gegebenen Gerade g eine senkrechte Gerade h zeichnen möchtest, dann gehe so vor:
① Lege die Mittellinie des Geodreiecks auf die Gerade g.
② Zeichne die Gerade h entlang des Geodreiecks.

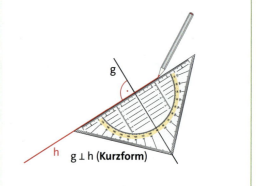

h    g ⊥ h (Kurzform)

**78** Übertrage die Punkte A, B und C in dein Heft. Zähle dazu die Kästchen ab. Zeichne auch die Gerade g ein.
a) Zeichne zur Geraden g eine senkrechte Gerade, die durch den Punkt B verläuft.
b) Zeichne zur Geraden g eine senkrechte Gerade, die durch den Punkt C verläuft.

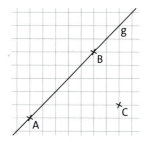

Seite 80
Nr. 4

**Figuren auf kariertes Papier übertragen**

So kannst du Figuren auf kariertes Papier übertragen:
Beginne bei einem Eckpunkt (hier der Punkt oben rechts)
und arbeite von dort in eine Richtung weiter.
Zähle, wie viele Kästchen der nächste Punkt entfernt liegt
und so weiter ...

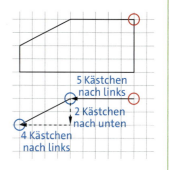

5 Kästchen nach links

2 Kästchen nach unten

4 Kästchen nach links

**79** Übertrage die Zeichnung in dein Heft.

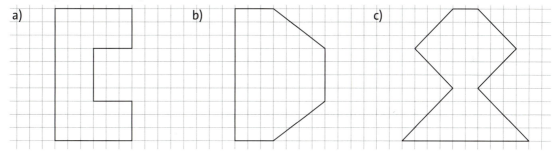

a)         b)         c)

Seite 81
Nr. 7

**Vielecke benennen**

Ein Vieleck hat mehrere
Eckpunkte, die mit Strecken
verbunden sind. Diese Strecken
heißen Seiten.
Ein Vieleck wird nach der Anzahl
seiner Eckpunkte benannt.

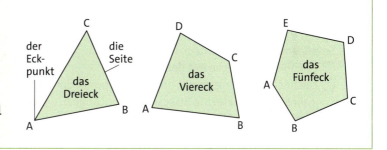

der Eck-punkt    die Seite    das Dreieck    das Viereck    das Fünfeck

**80** Schau dir die Figuren an.
    a) Welche Figuren sind Vielecke? Wie heißen sie?
    b) Eine Figur ist kein Vieleck ist. Begründe, warum die Figur kein Vieleck ist.

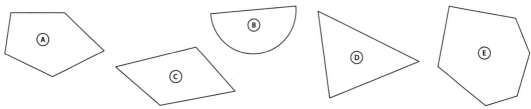

**81** Zeichne ein Viereck, ein Fünfeck und ein Sechseck in dein Heft.

→ Seite 134
Nr. 4

## Rechtecke und Quadrate mithilfe ihrer Eigenschaften beschreiben

Ein Rechteck hat vier rechte Winkel. Deshalb stehen die benachbarten Seiten senkrecht aufeinander. Die gegenüber-liegenden Seiten sind zueinander parallel und gleich lang.

Ein Quadrat ist ein Rechteck mit vier gleich langen Seiten.

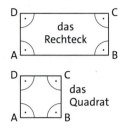

**82** Welche dieser Vierecke sind Rechtecke? Welche der Vierecke sind Quadrate? Begründe.

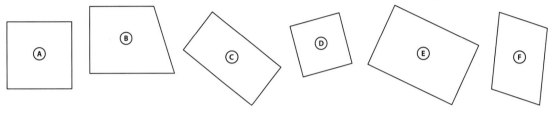

→ Seite 134
Nr. 5

## Rechtecke und Quadrate mit gegebenen Seitenlängen zeichnen

Benutze beim Zeichnen immer ein Lineal oder ein Geodreieck. Achte darauf, dass dein Bleistift angespitzt ist.

Du kannst dich an den Kästchen im Heft orientieren. Es gilt: 2 Kästchen = 1 cm.

So zeichnest du ein Rechteck mit den Seitenlängen a und b:
① Zeichne eine Strecke mit der Länge a.
② Zeichne am Anfangspunkt und am Endpunkt der Strecke je eine dazu senkrechte Strecke mit der Länge b.
③ Verbinde die Endpunkte der beiden Senkrechten. So schließt du das Rechteck.

Bei einem Quadrat gehst du genauso vor. Beachte, dass bei einem Quadrat alle Seiten die gleiche Länge haben.

Zeichne ein Rechteck, das a = 4 cm lang und b = 2 cm breit ist.
a = 4 · 2 = 8 Kästchen
b = 2 · 2 = 4 Kästchen

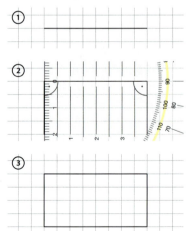

**83** Zeichne ein Rechteck mit den gegebenen Seitenlängen.
a) a = 5 cm; b = 4 cm    b) a = 3 cm; b = 7 cm    c) a = 2,5 cm; b = 5,5 cm    d) a = 6,3 cm; b = 2,8 cm

**84** Zeichne ein Quadrat mit der gegebenen Seitenlänge.
a) a = 6 cm         b) a = 3,5 cm         c) a = 5,5 cm         d) a = 3,7 cm

Seite 135
Nr. 10

**Flächeninhalt A von Quadraten und Rechtecken berechnen**

Den **Flächeninhalt A eines Rechtecks** mit den Seitenlängen a und b berechnest du so: Multipliziere die beiden Seitenlängen.
**A** = a · b
Flächeninhalt = Länge mal Breite

gegeben:
a = 3 cm, b = 2 cm
gesucht: A
A = 3 cm · 2 cm
A = 6 cm²

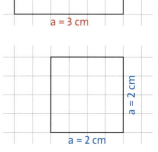

Den **Flächeninhalt A eines Quadrats** berechnest du so:
Multipliziere die Seitenlänge mit sich selbst.
**A** = a · a
Flächeninhalt = Länge mal Breite

gegeben: a = 2 cm
gesucht: A
A = 2 cm · 2 cm
A = 4 cm²

**85** Berechne den Flächeninhalt A des Rechtecks.
 a) a = 7 cm; b = 4 cm     b) a = 9 cm; b = 6 cm     c) a = 12 m; b = 5 m     d) a = 17 dm; b = 2 dm

**86** Berechne den Flächeninhalt A des Quadrats.
 a) a = 4 cm          b) a = 8 cm          c) a = 10 dm          d) a = 20 m

Seite 81
Nr. 8

**Punkte im Koordinatensystem ablesen und einzeichnen**

Ein Koordinatensystem besteht aus zwei Zahlenstrahlen. Sie heißen die x-Achse und die y-Achse. Beide Achsen beginnen im Nullpunkt (0|0).
Den Nullpunkt nennt man **Ursprung**.
Die Achsen sind senkrecht zueinander.

Jeder Punkt im Koordinatensystem ist durch zwei Zahlen (**Koordinaten**) festgelegt.
Bei jedem Punkt P(x|y) wird zunächst die x-Koordinate und dann die y-Koordinate angegeben.

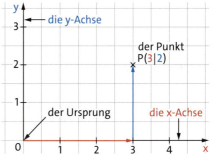

Der Punkt P hat die Koordinaten P(3|2).
Das bedeutet: Gehe von (0|0) zuerst 3 Einheiten nach rechts und danach 2 Einheiten nach oben.

**87** Schreibe die Koordinaten der Punkte in dein Heft.

**88** Zeichne ein Koordinatensystem. Die x-Achse soll von 0 bis 7 gehen. Die y-Achse soll von 0 bis 5 gehen.
 a) Trage die Punkte A(1|1); B(3|2); C(4|5) und D(0|4) ein. Verbinde die Punkte zu einem Viereck.
 b) Trage die Punkte E(4|4); F(6|0) und G(7|3) ein. Verbinde die Punkte zu einem Dreieck.

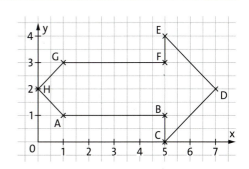

## 1 Brüche addieren und subtrahieren

▶ **Seite 6/7 Wiederholung**

**1** a) 28   b) 45   c) 48   d) 55   e) 63   f) 39

**2** a) 9   b) 9   c) 9   d) 9   e) 0
   f) 50   g) 90   h) 423   i) 311

**3** a) 9 Rest 2   b) 7 Rest 3   c) 8 Rest 2
   d) 4 Rest 1   e) 7 Rest 6   f) 9 Rest 3

**4** a) 3; 6; 9; 12; 15; 18; 21; 24; 27
   b) 5; 10; 15; 20; 25; 30; 35; 40
   c) 4; 8; 12; 16; 20; 24; 28; 32
   d) 9; 18; 27; 36; 45; 54; 63; 72

**5** **Richtig,** denn der Zähler steht über dem Bruchstrich und der Nenner steht unter dem Bruchstrich.

**6** a) $\frac{1}{2}$   b) $\frac{1}{4}$   c) $\frac{2}{5}$   d) $\frac{5}{6}$

**7** a) Es müssen 8 kleine Quadrate gefärbt sein.
   b) Es müssen 16 kleine Quadrate gefärbt sein.
   c) Es müssen 18 kleine Quadrate gefärbt sein.

a)  b)

c)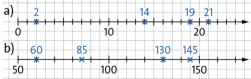

**8** a) **4 Autos,** denn 8 : 2 = 4 (und 4 · 1 = 4)
   b) **7 Busse,** denn 21 : 3 = 7 (und 7 · 1 = 7)
   c) **4 Züge,** denn 10 : 5 = 2 und 2 · 2 = 4

**9** a) **6 Monate,** denn 12 Monate : 2 = 6 Monate
   b) **15 min,** denn 60 min : 4 = 15 min
   c) **250 g,** denn 1000 g : 4 = 250 g
   d) **750 m,** denn 1000 m : 4 = 250 m und 250 m · 3 = 750 m
   e) **600 mg,** denn 1000 mg : 5 = 200 mg und 200 mg · 3 = 600 mg

**10** a) $\frac{4}{3}$   b) $\frac{8}{5}$   c) $\frac{5}{2}$   d) $\frac{31}{7}$

**11** a) $1\frac{1}{2}$   b) $1\frac{2}{3}$   c) $2\frac{3}{4}$   d) $3\frac{2}{5}$

**12**
a)

```
        2                14       19  21
  +--+--*--+--+--+--+--+--*--+--+--*--*--+-->
  0              10              20
```

b)

```
      60        85              130  145
  +---*----+----*----+----+----+--*----*--+->
  50              100              150
```

**13** a)   3   +   5   =   8
   1. Summand  2. Summand  Wert der Summe
   b)   9   –   2   =   7
   Minuend   Subtrahend   Wert der Differenz

**14** a) 30   b) 37   c) 82
   d) 55   e) 54   f) 27

▶ **Seite 32 Zwischentest** ▶

**1**

| | teilbar durch 2 | teilbar durch 5 | teilbar durch 10 |
|---|---|---|---|
| 75 | | × | |
| 82 | × | | |
| 190 | × | × | × |
| 216 | × | | |

**2** a) Quersumme 5 + 1 = 6
   51 ist durch 3 teilbar, aber nicht durch 9 teilbar.
   b) Quersumme 1 + 1 + 7 = 9
   117 ist durch 3 teilbar und durch 9 teilbar.
   c) Quersumme 3 + 0 + 5 = 8
   305 ist nicht durch 3 teilbar und nicht durch 9 teilbar.

**3** a) $\frac{1}{3} = \frac{1 \cdot 2}{3 \cdot 2} = \frac{2}{6}$   b) $\frac{2}{5} = \frac{2 \cdot 4}{5 \cdot 4} = \frac{8}{20}$

**4** a) $\frac{8}{12} = \frac{8 : 2}{12 : 2} = \frac{4}{6}$   b) $\frac{9}{24} = \frac{9 : 3}{24 : 3} = \frac{3}{8}$

**5** a) $\frac{5}{8} < \frac{7}{8}$, denn im Zähler ist 5 < 7.
   b) $\frac{3}{5} > \frac{3}{9}$, denn im Nenner ist 5 < 9.
   c) Erweitere $\frac{4}{9}$ mit 2, also $\frac{4}{9} = \frac{8}{18}$.
   d) Kürze $\frac{8}{10}$ mit 2, also $\frac{8}{10} = \frac{4}{5}$,
   es ist $\frac{3}{5} < \frac{8}{10} \left( = \frac{4}{5} \right)$.

**6** a) $\frac{2}{5} + \frac{1}{5} = \mathbf{\frac{3}{5}}$
   b) 10 ist ein gemeinsamer Nenner.
   $\frac{3}{10} + \frac{2}{5} = \frac{3}{10} + \frac{4}{10} = \mathbf{\frac{7}{10}}$
   c) $\frac{7}{8} - \frac{3}{8} = \frac{4}{8} = \frac{1}{2}$
   d) 15 ist ein gemeinsamer Nenner.
   $\frac{13}{15} - \frac{2}{3} = \frac{13}{15} - \frac{10}{15} = \frac{3}{15} = \mathbf{\frac{1}{5}}$

**7** a) $2\frac{1}{3}$ und $\frac{7}{3}$   b) $3\frac{3}{4}$ und $\frac{15}{4}$

**8** a) $2\frac{1}{5} + 3\frac{3}{5} = 2 + 3 + \frac{1}{5} + \frac{3}{5} = \mathbf{5\frac{4}{5}}$
   b) $3\frac{2}{9} + 1\frac{2}{3} = 3 + 1 + \frac{2}{9} + \frac{6}{9} = \mathbf{4\frac{8}{9}}$
   c) $6\frac{7}{9} - 4\frac{5}{9} = 6 - 4 + \frac{7}{9} - \frac{5}{9} = \mathbf{2\frac{2}{9}}$
   d) $3\frac{3}{4} - 2\frac{5}{8} = 3 - 2 + \frac{6}{8} - \frac{5}{8} = \mathbf{1\frac{1}{8}}$

▶ **Seite 33 Zwischentest** ▶

**1** a) 258; 528; 582; 852
   b) 285; 825
   c) Tausche 8 durch 0 aus.
   250 und 520 sind durch 10 teilbar.

**2** Bilde zuerst die Quersumme und prüfe dann, ob die Quersumme durch 3 und 9 teilbar ist.
   a) 6 + 5 + 7 = 18
   657 ist durch 3 und durch 9 teilbar.
   b) 8 + 9 + 2 = 19
   892 ist weder durch 3 noch durch 9 teilbar.
   c) 1 + 0 + 6 + 5 = 12
   1065 ist durch 3, aber nicht durch 9 teilbar.

**3** a) $\frac{3}{4} = \frac{3 \cdot 6}{4 \cdot 6} = \frac{18}{24}$   b) $\frac{5}{8} = \frac{5 \cdot 3}{8 \cdot 3} = \frac{15}{24}$ (erweitert mit 3)

**4** a) $\frac{15}{21} = \frac{15:3}{21:3} = \frac{5}{7}$   b) $\frac{12}{16} = \frac{12:4}{16:4} = \frac{3}{4}$ (gekürzt mit 4)

**5** a) $\frac{12}{5} < \frac{12}{4}$, denn im Nenner ist 5 > 4.

b) $\frac{3}{10} < \frac{7}{10}$, denn im Zähler ist 3 < 7.

c) Kürze den ersten Bruch mit 3, dann ist $\frac{9}{12} = \frac{3}{4}$.

d) Erweitere die Brüche auf den Nenner 24.
$\frac{7}{8} = \frac{7 \cdot 3}{8 \cdot 3} = \frac{21}{24}$ und $\frac{5}{6} = \frac{5 \cdot 4}{6 \cdot 4} = \frac{20}{24}$, also $\frac{7}{8} > \frac{5}{6}$

**6** a) $\frac{4}{7} + \frac{2}{7} = \frac{6}{7}$

b) 24 ist ein gemeinsamer Nenner.
$\frac{5}{8} + \frac{1}{6} = \frac{15}{24} + \frac{4}{24} = \frac{19}{24}$

c) Kürze den zweiten Bruch mit 3.
$\frac{4}{5} - \frac{9}{15} = \frac{4}{5} - \frac{3}{5} = \frac{1}{5}$

d) 36 ist ein gemeinsamer Nenner.
$\frac{11}{12} - \frac{5}{9} = \frac{33}{36} - \frac{20}{36} = \frac{13}{36}$

**7** a) $4\frac{3}{5} = \frac{20}{5} + \frac{3}{5} = \frac{23}{5}$ und
$3\frac{2}{7} = \frac{21}{7} + \frac{2}{7} = \frac{23}{7}$

b) $\frac{15}{7} = 15 : 7 = 2$ Rest $1 = 2\frac{1}{7}$ und
$\frac{20}{3} = 20 : 3 = 6$ Rest $2 = 6\frac{2}{3}$

**8** a) $5\frac{1}{7} + 4\frac{4}{7} = 5 + 4 + \frac{1}{7} + \frac{4}{7} = 9\frac{5}{7}$

b) $6\frac{3}{4} + 3\frac{5}{6} = 6 + 3 + \frac{9}{12} + \frac{10}{12}$
$= 9 + \frac{19}{12} = 9 + 1\frac{7}{12} = 10\frac{7}{12}$

c) $8\frac{5}{8} - 4\frac{7}{16} = 8 - 4 + \frac{10}{16} - \frac{7}{16} = 4\frac{3}{16}$

d) $13\frac{1}{6} - 7\frac{5}{6} = 13 - 7 + \frac{1}{6} - \frac{5}{6}$
$= 5 + \frac{6}{6} + \frac{1}{6} - \frac{5}{6} = 5\frac{2}{6} = 5\frac{1}{3}$

## ▶ Seite 33  Zwischentest ☒

**1** 456; 465; 546; 564; 645; 654
a) 456; 546; 564; 654
b) 465; 645
c) Bei den Ziffern muss eine Null dabei sein.
Welche Ziffer du dafür weglässt, ist egal.
Zum Beispiel: 0, 5 und 6
Es entstehen 506, 560, 605, 650.
Durch 10 teilbar sind 560 und 650.
(Achtung: wegen der Null entstehen nur vier
dreistellige Zahlen, da 056 = 56 und 065 = 65.)

**2** a) 57, nicht durch 9 teilbar
b) 333, auch durch 9 teilbar
c) 972, auch durch 9 teilbar

**3** a) $\frac{2}{5} = \frac{6}{15}$ (erweitert mit **3**)
b) $\frac{4}{8} = \frac{32}{64}$ (erweitert mit **8**)

**4** a) $\frac{28}{36} = \frac{7}{9}$ (gekürzt mit 4)
b) $\frac{45}{54} = \frac{5}{6}$ (gekürzt mit 9)

**5** a) 20 ist ein gemeinsamer Nenner:
$\frac{3}{4} = \frac{15}{20}, \frac{4}{5} = \frac{16}{20}, \frac{7}{10} = \frac{14}{20}, \frac{6}{5} = \frac{24}{20}$
Also ist $\frac{7}{10} < \frac{3}{4} < \frac{4}{5} < \frac{6}{5}$.

b) 30 ist ein gemeinsamer Nenner:
$\frac{9}{5} = \frac{54}{30}, \frac{7}{6} = \frac{35}{30}, \frac{8}{15} = \frac{16}{30}$
Also ist $\frac{8}{15} < \frac{17}{30} < \frac{7}{6} < \frac{9}{5}$.

**6** a) $\frac{5}{16} + \frac{3}{8} = \frac{5}{16} + \frac{6}{16} = \frac{11}{16}$

b) $\frac{1}{4} + \frac{1}{16} + \frac{3}{8} = \frac{4}{16} + \frac{1}{16} + \frac{6}{16} = \frac{11}{16}$

c) $\frac{7}{8} - \frac{1}{6} = \frac{21}{24} - \frac{4}{24} = \frac{17}{24}$

d) $\frac{2}{3} - \frac{1}{12} - \frac{5}{10} = \frac{2}{3} - \frac{1}{12} - \frac{1}{2} = \frac{8}{12} - \frac{1}{12} - \frac{6}{12} = \frac{1}{12}$

**7** a) $5\frac{7}{8} = \frac{40}{8} + \frac{7}{8} = \frac{47}{8}$ und $12\frac{3}{4} = \frac{48}{4} + \frac{3}{4} = \frac{51}{4}$

b) $\frac{22}{2} = 22 : 2 = 11$ und
$\frac{39}{15} = 39 : 15 = 2$ Rest $9 = 2\frac{9}{15} = 2\frac{3}{5}$

**8** a) $4\frac{5}{9} + 3\frac{1}{3} = 4 + 3 + \frac{5}{9} + \frac{3}{9} = 7\frac{8}{9}$

b) $2\frac{1}{3} + 4\frac{3}{4} + 2\frac{5}{6} = 2 + 4 + 2 + \frac{4}{12} + \frac{9}{12} + \frac{10}{12}$
$= 8 + \frac{23}{12} = 8 + 1\frac{11}{12} = 9\frac{11}{12}$

c) $12\frac{7}{12} - 9\frac{3}{8} = 12 - 9 + \frac{14}{24} - \frac{9}{24} = 3\frac{5}{24}$

d) $20\frac{1}{2} - 10\frac{8}{15} = 20 - 10 + \frac{15}{30} - \frac{16}{30}$
$= 9 + \frac{30}{30} + \frac{15}{30} - \frac{16}{30} = 9\frac{29}{30}$

## ▶ Seite 39  Abschlusstest ⚑

**1** a) 45, 65, 90          b) 45, 36, 57, 72, 90

**2** a) $\frac{3}{8} < \frac{4}{8}$, denn im Zähler ist 3 < 4.

b) $\frac{8}{3} > \frac{8}{4}$, denn im Nenner ist 3 < 4.

c) $\frac{4}{8} = \frac{1}{2}$ (Kürze $\frac{4}{8}$ mit 4.)

d) $\frac{3}{4} > \frac{5}{8}$, denn $\frac{3}{4} = \frac{6}{8}$ und $\frac{6}{8} > \frac{5}{8}$.

**3** a) $\frac{2}{2} > \frac{3}{4} > \frac{1}{2} > \frac{1}{4}$; denn 4 ist ein gemeinsamer Nenner
und $\frac{1}{2} = \frac{2}{4}$ und $\frac{2}{2} = 1$.

b) $\frac{5}{4} > \frac{5}{6} > \frac{1}{2}$, denn 12 ist ein gemeinsamer Nenner und
$\frac{1}{2} = \frac{6}{12}$; $\frac{5}{6} = \frac{10}{12}$ und $\frac{5}{4} = \frac{15}{12}$.

**4** a) $\frac{3}{8} + \frac{3}{8} = \frac{6}{8} = \frac{3}{4}$

b) $\frac{1}{2} + \frac{2}{6} = \frac{3}{6} + \frac{2}{6} = \frac{5}{6}$

c) $\frac{3}{4} - \frac{7}{12} = \frac{9}{12} - \frac{7}{12} = \frac{2}{12} = \frac{1}{6}$

d) $\frac{5}{7} - \frac{6}{14} = \frac{5}{7} - \frac{3}{7} = \frac{2}{7}$

**5** a) $1\frac{1}{5} + 2\frac{3}{5} = 3 + \frac{4}{5} = 3\frac{4}{5}$

b) $3\frac{5}{7} + 5\frac{9}{14} = 3 + 5 + \frac{10}{14} + \frac{9}{14}$
$= 8 + \frac{19}{14} = 8 + \frac{14}{14} + \frac{5}{14} = 9\frac{5}{14}$

c) $5\frac{7}{9} - 3\frac{4}{9} = 2 + \frac{3}{9} = 2\frac{1}{3}$

d) $10\frac{5}{6} - 2\frac{5}{12} = 8 + \frac{10}{12} - \frac{5}{12} = 8\frac{5}{12}$

**6** Du musst 6 einsetzen, denn $\frac{6}{6} + \frac{2}{3} = 1 + \frac{2}{3} = 1\frac{2}{3}$ ist größer
als die anderen Ergebnisse.

**7** Addiere alle Gewichte.
$2\frac{1}{2} + \frac{3}{4} + \frac{2}{3} = 2\frac{6}{12} + \frac{9}{12} + \frac{8}{12} = 2 + \frac{23}{12} = 2 + \frac{12}{12} + \frac{11}{12} = 3\frac{11}{12}$
Alles zusammen wiegt $3\frac{11}{12}$ kg.
Das ist etwas weniger als 4 kg.

# Lösungen

**1** a) An der letzten Stelle können eine 0 oder eine 5 stehen (also 340 und 345; 2450 und 2455; 5730 und 5735).

b) 342, 345 und 348; 2451, 2454 und 2457; 5730, 5733, 5736 und 5739

**2** a) $\frac{5}{12} < \frac{6}{12}$, denn im Zähler ist 5 < 6.

b) $\frac{12}{5} > \frac{12}{6}$, denn im Nenner ist 5 < 6.

c) $\frac{11}{12} > \frac{5}{6}$, denn $\frac{5}{6} = \frac{10}{12}$.

d) $\frac{2}{4} = \frac{8}{16}$ (Erweitere $\frac{2}{4}$ mit 4.)

**3** a) $\frac{9}{5} > \frac{17}{10} > \frac{3}{5} > \frac{1}{2}$, denn 10 ist ein gemeinsamer Nenner und $\frac{9}{5} = \frac{18}{10}$; $\frac{3}{5} = \frac{6}{10}$ und $\frac{1}{2} = \frac{5}{10}$.

b) $\frac{7}{3} > \frac{9}{4} > \frac{14}{8} > \frac{7}{6}$, denn 24 ist ein gemeinsamer Nenner und $\frac{7}{3} = \frac{56}{24}$; $\frac{9}{4} = \frac{54}{24}$, $\frac{14}{8} = \frac{42}{24}$ und $\frac{7}{6} = \frac{28}{24}$.

**4** a) $\frac{2}{3} + \frac{2}{9} = \frac{6}{9} + \frac{2}{9} = \mathbf{\frac{8}{9}}$

b) $\frac{11}{8} + \frac{1}{6} = \frac{33}{24} + \frac{4}{24} = \frac{37}{24} = \mathbf{1\frac{13}{24}}$

c) $\frac{5}{6} - \frac{1}{4} = \frac{10}{12} - \frac{3}{12} = \mathbf{\frac{7}{12}}$

d) $\frac{10}{12} - \frac{5}{9} = \frac{30}{36} - \frac{20}{36} = \frac{10}{36} = \mathbf{\frac{5}{18}}$

**5** a) $2\frac{2}{9} + 7\frac{2}{3} = 2 + 7 + \frac{2}{9} + \frac{6}{9} = \mathbf{9\frac{8}{9}}$

b) $4\frac{1}{3} + 2\frac{3}{4} = 4 + \frac{4}{12} + 2 + \frac{9}{12} = 6 + \frac{13}{12} = 6 + \frac{12}{12} + \frac{1}{12} = \mathbf{7\frac{1}{12}}$

c) $8\frac{5}{7} - 3\frac{9}{14} = 8 - 3 + \frac{10}{14} - \frac{9}{14} = \mathbf{5\frac{1}{14}}$

d) $6\frac{7}{10} - 3\frac{5}{6} = 6 - 3 + \frac{21}{30} - \frac{25}{30} = 2 + \frac{30}{30} + \frac{21}{30} - \frac{25}{30}$

$= 2 + \frac{51}{30} - \frac{25}{30} = 2\frac{26}{30} = \mathbf{2\frac{13}{15}}$

**6** Das Ergebnis von $\frac{1}{\square} + \frac{1}{2}$ wird möglichst groß, wenn der erste Summand möglichst groß ist. Dazu muss der Nenner möglichst klein sein, also **1**. Dann ist $\frac{1}{1} + \frac{1}{2} = 1\frac{1}{2}$.

**7** Addiere die Mengen für Kakao und Pudding und subtrahiere das Ergebnis von der Gesamtmenge 3 Liter.

$1\frac{3}{4} + 1\frac{1}{6} = 1 + 1 + \frac{9}{12} + \frac{2}{12} = 2\frac{11}{12}$

$3 - 2\frac{11}{12} = \mathbf{\frac{1}{12}}$

In der Kanne ist noch $\frac{1}{12}$ Liter Milch.

**1** a) Hier sind alle möglichen Zahlen aufgeführt. Es reicht, drei davon zu nennen.
450; 405; 504; 540; 270; 720; 207; 702; 567; 576; 657; 675; 756; 765

b) Hier sind alle möglichen Zahlen aufgeführt. Es reicht, drei davon zu nennen.
240; 270; 420; 450; 540; 570; 720; 750

**2** a) $\frac{7}{13} = \frac{14}{26}$ (Erweitere $\frac{7}{13}$ mit 2.)

b) $\frac{5}{6} > \frac{3}{4}$, denn $\frac{5}{6} = \frac{10}{12}$ und $\frac{3}{4} = \frac{9}{12}$.

c) $\frac{7}{18} < \frac{7}{13}$, denn im Nenner ist 13 < 18.

d) $\frac{9}{10} < \frac{11}{12}$    $\frac{9}{10} < \frac{11}{12}$, denn bei $\frac{9}{10}$ fehlt $\frac{1}{10}$ bis zur 1 und bei $\frac{11}{12}$ fehlt nur $\frac{1}{12}$ bis zur 1.

**3** a) $\frac{1}{3} < \frac{4}{7} < \frac{13}{21} < \frac{8}{12}$; denn nach Kürzen von $\frac{8}{12} = \frac{2}{3}$ ist 21 ein gemeinsamer Nenner und $\frac{1}{3} = \frac{7}{21}$; $\frac{4}{7} = \frac{12}{21}$, $\frac{8}{12} = \frac{2}{3} = \frac{14}{21}$.

b) $\frac{17}{15} < \frac{8}{6} < \frac{7}{5} < \frac{5}{3}$; denn nach Kürzen von $\frac{8}{6} = \frac{4}{3}$ ist 15 ein gemeinsamer Nenner und $\frac{8}{6} = \frac{4}{3} = \frac{20}{15}$; $\frac{7}{5} = \frac{21}{15}$ und $\frac{5}{3} = \frac{25}{15}$.

**4** a) $\frac{3}{4} + \frac{1}{6} = \frac{9}{12} + \frac{2}{12} = \mathbf{\frac{11}{12}}$

b) $\frac{4}{5} - \frac{1}{4} = \frac{16}{20} - \frac{5}{20} = \mathbf{\frac{11}{20}}$

c) $\frac{2}{6} + \frac{4}{9} + \frac{2}{3} = \frac{1}{3} + \frac{2}{3} + \frac{4}{9} = \mathbf{1\frac{4}{9}}$

d) $\frac{5}{6} - \frac{1}{3} + \frac{1}{2} = \frac{5}{6} - \frac{2}{6} + \frac{3}{6} = \mathbf{1}$

**5** a) $1\frac{1}{2} + 2\frac{4}{5} = 3 + \frac{5}{10} + \frac{8}{10} = 3 + \frac{13}{10} = \mathbf{4\frac{3}{10}}$

b) $4\frac{2}{9} + 5\frac{5}{6} + 1\frac{2}{3} = 4 + 5 + 1 + \frac{4}{18} + \frac{15}{18} + \frac{12}{18}$

$= 10 + \frac{31}{18} = \mathbf{11\frac{13}{18}}$

c) $8\frac{9}{10} - 3\frac{3}{4} = 8 - 3 + \frac{18}{20} - \frac{15}{20} = \mathbf{5\frac{3}{20}}$

d) $5\frac{4}{5} - 1\frac{1}{6} - 2\frac{4}{8} = 5 - 1 - 2 + \frac{4}{5} - \frac{1}{6} - \frac{1}{2}$

$= 2 + \frac{24}{30} - \frac{10}{30} - \frac{15}{30} = 1 + \frac{30}{30} + \frac{24}{30} - \frac{10}{30} - \frac{15}{30} = \mathbf{1\frac{29}{30}}$

**6** Das Ergebnis von $\frac{3}{4} - \frac{1}{\square}$ wird möglichst klein, wenn der Subtrahend möglichst groß wird. Die Subtraktion muss aber noch ausführbar bleiben. Der Nenner 1 ist deshalb nicht möglich. Mit dem Nenner 2 ist dann $\frac{3}{4} - \frac{1}{2} = \frac{1}{4}$.

**7** a) Subtrahiere so oft $1\frac{3}{4}$ t von den 5 t, bis weniger als $1\frac{3}{4}$ übrig bleibt.

$5 - 1\frac{3}{4} - 1\frac{3}{4} = 5 - 1 - 1 - \frac{3}{4} - \frac{3}{4} = 3 - \frac{3}{4} - \frac{3}{4}$

$= \frac{12}{4} - \frac{3}{4} - \frac{3}{4} = \frac{6}{4} = \frac{3}{2} = 1\frac{1}{2}$

Du kannst zweimal $1\frac{3}{4}$ t subtrahieren und dann bleibt noch ein Rest von $1\frac{1}{2}$ t, also muss Herr Sterzek insgesamt dreimal fahren.

b) Bei der dritten Fahrt sind nur noch $1\frac{1}{2}$ t Steine auf dem Anhänger.

# 2 Mit Dezimalzahlen rechnen

► **Seite 42/43 Wiederholung**

**1**

| Millionen | | | Tausender | | | | | |
|---|---|---|---|---|---|---|---|---|
| H | Z | E | H | Z | E | H | Z | E |
| | | | | 2 | 3 | 5 | 0 | 0 |
| | | | 9 | 1 | 7 | 0 | 8 | 0 |
| | 1 | 3 | 5 | 0 | 0 | 3 | 2 | 5 |
| | | | | | 3 | 0 | 7 | |
| | | | | 7 | 0 | 1 | 2 | |

**2** vierundneunzigtausendfünfhundert
vier Millionen siebenhundertachtzigtausendzwanzig
achthundertsieben Millionen sechzigtausend-
vierhundertdrei

**3** a) 250 > 230  b) 4092 > 4029
c) 76 320 > 76 200  d) 356 507 < 356 567

**4** a) 75 < 450 < 7900 < 22 900 < 55 000 < 97 900
b) 8359 < 8533 < 8539 < 8593 < 8895 < 8955

**5** A = 2; B = 6; C = 9

**6**
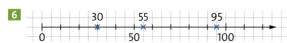

**7** a) 6840 (Zehner); 6800 (Hunderter); 7000 (Tausender)
b) 849 (auf Hunderter)  c) 115 (auf Zehner)

**8** a) 43  b) 26  c) 78  d) 77  e) 100  f) 21

**9** a) 54  b) 3  c) 48  d) 9  e) 90  f) 17

**10** a) $\frac{2}{4}$  b) $\frac{2}{10}$  c) $\frac{6}{8}$

**11** a) $\frac{1}{2}$  b) $\frac{3}{4}$  c) $\frac{3}{5}$

**12** a) $1\frac{1}{2}$  b) $1\frac{2}{3}$  c) $2\frac{1}{5}$

**13**

a)
```
   1 5 7
 + 2 8 6
   1 1
   4 4 3
```

b)
```
   4 1 2
 - 2 2 5
 -   1 9
     1 2
   1 6 8
```

c)
```
   1 3 1 2
 +   1 8 7
 +     5 9
     1 1
   1 5 5 8
```

d)
```
     1 9 8
 -   1 0 3
 -     4 6
       1
       4 9
```

**14**

a)
```
7 6 · 1 6
  7 6
  4 5 6
1 2 1 6
```

b)
```
1 8 9 : 9 = 2 1
1 8
  0 9
    9
    0
```

c)
```
1 1 9 · 2 3
  2 3 8
    3 5 7
  2 7 3 7
```

d)
```
7 1 4 : 1 4 = 5 1
7 0
  1 4
  1 4
    0
```

e)
```
5 4 · 7 3 4
  3 7 8
  1 6 2
    2 1 6
  3 9 6 3 6
```

f)
```
1 1 6 4 : 1 2 = 9 7
1 0 8
    8 4
    8 4
      0
```

**15** a) 18 − 5 · 3
( Punkt vor Strich )
= 18 − 15
= 3
b) 19 − (13 − 11)
( Klammern zuerst )
= 19 − 2
= 17
c) 4 · (7 + 3)
( Klammern zuerst )
= 4 · 10
= 40
d) 18 : 3 + 6
( Punkt vor Strich )
= 6 + 6
= 12

**16** a) 4 · 10 € = 40 €
Das Geschenk kostet 40 €.
b) 40 € : 5 = 8 €
Nun muss jeder 8 € zahlen.

---

► **Seite 68 Zwischentest**

**1** a) 0,8  b) 0,55  c) 2,5

**2** a) $\frac{25}{100} = \frac{1}{4}$  b) $\frac{3}{10}$

**3** a) 0,65 > 0,55  b) 5,27 < 5,28
c) 1,33 > 1,3 = 1,30 > 1,03

**4** a) 3,6 und 5,3  b) 0,04

**5** a) 75 % und 20 %  b) $\frac{19}{100}$ und $\frac{5}{100} = \frac{1}{20}$

**6** a)
```
   0, 3
 + 0, 6
   0, 9
```
b)
```
   3, 4 7
 + 4, 3 4
       1
   7, 8 1
```

**7** a) Überschlag: 9 − 5 = 4; exakt: 8,6 − 5,1 = 3,5
b) Überschlag: 8 − 3 = 5
```
   8, 4 5
 - 2, 5 4
     1
   5, 9 1
```

**8** a)

| 8, | 5 | · | 7, | 1 |
|---|---|---|---|---|
| | 5 | 9 | 5 | |
| | | 8 | 5 | |
| 1 | | 1 | | |
| **6** | **0,** | **3** | **5** | |

b)

| 6, | 3 | · | 6, | 2 |
|---|---|---|---|---|
| | 3 | 7 | 8 | |
| | 1 | 2 | 6 | |
| | | 1 | | |
| **3** | **9,** | **0** | **6** | |

c)

| 2, | 6 | 1 | · | 4, | 3 |
|---|---|---|---|---|---|
| | 1 | 0 | 4 | 4 | |
| | | 7 | 8 | 3 | |
| | 1 | | 1 | | |
| **1** | **1,** | **2** | **2** | **3** | |

**9** a)

| 8, | 5 | 2 | : | 0, | 6 | = | | |
|---|---|---|---|---|---|---|---|---|
| 8 | 5, | 2 | : | 6 | = | **1** | **4,** | **2** |
| − | 6 | | | | | | | |
| | 2 | 5 | | | | | | |
| | − | 2 | 4 | | | | | |
| | | 1 | 2 | | | | | |
| | | − | 1 | 2 | | | | |
| | | | 0 | | | | | |

b)

| 3, | 1 | 2 | : | 0, | 4 | = | |
|---|---|---|---|---|---|---|---|
| 3 | 1, | 2 | : | 4 | = | **7,** | **8** |
| − | 2 | 8 | | | | | |
| | 3 | 2 | | | | | |
| | − | 3 | 2 | | | | |
| | | 0 | | | | | |

c)

| 4, | 9 | 5 | : | 0, | 0 | 9 | = | |
|---|---|---|---|---|---|---|---|---|
| 4 | 9 | 5 | : | 9 | = | **5** | **5** | |
| − | 4 | 5 | | | | | | |
| | 4 | 5 | | | | | | |
| | − | 4 | 5 | | | | | |
| | | 0 | | | | | | |

**10** a) $2,4 : 3 = 0,8$  b) $3,6 : 4 = 0,9$
c) $4,9 : 7 = 0,7$

**11** a) 28,2  b) 520,3  c) 6755
d) 1,22  e) 1,392  f) 1,3717

**12**

| 6 | 5, | 3 | 6 | : | 4 | = | **1** | **6,** | **3** | **4** |
|---|---|---|---|---|---|---|---|---|---|---|
| − | 4 | | | | | | | | | |
| | 2 | 5 | | | | | | | | |
| − | 2 | 4 | | | | | | | | |
| | | 1 | 3 | | | | | | | |
| | − | 1 | 2 | | | | | | | |
| | | | 1 | 6 | | | | | | |
| | | − | 1 | 6 | | | | | | |
| | | | | 0 | | | | | | |

Jeder bekommt 16,34 €.

▶ **Seite 69 Zwischentest** ☒

**1** a) 0,88  b) 12,0 = 12  c) 7,5

**2** a) $\frac{95}{100} = \frac{19}{20}$  b) $\frac{2}{1000} = \frac{1}{500}$

**3** a) $3,95 > 3,59$  b) $75,6 = 75,600$
c) $2,045 < 2,054 < 2,405 < 2,440 < 2,45 < 2,504 < 2,540$

**4** a) 0,74 und 1,06  b) 15,801

**5** a) 5 % und 90 %  b) $\frac{6}{100} = \frac{3}{50}$ und $\frac{70}{100} = \frac{7}{10}$

**6** a) Überschlag: 8 + 4 = 12; exakt: 7,8 + 4,2 = 12,0
b) Überschlag: 11 + 6 = 17

| | 1 | 1, | 2 | 4 | 0 |
|---|---|---|---|---|---|
| + | | 5, | 9 | 0 | 3 |
| | | | 1 | | |
| | **1** | **7,** | **1** | **4** | **3** |

**7** a) $7,8 − 4,5 = 3,3$; Probe: $3,3 + 4,5 = 7,8$
b)

| | 7, | 0 | 9 | 0 |
|---|---|---|---|---|
| − | 5, | 3 | 8 | 2 |
| | 1 | | 1 | |
| | **1,** | **7** | **0** | **8** |

Probe: 1,708 + 5,382 = 7,09

**8** a)

| 1 | 1, | 3 | · | 0, | 5 |
|---|---|---|---|---|---|
| | 0 | 0 | 0 | | |
| | 5 | 6 | 5 | | |
| | | | | | |
| | **5,** | **6** | **5** | | |

b)

| 9, | 2 | · | 2, | 3 |
|---|---|---|---|---|
| 1 | 8 | 4 | | |
| | 2 | 7 | 6 | |
| 1 | 1 | | | |
| **2** | **1,** | **1** | **6** | |

c)

| 2 | 1, | 3 | · | 0, | 2 | 4 | 5 |
|---|---|---|---|---|---|---|---|
| | 0 | 0 | 0 | | | | |
| | 4 | 2 | 6 | | | | |
| | 8 | 5 | 2 | | | | |
| 1 | 0 | 6 | 5 | | | | |
| | 1 | 1 | | | | | |
| | **5,** | **2** | **1** | **8** | **5** | | |

**9** a)

| 1, | 7 | : | 0, | 5 | = | | |
|---|---|---|---|---|---|---|---|
| 1 | 7 | : | 5 | = | **3,** | **4** | |
| − | 1 | 5 | | | | | |
| | 2 | 0 | | | | | |
| | − | 2 | 0 | | | | |
| | | 0 | | | | | |

b)

| 1, | 5 | 2 | : | 0, | 8 | = | |
|---|---|---|---|---|---|---|---|
| 1 | 5, | 2 | : | 8 | = | **1,** | **9** |
| − | 8 | | | | | | |
| | 7 | 2 | | | | | |
| − | 7 | 2 | | | | | |
| | | 0 | | | | | |

**c)**

| | | | | | | | |
|---|---|---|---|---|---|---|---|
| 3, | 0 | 7 | 2 | : | 0, | 6 | = |
| 3 | 0, | 7 | 2 | : | 6 | = | **5,** **1** **2** |
| − | 3 | 0 | | | | | |
| | | 0 | 7 | | | | |
| | − | | 6 | | | | |
| | | | 1 | 2 | | | |
| | | − | 1 | 2 | | | |
| | | | | 0 | | | |

a) Probe: 3,4 · 0,5 = 1,7
b) Probe: 1,9 · 0,8 = 1,52
c) Probe: 5,12 · 0,6 = 3,072

**10** a) 7,2 : 8 = 0,9     b) 0,28 : 4 = 0,07
c) 0,72 : 1,2 = 7,2 : 12 = 0,6

**11** a) 5289     b) 870     c) 1,92     d) 0,2673

**12**

| | | | | |
|---|---|---|---|---|
| | 7 | 2, | 4 | 0 € |
| − | 3 | 6, | 1 | 5 € |
| | **3** | **6,** | **2** | **5 €** |

36,25 € : 25 = 1,45 €

| | | | | | | | | | |
|---|---|---|---|---|---|---|---|---|---|
| 3 | 6, | 2 | 5 | : | 2 | 5 | = | 1, | 4 5 |
| − | 2 | 5 | | | | | | | |
| | 1 | 1 | 2 | | | | | | |
| − | 1 | 0 | 0 | | | | | | |
| | | 1 | 2 | 5 | | | | | |
| | − | 1 | 2 | 5 | | | | | |
| | | | 0 | | | | | | |

Jeder muss noch 1,45 € dazu zahlen.

► **Seite 69 Zwischentest** ☒

**1** a) 0,65     b) 3,7     c) 2,38

**2** a) $\frac{655}{1000} = \frac{131}{200}$     b) $\frac{203}{100}$

**3** a) 12,093 < 12,93     b) 14,204 00 = 14,204
c) 0,0337 < 0,0373 < 0,0733 < 0,3037 < 0,3307
   < 0,3370 < 0,7033

**4** a) 6,06     b) 12,871 und 0,005

**5** a) 135 % und 30 % (denn $\frac{3}{10} = \frac{30}{100}$)
b) $\frac{1}{100}$ und $\frac{105}{100} = \frac{21}{20}$

**6** a) 4,39 + 13,1 = 4,39 + 13,10 = 17,49

b)

| | | | | |
|---|---|---|---|---|
| | | 2, | 5 | 0 0 |
| + | | 4, | 2 | 1 0 |
| + | | 1, | 0 | 3 2 |
| + | | 4, | 0 | 0 0 |
| | 1 | | | |
| | **1** | **1,** | **7** | **4 2** |

**7** a) Überschlag: 21 − 15 = 6; exakt: 21 − 14,5 = 6,5
b) Überschlag: 0,9 − 0,1 − 0,3 = 0,5

| | | | | | |
|---|---|---|---|---|---|
| | 0, | 9 | 2 | 7 | 0 |
| − | 0, | 0 | 9 | 2 | 7 |
| − | 0, | 3 | 1 | 0 | 0 |
| | | 1 | | 1 | |
| | **0,** | **5** | **2** | **4** | **3** |

**8** a)

| | | | | | | |
|---|---|---|---|---|---|---|
| 2, | 3 | 5 | · | | 3, | 5 |
| | 7 | 0 | 5 | | | |
| 1 | 1 | 7 | 5 | | | |
| | | 1 | | | | |
| | **8,** | **2** | **2** | **5** | | |

b)

| | | | | | |
|---|---|---|---|---|---|
| 1 | 1, | 3 | 8 | · | 0, 2 5 |
| | | 0 | 0 | 0 | |
| | | 2 | 2 | 7 | 6 |
| | 5 | 6 | 9 | 0 | |
| | | 1 | 1 | | |
| | **2,** | **8** | **4** | **5** | **0** |

c)

| | | | | | | | | |
|---|---|---|---|---|---|---|---|---|
| 3 | 2, | 6 | · | 2, | 9 | 5 | 2 | |
| | 6 | 5 | 2 | | | | | |
| 2 | 9 | 3 | 4 | | | | | |
| | 1 | 6 | 3 | 0 | | | | |
| | | 6 | 5 | 2 | | | | |
| 1 | 1 | 1 | | | | | | |
| | **9** | **6,** | **2** | **3** | **5** | **2** | | |

**9** a)

| | | | | | | | |
|---|---|---|---|---|---|---|---|
| 4, | 2 | 3 | : | 0, | 9 | = | |
| 4 | 2, | 3 | : | 9 | = | **4,** | **7** |
| − | 3 | 6 | | | | | |
| | | 6 | 3 | | | | |
| | − | 6 | 3 | | | | |
| | | | 0 | | | | |

b)

| | | | | | | | |
|---|---|---|---|---|---|---|---|
| 4, | 0 | 8 | : | 1, | 2 | = | |
| 4 | 0, | 8 | : | 1 | 2 | = | **3,** **4** |
| − | 3 | 6 | | | | | |
| | | 4 | 8 | | | | |
| | − | 4 | 8 | | | | |
| | | | 0 | | | | |

c)

| | | | | | | | |
|---|---|---|---|---|---|---|---|
| 0, | 2 | 2 | 2 | : | 0, | 1 5 | = |
| | 2 | 2, | 2 | : | 1 | 5 | = **1,** **4 8** |
| − | 1 | 5 | | | | | |
| | | 7 | 2 | | | | |
| | − | 6 | 0 | | | | |
| | | 1 | 2 | 0 | | | |
| | − | 1 | 2 | 0 | | | |
| | | | 0 | | | | |

a) Probe: 4,7 · 0,9 = 4,23
b) Probe: 3,4 · 1,2 = 4,08
c) Probe: 1,48 · 0,15 = 0,222

**10** a) 4,2 : 7 = 0,6
b) 0,056 : 0,8 = 0,07
c) 14,4 : 12 = 1,2

257

**11** a) 24 300    b) 93 213    c) 7,73    d) 0,000 25

**12** 1,2 m = 120 cm
120 cm : 8,5 cm = 1200 mm : 85 mm = 14 Rest 10
14 · 3 = 42
Tim kann daraus 42 Zaunstücke bauen.

---

▶ **Seite 77 Abschlusstest**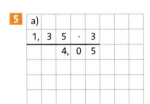

**1** a) $\left(\frac{6}{10}=\right)0{,}6$    b) $\left(\frac{5}{100}=\right)0{,}05$
c) 0,75    d) 0,004

**2** a) $0{,}45 = \frac{45}{100}$    b) $0{,}8 = \frac{8}{10}$

**3** a) Es wurde auf Hundertstel gerundet.
b) 22,46 ≈ 22,5

**4** a) Überschlag: 3 + 6 = 9
b) Überschlag: 12 – 3 = 9

| a) | | | | | b) | | | | |
|---|---|---|---|---|---|---|---|---|---|
| | 3, | 0 | 4 | | | | 1 | 2, | 1 | 4 |
| + | 5, | 6 | 7 | | | – | | 3, | 0 | 9 |
| | | 1 | | | | | 1 | | 1 | |
| | 8, | 7 | 1 | | | | | 9, | 0 | 5 |

**5** a)

| 1, | 3 | 5 | · | 3 |
|---|---|---|---|---|
| | 4, | 0 | 5 | |

b)

| 1, | 9 | 2 | : | 8 | = | 0, | 2 | 4 |
|---|---|---|---|---|---|---|---|---|
| – | 1 | 6 | | | | | | |
| | 3 | 2 | | | | | | |
| – | 3 | 2 | | | | | | |
| | | 0 | | | | | | |

**6** a) 2,60 € + 2,90 € + 1,30 € = 6,80 €

| | 2, | 6 | 0 |
|---|---|---|---|
| + | 2, | 9 | 0 |
| + | 1, | 3 | 0 |
| | 6 | 8 | 0 |

10,00 € – 6,80 € = 3,20 €

| 1 | 0, | 0 | 0 |
|---|---|---|---|
| – | 6, | 8 | 0 |
| | 3, | 2 | 0 |

Lea bekommt 3,20 € zurück.
b) 3,20 € = 320 ct
320 ct : 8 ct = 40
Lea kann noch 40 Bonbons kaufen.

---

**7** a) 25,80 € : 3 = 8,60 €

| | 2 | 5, | 8 | 0 | : | 3 | = | 8, | 6 | 0 |
|---|---|---|---|---|---|---|---|---|---|---|
| – | 2 | 4 | | | | | | | | |
| | | 1 | 8 | | | | | | | |
| – | | 1 | 8 | | | | | | | |
| | | | 0 | 0 | | | | | | |
| – | | | | 0 | | | | | | |
| | | | | 0 | | | | | | |

Eine Stunde kostet 8,60 €.
b) 8,60 € · 2 = 17,20 €
Zwei Stunden kosten 17,20 €.

---

▶ **Seite 77 Abschlusstest**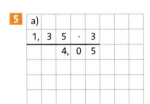

**1** a) $\left(\frac{17}{100}=\right)0{,}17$    b) 0,201
c) 0,03    d) 3,02

**2** a) $0{,}495 = \frac{495}{1000}$    b) $0{,}36 = \frac{36}{100}$

**3** a) Es wurde auf Zehntel gerundet.
b) 27,983 ≈ 27,98

**4** a) Überschlag: 25 + 54 = 79
b) Überschlag: 79 – 35 = 44

| a) | | | | b) | | | | |
|---|---|---|---|---|---|---|---|---|
| | 2 | 4, | 8 | 9 | | | 7 | 8, | 8 | 0 |
| + | 5 | 3, | 7 | 0 | | – | 3 | 4, | 7 | 9 |
| | | 1 | | | | | | | 1 | |
| | 7 | 8, | 5 | 9 | | | 4 | 4, | 0 | 1 |

**5** a)

| 2, | 6 | 3 | · | 0, | 1 | 6 |
|---|---|---|---|---|---|---|
| | 0 | 0 | 0 | | | |
| | | 2 | 6 | 3 | | |
| | 1 | 5 | 7 | 8 | | |
| | 1 | 1 | | | | |
| | 0, | 4 | 2 | 0 | 8 | |

b)

| 1 | 1, | 1 | 3 | : | 0, | 7 | = | | |
|---|---|---|---|---|---|---|---|---|---|
| 1 | 1 | 1, | 3 | : | 7 | = | 1 | 5, | 9 |
| – | 7 | | | | | | | | |
| | 4 | 1 | | | | | | | |
| – | 3 | 5 | | | | | | | |
| | | 6 | 3 | | | | | | |
| – | | 6 | 3 | | | | | | |
| | | | 0 | | | | | | |

**6** a) 91,17 € + 28,50 € + 35,80 €

| | 9 | 1, | 1 | 7 |
|---|---|---|---|---|
| + | 2 | 8, | 5 | 0 |
| + | 3 | 5, | 8 | 0 |
| 1 | 5 | 5, | 4 | 7 |

Sie haben 155,47 € eingenommen.
b) 155,47 € – 32,69 €

| 1 | 5 | 5, | 4 | 7 |
|---|---|---|---|---|
| – | 3 | 2, | 6 | 9 |
| 1 | 2 | 2, | 7 | 8 |

Sie haben 122,78 € Gewinn gemacht.

**7** a) 462,5 kg : 12,5 kg

| | | | | | | | | | | |
|---|---|---|---|---|---|---|---|---|---|---|
| | 4 | 6 | 2, | 5 | : | 1 | 2, | 5 | = | |
| | 4 | 6 | 2 | 5 | : | 1 | 2 | 5 | = | 3 7 |
| − | 3 | 7 | 5 | | | | | | | |
| | | 8 | 7 | 5 | | | | | | |
| | − | 8 | 7 | 5 | | | | | | |
| | | | | 0 | | | | | | |

Er braucht 37 Säcke.

b) 37 · 18,50 €

| 1 | 8, | 5 | 0 | · | 3 | 7 |
|---|---|---|---|---|---|---|
| | | 5 | 5 | 5 | 0 | |
| | 1 | 2 | 9 | 5 | 0 | |
| | **6** | **8** | **4,** | **5** | **0** | |

Er kann 684,50 € verdienen, wenn er alles verkauft.

**7** a) Gesamtkosten für ein Kind:
4101,30 € : 27 = 151,90 €
Hotelkosten für ein Kind
(Gesamtkosten minus Busfahrt):
151,90 € − 17,50 € = 134,40 €
Das Hotel kostet 134,40 € für ein Kind.
b) 33,25 € : 1,75 € = 3325 : 175 = 19
Es kamen 19 Kinder mit ins Schwimmbad.

## ▶ Seite 77 Abschlusstest ☒

**1** a) 7,56  b) 3,008  c) 5,03

**2** a) $0,608 = \frac{608}{1000}$  b) $1,07 = \frac{107}{100}$

**3** a) 19,004 ≈ 19,00
b) zum Beispiel 0,0081; 0,0079; 0,007 55

**4** a) Überschlag: 15 + 77 + 32 = 124
b) Überschlag: 100 − 34 − 56 = 10

| a) | | | | | | b) | | | | | |
|---|---|---|---|---|---|---|---|---|---|---|---|
| | 1 | 4, | 8 | 9 | 0 | | 9 | 9, | 7 | 0 | 0 |
| + | 7 | 7, | 2 | 0 | 0 | − | 3 | 3, | 7 | 3 | 0 |
| + | 3 | 2, | 2 | 6 | 3 | − | 5 | 6, | 4 | 2 | 7 |
| | 1 | 1 | 1 | | | | 1 | 1 | 1 | 1 | |
| **1** | **2** | **4,** | **3** | **5** | **3** | | | **9,** | **5** | **4** | **3** |

**5** a)

| 5, | 3 | 2 | · | 2, | 4 |
|---|---|---|---|---|---|
| | 1 | 0 | 6 | 4 | |
| | | 2 | 1 | 2 | 8 |
| | | | | | |
| | **1** | **2,** | **7** | **6** | **8** |

b)

| | | | | | | | | | | |
|---|---|---|---|---|---|---|---|---|---|---|
| 8, | 4 | 0 | 8 | : | 0, | 0 | 8 | = | | |
| 8 | 4 | 0, | 8 | : | 8 | = | **1** | **0** | **5,** | **1** |
| − | 8 | | | | | | | | | |
| | 0 | 4 | 0 | | | | | | | |
| | − | 4 | 0 | | | | | | | |
| | | 0 | 8 | | | | | | | |
| | | − | 8 | | | | | | | |
| | | | 0 | | | | | | | |

**6** 8,99 € + 5,90 € + 19,99 € = 34,88 €
34,88 € : 2 = 17,44 €
Jeder muss 17,44 € zahlen.

## 3 Winkel

▶ **Seite 80/81 Wiederholung**

**1** a) c und e sind Strecken.
b) a, b und f sind Halbgeraden.
c) d und g sind Geraden.

**2** a) Eine Strecke ist eine gerade Linie mit einem Anfangspunkt und einem Endpunkt. Du kannst die Länge einer Strecke messen.
b) Eine Halbgerade ist eine gerade Linie mit einem Anfangspunkt, aber ohne einen Endpunkt. Du kannst ihre Länge nicht messen.
c) Eine Gerade ist eine gerade Linie ohne Anfangspunkt und ohne Endpunkt. Du kannst ihre Länge nicht messen.

**3**
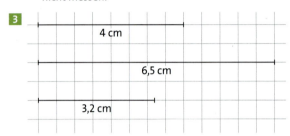

4 cm

6,5 cm

3,2 cm

**4** Zeichenübung; Zeichnungen wie vorne im Buch

**5** parallel zueinander: b ∥ c und d ∥ f
senkrecht zueinander: a ⊥ e, b ⊥ d, b ⊥ f, c ⊥ d und c ⊥ f

**6** a)
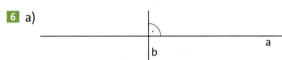

a

b

b)

c

d

c)
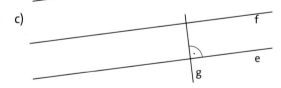

f

e

g

**7** a) Viereck, genauer: Rechteck
b) Viereck, genauer: Quadrat
c) Dreieck

**8** a) A(1|2); B(4|5); C(6|5)
b)
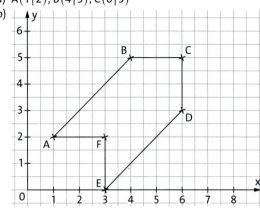

▶ **Seite 98 Zwischentest** ☒

**1** a) Winkelbogen    b) Schenkel    c) Scheitelpunkt

**2** a) rechter Winkel
b) stumpfer Winkel
c) überstumpfer Winkel
d) gestreckter Winkel
e) spitzer Winkel

**3** Schätzungen individuell verschieden
exakt: α = 60°, β = 180°, γ = 115°

**4**
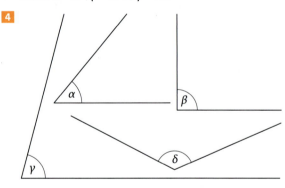

▶ **Seite 99 Zwischentest** ☒

**1**
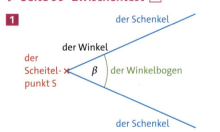

der Schenkel

der Winkel

der Scheitelpunkt S

β    der Winkelbogen

der Schenkel

**2** a) α ist ein stumpfer Winkel.
β ist ein überstumpfer Winkel.
γ ist ein spitzer Winkel.
b) Es fehlen:

rechter Winkel     gestreckter Winkel     Vollwinkel

**3** Schätzungen individuell verschieden
exakt: α = 67°, β = 139°, γ = 152°

**4**

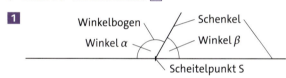

▶ **Seite 99  Zwischentest** ☒

**1**

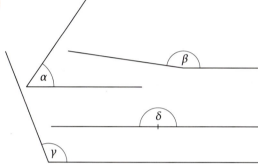

Winkelbogen   Schenkel
Winkel α   Winkel β
Scheitelpunkt S

**2** Aufstellung der sechs Winkelarten siehe S. 84 unten

**3** Schätzungen individuell verschieden
exakt: α = 80°, β = 140°, γ = 130°
Vorgehen „Winkelgröße messen":
Ich lege die Kante des Geodreiecks genau auf einen
Schenkel. Der Nullpunkt muss genau auf dem
Scheitelpunkt liegen.
Ich wähle die Skala, die beim angelegten Schenkel
mit 0° beginnt.
Ich lese die Winkelgröße am anderen Schenkel ab.

**4**

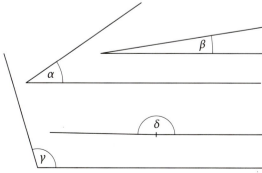

▶ **Seite 105  Abschlusstest** ☒

**1** α ist ein spitzer Winkel. β ist ein gestreckter Winkel.
γ ist ein stumpfer Winkel.
Es fehlen: rechter Winkel, überstumpfer Winkel,
Vollwinkel

**2** zum Beispiel
α = 45° und
β = 105°

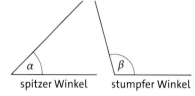

spitzer Winkel     stumpfer Winkel

**3** Zeichnung wie im Test abgebildet

**4** Winkel α ist ein stumpfer Winkel, α = 155°
Winkel β ist ein spitzer Winkel, β = 35°

**5**

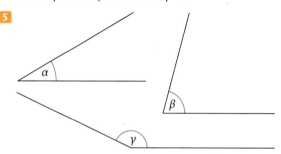

▶ **Seite 105  Abschlusstest** ☒

**1** $\alpha_1$ ist ein stumpfer Winkel.
$\alpha_2$, $\beta_1$ und $\gamma_1$ sind überstumpfe Winkel.
$\beta_1$ und $\gamma_2$ sind spitze Winkel.
Es fehlen: rechter Winkel, gestreckter Winkel,
Vollwinkel

**2** zum Beispiel
α = 60° und
β = 100°

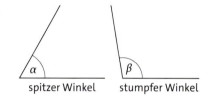

spitzer Winkel     stumpfer Winkel

**3** Zeichenübung, ähnlich wie im Test abgebildet.
Winkel α misst 115°, denn 180° − 65° = 115°.

**4** Winkel α ist ein stumpfer Winkel, α = 172°
Winkel β ist ein spitzer Winkel, β = 24°

**5**

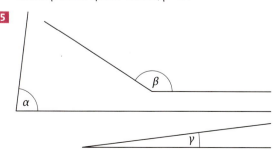

## ▶ Seite 124 Zwischentest ◹

**1** a) $\frac{6}{7}$  b) $\frac{20}{9}$  c) $\frac{12}{5}$  d) $\frac{35}{9}$

**2** a) $\frac{3}{8}$  b) $\frac{25}{18}$  c) 2  d) $\frac{7}{87}$

**3** a) $\frac{3}{4} \cdot 8\,kg = \frac{3 \cdot \overset{2}{8}}{\underset{1}{4}}\,kg = 3 \cdot 2\,kg = \textbf{6\,kg}$

  b) $\frac{2}{9} \cdot 18\,km = \frac{2 \cdot \overset{2}{18}}{\underset{1}{9}}\,km = 2 \cdot 2\,km = \textbf{4\,km}$

**4** a) $\frac{3}{4}$  b) $\frac{1}{17}$  c) $\frac{7}{5}$

**5** a) $5 : \frac{7}{2} = 5 \cdot \frac{2}{7} = \frac{5 \cdot 2}{7} = \mathbf{\frac{10}{7}}$

  b) $4 : \frac{2}{3} = 4 \cdot \frac{3}{2} = \frac{\overset{2}{4} \cdot 3}{\underset{1}{2}} = 2 \cdot 3 = \textbf{6}$

**6** a) $\frac{5}{6} : \frac{3}{1} = \frac{5}{6} \cdot \frac{1}{3} = \frac{5 \cdot 1}{6 \cdot 3} = \mathbf{\frac{5}{18}}$

  b) $\frac{7}{9} : \frac{6}{1} = \frac{7}{9} \cdot \frac{1}{6} = \frac{7 \cdot 1}{6 \cdot 9} = \mathbf{\frac{7}{54}}$

**7** a) $\frac{27}{20}$  b) $\frac{7}{18}$  c) $\frac{16}{13}$  d) $\frac{2}{5}$

**8** a) gegeben: 10 Gläser mit je $\frac{1}{5}\ell$ Limonade
  gesucht: Anzahl der Liter Limonade insgesamt
  Rechnung: $10 \cdot \frac{1}{5}\ell = \frac{10}{5}\ell = \textbf{2\,}\boldsymbol{\ell}$;
  Antwort: Das sind 2ℓ Limonade.

  b) gegeben: $\frac{3}{4}\ell$ Milch
  gesucht: die Hälfte von $\frac{3}{4}\ell$
  Rechnung: $\frac{3}{4}\ell : 2 = \frac{3}{4}\ell \cdot \frac{1}{2}$
    $= \frac{3 \cdot 1}{4 \cdot 2}\ell = \mathbf{\frac{3}{8}}\boldsymbol{\ell}$

  Antwort: Jede erhält $\frac{3}{8}\ell$ Milch.

## ▶ Seite 125 Zwischentest ⊠

**1** a) $\frac{7}{2} = 3\frac{1}{2}$  b) $\frac{15}{2} = 7\frac{1}{2}$

  c) $\frac{8}{3} = 2\frac{2}{3}$  d) $\frac{26}{3} = 8\frac{2}{3}$

**2** a) $\frac{18}{5}$  b) $\frac{10}{3}$  c) $\frac{15}{23}$  d) 1

**3** a) $\frac{7}{10} \cdot 15\,m = \frac{7 \cdot \overset{3}{15}}{\underset{2}{10}}\,m = \frac{21}{2}\,m = \textbf{10,5\,m}$

  b) $\frac{5}{12} \cdot 8\ell = \frac{5 \cdot \overset{2}{8}}{\underset{3}{12}}\ell = \frac{10}{3}\ell = \mathbf{3\frac{1}{3}\ell}$

**4** a) $\frac{12}{11}$  b) $\frac{1}{7}$  c) 8

**5** a) 12  b) $\frac{39}{4}$

**6** a) $\frac{1}{27}$  b) $\frac{7}{50}$

**7** a) $\frac{20}{27}$  b) $\frac{1}{3}$  c) $\frac{1}{16}$  d) $\frac{17}{15}$

**8** a) $6\ell : \frac{2}{5}\ell = \frac{\overset{3}{6} \cdot 5}{\underset{1}{2}} = 3 \cdot 5 = \textbf{15}$;
  Antwort: Roland braucht 15 Gläser.

  b) $10 \cdot 2\frac{3}{4}\ell = \frac{\overset{5}{10} \cdot 11}{\underset{2}{4}}\ell = \frac{55}{2}\ell = \textbf{27,5\,}\boldsymbol{\ell}$;
  Antwort: Das sind insgesamt 27,5ℓ.

## ▶ Seite 125 Zwischentest ⊠

**1** a) $\frac{20}{3} = 6\frac{2}{3}$  b) $\frac{17}{2} = 8\frac{1}{2}$

  c) $\frac{9}{2} = 4\frac{1}{2}$  d) 4

**2** a) $\frac{64}{9} = 7\frac{1}{9}$  b) $\frac{2}{7}$  c) $\frac{17}{10} = 1\frac{7}{10}$  d) $\frac{63}{20} = 3\frac{3}{20}$

**3** a) $\frac{5}{6} \cdot 24\,m = \frac{5 \cdot \overset{4}{24}}{\underset{1}{6}}\,m = 5 \cdot 4\,m = \textbf{20\,m}$

  b) $\frac{7}{12} \cdot \frac{3}{14}\ell = \frac{\overset{1}{7} \cdot \overset{1}{3}}{\underset{4}{12} \cdot \underset{2}{14}}\ell = \frac{1 \cdot 1}{4 \cdot 2}\ell = \mathbf{\frac{1}{8}}\boldsymbol{\ell}$

**4** a) 5  b) $\frac{1}{19}$  c) 1

**5** a) $\frac{70}{3} = 23\frac{1}{3}$  b) $\frac{4}{3} = 1\frac{1}{3}$

**6** a) $\frac{2}{69}$  b) $\frac{2}{5}$

**7** a) $\frac{45}{16} = 2\frac{13}{16}$  b) $\frac{16}{15} = 1\frac{1}{15}$  c) $\frac{24}{7} = 3\frac{3}{7}$  d) $\frac{1}{6}$

**8** a) Zum Beispiel: Wie viele Gäste können von den Torten essen?
  gegeben: $2\frac{1}{2}$ Torten aufgeteilt auf $\frac{1}{6}$ Stücke
  gesucht: Anzahl der Stücke
  Rechnung: $2\frac{1}{2} : \frac{1}{6} = \frac{5 \cdot \overset{3}{6}}{\underset{1}{2} \cdot 1} = \textbf{15}$
  Antwort: Es sind genug Torten für 15 Gäste da, wenn jeder Gast genau ein Stück bekommt.

  b) Zum Beispiel: Wie viele Fragen zur Politik hat Lisa richtig beantwortet?
  gegeben: Anteil der richtig beantworteten Fragen zur Politik $\frac{3}{5}$; Hälfte von 50 Fragen zur Politik;
  gesucht: Anzahl (richtige Antworten zur Politik)
  Rechnung: Fragen zur Politik: $50 : 2 = \textbf{25}$
  $\frac{3}{5}$ von $25 = \frac{3}{5} \cdot 25 = 3 \cdot 5 = 15$
  Antwort: Lisa hat 15 Fragen zur Politik richtig beantwortet.

## ▶ Seite 131 Abschlusstest ◹

**1** a) $\frac{3}{5}$  b) $\frac{20}{6} = \frac{10}{3}$

  c) $\frac{12}{7}$  d) $\frac{2}{35}$

  e) $\frac{1}{3} \cdot \frac{2}{3} = \frac{2}{9}$  f) $\frac{1}{5} \cdot \frac{2}{3} = \frac{2}{15}$

**2** a) $\frac{3}{5} \cdot 10\,m = \frac{3 \cdot \overset{2}{10}}{\underset{1}{5}}\,m = 3 \cdot 2\,m = \textbf{6\,m}$

  b) $\frac{7}{16} \cdot 200\,kg = \frac{7 \cdot 25}{2}\,kg = \frac{175}{2}\,kg = \mathbf{87\frac{1}{2}\,kg}$

  c) $\frac{7}{9} \cdot \frac{15}{14}\ell = \frac{1 \cdot 5}{3 \cdot 2}\ell = \mathbf{\frac{5}{6}}\boldsymbol{\ell}$

  d) $\frac{5}{12} \cdot \frac{22}{10}\,cm = \frac{1 \cdot 11}{6 \cdot 2}\,cm = \mathbf{\frac{11}{12}\,cm}$

**3** a) $\frac{5}{6}$  b) $\frac{13}{12} = 1\frac{1}{12}$

  c) $\frac{21}{2} = 10\frac{1}{2}$  d) $\frac{28}{3} = 9\frac{1}{3}$

  e) $\frac{5}{27}$  f) $\frac{3}{10}$

**4** a) $\frac{3}{5} \cdot 4 = \frac{12}{5}$

  b) $\frac{1}{7} : \frac{1}{2} = \frac{2}{7}$

  c) $\frac{1}{2}$ von $36\,m = 18\,m$

**5** a) Du musst multiplizieren. Du rechnest $\frac{5}{6}$ von 12 km.

b) gegeben: das Ganze 12 km, der Anteil $\frac{5}{6}$
gesucht: der Bruchteil in km
Rechnung: $\frac{5}{6} \cdot 12$ km = **10 km**
Antwort: Es sind schon 10 km fertiggestellt.

**6** a) Du musst dividieren, wenn du wissen möchtest, wie oft $\frac{4}{5}$ m in 8 m hineinpassen.

b) gesucht: 8 m aufgeteilt in $\frac{4}{5}$ m lange Stücke
gesucht: Anzahl der Stücke
Rechnung: $8 : \frac{4}{5} = \mathbf{10}$
Antwort: Aus 8 m erhält der Hobbygärtner 10 Einzelstücke der Länge $\frac{4}{5}$ m.

▶ **Seite 131 Abschlusstest** ☒

**1** a) $\frac{8}{15}$  b) $\frac{14}{9} = 1\frac{5}{9}$

c) $\frac{9}{2} = 4\frac{1}{2}$  d) $\frac{15}{16}$

e) $\frac{2}{3} \cdot \frac{1}{3} = \frac{2}{9}$  f) $\frac{1}{4} \cdot \frac{1}{2} \cdot \frac{1}{3} = \frac{1}{24}$

**2** a) $\frac{5}{21} \cdot 30\,\ell = \frac{50}{7}\,\ell = \mathbf{7\frac{1}{7}\,\ell}$  b) $\frac{4}{9} \cdot 30\,t = \frac{40}{3}\,t = \mathbf{13\frac{1}{3}\,t}$

c) $\frac{5}{6} \cdot 1\frac{16}{19}\,g = \frac{5 \cdot 8}{3 \cdot 19}\,g = \frac{40}{57}\,\mathbf{g}$  d) $\frac{7}{12} \cdot \frac{12}{5}\,h = \frac{7}{5}\,h = \mathbf{1\frac{2}{5}\,h}$

**3** a) $\frac{9}{28}$  b) $\frac{85}{3}$

c) $\frac{21}{16}$  d) $\frac{3}{8}$

e) $\frac{35}{2}$  f) $\frac{9}{4}$

**4** a) $\frac{2}{3} \cdot 5 = \frac{10}{3}$

b) $\frac{5}{9} \cdot \frac{4}{3}\,kg = \frac{20}{27}\,kg$; weitere mögliche Lösungen:

$\frac{5}{18} \cdot \frac{8}{3}\,kg = \frac{20}{27}\,kg$

$\frac{5}{27} \cdot \frac{12}{3}\,kg = \frac{20}{27}\,kg$

...

c) $\frac{1}{2} : \mathbf{3} = \frac{1}{6}$

**5** a) Du musst dividieren. Die 12 Kinder sind der Anteil der Klasse, die Gesamtzahl ist gesucht.

b) gegeben: 12 Kinder; das sind $\frac{2}{5}$ der Klasse
gesucht: Anzahl der Kinder insgesamt

Rechnung: $12 : \frac{2}{5} = 12 \cdot \frac{5}{2} = \frac{^6 12 \cdot 5}{2_1}$

$\qquad\qquad = 6 \cdot 5 = \mathbf{30}$

Antwort: In der Klasse sind 30 Kinder.

**6** a) gegeben: 27 Kinder, Anteil der Mädchen $\frac{2}{3}$
gesucht: Anzahl der Mädchen
Rechnung: $\frac{2}{3} \cdot 27 = 18$
Antwort: In der Klasse sind 18 Mädchen.

b) In der Klasse sind also 27 − 18 = 9 Jungen.
Der Anteil ist $9 : 27 = \frac{1}{3}$.

▶ **Seite 131 Abschlusstest** ☒

**1** a) $\frac{21}{2} = 10\frac{1}{2}$  b) $\frac{9}{4} = 2\frac{1}{4}$

c) $\frac{15}{2} = 7\frac{1}{2}$  d) $\frac{3}{28}$

e) $\frac{7}{24}$  f) $\frac{36}{13} = 2\frac{10}{13}$

**2** a) $\frac{7}{9}$ von 180 km = **140 km**

b) $\frac{5}{8}$ von **56** € = 35 €

c) $\frac{4}{7}$ von 35 ℓ = 20 ℓ

d) $\frac{7}{10}$ von 40″ = 28″

**3** a) $\frac{7}{39}$  b) $\frac{9}{38}$

c) $\frac{5}{2} = 2\frac{1}{2}$  d) $\frac{3}{4}$

e) $\frac{4}{19}$  f) $\frac{4}{7}$

**4** a) $\frac{4}{5} \cdot \frac{12}{8} = \frac{6}{5}$

b) $1\frac{1}{2} \cdot \frac{5}{6}\,m\ell = \frac{5}{4}\,m\ell$

c) $\frac{8}{9} : 6 = \frac{4}{27}$

**5** a) gegeben: $1\frac{1}{5}$ km pro Tag
gesucht: Anzahl der km in 4 Tagen
Rechnung: $1\frac{1}{5}$ km $\cdot 4 = \mathbf{4\frac{4}{5}\,km}$
gegeben: 10 km
gesucht: Anzahl der Tage
Rechnung: 10 km $: 1\frac{1}{5}$ km $= \frac{25}{3} = \mathbf{8\frac{1}{3}}$
Antwort: In 4 Tagen schafft die Maschine $4\frac{4}{5}$ km.
Für 10 km braucht sie $8\frac{1}{3}$ Tage.

b) gegeben: gleiche Angaben wie für a)
gesucht: Strecke im km und m am letzten Tag
In den ersten 8 Tagen schafft die Maschine:
$1\frac{1}{5}$ km $\cdot 8 = 9\frac{3}{5}$ km;
10 km $- 9\frac{3}{5}$ km $= \frac{2}{5}$ km = 0,4 km = **400 m**
Antwort: Am letzten Tag fertig die Maschine 400 m an.

**6** gegeben: 7 Rollen verteilt auf $\frac{3}{4}$ Zimmer
gesucht: Anzahl der Rollen insgesamt
Rechnung für a und b):

$7 : \frac{3}{4} = \frac{7 \cdot 4}{3} = \frac{28}{3} = \mathbf{9\frac{1}{3}}$
Antwort: Es werden $9\frac{1}{3}$ Rollen gebraucht.
Also müssen sie 10 Rollen kaufen.
Es bleibt $10 - 9\frac{1}{3} = \frac{2}{3}$ von der letzten Rolle übrig.

# 5 Körper

## ▶ Seite 134/135 Wiederholung

**1** a)
b)
c)

**2**

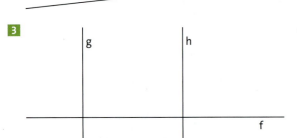

**3**

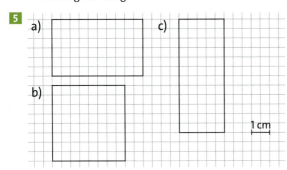

**4** a) Quadrat: alle Eigenschaften, die auf den grünen
Kärtchen angegeben sind.
Rechteck: alle Eigenschaften, die auf den grünen
Kärtchen angegeben sind, außer: „Es hat
vier gleich lange Seiten."
b) Rechtecke und Quadrate haben vier Eckpunkte und
vier rechte Winkel. Bei Rechtecken und Quadraten
sind gegenüberliegende Seiten parallel zueinander
und gleich lang. Nur bei Quadraten sind alle vier
Seiten gleich lang.

**5**
a)
b)
c)
1 cm

**6** a) 12 cm = **120** mm   b) 90 dm = **9** m
c) 8 m = **8000** mm   d) 1500 mm = **15** dm
e) 8,4 dm = **84** cm   f) 95,8 dm = **9,58** m

**7** a) 3000 dm² = **30** m²   b) 700 mm² = **7** cm²
c) 2 m² 50 dm² = **250** dm²   d) 150 000 cm² = **15** m²
e) 17,4 cm² = **1740** mm²   f) 80,9 dm² = **0,809** m²

**8** a) 70   b) 69   c) 96
d) 143   e) 578   f) 4738

**9** a) 6   b) 3   c) 8
d) 27   e) 17   f) 7

**10** a) A = 5 cm²   b) A = 4 cm²
c) A = 36 m²   d) A = 12 cm²
e) A = 72 mm²   f) A = 24 m²

## ▶ Seite 160 Zwischentest

**1** Ein Quader hat 12 Kanten.
Ein Würfel hat 6 quadratische Flächen.
Ein Würfel hat 12 Kanten.

**2**

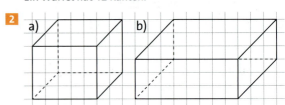

**3** Zum Beispiel:

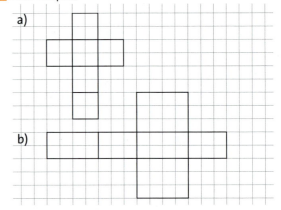

**4** a) O = 2 · 3 cm · 5 cm + 2 · 3 cm · 2 cm + 2 · 5 cm · 2 cm
O = 30 cm² + 12 cm² + 20 cm²
O = **62** cm²
b) O = 6 · 4 cm · 4 cm; O = **96** cm²

**5** a) 2 dm³ = **2000** cm³
b) 3000 mm³ = **3** cm³
c) 15 m³ = **15 000** dm³
d) 2 ℓ = **2000** mℓ

**6** a) V = 6 cm · 2 cm · 3 cm; **V = 36 cm³**
b) V = 4 cm · 4 cm · 4 cm; **V = 64 cm³**

## ▶ Seite 161 Zwischentest

**1** Ein Quader und ein Würfel haben beide
**sechs** Flächen. Die Flächen eines Quaders sind
**Rechtecke** und die Flächen eines Würfels sind
**Quadrate.**
Außerdem haben Quader und Würfel immer **acht** Ecken
und **zwölf** Kanten.

**2**

a)

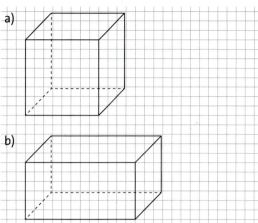

b)

**3** Zum Beispiel:

a)

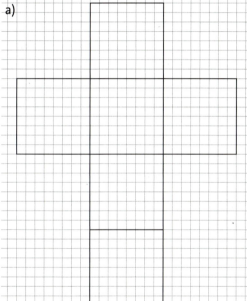

b)

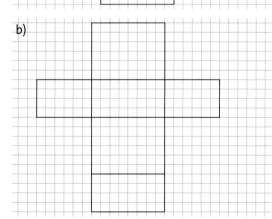

**4** a)  O = 2 · 6 cm · 4 cm + 2 · 6 cm · 5 cm + 2 · 4 cm · 5 cm
      O = 48 cm² + 60 cm² + 40 cm²
      **O = 148 cm²**
  b)  70 mm = 7 cm
      O = 6 · 7 cm · 7 cm; O = **294 cm²** = 29 400 mm²

**5** a)  3000 dm³ = **3** m³      b)  12 cm³ = **12 000** mm³
  c)  4500 cm³ = **4,5** dm³    d)  73 dm³ = **73** ℓ
  e)  3 dm³ = **3** ℓ         f)  50 ℓ = **50 000** mℓ

**6** a)  V = 5 cm · 3,2 cm · 4 cm; **V = 64 cm³**
  b)  V = 5 cm · 5 cm · 5 cm; **V = 125 cm³**

▶ **Seite 161  Zwischentest** ☒

**1** Quader und Würfel haben je acht Ecken, zwölf Kanten
und sechs Flächen. Immer zwei gegenüberliegende
Flächen sind gleich groß. Beim Würfel sind sogar alle
Flächen gleich groß.
Die Flächen von Quadern sind Rechtecke, die Flächen
von Würfeln sind Quadrate.
Beim Quader sind immer vier der zwöf Kantenlängen
gleich, nämlich die Längen der Kanten, die parallel
zueinander verlaufen.
Beim Würfel sind alle zwölf Kantenlängen gleich.

**2** Zeichnungen auf ein Viertel verkleinert:

a)                   b)

    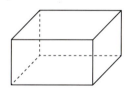

**3** Zum Beispiel:

a)

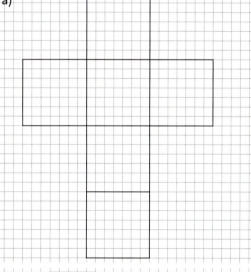

b)

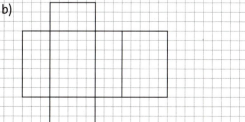

**4** a) O = 2 · 5,5 cm · 2 cm + 2 · 5,5 cm · 4 cm
   + 2 · 2 cm · 4 cm
   O = 22 cm² + 44 cm² + 16 cm²; **O = 82 cm²**

   b) O = 6 · 2,5 cm · 2,5 cm; **O = 37,5 cm²**

**5** a) 200 dm³ = **200 000 000** mm³
   b) 3500 mm³ = **3,5** cm³
   c) 2,1 cm³ = **2100** mm³
   d) 15 400 cm³ (= 15,4 dm³) = **15,4 ℓ**
   e) 350 mℓ = 0,35 ℓ
   f) 6800 mℓ = 6,8 dm³

**6** a) V = 1,4 cm · 6 cm · 3 cm; **V = 25,2 cm³**
   b) 400 cm = 4 m; V = 4 m · 4 m · 4 m; **V = 64 m³**
   c) V = a · b · c
      36 m³ = 2 m · 6 m · c
      36 m³ = 12 m² · c, also ist c = 3 m

---

▶ **Seite 167  Abschlusstest** ☑

**1** a) Zum Beispiel:

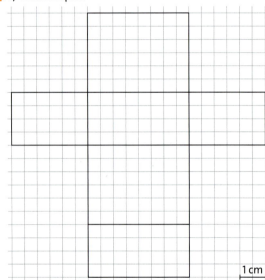

O = 2 · 4 cm · 2 cm + 2 · 4 cm · 3 cm + 2 · 2 cm · 3 cm
O = 16 cm² + 24 cm² + 12 cm²; **O = 52 cm²**

b) Zum Beispiel:

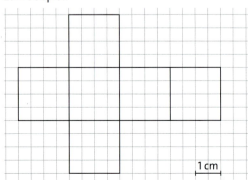

O = 6 · 2 cm · 2 cm; **O = 24 cm²**

**2** a)

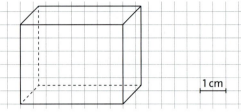

V = 4 cm · 2 cm · 3 cm; **V = 24 cm³**

b)

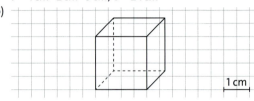

V = 2 cm · 2 cm · 2 cm; **V = 8 cm³**

**3** a) 3 dm³ = **3000** cm³   b) 2000 mm³ = **2** cm³
   c) 32 000 cm³ = **32** dm³

**4** a) Volumen   b) Oberflächeninhalt

**5** V = 10 m · 8 m · 3 m; **V = 240 m³**

**6** Würfel mit a = 4 cm: O = 96 cm²
   Quader mit a = 5 cm, b = 6 cm und c = 7 cm: V = 210 cm³
   Würfel mit a = 6 cm: V = 216 cm³

▶ **Seite 167  Abschlusstest** ☒

**1** a) Zum Beispiel:

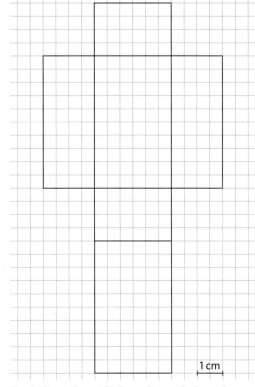

O = 2 · 3 cm · 5 cm + 2 · 3 cm · 2 cm + 2 · 5 cm · 2 cm
O = 30 cm² + 12 cm² + 20 cm²
**O = 62 cm²**

b) Zum Beispiel:

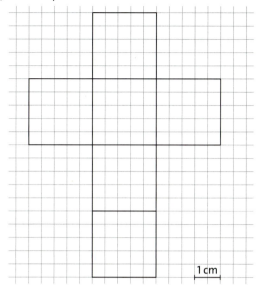

1 cm

$O = 6 \cdot 2,5\,cm \cdot 2,5\,cm;$ **O = 37,5 cm²**

**2** a)

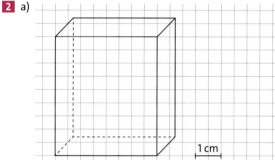

1 cm

$V = 4\,cm \cdot 4,5\,cm \cdot 2\,cm;$ **V = 36 cm³**

b)

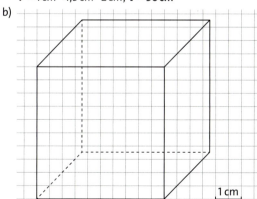

1 cm

$V = 5\,cm \cdot 5\,cm \cdot 5\,cm;$ **V = 125 cm³**

**3** a) $4\,000\,000\,mm^3$ und $4\,dm^3$
b) $500\,000\,cm^3$ und $0,5\,m^3$

**4** a) Oberflächeninhalt     b) Volumen

**5** $V = 25\,m \cdot 15\,m \cdot 2\,m;$ $V = 750\,m^3$
$V = 750\,m^3 = 750\,000\,dm^3 =$ **750 000 ℓ**
Es sind 750 000 ℓ im Schwimmbecken.

**6** a) $O = 6 \cdot a \cdot a$
   $150\,m^2 = 6 \cdot a \cdot a$
   $25\,m^2 = a \cdot a,$ also ist **a = 5 m**
b) $V = a \cdot b \cdot c$
   $150\,m^3 = 3\,m \cdot 5\,m \cdot c$
   $150\,m^3 = 15\,m^2 \cdot c,$ also ist **c = 10 m**

▶ **Seite 167  Abschlusstest** ⊠

**1** a) Zum Beispiel:

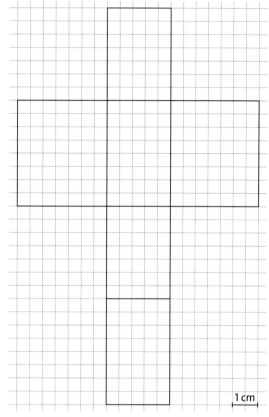

1 cm

$O = 2 \cdot 2,5\,cm \cdot 4\,cm + 2 \cdot 2,5\,cm \cdot 3,5\,cm$
   $+ 2 \cdot 4\,cm \cdot 3,5\,cm$
$O = 20\,cm^2 + 17,5\,cm^2 + 28\,cm^2$
**O = 65,5 cm²**

b) Zum Beispiel:

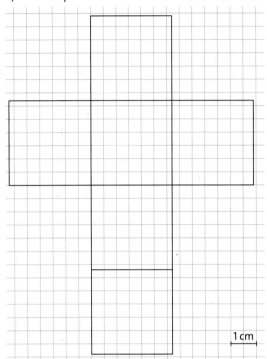

1 cm

O = 6 · 3,2 cm · 3,2 cm; **O = 61,44 cm²**

**2** a)

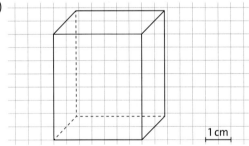

1 cm

V = 3,5 cm · 4 cm · 2,5 cm; **V = 35 cm³**

b)

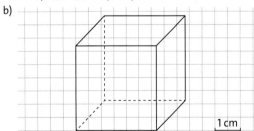

1 cm

V = 3,2 cm · 3,2 cm · 3,2 cm; **V = 32,768 cm³**

**3** a) 30 400 cm³ und 0,0304 m³
b) 507 200 mm³ und 0,5072 dm³

**4** a) Volumen        b) keins von beidem
c) Oberflächeninhalt

**5** O = 25 m · 15 m + 2 · 25 m · 3 m + 2 · 15 m · 3 m
O = 375 m² + 150 m² + 90 m²
**O = 615 m²**
Es müssen 615 m² gestrichen werden.

**6** a) V = a · a · a
216 m³ = a · a · a, also ist **a = 6 m**
b) V = a · b · c
210 m³ = 6 m · 7 m · c
210 m³ = 42 m² · 2, also ist **c = 5 m**

# 6 Zuordnungen

▶ Seite 170/171 Wiederholung

**1** a) 3,5 m    b) 15 km    c) 1 kg
   d) 13 min    e) 19,95 €

**2** a) 1 km = **1000** m    b) 30 cm = **3 dm**
   c) 15 m = **1500** cm    d) 400 mm = 40 cm = **4 dm**
   e) 3 dm = **0,3** m    f) 500 m = **0,5** km

**3** ablesen:    callme 11 €; spar-talk 10 €;
            Phone-ya 15 €; tele-viel 18 €
   geordnet:   10 € < 11 € < 15 € < 18 €

**4**

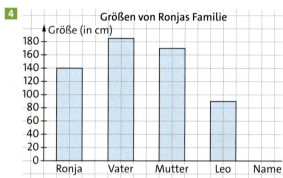

Größen von Ronjas Familie

**5**

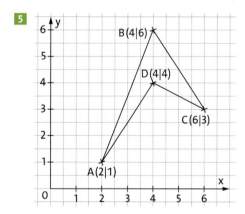

**6** a) um 11:15 Uhr      b) um 13:05 Uhr
   c) 10 min (von 12:04 Uhr bis 12:14 Uhr)

**7** 16; 26; 34; 50; 60; 82; 104; 132; 158; 188

**8** 3; 8; 11; 17; 24; 26; 30; 39; 45

**9** a) 21    b) 30    c) 54    d) 56
   e) 63    f) 66    g) 36    h) 65

**10** a) 6    b) 5    c) 8    d) 6
    e) 10    f) 6    g) 8    h) 7

**11**

a)
```
3 7 · 4
  1 4 8
```

b)
```
4 8 · 6
  2 8 8
```

c)
```
5 9 · 1 2
    5 9
    1 1 8
    1
    7 0 8
```

d)
```
1 2 5 · 7
      8 7 5
```

e)
```
1 0 8 · 1 3
    1 0 8
      3 2 4
      1
    1 4 0 4
```

f)
```
2 6 1 · 2 4
      5 2 2
    1 0 4 4
    6 2 6 4
```

**12**

a)
```
  1 4 4 : 4 = 3 6
- 1 2
    2 4
  - 2 4
      0
```

b)
```
  1 1 5 : 5 = 2 3
- 1 0
    1 5
  - 1 5
      0
```

c)
```
  3 7 2 : 3 = 1 2 4
- 3
  0 7
  - 6
    1 2
  - 1 2
      0
```

d)
```
  1 2 9 0 : 6 = 2 1 5
- 1 2
    0 9
  - 6
      3 0
    - 3 0
        0
```

e)
```
  5 3 0 : 5 = 1 0 6
- 5
  0 3
  - 0
    3 0
  - 3 0
      0
```

# Lösungen

| f) | | 2 | 4 | 0 | 8 | : | 8 | = | 3 | 0 | 1 |
|----|---|---|---|---|---|---|---|---|---|---|---|
| | − | 2 | 4 | | | | | | | | |
| | | 0 | 0 | | | | | | | | |
| | | − | 0 | | | | | | | | |
| | | | 0 | 8 | | | | | | | |
| | | | − | 8 | | | | | | | |
| | | | | 0 | | | | | | | |

**13** a) 6; 0,6; 0,06
   b) 28; 2,8; 0,28
   c) 32; 3,2; 3,2
   d) 80; 8; 0,08

**14** a) 2; 0,2; 0,02
   b) 14; 1,4; 0,14
   c) 5; 0,5; 0,05
   d) 1,2; 0,12; 0,0012

---

▶ **Seite 186 Zwischentest** ☑

**1** a)

| Kind | Tim | Anna | Furkan | Melina |
|------|-----|------|--------|--------|
| Geld in € | 15 | 30 | 20 | 5 |

   b) Jedem **Schüler** wird sein **Geld in Euro** zugeordnet.

**2** Jedem Schüler wird seine **(Sprung-)Weite in m**
   zugeordnet.
   Oskar springt 4,10 m weit.
   Akin springt 3,50 m weit.
   Lennard springt 3,85 m weit.

**3** a) Die Zuordnung Anzahl der Eiskugeln → Preis (in €)
      ist proportional, denn wenn sich die Anzahl der
      Eiskugeln verdoppelt, verdoppelt sich auch der Preis
      und so weiter.
      Die Anzahl der Eiskugeln wird um denselben Faktor
      vervielfacht wie der Preis.
   b) Die Zuordnung Anzahl → Preis (in €) ist proportional,
      denn je größer die Anzahl ist, desto höher ist
      der Preis.
      Der Proportionalitätsfaktor ist gleich 1.
   c) Die Zuordnung Anzahl der Dosen → Preis (in €) ist
      proportional, denn wenn sich die Anzahl der Dosen
      verdoppelt, verdoppelt sich auch der Preis und so
      weiter. Der Proportionalitätsfaktor ist gleich 4.

**4**

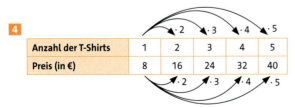

| Anzahl der T-Shirts | 1 | 2 | 3 | 4 | 5 |
|---------------------|---|---|---|---|---|
| Preis (in €) | 8 | 16 | 24 | 32 | 40 |

**5**

| | Anzahl der Hefte | Preis (in €) | |
|---|---|---|---|
| : 2 | 2 | 6 | : 2 |
| · 3 | 1 | 3 | · 3 |
| | 3 | 9 | |

---

▶ **Seite 187 Zwischentest** ☒

**1** Alter (in Jahren) → (durchschnittliche) Größe (in cm)

| Alter in Jahren | 7 | 8 | 9 | 10 |
|-----------------|---|---|---|----|
| Größe in cm | 121 | 127 | 132 | 138 |

**2** Jeder Stadt wird eine Temperatur zugeordnet.
   In Bremen sind es 0°C. In Berlin sind es −2°C.
   In Köln ist es 3°C warm, in Frankfurt 1°C.
   In München sind es −2°C.

**3** a) Die Zuordnung gelaufene Strecke (in km) → Zeit
      (in h) ist proportional, wenn man annimmt, dass die
      Geschwindigkeit, mit der die Strecke gelaufen wird,
      konstant bleibt: Je länger die gelaufene Strecke ist,
      desto mehr Zeit braucht man.
   b) Die Zuordnung ist nicht proportional. Zum Beispiel
      liefert das Wertepaar (1|2) den Quotienten 2 : 1 = 2
      und das Wertepaar (3|3) den Quotienten 3 : 3 = 1.
   c) Die Zuordnung ist proportional.
      Der Proportionalitätsfaktor ist 1,5.

**4**

| Anzahl der Kisten | 1 | 2 | 3 | 4 | 5 |
|-------------------|---|---|---|---|---|
| Höhe des Stapels (in cm) | 12 | 24 | 36 | 48 | 60 |

   Der Proportionalitätsfaktor ist 12.

**5**

| | Anzahl der Brötchen | Preis (in €) | |
|---|---|---|---|
| : 2 | 2 | 2,60 | : 2 |
| · 5 | 1 | 1,30 | · 5 |
| | 5 | 6,50 | |

*Antwort:* 5 Brötchen kosten 6,50 €.

---

▶ **Seite 187 Zwischentest** ☒

**1** Verkehrsmittel/Fortbewegungsart → Zeit in min

| Verkehrsmittel | zu Fuß | Fahrrad | Auto | Bus |
|----------------|--------|---------|------|-----|
| Zeit in min | 45 | 15 | 10 | 20 |

**2** Jedem Wochentag wird eine Person zugeordnet.
   Zum Beispiel: Am Montag muss Emily die Klasse fegen,
   am Dienstag ist Alexej dran. Am Mittwoch fegt Betti
   und am Donnerstag Filip. Am Freitag muss Defne
   fegen.

**3** a) Ja, die Zuordnung ist proportional, denn verdoppelt
      sich die Größe der Datei, dann verdoppelt sich auch
      die benötigte Downloadzeit und so weiter.
   b) Die Zuordnung ist nicht proportional. Zum Beispiel
      liefert das Wertepaar (1|5) den Quotienten 5 : 1 = 5
      und das Wertepaar (2|7) den Quotienten 7 : 2 = 3,5.
   c) Die Zuordnung ist proportional.
      Der Proportionalitätsfaktor ist 7,5.

**4**

| Anzahl der Schritte | 1 | 2 | 3 | 4 | 5 |
|---------------------|---|---|---|---|---|
| gelaufene Strecke (in m) | 0,8 | 1,6 | 2,4 | 3,2 | 4 |

Der Proportionalitätsfaktor ist 0,8. Er gibt an, wie viel
Meter man mit einem Schritt läuft.

▶ **Seite 193 Abschlusstest**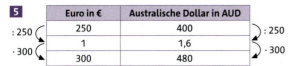

**1** Jedem **Schüler** wird seine **Zeit** zugeordnet.
Tim lief die 50 m in **9,1** s.
Ben brauchte **9,5** s. **Jan** brauchte 8,9 s.

**2**

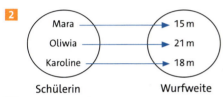

Mara → 15 m
Oliwia → 21 m
Karoline → 18 m

Schülerin        Wurfweite

**3** a) Die Zuordnung ist proportional.
   Der Proportionalitätsfaktor ist 3.
b) Die Zuordnung ist nicht proportional. Die zweiten
   Werte sind alle 24. Bei einer proportionalen
   Zuordnung müssten sie größer werden, zum
   Beispiel 24, 48, 72, 96. Der Proportionalitätsfaktor
   wäre dann 24.

**4** a)

| 1. Größe | 1 | 2 | 3 | 4 |
|---|---|---|---|---|
| 2. Größe | 4 | 8 | 12 | 16 |

b)

| 1. Größe | 1 | 2 | 3 | 4 |
|---|---|---|---|---|
| 2. Größe | 60 | 120 | 180 | 240 |

**5**

| Gewicht (in kg) | Preis (in €) |
|---|---|
| 2 | 12 |
| 1 | 6 |
| 3 | 18 |

: 2, · 3 (left); : 2, · 3 (right)

*Antwort:* 3 kg Kirschen kosten 18 €.

▶ **Seite 193 Abschlusstest** ☒

**1** a) und b) (Beispiel)

| Anzahl Pferde | 5 | 8 | 10 | 1 | 2 | 15 |
|---|---|---|---|---|---|---|
| Anzahl Hufeisen | 20 | 32 | 40 | 4 | 8 | 60 |

Die Anzahl der Hufeisen ist immer das Vierfache der
Anzahl von Pferden.
Ich multipliziere also die obere Zahl mit 4, um die
untere Zahl zu erhalten.
c) Zum Beispiel: Für 5 Pferde braucht man 20 Hufeisen.
Für 8 Pferde braucht man 32 Hufeisen …

**2**

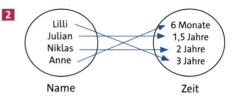

Lilli
Julian
Niklas
Anne

6 Monate
1,5 Jahre
2 Jahre
3 Jahre

Name                    Zeit

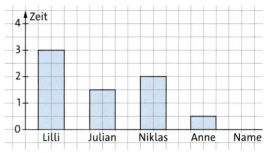

**3** a) Die Zuordnung ist proportional, denn verdoppelt
   sich die Menge an Wasser, dann verdoppelt sich
   auch das Gewicht und so weiter.
b) Die Zuordnung ist nicht proportional. Wäre das erste
   Wertepaar nicht (1|7), sondern (1|8), dann wäre
   die Zuordnung proportional mit dem Proportionalitätsfaktor 8.

**4** a)

| 1. Größe | 1 | 2 | 3 | 4 |
|---|---|---|---|---|
| 2. Größe | 2,1 | 4,2 | 6,3 | 8,4 |

b)

| 1. Größe | 1 | 2 | 3 | 4 |
|---|---|---|---|---|
| 2. Größe | 20 | 40 | 60 | 80 |

**5**

| KiBa (in mℓ) | Kirschsaft (in mℓ) |
|---|---|
| 100 | 40 |
| 50 | 20 |
| 250 | 100 |

: 2, · 5 (left); : 2, · 5 (right)

*Antwort:* Man braucht **100 mℓ** Kirschsaft.
Also braucht man 250 mℓ – 100 mℓ = **150 mℓ**
Bananensaft.

▶ **Seite 193 Abschlusstest** ☒

**1** a) Jedem Wochentag wird eine Temperatur in °C
   zugeordnet, kurz:
   Wochentag → Temperatur
   (Es könnte sich um eine Durchschnittstemperatur
   oder um eine Temperatur zu einer bestimmten
   Tageszeit handeln.)
b) Zum Beispiel:
   – Wie warm war es am Montag?
   – An welchem Tag war es am kältesten?
   – An welchen Tagen war es 12°C warm?

**2** Ein Quadrat mit a = 2 cm hat einen Flächeninhalt von 4 cm².
Ein Quadrat mit a = 3 cm hat einen Flächeninhalt von 9 cm².
Eine Tabelle kann dir helfen:

| Seitenlänge in cm | 1 | 2 | 3 |
|---|---|---|---|
| Flächeninhalt in cm² | 1 | 4 | 9 |

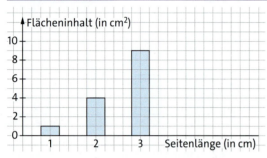

**3** a) Die Zuordnung ist proportional, denn verdoppelt sich die Seitenlänge des Quadrats, dann verdoppelt sich auch der Umfang. Der Proportionalitätsfaktor ist 4.

b) Die Zuordnung ist nicht proportional. Der Baum kann immer höher werden, ohne mehr Blätter zu bekommen.

c) Die Zuordnung ist nicht proportional, denn verdoppelt sich die Anzahl der Kreisteile, dann halbiert sich die Größe der Winkel.

**4** a)

| x | 1 | 2 | 3 | 4 | 5 |
|---|---|---|---|---|---|
| y | 0,4 | 0,8 | 1,2 | 1,6 | 2 |

b)

| x | 1 | 2 | 3 | 4 | 5 |
|---|---|---|---|---|---|
| y | 9 | 4,5 | 3 | 2,25 | 1,8 |

Die Lösung zu b) ist eine Beispiellösung.

**5** Die Zuordnung ist antiproportional.

| | Wasser (in l / min) | Zeit (in min) | |
|---|---|---|---|
| : 100 | 100 | 24 | · 100 |
| · 90 | 1 | 2400 | : 90 |
| | 90 | $26\frac{2}{3}$ | |

Das Wasser im Tank reicht für 26 Minuten und 40 Sekunden.

# 7 Daten und negative Zahlen

▶ Seite 196/197 Wiederholung

**1** a) Minimum 5 h (Lisa); Maximum 21 h (Ben)

b) Spannweite 21 h – 5 h = **16 h**

**2**

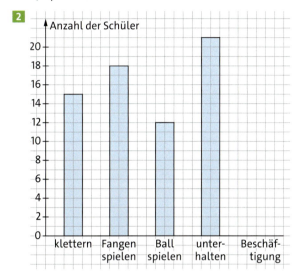

**3** a) 30      b) 79      c) 731

**4** a) 8   b) 4   c) 9   d) 8

e) 30   f) 900   g) 90   h) 8

i) 24   j) 34   k) 14   l) 41

**5** a) $\frac{3}{20} = \frac{15}{100} = \mathbf{0{,}15}$     b) $\frac{7}{10} = \mathbf{0{,}7}$

c) $\frac{120}{200} = \frac{60}{100} = \frac{6}{10} = \mathbf{0{,}6}$     d) $\frac{25}{250} = \frac{1}{10} = \mathbf{0{,}1}$

**6** a) $\frac{8}{100} = \mathbf{8}\,\%$     b) $\frac{5}{100} = \mathbf{5}\,\%$

c) $\frac{27}{100} = \mathbf{27}\,\%$     d) $\frac{99}{100} = \mathbf{99}\,\%$

**7** a) $\frac{3}{4}$    b) $\frac{4}{10}$    c) $\frac{2}{5}$    d) $\frac{1}{3}$

e) zu a): 90°; zu b): 36°; zu c) 72°; zu d): 120°

**8** a) α = 30°   b) β = 120°   c) γ = 65°   d) δ = 154°

**9**

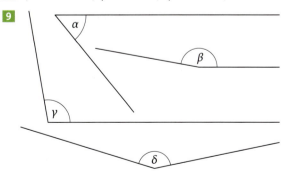

**10** a) 8 < 9      b) 0,9 > 0,8

c) $\frac{1}{2} = 0{,}5$      d) 13,5 > 13,05

e) 50,2 < 52      f) $1{,}25 = 1\frac{1}{4}$

**11** a) 0,19 < 0,9 < 0,99 < 1,9 < 9 < 19 < 91 < 99

b) $\frac{1}{4} < \frac{1}{2} < \frac{3}{4} < 1\frac{1}{2} < 2 < 2\frac{1}{4} < 2\frac{1}{2}$

**12**

---

## Seite 218 Zwischentest ☑

**1** 3 + 2 + 4 + 3 = 12 und 12 : 4 = 3

Der Mittelwert ist 3.

**2** a) oben 4 rote Blumen    unten 2 rote Blumen

b) oben $\frac{4}{10} = \frac{40}{100} = 40\,\%$    unten $\frac{2}{5} = \frac{40}{100} = 40\,\%$

**3** a) Blau 216°; Rot 54°; Grün 90°

b) $\frac{90}{360} = \frac{1}{4} = \frac{25}{100} = 25\,\%$

**4**

| | vor 6 Uhr | 6 Uhr bis 7 Uhr | nach 7 Uhr |
|---|---|---|---|
| **Anzahl** | 20 | 50 | 30 |
| **Anteil** | $\frac{20}{100} = 20\,\%$ | $\frac{50}{100} = 50\,\%$ | $\frac{30}{100} = 30\,\%$ |
| **Winkelgröße** | 20 · 3,6° = 72° | 50 · 3,6° = 180° | 30 · 3,6° = 108° |

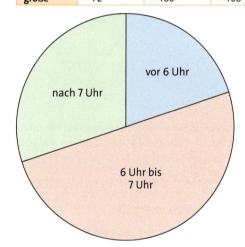

**5** a) +25 °C     b) –50 €     c) –7 °C

**6** a) –7 > –8     b) –22 < –20

c) –0,5 > –1     d) –105 > –150

---

▶ Seite 219 Zwischentest ☒

**1** a) 4 + 2,5 + 3,2 + 0,9 + 4,4 = 15 und 15 : 5 = 3

Die durchschnittliche Länge beträgt 3 km.

b) Das arithmetische Mittel verändert sich nicht, weil dieser Schulweg genau so lang ist wie der Durchschnitt.

**2** a) Aise: 4 rote Autos; Joel: 3 rote Autos

b) Aise: $\frac{4}{20} = \frac{20}{100} = 20\,\%$

Joel: $\frac{3}{10} = \frac{30}{100} = 30\,\%$

Aise hat zwar absolut mehr rote Autos gesehen (4 statt nur 3 wie bei Joel). Aber sie hat auch insgesamt mehr Autos gesehen, deshalb ist die relative Häufigkeit bei Joel höher.

**3** Gummitiere: 108°; $\frac{108}{360} = \frac{3}{10} = \frac{30}{100} = 30\%$

Schokolade: 180°; $\frac{180}{360} = \frac{1}{2} = 50\%$

Kekse: 72°; $\frac{72}{360} = \frac{1}{5} = \frac{20}{100} = 20\%$

**4** Hund: $\frac{20}{50} = \frac{2}{5} = \frac{40}{100} = 40\%$
$40 \cdot 3{,}6° = 144°$

Katze: $\frac{15}{50} = \frac{3}{10} = \frac{30}{100} = 30\%$
$30 \cdot 3{,}6° = 108°$

Hamster: $\frac{10}{50} = \frac{1}{5} = \frac{20}{100} = 20\%$
$20 \cdot 3{,}6° = 72°$

Sonstige: $\frac{5}{50} = \frac{1}{10} = \frac{10}{100} = 10\%$
$10 \cdot 3{,}6° = 36°$

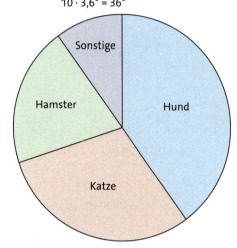

**5** Bei unserer Höhlenwanderung gingen wir hinunter bis auf **−21 m**. Dort war es **−4 °C** kalt. Draußen war es **20** °C warm.

**6** $-3{,}1 < -3 < -2{,}7 < -\frac{1}{2} < 0 < 0{,}5$

▶ **Seite 219 Zwischentest** ☒

**1** a) $4 + 12 + 9 + 1 = 26$ und $26 : 4 = 6{,}5$
Die durchschnittliche Verspätung von Montag bis Donnerstag beträgt 6,5 min.
b) Damit der Durchschnitt von Montag bis Freitag 7 min beträgt, muss die Summe 35 min sein, denn $35 : 5 = 7$.
Von 26 min bis 35 min fehlen 9 min. Der Zug hatte also am Freitag 9 min Verspätung.

**2** a) relative Häufigkeit bei Juna: $\frac{6}{15} = \frac{2}{5}$
Die relative Häufigkeit ist bei Anne höher.
b) Anne könnte die Münze 5-mal geworfen haben (davon 3-mal Zahl) oder 10-mal (davon 6-mal Zahl) oder 15-mal (davon 9-mal Zahl) ...

**3** Basteln 36°; $\frac{36}{360} = \frac{1}{10} = 10\%$
Kochen 90°; $\frac{90}{360} = \frac{1}{4} = 25\%$
Sport 144°; $\frac{144}{360} = \frac{4}{10} = 40\%$
Malen 90°; $\frac{90}{360} = \frac{1}{4} = 25\%$

**4** Schwimmbad: $\frac{1}{5} = 20\%$;
Winkelgröße $20 \cdot 3{,}6° = 72°$
Klettern: 10 von 25 Schülern, also
$\frac{10}{25} = \frac{40}{100} = 40\%$
Winkelgröße $40 \cdot 3{,}6° = 144°$
Zoo: 8%; Winkelgröße $8 \cdot 3{,}6° = 28{,}8°$
Das sind ungefähr 29°.
Kino: 32%; Winkelgröße $32 \cdot 3{,}6° = 115{,}2°$
Das sind ungefähr 115°.

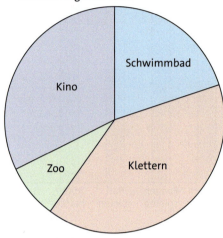

**5** Zum Beispiel:
In einem Gefrierschrank ist es −15 °C kalt.
Bei 100 °C kocht Wasser.
Die Höhle liegt −67 m tief.
Das Fahrrad kostet 250 €.
Frau Högers Kontostand beträgt −125 €.

**6** $-4{,}6 < -4{,}15 < -2 < -\frac{2}{3} < \frac{2}{5} < 0{,}6 < 3$
Zum Beispiel:
−4 und 1,5 liegen zwischen −5 und 3.

▶ **Seite 225 Abschlusstest** ⚑

**1** a) $3 + 5 + 0 + 15 + 2 = 25$ und $25 : 5 = 5$
Max ist im Durchschnitt 5 Minuten zu spät.
b) Der Wert 15 min ist viel größer als die anderen Werte. Er kann als Ausreißer eingeordnet werden.

**2** a) Jan: $\frac{12}{20} = \frac{12 \cdot 5}{20 \cdot 5} = \frac{60}{100} = 60\%$
Cem: $\frac{25}{50} = \frac{25 \cdot 2}{50 \cdot 2} = \frac{50}{100} = 50\%$
b) Jan ist besser, denn er hat eine höhere Trefferquote.

**3** Situation c) passt, denn dort beträgt der Anteil
$\frac{25}{200} = \frac{25 : 25}{200 : 25} = \frac{1}{8}$ und im Kreisdiagramm ist $\frac{1}{8}$
des Kreises gefärbt.
(Bei a) ist es $\frac{6}{24} = \frac{1}{4}$. Bei b) ist es $\frac{12}{36} = \frac{1}{3}$.)

**4** a) Moskau −10 °C < Berlin −5 °C < Rom −3 °C
< Köln −2 °C < Paris 0 °C < Madrid 3 °C
b)

▶ Seite 225 Abschlusstest ⊠

**1** a) 19 + 16 + 24 + 17 = 76 und 76 : 4 = 19
   Der Mittelwert ist 19 m.

b) 76 + 24 = 100 und 100 : 5 = 20
   Der neue Mittelwert ist 20 m. Er ist um 1 m größer,
   weil der fünfte Freund sehr weit getaucht ist.

**2** 1. Diktat: $\frac{12}{200} = \frac{6}{100} = 6\%$

2. Diktat: $\frac{15}{300} = \frac{5}{100} = 5\%$

3. Diktat: $\frac{10}{250} = \frac{1}{25} = \frac{4}{100} = 4\%$

Lea hat jedes Mal einen Fehler weniger pro 100 Wörter
gemacht. Sie hat sich also verbessert.

**3** Kreisdiagramm a) passt.
Bei b) ist der zweitkleinste Kreisteil $\frac{1}{4}$ groß (blau),
er muss daher zum zweitkleinsten Wert gehören
(Karate 10). Der Kreisteil für Karate muss aber
erkennbar kleiner sein als $\frac{1}{4}$. Begründung: Karate
hat aber nach der Liste nur einen Anteil von $\frac{1}{5}$.
Bei c) gibt es nur drei Kreisteile, aber es sind vier
gegebene Werte.

**4** a) Frau Bex −650 € < Frau Hahn −605 €
   < Herr Graf −565 € < Herr Wu −560 €
   < Frau Vogt −506 €

b)
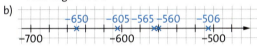

▶ Seite 225 Abschlusstest ⊠

**1** a) Alia: 60 + 62 + 85 + 45 = 252 und 252 : 4 = 63
   Levin: 71 + 44 + 66 + 47 = 228 und 228 : 4 = 57

b) Levins Aussage stimmt. Es gibt keine einzelnen
   Werte, die viel größer oder viel kleiner sind als alle
   anderen Werte.

**2** Die relativen Häufigkeiten für Gewinne sind:

a) $\frac{5}{100} = 5\%$

b) $\frac{20}{200} = \frac{10}{100} = 10\%$

c) $\frac{15}{250} = \frac{3}{50} = \frac{6}{100} = 6\%$

An Stand b) ist die relative Häufigkeit für einen Gewinn
am höchsten, deshalb sollte man dort hingehen.

**3** Winkelgrößen und Anteile:

Pizza 90° und $\frac{90}{360} = \frac{1}{4} = 25\%$

Burger 126° und $\frac{126}{360} = \frac{7}{20} = \frac{35}{100} = 35\%$

Pommes 90° und $\frac{90}{360} = \frac{1}{4} = 25\%$

Wrap 54° und $\frac{54}{360} = \frac{3}{20} = \frac{15}{100} = 15\%$

Ich messe zuerst die Winkelgrößen. Dann berechne ich
den Anteil von 360° und kürze den Bruch. Als nächstes
erweitere ich auf den Nenner 100 und rechne in
Prozent um.

**4** a) Katrin −17,7 m < Norbert −17,2 m < Elke −15,5 m
   < Stefan −14,9 m < Ludwig −14,4 m < Andrea −12 m

b)
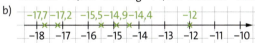

## Grundwissen

▶ **Seite 227**

**1** a) 300; 700; 850; 1150
   b) 6; 16; 28; 42

**2** a)

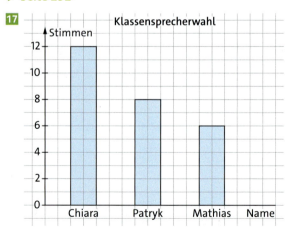

Number line: 40, 70, 85, 125 marked; scale 0 10 ... 50 ... 100

   b) 600, 750, 950, 1100, 1175 marked; scale 800 ... 1000

▶ **Seite 228**

**3**

| | Tausender | | | | | |
|---|---|---|---|---|---|---|
| | H | Z | E | H | Z | E |
| a) | | | 7 | 3 | 4 | 1 |
| b) | 6 | 4 | 2 | 8 | 0 | 1 |
| c) | | 4 | 9 | 2 | 0 | 0 |
| d) | | | 5 | 3 | 2 | 0 |
| e) | | 1 | 0 | 0 | 1 | 2 |

**4**

| | Tausender | | | | | |
|---|---|---|---|---|---|---|
| | H | Z | E | H | Z | E |
| a) | | | 4 | 6 | 8 | 3 |
| b) | | | 5 | 3 | 0 | 7 |
| c) | | 5 | 0 | 3 | 9 | 0 |

**5** a) 7342; 21 301; 722 500; 300 033
   b) siebentausenddreihundertzweiundvierzig;
      einundzwanzigtausenddreihunderteins;
      siebenhundertzweiundzwanzigtausendfünfhundert;
      dreihunderttausenddreiunddreißig

**6** a) 326   b) 4538   c) 11 900   d) 243 809

▶ **Seite 229**

**7** a) 17 < 31          b) 143 > 134
   c) 756 > 675        d) 1000 > 984
   e) 123 < 1023       f) 2003 > 203
   g) 1234 < 1324      h) 9099 < 9909

**8** a) z. B. 90; 50; 40 (alle Zahlen von 0 bis 99)
   b) z. B. 346; 350; 400 (alle Zahlen ab 346 und größer)
   c) z. B. 0; 5; 9 (alle Zahlen von 0 bis 9)
   d) z. B. 1000; 1200; 2000 (alle Zahlen ab 1000 und
      größer)

**9** a) 2 < 8 < 15 < 17
   b) 9 < 28 < 245 < 1040
   c) 219 < 399 < 500 < 812 < 945
   d) 30 < 33 < 300 < 303 < 330 < 333
   e) 1001 < 1010 < 1011 < 1101 < 1110
   f) 345 < 354 < 435 < 453 < 534 < 543

**10** a) sechs Zahlen aus dieser Auswahl: 4560, 4506, 4650,
      4605, 4056, 4065, 5460, 5406, 5640, 5604, 5064,
      5046, 6450, 6405, 6540, 6504, 6045, 6054
   b) je nach Auswahl der Zahlen, z. B.
      4056 < 4065 < 4506 < 4560 < 4605 < 4650

▶ **Seite 230**

**11** a) 400     b) 500     c) 800
    d) 4800    e) 6000    f) 56 800

**12** a) 6000    b) 6000    c) 10 000
    d) 13 000  e) 25 000  f) 100 000

**13** a) 18 °C (3. Spalte, 1. Zeile)
    b) 9 °C (2. Spalte, 3. Zeile)
    c) 2 Liter stehen in der 2. Zeile, also beim 7.5.
       Am 7.5. fielen 2 Liter Niederschlag.

▶ **Seite 231**

**14** a) Maximum 30; Minimum 15
    b) Maximum 90 m; Minimum 30 m
    c) Maximum 130 g; Minimum 55 g

**15** a) Maximum 50; Minimum 20; Spannweite 30
    b) Maximum 42 kg; Minimum 20 kg;
       Spannweite 42 kg – 20 kg = 22 kg
    c) Maximum 92 ℓ; Minimum 45 ℓ;
       Spannweite 92 ℓ – 45 ℓ = 47 ℓ

**16** a) Pizza     b) 6 Kinder     c) 7 Kinder

▶ **Seite 232**

**17**

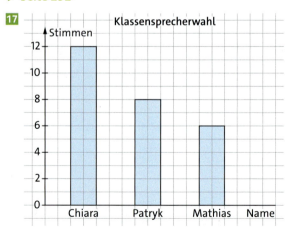

Klassensprecherwahl — Stimmen: Chiara 12, Patryk 8, Mathias 6

**18**

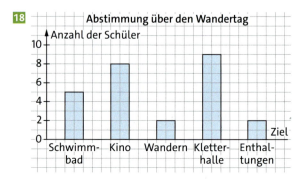

Abstimmung über den Wandertag — Anzahl der Schüler: Schwimmbad 5, Kino 8, Wandern 2, Kletterhalle 9, Enthaltungen 2

**19** a) $\frac{1}{3}$  b) $\frac{1}{8}$  c) $\frac{3}{8}$  d) $\frac{5}{6}$  e) $\frac{5}{8}$

f) $\frac{1}{2}$  g) $\frac{1}{6}$  h) $\frac{3}{4}$  i) $\frac{3}{8}$  j) $\frac{5}{6}$

**30** a) 1,2 **km**  b) 80 **kg**  c) 9,95 €
d) 60 **min**

▶ Seite 233

**20**

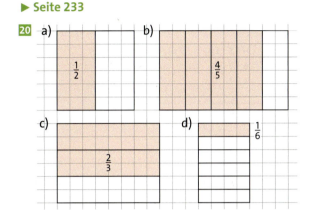

a)  $\frac{1}{2}$  b)  $\frac{4}{5}$  c)  $\frac{2}{3}$  d)  $\frac{1}{6}$

▶ Seite 236

**31** a) 80 mm  b) 40 dm  c) 150 cm  d) 2000 m
e) 25 000 m  f) 15 cm  g) 3600 m  h) 32 dm

**32** a) 9 cm  b) 8 m  c) 3 km  d) 40 dm
e) 0,5 km  f) 4,5 cm  g) 0,7 cm  h) 3,2 m

**33** a) 300 cm  b) 4 dm  c) 3900 m  d) 50 mm
e) 250 cm  f) 1004 m

**34** a) 200 dm²  b) 300 mm²  c) 1000 cm²  d) 1500 dm²
e) 10 mm²  f) 130 cm²  g) 430 cm²  h) 504 dm²

**35** a) 6 dm²  b) 2 cm²  c) 80 m²  d) 0,4 dm²
e) 1,6 cm²  f) 23,4 m²  g) 1,4 dm²  h) 5,03 m²

**36** a) 30 000 cm²  b) 8 dm²  c) 60 dm²
d) 7000 mm²  e) 10 400 cm²

**21** a) 10 Murmeln  b) 15 Schüler
c) 40 Autos  d) 56 Busse

**22** a) 2400 g  b) 1600 g
c) 15 mm  d) 120 ct
e) 38 ct  f) 750 m
g) 100 s  h) 18 h

▶ Seite 237

**37** a) 6000 mg  b) 3000 kg  c) 15 000 g
d) 25 000 kg  e) 500 kg  f) 1500 mg
g) 2100 g  h) 3020 kg

**38** a) 9 t  b) 2 g  c) 3 kg  d) 0,5 t
e) 0,7 g  f) 2,7 kg  g) 7,1 g  h) 4,06 kg

▶ Seite 234

**23** a) $1\frac{3}{5} = \frac{8}{5}$  b) $2\frac{1}{3} = \frac{7}{3}$
c) $2\frac{3}{8} = \frac{19}{8}$  d) $3\frac{1}{4} = \frac{13}{4}$

**39** a) 23 000 g  b) 40 g  c) 800 t
d) 700 000 g  e) 2 500 000 mg  f) 1004 kg

**40** a) 5 h  b) 6 h  c) 15 h 30 min
d) 9 h 30 min  e) 2 h 45 min  f) 6 h 30 min

**24** a) $\frac{3}{2}$  b) $\frac{7}{2}$  c) $\frac{11}{2}$  d) $\frac{5}{3}$  e) $\frac{11}{3}$

f) $\frac{5}{4}$  g) $\frac{11}{4}$  h) $\frac{13}{4}$  i) $\frac{19}{5}$  j) $\frac{41}{8}$

**25**

| kleiner als 1 | gleich 1 | größer als 1 |
|---|---|---|
| $\frac{3}{4}$; $\frac{4}{7}$; $\frac{3}{7}$ | $\frac{3}{3}$; $\frac{4}{4}$; $\frac{7}{7}$ | $\frac{4}{3}$; $\frac{7}{4}$; $\frac{7}{3}$ |

▶ Seite 238

**41** a)      27      +      9      =      36
1. Summand  2. Summand  Wert der Summe

b)      40      −      10      =      30
Minuend  Subtrahend  Wert der Differenz

c)      31      =      54      −      23
Wert der Differenz  Minuend  Subtrahend

d)      70      =      50      +      20
Wert der Summe  1. Summand  2. Summand

**26** a) $1\frac{1}{3}$  b) $1\frac{1}{4}$  c) $1\frac{2}{5}$  d) $1\frac{3}{7}$
e) $2\frac{2}{3}$  f) $2\frac{3}{4}$  g) $3\frac{1}{5}$  h) $5\frac{3}{4}$

▶ Seite 235

**27** a) $\frac{7}{50}$  b) $\frac{21}{25}$  c) $\frac{9}{80}$  d) $\frac{11}{40}$
e) $\frac{5}{90} = \frac{1}{18}$  f) $\frac{4}{28} = \frac{1}{7}$

**42** a) 45  b) 69  c) 82  d) 71  e) 91
f) 108  g) 127  h) 101  i) 135  j) 152
k) 276  l) 213

**28** a) $\frac{7}{25} = \frac{28}{100} = 0{,}28$

b) $\frac{9}{20} = \frac{45}{100} = 0{,}45$

c) $\frac{13}{50} = \frac{26}{100} = 0{,}26$

d) $\frac{80}{200} = \frac{40}{100} = 0{,}40 = 0{,}4$

e) $\frac{25}{500} = \frac{5}{100} = 0{,}05$

f) $\frac{33}{330} = \frac{1}{10} = \frac{10}{100} = 0{,}10 = 0{,}1$

**43** a) 149  b) 134  c) 178  d) 136  e) 100
f) 130  g) 180  h) 280

**44** a) 42  b) 28  c) 45  d) 30  e) 29
f) 48  g) 38  h) 39  i) 55  j) 114
k) 58  l) 275

**29** a) 10 **kg** Kartoffeln
b) 80 **cm** Holz
c) 5 **min**

► Seite 239

**45** a)

| | H | Z | E |
|---|---|---|---|
| | 3 | 1 | 2 |
| + | | 4 | 5 |
| | | | |
| | 3 | 5 | 7 |

b)

| | H | Z | E |
|---|---|---|---|
| | | 7 | 4 |
| + | 1 | 2 | 5 |
| | | | |
| | 1 | 9 | 9 |

c)

| | H | Z | E |
|---|---|---|---|
| | 2 | 7 | 4 |
| + | | 6 | 3 |
| | 1 | | |
| | 3 | 3 | 7 |

d)

| | T | H | Z | E |
|---|---|---|---|---|
| | 1 | 5 | 0 | 6 |
| + | | 3 | 7 | 8 |
| | | 1 | | |
| | 1 | 8 | 8 | 4 |

e)

| | T | H | Z | E |
|---|---|---|---|---|
| | 2 | 4 | 7 | 9 |
| + | 1 | 7 | 0 | 4 |
| | 1 | | 1 | |
| | 4 | 1 | 8 | 3 |

**46** a)

| | H | Z | E |
|---|---|---|---|
| | | 3 | 6 |
| + | 1 | 4 | 2 |
| | | | |
| | 1 | 7 | 8 |

b)

| | H | Z | E |
|---|---|---|---|
| | 1 | 5 | 6 |
| + | | 7 | 1 |
| | 1 | | |
| | 2 | 2 | 7 |

c)

| | H | Z | E |
|---|---|---|---|
| | 4 | 2 | 5 |
| + | 3 | 4 | 7 |
| | | 1 | |
| | 7 | 7 | 2 |

d)

| | H | Z | E |
|---|---|---|---|
| | 8 | 8 | 8 |
| + | | 5 | 9 |
| | 1 | 1 | |
| | 9 | 4 | 7 |

e)

| | T | H | Z | E |
|---|---|---|---|---|
| | | 3 | 8 | 4 |
| + | | | 6 | 1 |
| + | 2 | 4 | 3 | 0 |
| | | 1 | | |
| | 2 | 8 | 7 | 5 |

**47** a)

| | H | Z | E |
|---|---|---|---|
| | 2 | 4 | 5 |
| − | | 2 | 3 |
| | | | |
| | 2 | 2 | 2 |

b)

| | H | Z | E |
|---|---|---|---|
| | 3 | 6 | 8 |
| − | | 4 | 2 |
| | | | |
| | 3 | 2 | 6 |

c)

| | H | Z | E |
|---|---|---|---|
| | 3 | 4 | 5 |
| − | | 8 | 2 |
| | 1 | | |
| | 2 | 6 | 3 |

d)

| | T | H | Z | E |
|---|---|---|---|---|
| | 1 | 7 | 0 | 6 |
| − | | 3 | 7 | 2 |
| | | 1 | | |
| | 1 | 3 | 3 | 4 |

e)

| | T | H | Z | E |
|---|---|---|---|---|
| | 3 | 2 | 4 | 2 |
| − | 1 | 8 | 2 | 6 |
| | 1 | | 1 | |
| | 1 | 4 | 1 | 6 |

**48** a)

| | H | Z | E |
|---|---|---|---|
| | 1 | 5 | 6 |
| − | | 3 | 2 |
| | | | |
| | 1 | 2 | 4 |

b)

| | H | Z | E |
|---|---|---|---|
| | 2 | 4 | 5 |
| − | | 2 | 5 |
| | | | |
| | 2 | 2 | 0 |

c)

| | H | Z | E |
|---|---|---|---|
| | 6 | 3 | 3 |
| − | 1 | 7 | 1 |
| | 1 | | |
| | 4 | 6 | 2 |

d)

| | T | H | Z | E |
|---|---|---|---|---|
| | 1 | 0 | 3 | 8 |
| − | | 4 | 1 | 9 |
| | | 1 | | 1 |
| | | 6 | 1 | 9 |

e)

| | T | H | Z | E |
|---|---|---|---|---|
| | 1 | 3 | 8 | 4 |
| − | | | 6 | 1 |
| − | | 1 | 4 | 1 |
| | | 1 | | |
| | 1 | 1 | 8 | 2 |

► Seite 240

**49** a)

78 / 27 | 51

b) 94 / 68 | 26

c) 97 / 45 | 52

d) 101 / 64 | 37

**50** a)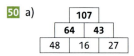

107 / 64 43 / 48 16 27

b)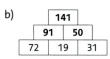

141 / 91 50 / 72 19 31

c)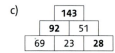

143 / 92 51 / 69 23 28

d)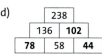

238 / 136 102 / 78 58 44

**51** a)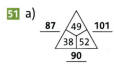

87 49 101 / 38 52 / 90

b)

103 26 82 / 77 56 / 133

c)

142 45 121 / 97 76 / 173

► Seite 241

**52** a)  8  ·  9  =  72
1. Faktor    2. Faktor    Wert des Produkts

b)  70  :  10  =  7
Dividend    Divisor    Wert des Quotienten

c)  66  =  11  ·  6
Wert des Produkts    1. Faktor    2. Faktor

d)  5  =  45  :  9
Wert des Quotienten    Dividend    Divisor

**53** a) 14    b) 27    c) 50    d) 36    e) 32    f) 63
g) 48    h) 63    i) 5    j) 70    k) 56    l) 81

**54** a) 4, 8, 12, 16, 20, 24, 28, 32, 36, 40
b) 7, 14, 21, 28, 35, 42, 49, 56, 63, 70
c) 8, 16, 24, 32, 40, 48, 56, 64, 72, 80
d) 2, 4, 6, 8, 10, 12, 14, 16, 18, 20
e) 6, 12, 18, 24, 30, 36, 42, 48, 54, 60
f) 5, 10, 15, 20, 25, 30, 35, 40, 45, 50

**55** a) $8 = 1 \cdot 8 = 2 \cdot 4 \,(= 4 \cdot 2 = 8 \cdot 1)$
b) $21 = 1 \cdot 21 = 3 \cdot 7 \,(= 7 \cdot 3 = 21 \cdot 1)$
c) $28 = 1 \cdot 28 = 2 \cdot 14 = 4 \cdot 7 \,(= 7 \cdot 4 = 14 \cdot 2 = 28 \cdot 1)$
d) $30 = 1 \cdot 30 = 2 \cdot 15 = 3 \cdot 10 = 5 \cdot 6 \,(= 6 \cdot 5 = 10 \cdot 3$
$= 15 \cdot 2 = 30 \cdot 1)$
e) $36 = 1 \cdot 36 = 2 \cdot 18 = 3 \cdot 12 = 4 \cdot 9 = 6 \cdot 6$
$(= 9 \cdot 4 = 12 \cdot 3 = 2 \cdot 18 = 36 \cdot 1)$
f) $50 = 1 \cdot 50 = 2 \cdot 25 = 5 \cdot 10 \,(= 10 \cdot 5 = 25 \cdot 2 = 50 \cdot 1)$

### ▶ Seite 242

**56** a) 90   b) 54   c) 74   d) 140   e) 174   f) 584

**57** a) 13   b) 12   c) 32   d) 17   e) 14   f) 24

**58** a) $5 \cdot 3 = 15$   b) $8 \cdot 5 = 40$
c) $7 \cdot 7 = 49$   d) $9 \cdot 7 = 63$

**59** a) $4 \cdot 5 = 20$
b) $7 \cdot 3 = 21$
c) $3 \cdot 6 = 18$
d) $11 \cdot 2 = 22$

### ▶ Seite 243

**60** a) 5 Rest 1   b) 7 Rest 2   c) 7 Rest 3
d) 6 Rest 1   e) 8 Rest 8   f) 10 Rest 6

**61** Zum Beispiel 5 : 2 und 7 : 3 und 12 : 11

**62**

a)
| 4 | 1 | 3 | · | 3 | |
|---|---|---|---|---|---|
| | 1 | 2 | 3 | 9 | |

b)
| 2 | 3 | 1 | · | 4 | |
|---|---|---|---|---|---|
| | | 9 | 2 | 4 | |

c)
| 7 | 1 | 5 | · | 3 | 1 |
|---|---|---|---|---|---|
| | 2 | 1 | 4 | 5 | |
| | | 7 | 1 | 5 | |
| | | 1 | | | |
| | 2 | 2 | 1 | 6 | 5 |

d)
| 4 | 0 | 7 | · | 5 | 2 |
|---|---|---|---|---|---|
| | 2 | 0 | 3 | 5 | |
| | | 8 | 1 | 4 | |
| | | 1 | | | |
| | 2 | 1 | 1 | 6 | 4 |

e)
| 7 | 4 | 2 | · | 6 | 3 |
|---|---|---|---|---|---|
| | 4 | 4 | 5 | 2 | |
| | | 2 | 2 | 2 | 6 |
| | 4 | 6 | 7 | 4 | 6 |

**63**

a)
| 2 | 4 | 3 | · | 4 | |
|---|---|---|---|---|---|
| | | 9 | 7 | 2 | |

b)
| 3 | 0 | 6 | · | 7 | |
|---|---|---|---|---|---|
| | 2 | 1 | 4 | 2 | |

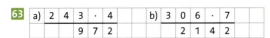

c)
| 4 | 8 | 1 | · | 6 | 0 |
|---|---|---|---|---|---|
| | 2 | 8 | 8 | 6 | |
| | | 0 | 0 | 0 | 0 |
| | 2 | 8 | 8 | 6 | 0 |

d)
| 8 | 0 | 6 | · | 3 | 7 |
|---|---|---|---|---|---|
| | 2 | 4 | 1 | 8 | |
| | | 5 | 6 | 4 | 2 |
| | | | 1 | | |
| | 2 | 9 | 8 | 2 | 2 |

e)
| 9 | 3 | 0 | · | 1 | 0 | 4 |
|---|---|---|---|---|---|---|
| | | 9 | 3 | 0 | | |
| | | 0 | 0 | 0 | | |
| | | 3 | 7 | 2 | 0 | |
| | | 9 | 6 | 7 | 2 | 0 |

### ▶ Seite 244

**64**

a)
| 8 | 5 | 2 | : | 3 | = | **2** | **8** | **4** |
|---|---|---|---|---|---|---|---|---|
| − | **6** | | | | | | | |
| | 2 | 5 | | | | | | |
| − | **2** | **4** | | | | | | |
| | | 1 | 2 | | | | | |
| | − | **1** | **2** | | | | | |
| | | | 0 | | | | | |

b)
| 1 | 7 | 7 | 8 | : | 7 | = | **2** | **5** | **4** |
|---|---|---|---|---|---|---|---|---|---|
| − | **1** | **4** | | | | | | | |
| | 3 | 7 | | | | | | | |
| − | **3** | **5** | | | | | | | |
| | | 2 | 8 | | | | | | |
| | − | **2** | **8** | | | | | | |
| | | | 0 | | | | | | |

c)
| 4 | 8 | 8 | 4 | : | 6 | = | **8** | **1** | **4** |
|---|---|---|---|---|---|---|---|---|---|
| − | **4** | **8** | | | | | | | |
| | 0 | 8 | | | | | | | |
| − | | **6** | | | | | | | |
| | | 2 | 4 | | | | | | |
| | − | **2** | **4** | | | | | | |
| | | | 0 | | | | | | |

**65** a) 1710 : 5 = **342**
$\quad$−$\underline{15}$
$\qquad$21
$\quad$−$\underline{20}$
$\qquad$10
$\quad$−$\underline{10}$
$\qquad\ $0

b) 11 463 : 3 = **3821**
$\quad$−$\underline{9}$
$\qquad$24
$\quad$−$\underline{24}$
$\qquad$06
$\quad\ $−$\underline{6}$
$\qquad$03
$\quad\ $−$\underline{3}$
$\qquad\ $0

c) 5096 : 8 = **637**
$\quad$−$\underline{48}$
$\qquad$29
$\quad$−$\underline{24}$
$\qquad$56
$\quad$−$\underline{56}$
$\qquad\ $0

d) 18 420 : 2 = **9210**
$\quad$−$\underline{18}$
$\qquad$04
$\quad\ $−$\underline{4}$
$\qquad$02
$\quad\ $−$\underline{2}$
$\qquad$00
$\quad\ $−$\underline{0}$
$\qquad\ \underline{\phantom{0}}$
$\qquad\ $0

e) 3224 : 4 = **806**
$$-\underline{32}$$
$$\phantom{-}02$$
$$\underline{-\phantom{0}0}$$
$$\phantom{-}24$$
$$\underline{-24}$$
$$\phantom{--}0$$

**66**

a)
| 70 | |
|---|---|
| 7 | 10 |

b)
| 36 | |
|---|---|
| 3 | 12 |

c)
| 56 | |
|---|---|
| 7 | **8** |

d)
| 48 | |
|---|---|
| 3 | **16** |

e)
| 90 | |
|---|---|
| 6 | 15 |

**67** a)
| 150 | | |
|---|---|---|
| 10 | 15 | |
| 2 | 5 | 3 |

b)
| 126 | | |
|---|---|---|
| 21 | 6 | |
| 7 | 3 | 2 |

c)
| 480 | | |
|---|---|---|
| **24** | 20 | |
| **6** | 4 | **5** |

d)
| 280 | | |
|---|---|---|
| 20 | 14 | |
| **10** | 2 | 7 |

### ▶ Seite 245

**68** a) 3 + 4 · 5
(Punkt vor Strich)
= 3 + 20 = **23**

b) 4 · (15 − 9)
(Klammern zuerst)
= 4 · 6 = **24**

c) 18 − 12 : 3
(Punkt vor Strich)
= 18 − 4 = **14**

d) 24 : (13 − 5)
(Klammern zuerst)
= 24 : 8 = **3**

e) 24 − 18 : 2 − (21 − 16)
(Klammern zuerst)
= 24 − 18 : 2 − 5
(Punkt vor Strich)
24 − 9 − 5 = **10**

f) 35 − 3 · 9 + 16
(Punkt vor Strich)
= 35 − 27 + 16 = **24**

g) (35 − 17) + 6 : 2
(Klammern zuerst)
= 18 + 6 : 2
(Punkt vor Strich)
= 18 + 3 = **21**

h) 35 : (25 − 18) · 5
(Klammern zuerst)
= 35 : 7 · 5
(von links nach rechts)
5 · 5 = **25**

**69** a) 5 · 9 − 6 = 45 − 6 = 39 und 5 · (9 − 6) = 5 · 3 = 15
In der 1. Aufgabe muss man zuerst multiplizieren (Punkt vor Strich), in der 2. Aufgabe muss man zuerst subtrahieren (Klammern zuerst).

b) 60 : 10 − 4 = 6 − 4 = 2 und
60 : (10 − 4) = 60 : 6 = 10
In der 1. Aufgabe muss man zuerst dividieren (Punkt vor Strich), in der 2. Aufgabe muss man zuerst subtrahieren (Klammern zuerst).

c) 24 − 4 · 5 = 24 − 20 = 4 und
(24 − 4) · 5 = 20 · 5 = 100
In der 1. Aufgabe muss man zuerst multiplizieren (Punkt vor Strich), in der 2. Aufgabe muss man zuerst subtrahieren (Klammern zuerst).

**70** Eine Skizze kann dir helfen.
a) Nina bekommt einen Hund (und hat noch 500 Punkte übrig).
b) Tania bekommt keine Belohnung (weil sie weniger als 1000 Punkte hat).
c) Sarah bekommt einen Zauber und kann für die restlichen 1000 Punkte noch einen Hund bekommen. Sie kann aber auch die Kutsche bekommen.

### ▶ Seite 246

**71**
| | |
|---|---|
| Gesucht: | wie viel Jakob noch sparen muss |
| Wichtig: | wie viel Geld Jakob schon hat und wie viel die Playstation kostet |
| Rechnungen: | Wie viel Geld hat er insgesamt? 180 € + 100 € = 280 € |
| | Wie viel Geld fehlt noch? 350 € − 280 € = 70 € |
| Probe: | 180 € + 100 € + 70 € = 350 € |
| Antwort: | Jakob muss noch 70 € sparen. |

**72**
| | |
|---|---|
| Gesucht: | wie viel jedes Kind zahlen muss |
| Wichtig: | wie viel das Geschenk kostet; 3 Mädchen zahlen zusammen |
| Rechnungen: | Wie viel kostet das Geschenk insgesamt? 13 € + 20 € = 33 € |
| | Wie viel muss jede der drei zahlen? 33 € : 3 = 11 € |
| Probe: | 11 € · 3 = 33 € |
| Antwort: | Jedes Kind muss 11 € zahlen. |

**73**
| | |
|---|---|
| Gesucht: | wie viel der Urlaub kostet |
| Wichtig: | wie viel Geld die Eltern zahlen und dass die Kinder halb so viel zahlen und dass es 3 Kinder sind |
| Rechnungen: | Wie viel kostet der Urlaub für die Eltern? 2 · 1280 € = 2560 € |
| | Wie viel kostet der Urlaub für 1 Kind? 1280 € : 2 = 640 € |
| | Wie viel kostet der Urlaub für 3 Kinder? 640 € · 3 = 1920 € |
| | Wie viel kostet der Urlaub insgesamt? 2560 € + 1920 € = 4480 € |
| Antwort: | Der Urlaub kostet 4480 €. |

**74** a) b, d      b) a, e      c) c, f

### ▶ Seite 247

**75** a)
A ————————————————————— B

b)
C ——————————————— D

c)
E ————————————————————— F

d)
G ————————— H

**76** a) a ∥ c; b ∥ e      b) a ⊥ d; c ⊥ d; b ⊥ f; e ⊥ f

▶ Seite 248

**77**

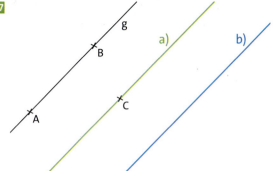

**78**

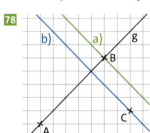

▶ Seite 249

**79** Zeichenübung

**80** a) ① Fünfeck    ② kein Vieleck
    ③ Viereck    ④ Dreieck    ⑤ Sechseck
  b) Bei Figur ② ist eine Seite keine Strecke, weil sie
     keine gerade Linie ist (sondern geschwungen).

**81** Zeichenübung

▶ Seite 250

**82** Ⓐ, Ⓒ, Ⓓ und Ⓔ sind Rechtecke, weil sie jeweils vier
rechte Winkel haben.
Ⓐ und Ⓓ sind Quadrate, weil sie jeweils vier rechte
Winkel haben und alle Seiten gleich lang sind.

**83**

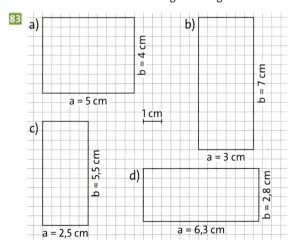

**84**

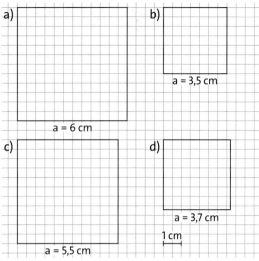

▶ Seite 251

**85** a) A = 7 cm · 4 cm; A = 28 cm²
  b) A = 9 cm · 6 cm; A = 54 cm²
  c) A = 12 m · 5 m; A = 60 m²
  d) A = 17 dm · 2 dm; A = 34 dm²

**86** a) A = 4 cm · 4 cm; A = 16 cm²
  b) A = 8 cm · 8 cm; A = 64 cm²
  c) A = 10 dm · 10 dm; A = 100 dm²
  d) A = 20 m · 20 m; A = 400 m²

**87** A(1|1); B(5|1); C(5|0); D(7|2); E(5|4); F(5|3); G(1|3);
H(0|2)

**88**

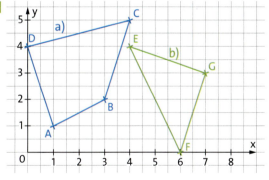

# Sachregister

# Größen und ihre Einheiten

## die Zeit

| die Einheit | das Zeichen | die Umrechnung |
|---|---|---|
| der Tag | d | 1 d = 24 h   Ein Tag hat 24 Stunden. |
| die Stunde | h | 1 h = 60 min   Eine Stunde hat 60 Minuten. |
| die Minute | min | 1 min = 60 s   Eine Minute hat 60 Sekunden. |
| die Sekunde | s | |

## das Gewicht

| die Einheit | das Zeichen | die Umrechnung (mit 1000) |
|---|---|---|
| die Tonne | t | 1 t = 1000 kg   Eine Tonne sind 1000 Kilogramm. |
| das Kilogramm | kg | 1 kg = 1000 g   Ein Kilogramm sind 1000 Gramm. |
| das Gramm | g | 1 g = 1000 mg   Ein Gramm sind 1000 Milligramm. |
| das Milligramm | mg | |

## die Länge

| die Einheit | das Zeichen | die Umrechnung (mit 10) |
|---|---|---|
| der Kilometer | km | 1 km = 1000 m   Achtung: 1000! |
| der Meter | m | 1 m = 10 dm = 100 cm = 1000 mm |
| der Dezimeter | dm | 1 dm = 10 cm = 100 mm |
| der Zentimeter | cm | 1 cm = 10 mm |
| der Millimeter | mm | |

## der Flächeninhalt

| die Einheit | das Zeichen | die Umrechnung (mit 100) |
|---|---|---|
| der Quadratkilometer | km² | 1 km = 100 ha |
| der Hektar | ha | 1 ha = 100 a |
| das Ar | a | 1 a = 100 m² |
| der Quadratmeter | m² | 1 m² = 100 dm² |
| der Quadratdezimeter | dm² | 1 dm² = 100 cm² |
| der Quadratzentimeter | cm² | 1 cm² = 100 mm² |
| der Quadratmillimeter | mm² | |

## das Volumen

| die Einheit | das Zeichen | die Umrechnung (mit 1000) | |
|---|---|---|---|
| der Kubikmeter | m³ | 1 m³ = 1000 dm³ | |
| der Kubikdezimeter | dm³ | 1 dm³ = 1000 cm³ | |
| der Kubikzentimeter | cm³ | 1 cm³ = 1000 mm³ | |
| der Kubikmillimeter | mm³ | | |
| der Liter | ℓ | 1 ℓ = 1000 mℓ | 1 ℓ = 1 dm³ |
| der Milliliter | mℓ | | 1 mℓ = 1 cm³ |

1 Liter

1 dm³

# Bildquellenverzeichnis

**Technische Zeichnungen**
Cornelsen/Christian Böhning

**Illustrationen**
Cornelsen/Tobias Dahmen, Utrecht/www.tobidahmen.de:
3.o.l., 5/o., 9/4, 10/12, 13/4, 14/14, 16/o., 17/10, 22/8, 23/9,
37/9, 48 /o., 58/11, 66/13, 72/8, 84/1, 88/5, 100/o.r./Drachen,
100/o.r./Schild, 102/6, 110/o.r., 114/o.r., 115/9, 119/11,
120/11, 121/11, 126/1, 126/2abc, 127/8, 127/9, 129/11,
130/1.v.l, 130/2.v.l, 130/3.v.l., 137/o.l., 138/o.l., 139/o.l.,
140/o., 145/o.l., 146/o.l., 148/o.r., 149/u.r., 153/10, 154/9,
155/7, 158/6, 159/8, 163/8, 173/7, 176/o.r., 179/5, 182/6,
191/6, 199/7, 200/2, 204/5, 214/7, 218/2, 222/4, 223/6, 224/o.

**Cover**
Cornelsen/Rosendahl Berlin

**Abbildungen**
3/o.l./Shutterstock.com/Matej Kastelic
3/u.l./Shutterstock.com/Mark and Anna Photography
3/o.r./Cornelsen/Volker Döring
3/u.r./stock.adobe.com/EpicStockMedia
4/o.l./Schuhkartons/Shutterstock.com/Sensevan
4/o.l./Schuhe/Shutterstock.com/Guzel Studio
4/u.l./stock.adobe.com/Hennie Kissling
4/o.r./stock.adobe.com/Gerhard Seybert
5/Shutterstock.com/Matej Kastelic
8/Shutterstock.com/Paul Vinten
9/o.r./Shutterstock.com/mekcar
10/stock.adobe.com/Rhönbergfoto
11/M.l./Schokolade/Shutterstock.com/baibaz
11/u.l./Muffinform/Shutterstock.com/Cipariss
12/Shutterstock.com/FabrikaSimf
15/Shutterstock.com/Ljupco Smokovski
29/Shutterstock.com/ESB Professional
30/Shutterstock.com/linerpics
31/stock.adobe.com/Mirosław Nowaczyk/Mirek
34/Benutzeroberfläche aus Microsoft Excel 2002
38/o.r./akg-images/© Photo Researchers Inc./SCIENCE SOURCE
41/Shutterstock.com/Mark and Anna Photography
44/1.v.r./Shutterstock.com/3Dstock
44/2.v.r./stock.adobe.com/tonaquatic
44/3.v.r./stock.adobe.com/micro_photo
44/4.v.r./Shutterstock.com/SciePro
45/Shutterstock.com/burnel1
49/o.r./Anspitzer/Cornelsen/Thomas Schulz
49/o.r./Lineale/Cornelsen/Thomas Schulz
49/o.r./Fisch/stock.adobe.com/Mirko Rosenau
49/o.r./Käfer/stock.adobe.com/Denis Tabler
49/u.l./Shutterstock.com/Olena Yakobchuk
51/Shutterstock.com/Neil Lockhart
55/o./Shutterstock.com/Salamahin
57/stock.adobe.com/Sashkin
59/o.r./Shutterstock.com/Leonard Zhukovsky
59/u.r./Shutterstock.com/Scise10
61/u.r./1 + 2/Shutterstock.com/nexusby
61/u.r./3/Shutterstock.com/Kit8.net
62/Shutterstock.com/Bjoern Wylezich
63/Shutterstock.com/designelements
64/Shutterstock.com/PhilipYb Studio
65/stock.adobe.com/New Africa
66/Shutterstock.com/Oleksiy Mark
67/Shutterstock.com/Eric Isselee
72/u.r./stock.adobe.com/BillionPhotos.com
73/M.r./Shutterstock.com/Sergiy Kuzmin
73/u.r./Shutterstock.com/Tsekhmister
75/o.r./Shutterstock.com/Mark_studio
75/u.r./Shutterstock.com/Smileus
76/Shutterstock.com/Sergey Novikov
77/Shutterstock.com/4 PM production
79/Cornelsen/Volker Döring

83/u.l./Shutterstock.com/AmpYang Images
83/o.l./stock.adobe.com/bloomline
84/M.r./stock.adobe.com/Andrey Kuzmin
84/u.r./Shutterstock.com/barrirret
87/u.l./Cornelsen/Inhouse
88/o.r./Cornelsen/Inhouse
90/Shutterstock.com/BigBlueStudio
96/Shutterstock.com/ArtBitz
107/stock.adobe.com/EpicStockMedia
111/u.r./Shutterstock.com/Antonio Guillem
112/u.r./stock.adobe.com/Christian Schwier
113/M.r./stock.adobe.com/mipan
122/Benutzeroberfläche aus Microsoft Excel 2002
123/Benutzeroberfläche aus Microsoft Excel 2002
126/o.l./stock.adobe.com/Wolfgang Mücke/womue
129/M.l./stock.adobe.com/franck camhi-vision/Snaptitude
130/o.r./stock.adobe.com/Asier
133/Schuhkartons/Shutterstock.com/Sensevan
133/Schuhe/Shutterstock.com/Guzel Studio
136/o.r./Cornelsen/Volker Döring
139/u.r./ClipDealer GmbH/c-ts
150/Shutterstock.com/Flas100
151/M.l./Shutterstock.com/bogdan ionescu
151/M.r./Shutterstock.com/Early Spring
152/o.1.v.l./stock.adobe.com/Thomas Söllner
152/o.2.v.l./stock.adobe.com/Kaesler Media
152/o.3.v.l./Shutterstock.com/Mega Pixel
152/o.4.v.l./stock.adobe.com/AlenKadr
153/o.l./Schwimmbecken/Shutterstock.com/Soundaholic studio
153/o.l./Getränkekarton/Shutterstock.com/Maxx-Studio
153/o.l./Streichholzschachtel/Shutterstock.com/ Jo De Vulder
154/o.l./Koffer/Shutterstock.com/Martyshkin Uladzimir
154/o.l./Container/Shutterstock.com/topae
154/o.l./Käse/Shutterstock.com/innakreativ
155/o.l./Würfel/stock.adobe.com/taddle
155/o.l./Schrank/Shutterstock.com/focal point
155/o.l./Aquarium/Shutterstock.com/Frantisek Czanner
157/M.r./Container/Shutterstock.com/zentilia
157/M.r./Aquarium/Shutterstock.com/Lagutkin Alexey
158/stock.adobe.com/volff
164/o.r./Fischstäbchen/Shutterstock.com/timquo
164/o.r./Kuchen/Shutterstock.com/TunedIn by Westend61
164/u.r./Shutterstock.com/Nerthuz
165/Shutterstock.com/Ikonoklast Fotografie
166/Shutterstock.com/Nui Thanakorn
169/stock.adobe.com/Hennie Kissling
172/Shutterstock.com/88studio
174/Shutterstock.com/Yellow Cat
178/M.r./Shutterstock.com/New Africa
180/Shutterstock.com/M. Unal Ozmen
181/u.r./Shutterstock.com/rvlsoft
183/M.l./stock.adobe.com/Mariakray
184/o.r./Shutterstock.com/mehmetcan
188/o.r./Cornelsen Inhouse
188/Screenshots/Benutzeroberfläche aus Microsoft Excel 2002
192/Shutterstock.com/Zivica Kerkez
193/M.u./stock.adobe.com/Pixelspieler
195/stock.adobe.com/Gerhard Seybert
198/o.r./Shutterstock.com/LightField Studios
199/o.l./Shutterstock.com/ozanuysal
201/M.l./dpa Picture-Alliance/ewastudio/Shotshop
203/M.r./stock.adobe.com/mipan
203/u.r./Shutterstock.com/Pathara Sanjou
212/Shutterstock.com/FotoDuets
220/Benutzeroberfläche aus Microsoft Excel 2002
223/stock.adobe.com/lagom
hinterer Vorsatz/1 (Uhr)/stock.adobe.com/300dpi
hinterer Vorsatz/2 (Waage)/stock.adobe.com/by-studio
hinterer Vorsatz/3 (Lineal)/Shutterstock.com/ Dragance137
hinterer Vorsatz/4 (Fußballfeld)/Shutterstock.com/Jenniki
hinterer Vorsatz/5 (Becher mit Saft)/Cornelsen/Ludwig Heyder